国家社科基金
GUOJIA SHEKE JIJIN HOUQI ZIZHU XIANGMU
后期资助项目

中国当代新闻学研究范式的转换

The transformation of Research Paradigm of Modern Chinese Journalism

李秀云 著

学习出版社

图书在版编目（CIP）数据

中国当代新闻学研究范式的转换/李秀云著．－－北京：
学习出版社，2015.9
（国家社科基金后期资助项目）
ISBN 978 - 7 - 5147 - 0553 - 9

Ⅰ.①中…　Ⅱ.①李…　Ⅲ.①新闻学－研究－中国
Ⅳ.①G210

中国版本图书馆 CIP 数据核字（2015）第 155797 号

中国当代新闻学研究范式的转换
ZHONGGUO DANGDAI XINWENXUE YANJIU FANSHI DE ZHUANHUAN
李秀云　著

责任编辑：刘玉芬
技术编辑：贾　茹
封面设计：杨　洪

出版发行：学习出版社
　　　　　北京市崇文门外大街 11 号新成文化大厦 B 座 11 层（100062）
　　　　　010 - 66063020　010 - 66061634　010 - 66061646
网　　址：http：//www.xuexiph.cn
经　　销：新华书店
印　　刷：北京市密东印刷有限公司
开　　本：710 毫米 × 1000 毫米　1/16
印　　张：22.5
字　　数：380 千字
版次印次：2015 年 9 月第 1 版　2015 年 9 月第 1 次印刷
书　　号：ISBN 978 - 7 - 5147 - 0553 - 9
定　　价：48.00 元

如有印装错误请与本社联系调换

国家社科基金后期资助项目

出 版 说 明

　　后期资助项目是国家社科基金项目主要类别之一，旨在鼓励广大人文社会科学工作者潜心治学，扎实研究，多出优秀成果，进一步发挥国家社科基金在繁荣发展哲学社会科学中的示范引导作用。后期资助项目主要资助已基本完成且尚未出版的人文社会科学基础研究的优秀学术成果，以资助学术专著为主，也资助少量学术价值较高的资料汇编和学术含量较高的工具书。为扩大后期资助项目的学术影响，促进成果转化，全国哲学社会科学规划办公室按照"统一设计、统一标识、统一版式、形成系列"的总体要求，组织出版国家社科基金后期资助项目成果。

全国哲学社会科学规划办公室

2014 年 7 月

序

　　据我所知，李秀云教授是我国当代较早从事新闻学术史研究的青年学者之一。2001年她在南开大学历史学院攻读博士学位，在导师李喜所教授的指导下确立了关于中国新闻学术史研究的博士论文选题。2004年，其博士论文《中国新闻学术史（1834～1949）》由新华出版社出版。她的这部处女作既关注新闻学理论形态的变迁，又研究新闻学术交流平台的建构，还对民国时期的新闻学者进行群体分析与个案研究，条分缕析。我就是从阅读这部书认识她的。此后，我到天津开会和讲学，同她有多次学术交流，感到她很有学术灵气，对自己选择的研究方向甚是执着，加上南开攻博打下深厚的史学功底，断言她在学术史的研究中一定可以有所作为。果然，在往后的几年，她不仅新作不断，并且新意频见——2007年中国社会科学出版社出版《中国现代新闻思想史》，2009年南开大学出版社出版《留学生与中国新闻学》。前者从思想史的角度切入，对1918～1949年间的中国新闻学术思想进行梳理，后者则从中外文化交流的角度研究民国时期的新闻学术发展。呈现在读者面前的这部《中国当代新闻学研究范式的转换》是她学术史研究方面的最新成果。在既往研究的基础上有许多突破，她不再将新闻学术史的几个要素做平行的研究，而是通过剖析新闻学理论形态变迁这一新闻学术史研究的核心要素，从一个侧面展现中国当代新闻学术发展的历史进程。学术交流平台的建构则作为理论形态变迁的一个动因来进行分析，每个新闻学者的研究成果与理论贡献也都融入理论形态变迁的阐释中。从整体分析转向从一个侧面深化研究，实现了长期学术史研究的自我突破。这部书引入科学哲学中的"范式"概念，将1949～2010年间中国新闻学理论形态的变迁过程勾勒为"党报之学"到"政治运动之学"到"新闻事业"之学，再到"新闻之学"的范式转换过程。这样可以透视中国当代新闻学研究从政治本位走向学科本位；从自发走向自觉；从感性走向理性的变化趋势。由此，既可以再现中国当代新闻学发展的总体特征，也可以剖析中国新闻学研究的未来走向。李秀云嘱我为这部书写一个序，我欣然应允，因为这是一部值得一读的书。

学术史是学术研究活动和学科发展的历史。学术研究需要创新，创新不是横空出世般的创造，而是学术传承下的知识生产与理论创建。学术史是学术研究的自我回溯和有效传承，是学术研究创新的前提与基础；任何一个学科要想持续发展，必须不断更新自身的知识体系、话语系统与理论范式。通过学术史研究，展现学术发展的历史进程，推演学术研究的未来走向，从而有效推动学科不断完善与发展。一言以蔽之，学术史的研究是十分重要的。

在诸多的学科门类中，新闻学科是最年轻的学科之一，在中国尤其如此。从 1918 年北京大学新闻学研究会成立，中国高等新闻教育与新闻学术研究拉开历史帷幕算起，中国新闻学科走过不到百年的历程。期间，中国新闻学科的发展一直遭遇生存的合法性危机，新闻"有学"与"无学"的论争从未停止。通过扎实、系统的新闻学术史研究，再现中国新闻学科的发展历程，本身就是新闻"有学"的有力证明。长期以来，作为新闻学重要组成部分的新闻业务，其理论提升一直是应用新闻学研究的难题，但如果将新闻业务置于新闻学术史的历史长河中，动态考察新闻业务的流变过程，我们会发现，静态审读下看似不成为理论的某些业务经验，在历史的链条中或许有其特殊的位置。如此，我们可以重新审视新闻学科因其应用性而带来的自身理论薄弱而引起的"无学"质疑问题。新闻学术史研究的重要性也可见一斑。

可喜的是，新世纪以来，中国新闻学术史研究渐成气候，首先有多篇博士论文从不同角度进行研究。其中，李秀云的《中国新闻学术史（1834～1949）》（新华出版社 2004 年）以学科发展为视角，以新闻学特有范畴的变化为标志，再现新闻学发展的内在理路。谢鼎新的博士论文《中国当代新闻学研究的演变——学术环境与思路的考察》（中国传媒大学出版社 2007 年）考察新闻学术环境变迁，探讨新闻学研究演变的内部路径与外部路径。唐远清的博士论文《对"新闻无学论"的辨析与反思——兼论新闻学学科体系建构和学科发展》（中国广播电视出版社 2008年），详细考察 1834～2006 年间"新闻无学论"的形成与种种表现，用扎实的史料证明新闻"有学"。张振亭的博士论文《中国新时期新闻传播学术史研究》（江西人民出版社 2009 年）把学术研究视为一种传播活动，引入"5W"传播模式作为分析架构，研究方法上大胆创新。此外，在《20 世纪中国新闻学与传播学》系列丛书中，童兵、林涵的"理论新闻学卷"，单波的"应用新闻学卷"，徐培汀的"新闻史学史卷"，从三个分支学科切入，论述1949~2000年间中国新闻学术研究的内容。徐培汀的《中国新闻传播学说史（1949~2005）》（重庆出版社2006年），通过对王中、邓拓、甘惜分、方汉奇等数十个新闻学研究者及其研究著述的介绍，勾勒1949~2005年间中国新闻学研究的发展历程。可见，新闻学术史的研究领域日渐拓展，研究方法正在走向多元。如今，李秀云的《中国当代新闻学研究范式的转换》以新闻学理论形态变迁为根基，以范式转换为线索进行研究，是新闻学术史研究方法的又一探索。

　　已有的新闻学术史研究不是结束，而仅仅是开始。现有的研究成果多偏重于宏观研究或概况分析，微观的深入研究有待加强；民国时期新闻学术史一手资料的挖掘尚有很大空间；当代新闻学术口述史料的抢救，亟待引起重视；新闻教育史研究有待跟进；新闻学术制度史、新闻学术团体史、新闻学术刊物史等方面的研究明显不足；新闻学术人物的个案研究力度不够，尤其是有关新闻人物学术品格的研究，仍属空白；研究方法更有待突破。由此，希望越来越多的青年学者加入新闻学术史研究，也希望李秀云不要放慢或停下探索的脚步，而要在此领域继续奋力前行！

　　是为序。

吴廷俊
2015 年 5 月 26 日

目　　录

Contents

绪　　论

一、学科称谓辨析

新闻学、传播学、新闻传播学、新闻学与传播学，很难再找到一个学科，能像新闻学这样，其学科称谓本身就存在种种歧义。这些略有差异的语言符号到底代表一个学科还是多个学科？哪个称谓更能体现其学科特质？对于这些问题，且不说学科外的人士一团迷雾，就是本学科的专家学者也是各执一端，尚无定论。

从各新闻教育机构的命名来看，有新闻学院、新闻传播学院、新闻与传播学院等各种称呼。从理论著述的取名来看，1994年以来，出现诸多以"新闻传播学"冠名的书籍，就连"中国新闻史""中国新闻事业史"也纷纷改名为"中国新闻传播史"。而在具体论述过程中，"新闻"一词往往被"新闻传播"所取代，"新闻事业"则换成"新闻传播事业"。

关于学科称谓，最权威的学术管理部门也存在着分歧。国家技术监督局发布的《学科分类与代码》与教育部的学科、专业目录，都把一级学科的名字称作"新闻学与传播学"。国务院学位委员会的学科、专业目录则把一级学科命名为"新闻传播学"。

一级学科的名称是"新闻学与传播学"，抑或是"新闻传播学"，专家们有自己的看法。在国务院公布"新闻传播学"这个名称时，当时担任新闻学学科评议组成员的是方汉奇、丁淦林、赵玉明三位教授。据唐远清博士采访，三位教授是在国务院学位委员会公布结果后才得知一级学科的名称是"新闻传播学"。三位教授及时向国务院学位委员会办公室提出意见，表示不赞成使用这一称呼。"丁淦林还郑重致信给国务院学位委员会办公室，建议将一级学科名称修改为'新闻学与传播学'。"①

---

① 唐远清：《新闻学与传播学关系辨析》，《当代传播》2007年第5期。

一级学科称谓的不统一，引起学术界与教育界的重视。2003年召开的教育部高等学校新闻学科教学指导委员会年会，就把学科称谓问题作为研讨主题，"说明这一问题的严重性，以及解决这个问题的重要性"①。会上，郑保卫在专题发言中建议把一级学科命名为"新闻与传播学"，或者是"新闻学与传播学"。2005年，郑保卫致信教育部，提出将新闻学与传播学分别列为一级学科。即使将二者放在一起，也命名为"新闻与传播学"，或者是"新闻学与传播学"，而不是"新闻传播学"。

"新闻传播学"抑或"新闻学与传播学"，不仅仅是称谓的纷争，究其实质，缘于新闻学界对"新闻学""传播学"学科内涵、地位与二者关系的认知不同。

（一）传统新闻学：绝望之学还是发展之学？

邵培仁认为，"传统新闻学就像一位半老徐娘，已失去了往日的光彩、生机与活力，正一步一步地走向衰老，即将成为'一门绝望的学问'"②。

与"绝望之学"针锋相对，郑保卫通过回顾新闻学学科地位的确立过程来证明新闻学是发展之学。"在我国，新闻学作为一门社会科学的学科地位及其学科的不断发展已经是一种客观存在，是一种不容否认的客观事实。"③ 1987年，新闻学作为中国人文社会科学的15个学科项目之一，被正式列入国家科委发表的统计年报。1998年新闻学与传播学一起被提升为一级学科，不再是隶属于语言文学的二级学科。2004年年初，中共中央通过了《关于进一步繁荣发展哲学社会科学的意见》，新闻学被列为国家重点发展的哲学社会科学九大学科之一。这一切说明新闻学"作为一门科学的发展潜力和发展基础"④。

（二）新闻学与传播学："独头蒜"还是"并蒂莲"⑤？

随着传播学引介的深入，人们开始从学科角度辨析新闻学与传播学

---

① 郑保卫：《试论我国新闻学的学科地位及学科发展》，《中国人民大学学报》2005年第2期。

② 邵培仁、叶亚东：《新闻传播学》，南京，江苏人民出版社1995年版，第1页。

③ 郑保卫：《试论我国新闻学的学科地位及学科发展》，《中国人民大学学报》2005年第2期。

④ 郑保卫：《试论我国新闻学的学科地位及学科发展》，《中国人民大学学报》2005年第2期。

⑤ 参见郑保卫：《不是"独头蒜"，是"并蒂莲"——对新闻学与传播学关系的思考》，《新闻传播》2001年第5期。

的关系。早在 1988 年，芮必峰就提出："就像美学无法替代其他具体艺术部类的研究一样，传播学也不能代替新闻学的研究。"①

20 世纪 90 年代，"新闻学与传播学的关系成为学界关注和讨论的学科建设问题"②。

王泽华明确提出："新闻学是大众传播学的不同层次和分支，但传播学又不能代替新闻学。"③

明安香认为，新闻学的研究对象包括众多的媒介与庞杂的传播实践。"新闻学"这一概念与其研究对象相比，"就像恐龙蛋同其破壳而出迅速成为庞然大物的恐龙一样，极不相衬……传统的新闻学逐步发展成为大众传播学和传播学"④。在此，"尽管明安香没用'取代'一词，但文章内容特别是结论确乎有'以传播学取代新闻学'的意味"⑤。

邵培仁明确主张，"用新闻传播学取代新闻学，再以传播学替换新闻传播学"⑥。他还强调，这是不以个人意志为转移的时代的趋势。

徐培汀提出："传播学与新闻学的关系，是'大篮子'和'小篮子'的关系，种属关系。新闻学是传播学的一个分支。"⑦ 徐培汀虽没有明确提出"取代论"，但"种属"关系的认定，已使"取代论"暗含其中。

赵心树指出，"新闻学""传播学"名称中的歧义与重名给学科研究造成了混乱。"新闻学"与"传播学"都有广义与狭义之分。狭义的"传播学"包括基础传播理论、传播研究方法。狭义的"新闻学"包括报刊新闻实务、广电新闻实务、应用新闻理论。而广义的"新闻学"与"传播学"代表同一个概念，既包括狭义"传播学"的基础传播理论、传播研究方法，又包括狭义"新闻学"的报刊新闻实务、广电新闻实务、应用新闻理论，还包括狭义"新闻学"与狭义"传播学"以外的广告实务与理论、公关实务与理论、传播历史、传播哲学、传播法律、传播伦理、网络传播学等等。这样，就出现了"两个名词交叉代表三个概念"，

① 芮必峰：《传播学·新闻学·新闻传播学》，《安徽大学学报》1988 年第 1 期。
② 董天策：《探讨新闻学与传播学关系的历史回顾》，《当代传播》2008 年第 1 期。
③ 王泽华：《新闻学和传播学之比较》，《中国广播电视学刊》1992 年第 2 期。
④ 明安香：《新闻学向传播学的历史性发展》，《新闻传播与研究》1994 年第 1 期。
⑤ 董天策：《理性审视新闻学与传播学的关系》，《暨南学报》（哲学社会科学版）2008 年第 2 期。
⑥ 董天策：《理性审视新闻学与传播学的关系》，《暨南学报》（哲学社会科学版）2008 年第 2 期。
⑦ 谢静、张国良：《新闻学与传播学的关系——本刊编辑部召开学术研讨会进行研讨》，《新闻大学》1996 年第 3 期。

从而产生"二名三意"的混乱。赵心树建议，把整个学科称作"传播学"，把狭义的传播学称作"基础传播学"，而"基础传播学"、狭义的"新闻学""广告学""公关学"等都是"传播学"的子学科。这样"正名"，不代表"新闻学"的学科地位下降，更不代表"传播学"的学科地位上升，"而是反映了整个领域的大发展"①。赵心树本意不是用"传播学"取代"新闻学"，他界定的"传播学"与中国传播学界的主流观点也不相同。但将"新闻学"放在其界定的"传播学"这个一级学科下，恐怕也很难让学界普遍接受。既然广义"新闻学"与广义"传播学"代表着同一个概念，那么为什么不用"新闻学"作为学科的总名，而偏偏选用"传播学"？

用传播学取代新闻学的呼声高涨之时，对"取代论"的质疑也从未停止过。

姚福申提出："如果要把新闻学纳入传播学，那么很多学科都可纳入……这就要囊括整个文化领域了，这恐怕是不行的。"②

喻权域充分利用自己参加第四次全国传播学会议的机会，针对新闻学与传播学的关系问题，广泛征求参会学者的意见。与他交换意见的学者"几乎一致认为：不能用传播学取代新闻学"③。

李启也指出，传播学与新闻学提供的知识和理论不同，研究对象有所区别，研究方法也不一样，"因而相互之间不可能取代"④。

唐远清指出，"取代论"的问题在于只有结论而没有充分的论据，"充满感情色彩的言辞和并不肯定的语气，也说明对其论点本身的说服力也不太确定"⑤。

传播学自身的幼稚与不成熟，也常常成为学者反对"取代论"的重要论据。

陶鹤山直言："传播学从诞生开始，就一直没有得到社会科学界的承认。"⑥

---

① 赵心树：《新闻学与传播学的命名、使命及构成——与李希光、潘忠党商榷》，《清华大学学报》（哲学社会科学版）2007 年第 5 期。

② 谢静、张国良：《新闻学与传播学的关系——本刊编辑部召开学术研讨会进行研讨》，《新闻大学》1996 年第 3 期。

③ 喻权域：《关于新闻学与传播学的调研随记》，《新闻战线》1996 年第 1 期。

④ 李启：《试论传播学与新闻学关系的定位》，《新闻与传播研究》1996 年第 1 期。

⑤ 唐远清：《新闻学与传播学关系辨析》，《当代传播》2007 年第 5 期。

⑥ 陶鹤山：《传播学的危机与重构》，《新闻与传播研究》2002 年第 2 期。

程曼丽则强调："如果一个学科边界无限大，就会淹没在其他学科中，无法形成定位和特色。传播学的发展目前就有这个问题。"①

剖析传播学对新闻学研究产生的负面影响，是另一种反对的声音。

李希光认为，新闻学的前途应当被新闻学者所掌握，而不是被传播理论家所掌控。否则，传播学就会"抹杀新闻学的特点与价值，使新闻学枯萎下去"②。

罗源则提醒："现代中国新闻学界涌动着一股潮流，即由传播学的引进所带来的新闻'工具主义'思潮。在这样的学术理念下，新闻学渐渐模糊着自己的本质，甚至有被传播学所取代的趋势。"③

既然传播学不能取代新闻学，那传播学与新闻学的关系就应是"并蒂莲"，而不是"独头蒜"④。传播学与新闻学之间，应当是"相辅相成、相得益彰"⑤的关系。唐远清更通过采访30多位新闻学者，并综合他们的意见，提出新闻学与传播学"协同发展"⑥的主张。"协同发展论"既维护新闻学与传播学的各自学科地位，同时承认二者之间的紧密联系。

（三）新闻传播学：新兴之学还是传统之学？

20世纪90年代以来，冠名"新闻传播学"的著述层出不穷。人们不禁要问，"新闻传播学"是一门新兴之学，还是传统之学？

第一，新闻传播学是不同于新闻学与传播学的交叉学科。

邵培仁建议："新闻传播学位于新闻学与传播学两个研究领域的交叉边缘地带，但它并不准备通过对传统新闻学作系统勘正来扩大自己的研究领地，也不准备通过对西方传播学作整体移植来淡化自己的学术个性，因为它有自己明确的研究对象和研究范围……因为它的研究不是简单、机械的嫁接和拼凑，而是对包括新闻学和传播学在内的各种知识的

① 赵飞、孙菁茹：《在碰撞中反思——新闻与传播学科发展座谈会综述》，《中国记者》2005年第6期。
② 李希光：《是新闻记者的摇篮还是传播学者的温室？——21世纪新闻学教育思考》，《新闻记者》2001年第1期。
③ 罗源：《"主流"的误区——关于新闻学中工具主义的批判》，《西南民族大学学报》（人文社科版）2004年第3期。
④ 郑保卫：《不是"独头蒜"，是"并蒂莲"——对新闻学与传播学关系的思考》，《新闻传播》2001年第5期。
⑤ 李启：《试论传播学与新闻学关系的定位》，《新闻与传播研究》1996年第1期。
⑥ 唐远清：《新闻学与传播学关系辨析》，《当代传播》2007年第5期。

合理融汇和重新整合。"① 因此，新闻传播学"可以推动新闻学作脱胎换骨的改造，也可以促使当代传播学向各个社会生活领域推进"②。可见，新闻传播学有别于传统新闻学，也有别于西方的传播学，是一门新兴之学。

第二，新闻传播学是传播学的一部分。

童兵指出，新闻传播学不等于新闻学加上传播学，"从学科体系看，新闻传播学应是传播学的一部分，是研究人类新闻传播行为、活动及其规律的科学……尽管新闻学的发展与普及早于传播学，但从人类传播行为和活动考察，一般意义上的传播活动却是早于新闻传播的，人们对于一般传播活动及其规律的研究也早于新闻传播活动及其规律的研究……因此，本书（《理论新闻传播学导论》）将唤了数十年的新闻学，改为新闻传播学"③。

第三，新闻传播学是现代新闻学。

更多学者将新闻传播学看作是传统新闻学的发展。高永振、丁国宁、文言指出："新闻传播学不是'新闻学与传播学'的交叉，而是新闻学的基础理论。"④ 陈世寿、刘洁主张，新闻传播学就是传统新闻学"在现代社会和现代传播科技高度发达的宏观背景下考察与自身相关的各种问题"⑤，"新闻传播学不是对传统新闻学的削弱，而是对其的充实与提高"⑥。董天策更是明确指出："新闻传播学其实是现代意义的新闻学。"⑦ 可见，多数学者将新闻传播学看作是传统新闻学在吸取传播学的某些知识、理念、方法之后而获得的新发展。

二、研究意义与研究视角

新闻学术史是关于新闻学研究活动的历史。在新闻学科发展的大背景下，新闻学术史以新闻学理论变迁为主线，以新闻学者为主体，以学术著作、学术团体、学术刊物及新闻教育机构为重要载体，以学术环境、学术条件为主要内容。

---

① 董天策：《论新闻学与传播学之间的分殊与吸取》，《当代传播》2008 年第 5 期。
② 邵培仁、叶亚东：《新闻传播学》，南京，江苏人民出版社 1995 年版，第 1 页。
③ 童兵：《理论新闻传播学导论》，北京，中国人民大学出版社 2000 年版，第 3 页。
④ 高永振、丁国宁、文言：《新闻传播学》，沈阳，辽宁大学出版社 1994 年版，第 2 页。
⑤ 董天策：《论新闻学与传播学之间的分殊与吸取》，《当代传播》2008 年第 5 期。
⑥ 董天策：《论新闻学与传播学之间的分殊与吸取》，《当代传播》2008 年第 5 期。
⑦ 董天策：《网络新闻传播学》，福州，福建人民出版社 2003 年版，第 37 页。

新闻学术史研究可以从不同侧面展现新闻学科的成长历程。一个学科的成长与发展，"史"是一个重要的支撑条件，它是学科发展的基础，往往承载着学科的许多概念、定理与方法的演进。新闻学的实践性与不成熟，令其发生与发展的历史往往不被重视。因此，从学术史角度研究新闻学的学科发展历史，更具有重要意义。中华人民共和国成立以来，新闻学术研究的发展经历过严重的挫折，也出现了前所未有的繁荣。系统总结经验教训，对于当今中国新闻学术研究的繁荣，对于未来中国新闻学科的发展，都具有重要意义。

本研究无意于中国当代新闻学术史的主线、主体、内容等方方面面的集大成式的总结，而旨在从一个侧面——新闻学研究范式的转变，来分析中国当代新闻学术的演变。托马斯·库恩（Thomas Samuel Kuhn）曾提出，科学的发展过程，就是一个常规科学传统转变到另一个常规科学传统的过程。两个传统之间的变化就是范式的转换。范式是一套共同的科学习惯，"代表着一个特定共同体的成员所共有的信念、价值、技术等等构成的整体"①。本研究旨在揭示 1949～2011 年间，中国新闻学研究者由于研究领域、学术立场、价值取向的不同，围绕"党报之学""政治运动之学""新闻事业之学""新闻之学"不同的理论形态组成的"特定共同体"，从而实现新闻学研究范式的一次次转换。任何一门学科的发展，不仅要建立起自身的话语系统与独特的知识体系，还要有相对成熟的理论形态，新闻学科也不例外。我们通过新闻学范式转换来再现新闻学理论形态的变迁，可以从一个侧面透视中国新闻学的演进特点与规律，从而推动新闻学科的健康、持续发展。

本研究也无意于新闻学与传播学关系的论争。但须指出的，本研究所说的"新闻学"是传统新闻学，而不是新闻学与传播学交叉或融合的"新闻传播学"。本研究不再泛泛而论"新闻传播学"，而是将"新闻传播学"看作"现代新闻学"来加以研究。本研究也不将"传播学"列为主要研究对象，而是将"传播学"看作推动传统新闻学发展的一个重要因素与力量来加以考量。

三、研究思路

1949～2011 年间，新闻学研究范式多次发生转换，从一个侧面再现

---

① 〔美〕托马斯·库恩：《科学革命的结构》，金吾伦、胡新和译，北京，北京大学出版社 2003 年版，第 157 页。

了中国当代新闻学的发展历史与变迁规律。本研究内容共分五章，具体如下：

第一章　党报之学及其理论创新：1949～1956年的新闻学研究

20世纪50年代初，在革命色彩浓郁的时代热潮中，延安时期的新闻学术传统得以承继，同时开始了新闻工作学苏联。在这一过程中，我们全盘照搬了苏联的新闻学研究模式，即新闻学著述就是革命报刊工作流程以及历史与现实经验的分析，就是领袖语录的反复注解。新闻学就是党报之学。1956年，在新闻工作改革的大背景下，王中写作《新闻学原理大纲》，提出新闻学理论的一些基本问题，实现了新闻学研究的理论创新。

第二章　政治运动之学：1957～1976年的新闻学研究

1957～1976年，历经反右派斗争、大跃进运动、反右倾、"文化大革命"的冲击与洗礼，学术研究缺乏基本的制度保障，新闻学者被迫放弃学术理想。他们研究的新闻学已不再是科学的知识体系，而是政治运动的工具。

第三章　新闻事业之学：1977～1990年的新闻学研究

历经拨乱反正之后，在改革开放过程中，新闻学研究者的价值取向开始向新闻学科自身回归。由于新闻事业的蓬勃发展与新闻学术研究的恢复与进行，加之传播学的传入，新闻学研究者开始建构"新闻事业"之学：在理论新闻学领域，新闻学者以包括报纸、广播、电视在内的整个新闻事业为研究对象构建知识体系；在历史新闻学领域，20世纪50年代流行的苏共模式仍有较大影响，无论是通史、断代史，还是专门史的写作，都具有明显的革命化、政治化特征；在应用新闻学领域，随着新闻改革的推进，研究者开始关注如何报道新闻。

第四章　新闻之学：1991～2011年的新闻学研究

这一时期，由于新媒体的迅猛发展，新闻学术的繁荣，加之西方人文社会科学理论的引入，新闻学理论建构走向多元：在理论新闻学领域，新闻学者尝试通过传播学化书写与哲学化书写来提升理论层次；在历史新闻学领域，新闻学者努力通过新闻本体视角、媒介生态学视角、"新新闻史"视角、媒介社会学视角的新闻史书写，来进行理论创新；在应用新闻学领域，新闻学者围绕客观报道、体验式报道、精确报道进行论述，"新闻本位"观念深入人心。三个领域有一个共同点，即将新闻或新闻传播作为理论构建的逻辑起点，新闻学是"新闻"之学。

第五章　中国当代新闻学术的发展路向

纵观中国当代新闻学术研究的范式转换，中国当代新闻学研究经历了从政治本位走向学科本位，从自发走向自觉，从感性走向理性的发展过程。这种变化是中国当代新闻学发展的总体特征，也是中国新闻学的发展路向。我们应当以史为鉴，推动中国新闻学向着健康的方向继续前行。

第一章　党报之学及其理论创新：1949～1956 年的新闻学研究

　　从中华人民共和国成立至 1956 年，新闻学研究确立了党报之学的理论范式。党报之学是指在新闻学术研究过程中，无产阶级党报理论成为理论核心，无产阶级政党报刊工作流程与方法的介绍成为研究重点。新闻学研究不注重新闻学基本概念的辨析，也不关注新闻学知识体系的建构，而重在无产阶级政党报刊历史与现实经验的总结。这一时期的新闻学研究，既有革命色彩浓郁的时代烙印，也有延安时期新闻学脉的延续，还明显受到苏联新闻学术研究模式的影响。

　　1956 年的新闻工作改革，对新闻工作学苏联进行了纠正与反思，带来了新闻学者的思想解放。王中写作《新闻学原理大纲》，对新闻学基础理论问题给予充分关注，开启新中国新闻学研究的第一次理论创新。

第一节　党报之学的理论建构及主要特征

　　1949～1956 年，新闻学研究偏重党报工作流程的介绍与工作经验的总结，理论建构相对薄弱，这在理论新闻学、历史新闻学与应用新闻学领域都有所体现。

一、新闻理论研究"五性一统"

　　根据《中国新闻学书目大全》（新华出版社 1989 年）进行统计，1949～1956 年间，在"新闻学概论"[①] 一级条目下只有两本中国人自撰

---

　　① 该条目细分为"专著与教材""论文集与资料汇编""丛刊"三个子目。两本著述都在"论文集与资料汇编"子条目下。

的著述。其中陈笑雨的《新闻杂谈》①（武汉通俗图书出版社 1950 年）虽以新闻业务为主②，但论及新闻的"新"与"真实"问题。此外，在"新闻业务"一级条目下，江新、戈风编著的《怎样写新闻》③（上海劳动出版社 1951 年），阐述了新闻的指导性、真实性、时间性与新闻的五要素等基本理论问题。可以说，这一时期没有一本专门论述新闻学基本概念与理论的著述。这一时期的理论新闻学建构极其薄弱。

1954 年，北京大学新闻专业全面学习苏联新闻教学经验，以莫斯科大学新闻系教学大纲模式制订了《新闻工作理论与实践》大纲，成为这一时期最有理论色彩的新闻学著述。该大纲共 24 讲，具体内容如下：

一、序言

二、人民报刊的性质和任务

三、人民报刊的基本原则

　　1. 党性

　　2. 思想性

　　3. 战斗性

　　4. 群众性

　　5. 真实性

四、新闻工作干部的培养

五、我国当前报刊、通讯社、广播概况

六、报纸编辑部的工作和计划性

七、报纸的群众工作和读者来信工作

八、报纸的编辑工作

九、报纸的记者

十、报纸的出版技术

十一至二十二、有关报纸上的经济、文化、教育、理论、政法、军事、国际等问题的宣传

二十三、报纸上的图片

---

① 另一本为《新闻工作》（新华社济南分社 1949 年）。

② 主要阐述新闻报道中的批评和表扬，新闻报道中的问题，政治事件的报道，加强对实际工作的报道，报道要有声音；新闻写作中的方言、土语、简字、简句的处理；新闻要用事实说话；要深入实际、深入采访、细心观察、熟谙事理；新闻中的数字、人名、地名的重要意义等问题。

③ 主要阐述报道的片面性；新闻的中心、关键问题；经常积累材料；用事实说话；写活新闻；报道会议新闻；报道运动要赶得快、看得深、想得远；多写群众生活等问题。

二十四、报纸的发行工作

这个大纲具有两个重要特征。第一，大纲的内容"既庞杂又肤浅，理论业务一把抓"①。第二，大纲提出的人民报刊的五个"基本原则"，成为"五性一统论"的核心内容。"五性一统论"是指，"马克思主义新闻学，就是由'党性、思想性、战斗性、群众性、真实性'这报纸工作的五个原则，和报纸是'阶级斗争工具论'这一报纸的根本性质两部分组成的"②。"五性一统论"长期影响中国新闻学研究与新闻教育模式及新闻业界实践，是教条主义、形式主义的理论根源，给后来的新闻体制改革造成较大的理论障碍。

二、报刊史研究的革命史范式

这一时期，新闻学术界最为重视的研究领域是报刊史。报刊史研究是在新闻界学苏联的背景下开展的。当时充满革命色彩的苏联新闻学研究模式，深深影响中国报刊史研究。报刊史研究没有从经济、政治、文化、社会生活各个领域全面再现报刊在社会发展中所起的各种作用，而仅仅关注"它在政治斗争、思想斗争中的历史作用"③。这是学苏联过程中，中国新闻学研究的一个重要特点。

在新闻界学苏联过程中，我们强调学习苏联的新闻学教育模式，提倡像苏联那样编写完整的大纲、讲义和教材。为此，马列学院④于1954年9月成立新闻班，其研究与教学的一个重点就是中国报刊史。新闻班组织教师收集报刊史资料，同时着手编写报刊史教学大纲。在丁树奇副主任的主持下，《中国报刊史教学大纲（草稿）》于1956年年初完成，并呈交胡乔木审阅。胡乔木指出："报刊史应以报刊发展的历史为主，叙述报刊在思想斗争中的作用。"⑤"报刊史重要任务之一就是对报刊工作者进行思想教育；报刊史是新闻业务教育中的一门极重要的课程。"⑥"革命报

---

① 童兵、林涵：《20世纪中国新闻学与传播学·理论新闻学卷》，上海，复旦大学出版社2001年版，第308页。

② 童兵、林涵：《20世纪中国新闻学与传播学·理论新闻学卷》，上海，复旦大学出版社2001年版，第308页。

③ 丁淦林：《中国新闻史研究需要创新——从1956年的教学大纲草稿说起》，《新闻大学》2007年第1期。

④ 1955年改称中共中央直属高级党校，1977年定名为中共中央党校。

⑤ 丁淦林：《中国新闻史教学需要适时革新》，《新闻大学》2004年第3期。

⑥ 丁淦林：《20世纪中国新闻史研究》，《复旦学报》（社会科学版）2000年第6期。

刊工作的基本问题，应该通过报刊史来加以阐述。"① 中共中央宣传部于 1956 年 2 月召开座谈会，传达胡乔木的意见，并就修改意见展开讨论。② 这份大纲是中国报刊史教学的重要依据。新闻班组织李龙牧、黄河、刘爱芝、丁树齐等，编写了《现代革命报刊史讲义》③。1957 年下半年，新闻班停办，人员调出，黄河、刘爱芝被调到中国人民大学新闻系，丁树齐、李龙牧被调到复旦大学新闻系。1958～1960 年间，中国人民大学新闻系编写了《中国现代报刊史》，复旦大学新闻系编写了《中国新民主主义革命时期新闻事业史讲义》④。马列学院新闻班有关中国报刊史的研究精神，被进一步贯彻与发展。

《中国报刊史教学大纲（草稿）》共 4 编 11 章，具体安排如下：

"第 1 编　中国定期报刊的产生和发展

　　第 1 章　中国早期的报刊

　　第 2 章　中国近代形式报纸的产生

　第 2 编　旧民主主义革命时期的中国新闻事业

　　第 1 章　戊戌维新运动前后的中国新闻事业——进步政论报刊
　　　　　　的兴起

　　第 2 章　旧民主主义革命运动高涨时期的中国新闻事业

　第 3 编　新民主主义革命时期的新闻事业（中国共产主义报刊的产
　　　　　生与发展）

　　第 1 章　五四运动和中国共产党成立前的民主主义和社会主义
　　　　　　报刊

　　第 2 章　第一次国内革命战争时期的共产党报刊和其他进步
　　　　　　报刊

　　第 3 章　第二次国内革命战争时期的共产党报刊和其他进步
　　　　　　报刊

　　第 4 章　抗日战争时期的共产党报刊和其他进步报刊

　　第 5 章　第三次国内革命战争时期的共产党报刊和其他进步
　　　　　　报刊

---

① 丁淦林：《中国新闻史教学需要适时革新》，《新闻大学》2004 年第 3 期。

② 参见丁淦林：《中国新闻史研究需要创新——从 1956 年的教学大纲草稿说起》，《新闻大学》2007 年第 1 期。

③ 参见方汉奇、曹立新：《多打深井多作个案研究——与方汉奇教授谈新闻史研究》，《新闻大学》2007 年第 3 期。

④ 参见丁淦林：《20 世纪中国新闻史研究》，《复旦学报》（社会科学版）2000 年第 6 期。

第 4 编　中国共产党和人民的报刊为建成社会主义而奋斗
　　第 1 章　国民经济恢复时期（1949～1952）党和人民的报刊
　　第 2 章　国民经济建设的第一个五年计划开始后的党和人民报
　　　　　　刊（1953～　　）"①

由此可见，《中国报刊史教学大纲（草稿）》重点阐述报刊在思想斗争、革命斗争、政治斗争中所起的进步作用。大纲主要研究革命的中国共产党的报刊的历史，其他报刊很少涉及。中国报刊史的历史分期以中国革命史的历史分期为蓝本。这样，中国新闻史就被写成了革命报刊史，或者中国共产党党报史。

三、党报业务经验是新闻学术研究的理论重心

根据《中国新闻学书目大全》进行统计，1949～1956 年间，中国人自撰的新闻学著述共有 92 本，其中属于或以应用新闻学为主要内容的著述有 91 本②，包括"新闻学概论"等 7 个一级目录。见表 1－1。

表 1－1　1949～1956 年中国人自撰的应用新闻学著述③

类别	书　名	编　者	出版社与出版时间
新闻学概论	《新闻工作》	新华社济南分社	新华社济南分社 1949 年
	《新闻杂谈》	陈笑雨	武汉通俗图书出版社 1950 年
新闻事业一般论述	《报纸的故事》	方　白	开明书店 1950 年
	《怎样编写通俗报刊》	柯　蓝	上海新华书店出版 1949 年
	《怎样办报》	王　火	上海通俗文化出版社 1950 年
	《通俗报刊与写作通俗化》	高健民	华南人民出版社 1951 年
	《怎样办通俗报纸》	方连、孙瑜	江苏人民出版社 1957 年
	《怎样办农民报》		四川农民报编辑部 1956 年
	《工会报纸的经济宣传》	陈　浚	工人出版社 1954 年
	《怎样办好黑板报》	邵　西	上海编辑社 1951 年
	《黑板报编写法》	王宝康	上海新文化书社 1952 年

---

① 参见丁淦林：《中国新闻史研究需要创新——从 1956 年的教学大纲草稿说起》，《新闻大学》2007 年第 1 期。

② 另一本是《上海各图书馆藏报调查录》（上海新闻图书馆 1951 年）。

③ 表格资料参见林德海主编：《中国新闻学书目大全（1903～1987）》，北京，新华出版社 1989 年版，第 50～202 页。

续表

类别	书　名	编　者	出版社与出版时间
新闻事业一般论述	《怎样办好黑板报》	周伍绂	北新书局 1952 年
	《怎样办好黑板报》	赵永江	江苏人民出版社 1956 年
	《怎样办好黑板报》	王　可	通俗读物出版社 1956 年
	《怎样办好厂矿黑板报》	知　之	工人出版社 1956 年
	《怎样办好农村黑板报》	林音频	山东人民出版社 1950 年
	《怎样办好农村黑板报》	林　拔	广东人民出版社 1956 年
	《布尔什维克报刊文集》	人民出版社编	人民出版社 1954 年
	《广播工作参考材料》第 1 辑		中央广播事业局 1954 年
	《怎样办农村有线广播》	陈海峰、朱金贵	通俗读物出版社 1956 年
	《办农村有线广播站的经验》	《广播爱好者》编辑部	通俗读物出版社 1956 年
	《建立农村广播网》	鹿　野	科学普及出版社 1956 年
	《怎样做一个广播收音员》		湖南人民广播电台 1951 年
新闻记者与通讯员	《怎样做一个工农通讯员》	新湖南报社编	湖南通俗读物出版社 1953 年
	《工农通讯员讲话》	四川日报编辑部编	四川人民出版社 1953 年
	《怎样做工农通讯员》	张　友	西南人民出版社 1953 年
	《我怎样当报纸通讯员》	王占顺等	东北人民出版社 1953 年
	《工农通讯员讲话》	四川日报编辑部编	四川人民出版社 1954 年
	《通讯员的思想和写作修养》		南方日报编辑部 1955 年
	《怎样搞好通讯工作》	易　征	广东人民出版社 1956 年
	《一个农民通讯员的成长》	巨　音	江苏人民出版社 1956 年

续表

类别	书　名	编　者	出版社与出版时间
新闻业务	《新闻业务选集》		天津日报 1950 年
	《怎样进行经济宣传》		人民出版社 1954 年
	《新闻采访与写作》	戈　扬	三联书店 1949 年
	《怎样写稿》	叶　克	东北人民出版社 1949 年
	《怎样写新闻》	江新、戈风编著	劳动出版社 1951 年
	《给报纸写稿的常识》	宫　琦	山东人民出版社 1951 年
	《怎样给报纸写稿》	余　群	山西人民出版社 1954 年
	《人人要学会写新闻》		长江日报总编室 1955 年
	《新闻写作的一般原则》	阿兰·魏宁敦	四川日报总编室 1956 年
	《怎样写新闻消息》	黎　政	广州人间书屋 1951 年
	《谈通讯写作》	艾治平	中南人民文学艺术出版社 1953 年
	《通讯与特写》	戈　扬	上海出版公司 1955 年
	《怎样写特写》	沈联清	通俗读物出版社 1952 年
	《新闻摄影》	毛松友	上海中华书局 1952 年
	《校对工作参考资料》		新北京出版社 1951 年
	《新闻文选》		新华社济南分社 1949 年
	《新闻选读》		新华社西南总分社 1953 年
	《新闻文选》	中共中央高级党校新闻教研室	贵州日报社翻印 1956 年
	《一九五三年工业建设新闻通讯选》		重庆新华日报编辑部 1954 年
	《社论范文选》	中共中央直属高级党校新闻教研室	人民出版社 1955 年
	《怎样读报》		四川人民出版社 1953 年
	《怎样读报》	惠伯、嘉平	中国青年出版社 1956 年

续表

类别	书　名	编　者	出版社与出版时间
新闻业务	《怎样读国际新闻》	石啸冲	平明出版社 1951 年
	《怎样组织读报组》	宫　琦	山东人民出版社 1952 年
	《怎样搞好读报组》		湖南人民出版社 1955 年
	《怎样组织读报组》	刘祖佑	人民邮电出版社 1956 年
	《怎样办好读报组》	言　炎	江苏人民出版社 1956 年
	《怎样搞好农村读报组》	余　群	山西人民出版社 1954 年
	《和农民谈读报》	曹恩彬	南方通俗出版社 1955 年
	《农民爱报纸》	刘祖佑 张钦沛	人民邮电出版社 1956 年
	《我们喜欢读报》	中国少年报社 新少年报社	儿童出版社 1956 年
参考 工具书	《通讯员学习手册》	劳动报编辑部编	劳动出版社 1951 年
	《报刊发行手册》	邮电部上海 邮电发行处	上海新闻日报社印刷厂
	《读报手册》	长江日报编辑部	长江日报社 1950 年
	《读报手册》		光明日报社 1951 年
	《广播收音手册》	新闻工作社编辑	三联书店 1950 年
	《广播收音学习手册》		内蒙古人民广播电台 1954 年
	《工人广播手册》	华东上海人民 广播电台编辑	上海劳动出版社 1951 年
世界新闻 事业历史 与现状	《亚洲主要报刊及 通讯社介绍》	军委联络部编	军委联络部 1954 年
	《欧美主要报刊及 通讯社介绍》	军委联络部编	军委联络部 1954 年
	《印度新闻事业概况》		外交部情报司资料室 1954 年
	《苏联的新闻出版事业》	储　华	群众书店 1951 年
	《学习〈真理报〉的经验》		人民出版社 1954 年
	《塔斯社工作经验》		新华通讯社 1955 年

类别	书　名	编　者	出版社与出版时间
中国新闻事业历史与现状	《中国共产党中央委员会关于在报纸上开展批评和自我批评的决定》		人民出版社 1950 年
	《关于目前新闻工作中的四个问题：胡乔木署长在全国新闻工作会议上的报告》		新华日报编辑部 1950 年
	《改进今后报纸工作开展批评与自我批评》	胡乔木等	人民铁路报社 1950 年
	《全国报纸概况表》		新闻总署报业管理处 1950 年
	《人民报纸与通讯员》	缪　雨	群联出版社 1951 年
	《为没有错误的新闻而奋斗》		新华总社办公室 1952 年
	《我们应当在报纸刊物上认真开展批评与自我批评》		北京日报社 1953 年
	《全党全民办报刊发行》		人民邮电出版社 1953 年
	《邮电部第三次全国报刊推广工作会议文件汇编》		人民邮电出版社 1956 年
	《大家都来订报纸杂志》	刘秀瑛	人民邮电出版社 1956 年
	《报纸工作文选》第 3 辑	中南人民出版社编	中南人民出版社 1952 年
	《江苏省第二次党报通讯工作会议专辑》		新华日报社 1955 年
	《浙江农村报纸工作经验》	中共浙江省委宣传部报刊出版广播处	浙江人民出版社 1956 年
	《山西农民报三年来走过的道路》		山西日报社 1953 年
	《本报创刊以来工作总结汇集》		台州大众总编办公室 1954 年
	《总路线的灯塔照耀着我们的报道工作》		南方日报编辑部 1955 年

通过表1－1可以看出，这一时期应用新闻学研究著述最为丰富，与理论新闻学著述匮乏形成鲜明对比。但这一时期的应用新闻学著述，偏重于办报业务经验，尤其是基本的新闻工作流程的介绍，例如，读报及读报组的设置，消息、通讯及特稿写作，办好黑板报，通讯员的修养及培养，中国党报工作经验，中央关于中国党报工作的方针与指示，等等。在新闻业务理论建构方面，同样比较薄弱。

四、党报之学的主要特征

党报之学的理论建构，具有明显的非学科化特点。新闻理论建构的"五性一统"，统一于"阶级性"；新闻史的理论建构以革命斗争史为依据；新闻业务理论建构以政策诠释为核心。整体而言，新闻学理论建构游离新闻学科的基本范畴。

对于党报之学而言，"缺乏独立的学术范畴和专门术语，而大多直接套用、借用或沿用政治话语（包括政治领袖语录和党派宣言等），是政治思潮、政党指导思想、党派纲领在新闻学领域的运用，甚至直接将指导思想添加到新闻学名称前"[①]。党报之学的理论建构中，就连新闻、新闻价值、新闻学等最基本的学科概念，都没有得到界定，新闻学的知识体系自然无法建立起来。

党报之学理论建构的目的"是为了更好地发挥新闻传媒的政治功用，或直接为政治服务。这种话语方式多用权威的语气代替旁征博引，不充分利用学术资源而以政策方针或领袖语录为大前提下结论"[②]。强烈的政治功用目的，影响了新闻学知识体系与理论体系的建构。

第二节　党报之学的成因

党报之学的形成，是时代热潮、历史传统与国外新闻工作经验多方影响综合作用的结果。

一、研究者自觉融入时代热潮

20世纪50年代初期是一个具有浓郁革命色彩的时代。

[①]　肖燕雄、谭笑：《论新闻学的研究话语和研究方法》，《新闻学论集》2010年第24辑。
[②]　肖燕雄、谭笑：《论新闻学的研究话语和研究方法》，《新闻学论集》2010年第24辑。

新中国成立初期进行了土地改革运动。《人民日报》、新华社、中央人民广播电台等媒体全面宣传《中华人民共和国土地改革法》的实施情况以及人民群众的反应，充分反映广大贫下中农迫切要求土地改革的愿望，阐述土地改革的必要性和合理性。

新中国成立初期进行了镇压反革命运动。各媒体重点揭发反革命分子的阴谋与罪恶。"据1951年3月的统计，当年2月份1个月内，除东北地区外，全国5大行政区19家省级以上报纸刊发的有关镇压反革命的新闻、评论稿件共450多篇。"① 《人民日报》、新华社突出报道李公朴被杀案、闻一多被杀案、南通惨案、重庆校场口血案、邓演达被杀案、刘胡兰被杀案等一系列重大历史案件的凶手被缉拿并依法惩处的情况。各媒体还大规模报道群众检举、控诉反革命分子罪行，清理积案，建立治安保卫委员会管制反革命分子等内容，燃起人民群众高度的革命热情。

经济领域开展的"三反""五反"运动，同样具有浓烈的革命色彩。"三反"是指在党政机关队伍中反贪污、反浪费、反官僚主义。"五反"是指在工商业领域反行贿、反偷税漏税、反盗窃国家财产、反偷工减料、反盗窃国家经济情报。媒体反复宣传运动的政策、目的、意义及方法，清算资产阶级思想对党的队伍的腐蚀和影响，揭露奸商以假药、次药冒充好药，用破旧脏棉充当药棉，破坏抗美援朝运动等罪行。各媒体还通过新闻、评论、检举"专栏"等多种形式进行宣传，揭露"资产阶级有组织有计划地猖狂向人民民主政权"② 进攻。

思想文化领域开展了知识分子思想改造运动。1951年，为了让原来生活在旧社会的知识分子能够尽快地适应新时代的需要，党中央决定对知识分子进行思想改造。在运动中，知识分子通过学习和普及马克思列宁主义、毛泽东思想，进行自我教育，以适应时代形势，为新中国的各项革命和建设事业服务。1952年，中共中央发出《关于宣传文教部门应无例外地进行"三反"运动的指示》，指出"三反"运动是目前最实际的思想改造，故教育界、文艺界的思想改造亦应转入"三反"。这样，知识分子思想改造运动同"三反"运动结合起来。运动特别强调依靠学生，深入发动群众，批判和打击崇拜英美、狭隘民族主义、宗派主义、自私

---

① 方汉奇主编：《中国新闻事业通史》第3卷，北京，中国人民大学出版社1999年版，第77页。

② 方汉奇主编：《中国新闻事业通史》第3卷，北京，中国人民大学出版社1999年版，第78页。

自利、对人民国家不负责任等各种思想。知识分子思想改造运动，被当时的知识分子称作"洗澡"运动，知识分子经过灵魂的"洗澡"，树立起牢固的革命观念。

思想文化领域还开展了三次大规模批判运动，令革命观念深入人心。

思想文化领域开展了对电影《武训传》的批判。1951 年年初公映的电影《武训传》是描述清末历史人物武训行乞兴学的一部传记故事片。该片详尽描写武训不惜任人踢、打、鞭、骑，以乞资办学的苦操奇行，并把武训赞扬为"典型地表现了我们中华民族的勤劳、勇敢、智慧的崇高品德"①。电影公开上映后，各地报刊发表的歌颂性文章多达一二百篇。在这种情形下，毛泽东撰写社论《应当重视电影〈武训传〉的讨论》，1951 年 5 月 20 日的《人民日报》予以刊载。社论严厉批评说："《武训传》所提出的问题带有根本的性质。像武训那样的人，处在清朝末年中国人民反对外国侵略者和反对国内的反动封建统治者的伟大斗争的时代，根本不去触动封建经济基础及其上层建筑的一根毫毛，反而狂热地宣传封建文化，并为了取得自己所没有的宣传封建文化的地位，就对反动的封建统治者竭尽奴颜婢膝的能事。"② 社论认为新闻界在进行"污蔑农民革命斗争，污蔑中国历史，污蔑中国民族的反动宣传"③。社论要求开展关于电影《武训传》及有关武训的著作和论文的讨论。同一天，《人民日报》在"党的生活"专栏发表措辞严厉的评论，指出："歌颂过武训和电影《武训传》的，一律要作严肃的公开的自我批评；而担任文艺、教育、宣传工作的党员干部，特别是与武训、《武训传》及其评论有关的……干部，还要作出适当的结论。"④ 这个评论也就成为中央的命令。《人民日报》的社论和评论由新华社当天播发，全国大报毫无例外全文转载。《人民日报》和全国其他报纸连续报道批判《武训传》的动态新闻，发表大量的批判文章与干部的检讨文章。与电影审批制作有关的党员干部都受到严厉批评，并做了公开的自我批评。

思想文化领域开展了对《红楼梦》研究及胡适资产阶级唯心论的批判。红学家俞平伯于 1923 年出版了专著《红楼梦辨》。1952 年，俞平伯修订《红楼梦辨》，并改名为《红楼梦研究》再版。1954 年，俞平伯又

---

① 王镇富：《试论武训批判对新中国史学领域的影响》，《长白学刊》2008 年第 5 期。
② 李刚：《"〈武训传〉批判"的历史考论》，《南京晓庄学院学报》2004 年第 3 期。
③ 李刚：《"〈武训传〉批判"的历史考论》，《南京晓庄学院学报》2004 年第 3 期。
④ 李刚：《"〈武训传〉批判"的历史考论》，《南京晓庄学院学报》2004 年第 3 期。

在《新建设》第 3 号发表《红楼梦简论》。1954 年 5 月，《文艺报》刊载文章对《红楼梦研究》给予高度评价："《红楼梦研究》一书做了细密的考证、校勘，扫除了过去'红学'的一切梦呓，这是很大的功绩。"①1954 年第 9 期的《文史哲》刊载李希凡、蓝翎的批评文章《关于〈红楼梦简论〉及其他》，同年 10 月，《光明日报》刊载李希凡、蓝翎的第二篇批评文章《评〈红楼梦研究〉》。毛泽东看到这两篇文章后，于 1954 年10 月 16 日给中央政治局写了《关于红楼梦研究问题的信》，附上李希凡、蓝翎两人的文章，称赞"这是 30 多年以来向所谓《红楼梦》研究权威作家的错误观点的第一次认真的开火"②，要求开展一场反对胡适派资产阶级唯心论的斗争。1954 年 10 月下旬，《人民日报》开始发表署名文章，掀起了一场自上而下的、以新闻工具为主要阵地的学术思想批判运动，同时把对《红楼梦》的批判扩展到对胡适思想的全面批判。这场批判持续半年之久。

思想文化领域开展了对胡风的批判。胡风是 1949 年以前国统区的一位进步作家，曾任"左联"宣传部长，同国民党反动派作过斗争，对进步的文化运动有过贡献。新中国成立初期，《长江日报》和《文艺报》刊登批评胡风文艺思想的文章，胡风不服。1954 年 7 月，胡风撰写 30 万字的《关于解放以来的文艺实践情况的报告》，即"三十万言书"，呈交政务院转交给党中央，坚持自己的文艺思想并提出反批评。1954 年年底，党中央决定公布胡风的意见书并批判他的文艺观点。《人民日报》从 1955 年 1 月起突出报道对胡风的批判。1955 年 2 月，中国作家协会主席团扩大会议决定开展对胡风资产阶级唯心主义文艺思想的批判，开始有组织有计划地批判胡风。《人民日报》对此加以充分报道，除发表许多动态消息外，还发表 20 多篇文艺界人士的批判文章。迄至 5 月 13 日，"三十万言书"被当作文艺队伍内部的意见分歧，对胡风政治上的进步表现仍给予肯定。在批判活动中，舒芜向中宣部交出胡风 1949 年以前写给他的一些私人信件。5 月 13 日，对胡风的批判骤然升级，《人民日报》刊载了经过分类整理并配加注释的胡风的信件，并添加标题《关于胡风反党集团的一些材料》。毛泽东为这批材料写了"编者按"，并断言："从舒芜文章所揭露的材料，读者可以看出，胡风和他所领导的反党反人民的文艺集

---

① 方汉奇、陈业劭主编：《中国当代新闻事业史（1949～1988）》，北京，新华出版社 1992年版，第 56 页。

② 孙玉明：《毛泽东与〈红楼梦〉研究批判运动》，《红楼梦学刊》2001 年第 1 辑。

团是怎样老早就敌对、仇恨和痛恨中国共产党的和非党的进步作家"[1]，并责令"一切和胡风混在一起而得有密信的人"[2]，都把信交出来。5 月 16 日，公安部拘捕胡风。5 月 24 日，《人民日报》公布第二批材料。6 月 10 日，《人民日报》公布第三批材料，改称"胡风反革命集团"，同时刊发社论《必须从胡风事件吸取教训》。社论认定"胡风分子"已经混入中国共产党，号召全国各地各部门进行肃反清查，并提醒人们"不能和老虎睡在一起，不能把反革命分子认作好人"[3]。由此，一场大规模的清查"胡风反革命集团"的斗争在全国范围内展开。6 月 15 日，人民出版社把《人民日报》发表的"关于胡风反革命集团"的三批材料和《人民日报》6 月 10 日刊发的社论《必须从胡风事件吸取教训》编辑出版，书后附有胡风的《我的自我批判》，印在舒芜材料的后面。书名为《关于胡风反革命集团的材料》。毛泽东以《人民日报》编辑部名义撰写序言。这本小册子大量印行，全国各级各类干部、职工几乎每人一册。在报纸、电台、通讯社、小册子的配合宣传下，全国声讨"胡风集团"的斗争形成巨大的声势，清查"胡风集团分子"的工作也在政法部门的努力下进展很快。全国被审查者达 2000 多人，逮捕 92 人。

　　总之，"一切都同革命挂上钩，是当时的时代特征"[4]。新闻学研究者自觉融入时代热潮。这一点以新闻史学者最为典型，他们认为："新闻史应该加入革命史的行列，成为其中的一部分。"[5] 就这样，新闻史研究以革命报刊的革命宣传经验为主题，呈现出最浓重的革命化色彩。正如丁淦林分析《中国报刊史教学大纲（草稿）》出炉过程时所论述："1956 年……全国上上下下，都充满着革命热情……在这个时候，出现一份如此全面、系统、完整并有很强思想性的大纲，对于大学新闻系老师来说，莫不喜出望外。当时的大学新闻系教师，大都经历过国民党统治时代，对于国民党的新闻传媒和《大公报》《观察》周刊等较为熟悉，而对于解放区报刊却不了解，大家都希望多知道一些革命报刊的历史。因此，对

---

　　① 方汉奇、陈业劭主编：《中国当代新闻事业史（1949～1988）》，北京，新华出版社 1992 年版，第 60 页。

　　② 方汉奇、陈业劭主编：《中国当代新闻事业史（1949～1988）》，北京，新华出版社 1992 年版，第 60 页。

　　③ 《关于胡风反革命集团的材料》，北京，人民出版社 1955 年版，第 127 页。

　　④ 丁淦林：《中国新闻史研究需要创新——从 1956 年的教学大纲草稿说起》，《新闻大学》2007 年第 1 期。

　　⑤ 丁淦林：《中国新闻史研究需要创新——从 1956 年的教学大纲草稿说起》，《新闻大学》2007 年第 1 期。

于大纲草稿所认定的基调和思路，毫无疑问地欣然接受。"① 报刊史的革命化研究，充分表现了新闻史学者对时代热潮的积极认同。

二、延安时期新闻学脉的延续

（一）意识形态化研究模式

民国时期，中国新闻学作为一门独立的学科，已经建立并发展起来。期间，中国新闻学从前新闻学（1834～1917）转变到建立形态的新闻学（1918～1935），又发展到战时新闻学（1936～1945），最后进入纯粹新闻学与大众新闻学的分野阶段（1945～1949）②。新闻学是外来之学，新中国成立前中国新闻学的发展，深受美国、日本、苏联等国新闻理论的影响。前新闻学时期，外国传教士与维新派、革命派的政治活动家，把零星的报刊理论传入中国。中国新闻学建立过程中，中国第一代新闻学者徐宝璜、邵飘萍、任白涛、黄天鹏、戈公振等，要么留学美国和日本，要么到欧美考察新闻事业，从而将西方新闻理论传入中国，并将其转化为中国新闻学理论的重要组成部分。在战时新闻学时期，苏联新闻理论又被中国新闻学者充分借鉴。可以说，中国新闻学存在着跨国源起这一不争的事实。

新中国成立后，由于意识形态领域存在着激烈的斗争，加之全民学苏联运动的影响，我们把新中国成立前的新闻学理论统统划入资产阶级范畴。对于中国早期的新闻学理论，我们没能详加甄别并从中汲取丰富的学养，而是采取全盘抛弃的态度。学科传统的抛弃令我们在很大程度上失去了与前人的对话空间。

中国早期的新闻学理论中，唯一符合政治标准的是延安时期的无产阶级党报理论。这一理论被延续下来并成为新中国成立初期新闻学的理论内核。在新中国成立初期那个泛革命化的时代，延安时期意识形态化的新闻学研究模式，也就成为唯一具有合法性的研究模式。

陆定一的《我们对于新闻学的基本观点》，是无产阶级政党报刊实践理论化的典范。陆定一提出："辩证唯物主义就是老老实实主义，这就是实事求是主义，就是科学的主义。除了无产阶级以外，别的阶级，因为他们自己的狭隘利益，对于事物的理解是不能够彻底老老实实的，或者

---

① 丁淦林：《中国新闻史研究需要创新——从1956年的教学大纲草稿说起》，《新闻大学》2007年第1期。

② 参见李秀云：《中国新闻学术史》，北京，新华出版社2004年版，第76～219页。

是干脆不老实的……新闻是什么？对于这个问题，有两种解答。由于对于新闻本源理解不同，一种人对于新闻是什么，作了唯物论的解决，另一种人则作了唯心论的解决。唯物论者认为，新闻的本源乃是物质的东西，乃是事实，就是人类在与自然斗争中和在社会斗争中所发生的事实。因此，新闻的定义，就是新近发生的事实的报道。新闻的本源是事实，新闻是事实的报道，事实是第一性的，新闻是第二性的，事实在先，新闻（报道）在后，这是唯物论者的观点。因此，唯物主义的新闻工作者，必须尊重事实，无论在采访中，在编辑中，都要力求尊重客观的事实……唯心论者对于新闻的定义，认为新闻是某种'性质'本身，新闻的本源乃是某种渺渺茫茫的东西。这就是资产阶级新闻理论中所谓'性质说'（Quality theory）。"[1] 在此，陆定一"先验地预设唯物主义新闻观与唯心主义新闻观、无产阶级新闻观与资产阶级新闻观的对立，并以前者取代后者，贴'理论标签'，排斥普遍新闻规律探讨，形成非此即彼的两极思维模式"[2]。陆定一以其鲜明的革命立场，否定徐宝璜、邵飘萍、戈公振、任白涛、黄天鹏等中国第一代新闻学者一再论述的新闻的普遍性、公告性、时宜性、趣味性等一切所谓的"资产阶级"的"性质说"。陆定一在客观层面理解"新闻"的同时，也将新闻理论研究局限在意识形态领域。陆定一反复强调，"无产阶级是最革命的阶级""能彻底尊重客观事实"[3]，旧社会的新闻理论是"很糊涂的""很不老实的""很不科学的"[4]，这种独断式的话语表述与意识形态化的理论思考，使其越来越偏离学术理性。从经验出发，从党的文件出发，成为陆定一的新闻学术研究思维模式，也是延安时期新闻学术研究的思维典型。

由于陆定一在党的宣传工作岗位上的特殊地位，加之国内国际复杂的斗争形势，以陆定一为代表的延安时期形成的意识形态化的新闻学研究模式，在中华人民共和国成立初期成为新闻学术界最乐于接受也是唯一能接受的研究模式。当新闻学研究者积极响应号召，向又红又专道路迈进时，陆定一的用无产阶级新闻观与资产阶级新闻观的对立来涵盖新闻普遍问题的新闻学理论研究模式就成为新闻学者最理想的选择。

王中、范长江、邓拓等新中国的第一代新闻学者，多数来自解放区。

---

[1] 陆定一：《我们对于新闻学的基本观点》，《解放日报》1943 年 9 月 1 日第 4 版。
[2] 单波：《论我国新闻学想像力的缺失及其成因》，《上海大学学报》（社会科学版），2006 年第 6 期。
[3] 陆定一：《我们对于新闻学的基本观点》，《解放日报》1943 年 9 月 1 日第 4 版。
[4] 陆定一：《我们对于新闻学的基本观点》，《解放日报》1943 年 9 月 1 日第 4 版。

"作为中国无产阶级新闻理论的开拓者，中华人民共和国成立后他们掌握着新中国新闻学研究的话语权……作为延安传统的直接效应是，他们有着以学术服务于现实政治的信念和自觉性。"① 这自然进一步固化了意识形态化研究模式在新中国新闻学术研究中的地位。

（二）大众化新闻思想

20世纪30年代末40年代初，中国无产阶级政党报刊实践的发展，推动了大众新闻思想的形成。

1939年1月1日创刊的山东《大众日报》，是中共中央山东分局机关报。它在创刊之初就公开宣称："为大众服务，成为他们精神上的必要因素之一，成为他们自己的喉舌，更成为他们所热诚支持的最公正的舆论机关。"② 1942年整风运动中，《大众日报》进一步贯彻全党办报、大家办报的方针，不断密切报纸与人民群众的联系，提出"群众写"和"写群众"的口号，并在通讯员中提倡"做什么就写什么""怎么做就怎么写"的报道方法，从而推动了通讯员工作的开展。1943年9月，该报已拥有通讯员1900多人。《大众日报》提倡的记者要深入实际，深入群众；记者既要当报道员，又要当工作员的做法，密切了记者与群众的联系③。

1942年《解放日报》的改版实践，推动了大众化新闻思想的形成。4月1日的《解放日报》改版社论明确指出："密切地与群众联系，反映群众情绪、生活需求和要求，记载他们的可歌可泣的英勇奋斗的事迹，反映他们身受的苦难和惨痛，宣达他们的意见和呼声。"④ 《解放日报》将实践经验进行理论升华的过程，就是大众新闻思想形成的过程。8月4日的社论强调大众化报纸的基本内容是群众"沸腾的生活"⑤。8月25日的社论指出："我们的报纸就不仅需要有能干的编辑与优秀的记者，而且尤其需要有生活在广大人民中间的参加在各项实际工作里面的群众通讯员。"⑥ 1945年5月16日的社论指出："我们的报纸是人民大众的喉舌，要向人民大众负责。因此，与群众联系的程度如何，为人民服务得好不

① 唐海江：《政治文化与中国当代新闻学》，《现代传播》2007年第3期。

② 《〈大众日报〉发刊辞》，《大众日报》1939年1月1日。张之华主编：《中国新闻事业史文选》，北京，中国人民大学出版社1999年版，第433页。

③ 参见方汉奇主编：《中国新闻事业通史》第2卷，北京，中国人民大学出版社1996年版，第871页。

④ 《致读者》，《解放日报》1941年4月1日第1版。

⑤ 《报纸和新的文风》，《解放日报》1942年8月4日第1版。

⑥ 《展开通讯员工作》，《解放日报》1942年8月25日第1版。

好，是报纸办好或办不好的一个重要关键。"①

报纸是"人民大众的喉舌"，人民大众的报纸一定要由人民大众来办，人民大众办的报纸一定要为人民大众服务。这是《解放日报》大众化新闻实践的理论升华，是大众新闻思想的重要组成部分。

邓拓对晋察冀边区的新闻工作经验进行了理论总结。在他看来，新闻的大众化就是在新闻工作中贯彻群众路线与群众观点，具体体现在"群众内容""群众形式""群众写作"② 三个方面。

抗战结束后，大众新闻思想开始以独立的体系化的理论形态问世，最具代表性的是恽逸群的《新闻学讲话》③。《新闻学讲话》以大众思想为本位，建构全书的理论体系。全书共分六讲，其中前五讲都以大众本位思想④作为立论的基础。宫达非的《大众化编写工作》，则向我们介绍了大众编辑思想的主要内容⑤：着重新闻的地方性；多用群众自己的活动来教育群众；掌握典型掌握中心掌握重点；多关心群众的切身生活，加强文化教育的比重；采用大众化的形式；编排习惯的大众化。

新中国成立后，大众化新闻思想作为无产阶级党报的优良传统，也被继承下来。新中国成立初期，能有大量的读报、通讯员工作、通讯写作等应用新闻学著述问世，在某种意义上渊源于此。

三、新闻界学苏联

中华人民共和国成立之初至 1956 年中国新闻改革，中国新闻界以"一边倒"的方式学习苏联。苏联的新闻学术研究直接影响了中国新闻学术研究的模式与特点。

（一）新闻业界学苏联

全面学习苏联社会主义新闻工作经验，是中华人民共和国成立初期党和政府对新闻工作者提出的一项基本要求。新闻业界积极响应党和政府号召，以多种形式学习苏联新闻工作经验。

1950 年，新闻业界开始对口学习苏联。《人民日报》从 1 月 4 日起开

---

① 《提高一步》，《解放日报》1945 年 5 月 16 日第 1 版。
② 邓拓：《改造我们的通讯工作和报道方法》，《邓拓文集》第 1 卷，北京，北京出版社 1986 年版，第 261～263 页。
③ 此书为作者于 1946 年 2 月在华中新闻专科学校的讲演稿，曾刊登于《新华日报》华中版副刊"新闻工作"上，后由各地书店翻印，1948 年 4 月经作者修订。
④ 参见刘芊芊、陈桂兰：《恽逸群的大众本位思想》，《新闻爱好者》2003 年第 7 期。
⑤ 参见宫达非：《大众化编写工作》，哈尔滨，东北书店 1948 年版，第 30～42 页。

设《新闻工作》专刊，每两周一期，每期占据一个整版的篇幅。《新闻工作》创刊号刊载《编者的话》，宣称："在讨论我们工作中的经验和问题的时候，我们有一个便利的条件，这就是可以大量地利用我们的先进国家苏联的经验。苏联有自 1900 年《火星报》出版以来的革命新闻工作的丰富经验，特别是有自 1917 年十月社会主义革命成功以来的社会主义新闻工作的丰富经验。本刊愿在介绍苏联新闻工作经验方面，作有系统的努力。"① 至 1950 年 12 月 21 日止，《新闻工作》共出 26 期，刊载文章近 60 篇，成为新闻界学苏联的重要园地。《新闻工作》设有《报纸述评》《新闻线上》《报纸巡礼》《新闻信箱》等专栏。从第 15 期起，另外印成 16 开单行本，由新华书店发行。

1954 年，新闻界通过赴苏对口学习掀起学习苏联新闻工作经验的热潮。报界首先开展访苏对口学习。1 月，由《人民日报》等各报组成的中国新闻工作者代表团，在人民日报社总编辑邓拓的带领下，对口访问苏联《真理报》。3 个月后，代表团回国，在《人民日报》等报纸上连续发表多篇谈访苏收获的文章，由人民出版社于 1954 年 10 月汇编出版为《学习〈真理报〉的经验》一书。

广播事业的访苏对口学习从 1954 年 7 月开始。在中央广播事业局副局长温济泽的带领下，中央广播事业局代表团赴苏考察。回国后编印了《苏联广播工作经验》一书。11 月，中央广播事业局召开第二次全国广播工作会议，提出通过学习苏联广播工作经验来改进我们的广播工作。

通讯社事业的访苏对口学习于 1954 年年底开始。在新华社副社长朱穆之率领下，新华社代表团赴苏联访问塔斯社，回国后编印《塔斯社工作经验》上下两册。

中国新闻工作者赴苏访问学习的同时，也邀请苏联新闻工作者代表团访问中国，在中国介绍苏联新闻工作经验。苏联报刊工作代表团于 1954 年 10 月应邀访华，举行多场专题报告会或座谈会。人民日报社总编室汇集出版《苏联报刊工作经验》一书。1955 年年底，苏联广播工作代表团访问中国，向中国广播界介绍苏联广播工作经验。

新闻业界学苏联的主要内容如下：

1. 新闻写作的党性原则

苏联有关各种新闻体裁的写作，都强调党性原则，而这恰恰是我们

---

① 《读者的话》，《人民日报》1950 年 1 月 4 日第 5 版。

学习的重点。

《新闻工作》专刊刊载的第一篇关于新闻业务的译文就是《论报纸上的消息》。该文是联共（布）中央党校新闻学教程丛书之一，作者 L. K. 布朗特曼是《消息报》的名记者，战时曾经写过许多出色的新闻作品。① 该文重点强调消息的政治性："消息的每一个字，也正像报纸上任何其他材料一样，应该是有政治意义的，急需的，有目的的，消息应该表明苏维埃人的伟大性及其对劳动和对社会主义财产的新态度，表明苏维埃人思想和文化的成长。消息应该以共产主义精神教育千百万劳动群众。不言而喻，要胜利完成这一任务，便也要新闻记者自己不停地提高思想、政治水平。"② 消息的准确性、真实性也与政治性相关："对消息稿件的准确性的要求是特殊的，极硬性的，报纸刊载的一切，从头到尾都应该是绝对的无条件的正确的无可非议的可靠的。"③ 虽然有时候错误无法避免，但是"全部问题仍在于文字工作者的内心的动员，及对交给新闻记者的事业的党性的责任感"。④ 于是，对记者提出要求："记者一定要旁听会议，亲自观察所发生的一切。甚至消极的亲自到会还不足以保证准确性。"⑤ 站在党性高度上认识消息的准确性，是苏联新闻工作的重要经验。

对于小品文的写作，《新闻工作》第 23 期、第 24 期连载苏共中央高级党校新闻班讲师查斯拉夫斯基所著《论小品文》的两节。该文分析马克思主义的小品文和资产阶级的小品文之间的原则性区别、马克思列宁主义著作中的讽刺和幽默成分、怎样写小品文、小品文的要素等问题。强调"小品文是苏联报纸上常见的评论文字之一种。它被当作共产主义教育劳动人民、纠正缺点、与人民意识中资本主义残余作斗争和打击敌人的有力武器。学会使用这种武器，对于帮助我们目前所进行的时事宣传，具有极其重要的意义。"⑥

最具有特色的是关于"报刊述评"的写作。《新闻工作》刊登作家葛烈勃涅夫在苏共中央党校的讲稿《论报刊述评》，强调："报刊述评是党

①　〔苏〕L. K. 布朗特曼：《论报纸上的消息》，《人民日报》1950 年 1 月 18 日第 5 版。
②　〔苏〕L. K. 布朗特曼：《论报纸上的消息》，《人民日报》1950 年 2 月 1 日第 5 版。
③　〔苏〕L. K. 布朗特曼：《论报纸上的消息》，《人民日报》1950 年 2 月 1 日第 5 版。
④　〔苏〕L. K. 布朗特曼：《论报纸上的消息》，《人民日报》1950 年 2 月 1 日第 5 版。
⑤　〔苏〕L. K. 布朗特曼：《论报纸上的消息》，《人民日报》1950 年 2 月 1 日第 5 版。
⑥　〔苏〕查斯拉夫斯基：《怎样写小品文》，编者注释，《人民日报》1950 年 11 月 6 日第 5 版。

领导报纸的最重要方式之一。"① 联共（布）中央的几个决议还明确指出：作为思想上和组织上领导报纸的工具和作为日常扶助新闻工作者干部的手段的报刊述评，有着重大意义。报刊述评的任务有："批判地评论和全面地分析各报的内容""以切实的意见和指示帮助各报""报道地方报纸上发表的最有意义和最重要的资料""支持和扩大各报工作中的创议和积极经验，开展各编辑部的创造性的竞赛"②。对报刊述评的要求有：不要对报纸的偶然失误吹毛求疵，而"要从本质上、从根本的原则问题上去分析报纸的内容和工作""批评报纸工作必须抱客观的态度""必须在述评里指出我们报纸的典型的缺点，必须在述评中提出我们报纸工作的根本问题""述评家必须估计到他所检讨的报纸的现实条件""述评家应该经常在述评中提出党领导报纸的问题，党组织和共产党员在报纸中合作的问题。党委和党组织应了解，如果报纸受到批评，也就是他们的工作受到批评，所以应该以党组织的全部力量来消除缺点，使自己的机关报成为模范的报纸"③。可见，报刊述评实际上就是党领导下的报纸开展批评与自我批评的一个重要手段。

苏联的工作经验，被我们积极吸取。《人民日报》发表数十篇述评文章，多由《人民日报》的编者根据对全国各地报纸的阅读、分析，加上读者的来信、建议，整理成文，予以发表，从会议内容④，到读者来信⑤，涉及范围广，内容不断丰富拓展。1950 年 3 月 1 日的《新闻工作》发表报刊述评《缺乏真实性的报道举例》，指出有些新闻工作者滥用"新闻自由"，做出不真实的报道。该文提出严肃批评："上述这些报道之所以连续发生，说明我们有些新闻工作者在思想上还存在着资产阶级新闻观点。更重要的是，有关报纸对于这些错误，没有及时进行严肃的更正，这更加表示没有养成认真负责的精神，这是足以大大减低报纸在读者中的威信的。"⑥ 对新闻失实的探讨上升到阶级立场的高度。

2. 编辑部组织管理中的政治性

苏联的编辑部管理经验，也是一项重要的学习内容。"编辑部工作的组织，决定于报纸的任务。能够很好地执行集体的宣传者、鼓动者及组

---

① 〔苏〕葛烈勃涅夫：《论报刊述评》，《人民日报》1950 年 3 月 1 日第 5 版。
② 〔苏〕葛烈勃涅夫：《论报刊述评》，《人民日报》1950 年 3 月 1 日第 5 版。
③ 〔苏〕葛烈勃涅夫：《论报刊述评》，《人民日报》1950 年 3 月 1 日第 5 版。
④ 《论会议新闻的报道》，《人民日报》1950 年 5 月 24 日第 5 版。
⑤ 《论读者来信版和以读者来信为主要内容的副刊》，《人民日报》1950 年 8 月 2 日第 5 版。
⑥ 编者：《缺乏真实性的报道举例》，《人民日报》1950 年 3 月 1 日第 5 版。

织者的职能的，只有那种正确地组织自己工作的报纸"。① 编辑部组织管理问题，同样是严肃的政治问题。

编辑部设有编委会、秘书处和各组——党的生活组、宣传组、工业与运输组、农村经济组、文化与生活组、劳动者来信组、国内消息组、通讯联络组等。正如列宁和斯大林多次指出的，"在组织问题上主要的问题——乃是挑选人员和检查执行。在报刊内工作的，应该是那些在政治上清醒的、有文化的并且受过考验的人们"②。而且，只有在各部门明确分工，对工作采取责任制度，在很好地进行检查执行的情形之下，才能够编出具有高度思想性的、有趣的、战斗的报纸。

编辑部对报道文章则负有进行检查，保证其准确性的责任。"对于所收到的稿件不仅加以编辑，并作文字上的修改，而且还全面地检查，是处理手稿的不变法则。进行这种检查，是将稿件付排的编辑部工作者、正副部主任和修辞编辑的直接责任。在一些大的编辑部中，除有上述人员外，并在秘书处下设有修辞检查员及特设检查组。"③ 同时，还要建立一个很好的图书馆，尤其要有政治的和艺术的文献。只有正确地组织编辑部工作，才能使报纸成为战斗的领导力量。

主编的资格，首要的是政治素养："报纸的水平在相当程度内取决于主编是怎样的。"④ "报纸的主编是大政治活动家。为了当一个主编，必须具有政治的和道德的权利。主编应该是有各方面知识的人，应该掌握马列主义理论。善于在各种事件中站稳立场，熟知报纸业务，善于写稿，熟识省的经济情况，比别人看得更深，看得更远。"⑤

3. 批评与自我批评中的党性原则

批评与自我批评是新闻界学苏联的一项重要内容。批评与自我批评的内容"完全不尽在于向某某组织提出个别的批判意见"，"必须从个别的批评意见进而作更深刻的批评"，"再从深刻的批评进而总结批评的结

---

① 〔苏〕波得库雨科夫：《省级报纸编辑部工作的组织》，《人民日报》1950 年 4 月 12 日第 5 版。

② 〔苏〕波得库雨科夫：《省级报纸编辑部工作的组织》，《人民日报》1950 年 4 月 12 日第 5 版。

③ 〔苏〕L. K. 布朗特曼：《论报纸上的消息》，《人民日报》1950 年 2 月 1 日第 5 版。

④ 〔苏〕波得库雨科夫：《省级报纸编辑部工作的组织》，《人民日报》1950 年 4 月 12 日第 5 版。

⑤ 〔苏〕波得库雨科夫：《省级报纸编辑部工作的组织》，《人民日报》1950 年 4 月 12 日第 5 版。

果，发现批评的结果在我们的建设方面得到了什么成绩"①。通过这样的批评内容，"提高报纸上的批评水平，提高批评的效果，提高批评对于经济建设和文化建设的进度的影响，对于党内生活的影响"。② 这是党的领导责任。

劳动者的批评与自我批评能帮助改进工作。在处理劳动者有关批评的来信时，"轻视劳动者的来信，是不可容忍的。对于苏维埃人们的呼声采取官僚主义态度，会使报纸跟读者、跟生活脱节，会把下层来的批评束之高阁"。因此，"党委应当有系统地关切读者的来信"③。这是开展批评与自我批评工作的一项重要原则。

报纸上批评的性质应当是战斗性的、尖锐的和原则性的，不应是圆滑的、软弱的、冷淡的。压抑批评和降低言论的尖锐性都不利于批评和自我批评的展开。"谁要是抑制和压迫批评和自我批评，他就是杀害党的组织的任何自动性，破坏领导机关在党员群众中的威信，在党的组织的生活中肯定党的死敌——官僚主义者的反党的习癖。"④

编辑部工作成员有必要对批评文章进行检查，在检查过程中，也应遵循这样的原则："如果在这些报纸上也会出现有具体姓名和事实的批评文章的话，那么检查一下，它是否按照省组织的材料及其所通过的决议写的。"⑤ 所以，批评应当有根有据，按照发布的关于批评与自我批评的决议文件标准进行。

在学习苏联批评与自我批评工作经验的同时，我们自己的批评与自我批评也在报纸上如火如荼展开。《新闻工作》第 12 期发表述评《贯彻正确的批评和自我批评》，总结中共中央《关于在报纸刊物上开展批评和自我批评的决定》和《新闻总署关于改进报纸工作的决定》发表以后，各地报纸展开批评与自我批评的情况。该述评批评有些工作人员"怕得罪人，怕'影响工作'，不敢进行批评"以及"对报纸的批评采取了压制、抗拒，甚至报复的态度"⑥ 等违反党性原则的做法。

《新闻工作》第 16 期刊文介绍 1950 年 5 月以来各地报纸开展工作的情况。文中列举《龙江日报》《河北日报》《辽西日报》《浙江日报》《新

---

①　《论地方报纸的批评和自我批评》，《人民日报》1950 年 4 月 7 日第 5 版。
②　《论地方报纸的批评和自我批评》，《人民日报》1950 年 4 月 7 日第 5 版。
③　《论地方报纸的批评和自我批评》，《人民日报》1950 年 4 月 7 日第 5 版。
④　《论地方报纸的批评和自我批评》，《人民日报》1950 年 4 月 7 日第 5 版。
⑤　《论地方报纸的批评和自我批评》，《人民日报》1950 年 4 月 7 日第 5 版。
⑥　《贯彻正确的批评和自我批评》，《人民日报》1950 年 4 月 7 日第 5 版。

湖南报》《上海新闻日报》等报刊取得的成绩。在分析原因时，揭示一个重要的政治性因素，即"与抗争和压制批评的恶劣倾向作必要的斗争，对推动工作是有很大的作用的"①。文章同时批判在批评与自我批评工作中存在的一些错误思想和态度，如"个别记者存在着一种'权威'与'打抱不平'的错误思想""有的编辑人员在处理稿件中发现了粗枝大叶，夸大事实的偏向""虽然报纸开始有了自下而上的批评，但一般地说，在比重上依然很不够"②等等，并督促报纸遵照党性原则开展批评和自我批评。

4. 处理读者来信的政治性

布尔什维克报刊一个独具的特点，是和读者、劳动群众保持密切的联系，而读者来信就是处理读者与群众关系的一个重要方面。布尔什维克报刊在处理读者来信中表现出高度的政治性，是学习的一个重点。

读者来信具有特殊的政治意义，"读者的来信——是一个无尽藏的源泉""依靠这种生气蓬勃的源泉，可以使我们的报纸丰富起来，可以使它成为富有生命的、战斗的和有力量的报纸，可以帮助它胜利地完成集体的宣传者、鼓动者和组织者的任务"③。依靠读者来信，能够让报纸保持高度的战斗性。同时，"列宁把劳动者的来信视作是一种晴雨表，由于它，可以避免政策上的许多错误，并且可以尽最大的可能顾到现实，顾到实际的情况，而使政策尽可能更加正确"④。重视读者来信，"可以引导劳动群众进入国家的建设事业中去"⑤。

关于怎样组织编辑部处理读者来信，联共（布）中央委员会关于报刊的决议含有原则性的决定和具体的指示。联共（布）从政治高度对忽略读者来信现象进行批评："各报编辑部把劳动者来信视为'末节'，这充分表现出政治上的愚笨和无能。""编辑部带着背离布尔什维克报纸及其传统的官僚作风，并有阻挠工农通讯员，打击其积极性和主动性的没

---

① 新闻总署研究室：《报纸上的批评和自我批评》，《人民日报》1950年8月2日第5版。
② 新闻总署研究室：《报纸上的批评和自我批评》，《人民日报》1950年8月2日第5版。
③ 〔苏〕D. 别卡索夫：《报纸编辑部怎样处理劳动者的来信？》，《人民日报》1950年3月15日第5版。
④ 〔苏〕D. 别卡索夫：《报纸编辑部怎样处理劳动者的来信？》，《人民日报》1950年3月15日第5版。
⑤ 〔苏〕D. 别卡索夫：《报纸编辑部怎样处理劳动者的来信？》，《人民日报》1950年3月15日第5版。

有党性的趋向。"① 报纸编辑的正确做法是：必须"亲自领导读者来信组
的工作，必须对于寄到报社的来信加以审慎的和有步骤的注意，必须把
这些来信中有重要政治意义的发表在报纸上"②。其具体步骤是："在信件
收到之日，必须将信件像文件一样加以整理，决定其命运：发表在报上，
还是为了采取办法交付调查，然后随即付诸执行。"③ 由此看出，编辑部
设立的"读者来信组"在处理读者信件中起到了重要的作用，需要有一
定政治修养的工作人员，"需要有经验的精明的新闻记者，他们必须能够
正确分析每一封信，了解并确当地辨明其社会意义，给予适当的方向，
以获得实际的效果"④。

　　报纸工作者应该对每一封读者来信负责任，"在报纸上给劳动者的来
信以最大的出路"⑤，这是报纸工作者的天职，也是他们在处理劳动者来
信应该遵循的一条政治原则。这具体表现在用各种各样的形式刊登劳动
者来信。"如果编辑部收到关于同一题目的许多有意义的信件，就可以利
用它们作述评""给编辑部的读者来信往往为小品作家提示题目，并供给
他们实际的材料"⑥。有的编辑则根据信件反映的事件，改编成附着诗的
漫画。总之，读者来信经过编辑的处理，以各种形式刊登，既丰富了报
纸内容，又体现出编辑对读者来信的重视，而且以更具有战斗性的方式
提升读者来信的政治意义。

　　为了能更确切反映读者呼声，突出体现读者来信的政治价值，编辑
部工作人员还要注意修改读者来信，保证材料在政治上的正确性。"文字
校阅者应当以特别的同情与关切来处理信件，了解作者的主要意思，捕
捉它的语调，然后细心地修改信件。"⑦ 当然编辑部工作人员也应尊重来

---

　　① 〔苏〕D. 别卡索夫：《报纸编辑部怎样处理劳动者的来信?》，《人民日报》1950 年 3 月
15 日第 5 版。
　　② 〔苏〕D. 别卡索夫：《报纸编辑部怎样处理劳动者的来信?》，《人民日报》1950 年 3 月
15 日第 5 版。
　　③ 〔苏〕D. 别卡索夫：《报纸编辑部怎样处理劳动者的来信?》，《人民日报》1950 年 3 月
15 日第 5 版。
　　④ 〔苏〕D. 别卡索夫：《报纸编辑部怎样处理劳动者的来信?》，《人民日报》1950 年 3 月
15 日第 5 版。
　　⑤ 〔苏〕D. 别卡索夫：《报纸编辑部怎样处理劳动者的来信?》，《人民日报》1950 年 3 月
29 日第 5 期。
　　⑥ 〔苏〕D. 别卡索夫：《报纸编辑部怎样处理劳动者的来信?》，《人民日报》1950 年 3 月
29 日第 5 版。
　　⑦ 〔苏〕D. 别卡索夫：《报纸编辑部怎样处理劳动者的来信?》，《人民日报》1950 年 3 月
29 日第 5 版。

信者的原意，真实地反映群众呼声，这也是处理读者来信的政治原则："修改信件的文字校阅者应当站在信件原稿的范围里。他只能把那些不通的、不恰当的句法及辞不达意的用语换成其他比较正确的与合适的文句，削去词句与结构中的不妥字眼，并力求保存作者文字的本来面目。"①

报纸编辑部与读者之间的通信应当是双向的，按照联共（布）中央委员会发布的《关于处理劳动者来信的决议》的要求，"须把根据作者的信件而采取的办法通知他们"，"编辑部收到主管机关调查信内所报事实之后的复信，要寄一份抄件给作者。而且在尚未接获此项复信之前，也必须通知作者说编辑部已经收到来信，并报告已将来信转往何处，为什么转去"②。这也是处理读者来信的一条政治性原则。

《人民日报》对苏联报刊处理读者来信的经验很重视，在对口学习苏联《真理报》过程中，重点学习《真理报》"处理群众来信必须具有高度的群众关怀和责任感，具有政治上的敏感和非常的耐心，具有高度的党性原则和坚持斗争的精神"③。

《新闻工作》专刊开辟"读者来信"专栏，首先刊登 1950 年 4 月 18 日《真理报》的社论，强调吸取苏联在处理劳动者来信方面的教训："在某些部里，在执行委员会里，在某些经济机构和社会团体里，都可以碰到对于研究劳动者的来信和要求的官僚主义和拖延的事实。""机关团体代替答复来信和声请书所提出的问题本身，却寄给作者以官僚主义的——腐朽的、老早准备好了的通知，说该项控诉已经转送给某处，或者给以没有有意思的指示的回答，拒绝满足其愿望。"④ 对待读者来信工作的失误，要上升到反"官僚主义"的政治高度。

《新闻工作》第 16 期的"报纸述评"专栏总结各地报纸在联系读者方面的进步与需要解决的问题："编辑部虽然重视了发表读者来信的工作，表现了对读者意见的慎重的态度，但是没有经常地认真处理读者来信中所提出的各种有思想性原则性的重要问题"；"有许多报纸已经按照新闻总署《关于改进报纸工作的决定》的提示，实行了副刊以读者来信

---

① 〔苏〕D. 别卡索夫：《报纸编辑部怎样处理劳动者的来信?》，《人民日报》1950 年 3 月 29 日第 5 版。

② 〔苏〕D. 别卡索夫：《报纸编辑部怎样处理劳动者的来信?》，《人民日报》1950 年 3 月 29 日第 5 版。

③ 《学习"真理报"的经验》，北京，人民出版社 1954 年版，第 73 页。

④ 《慎重对待劳动者的来信——四月十八日真理报社论》，《人民日报》1950 年 5 月 10 日第 5 版。

为主要内容的方针"，"但是各地报纸所发表的读者来信的题材内容还是比较狭窄的，还是不够多方面的"；"报纸应当满足读者的文学艺术的要求，应当与当地所有的作家合作，加强对读者文化生活的领导。我们的大多数报纸一向比较缺少文学艺术趣味"①。这样，通过时常反思、总结不足，从而提高处理读者来信的政治觉悟与政治水平。

《新闻工作》第24期刊登《辽西日报》编辑部处理读者来信的总结报告。他们总结自己有三点不足，分析原因时，列举这样一条政治性因素："缺乏群众角度来考虑问题，片面地把指导性和群众性对立起来"②。将指导性和群众性有机结合，也是处理读者来信所要坚持的政治性原则。

（二）新闻学界学苏联

在全国上下各行各业学苏联的热潮中，各新闻教育与研究机构也积极开展对口学习活动，主要通过翻译苏联新闻学教学大纲、讲义与新闻学著述的形式进行。

苏共中央高级党校新闻班的教学内容，成为新闻学界学苏联的重点。苏共中央高级党校新闻班的讲义与教学大纲成为首要学习对象。1951年，新闻总署办公厅编译的《联共（布）高级党校新闻班讲义选译》出版。1953年，人民出版社编辑《联共（布）高级党校新闻班讲义续编》。1954年，人民出版社编辑、出版《联共（布）中央直属高级党校新闻班讲义汇编》第一集。1955年，人民出版社编辑、出版《苏联共产党中央直属高级党校新闻班讲义汇编》第二集。1954年，中共中央宣传部办公室出版了由北京大学新闻教学研究室翻译的《苏共中央直属高级党校新闻学教学大纲》。1955年春，苏联历史学候补博士，苏联基辅大学新闻系系主任、报刊工作理论与实践教研室主任伊·尼·斯洛保加纽克应聘来中国讲学，担任中共中央高级党校新闻教研室顾问，并为新闻班授课。他在为新闻班第一班授课时编写了两本讲稿，在向新闻班第二班讲授时，又作了校订、修正和补充。这两本讲稿是《党和苏维埃报刊理论与实践的几个问题》与《苏共报刊史概要》，1956年由中共中央高级党校出版。这两本讲义全面贯彻苏联"党和苏维埃报刊的理论和实践教学大纲"，其内容成为中共中央党校新闻班授课的核心组成部分。

① 《论读者来信版和以读者来信为主要内容的副刊》，《人民日报》1950年8月2日第5版。
② 《处理读者来信工作的缺点——辽西日报编辑部对群众园地组九月份稿件检查小结》，《人民日报》1950年11月22日第5版。

苏联高等新闻教育机构是另一重点学习对象。1955 年 9 月，北京大学新闻学教研室的凌俊、伍福强、郑兴东合译的《党和苏维埃报刊的理论和实践教学大纲》由中国人民大学出版。该大纲根据苏联莫斯科大学出版社 1954 年版译出，是苏联高等教育部颁布的苏联国立大学新闻系与新闻组的"教学大纲"。翻译这一大纲的目的是"供我国新闻出版工作干部和大学新闻系、党校新闻班业务学习和教学参考"①。1956 年，复旦大学新闻系翻译小组翻译的《党和苏维埃报刊的理论和实践教学大纲》由上海复旦大学新闻系出版。1956 年，中国人民大学出版社出版了贝林斯基著，中国人民大学新闻系翻译的《书刊编辑学教学大纲》。

在新闻学界学苏联过程中，还翻译出版一批苏联新闻学著述，根据《中国新闻学书目大全》对此进行的统计见表 1－2：

表 1－2　1949～1956 年翻译出版的苏联新闻学著述

类别	书名	著者及译者	出版社与出版时间
新闻理论	《列宁的新闻学》	施梵厦辑译	智源书局 1950 年
新闻事业一般论述	《布尔什维克报刊·资产阶级报刊：苏联大百科全书选译》	萨丘柯夫、扎斯拉夫斯基著，翟松年等译	人民出版社 1953 年
	《报纸·报纸杂志康采恩和垄断集团：苏联大百科全书选译》	巴里古诺夫等著，鄂文祖译	人民出版社 1954 年
	《报纸中的文化问题》	库舍列夫著，李龙牧译	三联书店 1955 年
	《报纸是党的有力武器》	诺维科夫著，王攸琪、齐春子译	时代出版社 1956 年
	《怎样领导党报》	彼得库尔科夫等著，蒋齐生等译	三联书店 1950 年

① 〔苏〕《党和苏维埃报刊的理论和实践教学大纲·译者说明》，凌俊、伍福强、郑兴东合译，北京，中国人民大学 1955 年出版。

续表

类别	书名	著者及译者	出版社与出版时间
新闻业务	《论新闻报道》	布朗特曼著	新华通讯社 1954 年
	《消息和通讯》	切列巴霍夫著，郑揆译	中国人民大学 1956 年
	《论报纸的特写》	波列伏依著，郑泽生、毛信仁译	新文艺出版社 1954 年
	《谈特写》	奥维奇金著，刘宾雁译	热河省文艺工作联合会 1955 年
	《报纸的图片》	沃尔契克著，伊南译	新闻摄影局 1950 年
	《怎样做好图片编辑和摄影工作》	基斯洛夫讲	人民日报编辑室编印 1955 年
	《书籍、杂志和报纸的校对工作》	瓦罗夫著，李金声等译	时代出版社 1956 年
	《报纸编辑部的群众工作》	葛烈勃涅夫等著，徐滨等译	三联书店 1950 年
	《怎样组织报纸编辑部的工作》	格列勃涅夫著，李龙牧译	三联书店 1954 年
	《报纸编辑部处理劳动人民来信的工作》	洛基诺夫著，李龙牧译	三联书店 1955 年
	《宣传员读报工作》	苏托茨基著	工人出版社 1953 年
苏联新闻事业历史与现状	《布尔什维克报刊工作》	苏联时论丛刊编辑委员	文光书店 1951 年
	《报纸工作文选》第 2 辑	中南报纸工作会议筹备会辑	中南人民出版社 1951 年
	《联共（布）关于报纸书籍的决议》	人民出版社译	人民出版社 1954 年
	《论党对报刊的领导》	特列齐雅柯娃著，李龙牧译	三联书店 1955 年

续表

类别	书名	著者及译者	出版社与出版时间
苏联新闻事业历史与现状	《报纸上的批评与书刊评介》	莫罗佐夫著，丁羽译	时代出版社 1956 年
	《报纸是教育军人的强有力武器》	萨奇洛夫等著，何梓华等译	时代出版社 1956 年
	《斯大林的〈斗争报〉》	科斯·库兹涅佐夫著，中国人民大学马列主义基础教研室翻译	中国人民大学 1952 年
	《苏联的区报纸：奥列哈沃·祖也沃区报纸〈布尔什维克的话〉的工作经验》	别尔沙茨基著，徐滨译	三联书店 1954 年
	《苏联地方报刊为提前完成五年计划而斗争》	冈察洛夫著，包之静译	三联书店 1954 年
	《报刊为争取农业的进一步高涨而斗争》	舍比洛夫著，高德译	三联书店 1954 年
	《苏联报刊的推广工作》	穆雅科夫等著，中华人民共和国邮电部邮政总局译	人民邮电出版社 1955 年
	《报刊发行工作的发运组织和技术》	塔塔西著	人民邮电出版社 1955 年
	《怎样组织报刊推广员》	谢多夫著，罗玉英译	人民邮电出版社 1956 年
	《报纸新闻的基础：塔斯社和它的作用》	尼·格·帕尔古诺夫著，达力译	时代出版社 1955 年

　　通过表 1 - 2 可以看出，在新闻学界学苏联过程中，共翻译苏联的新闻学著述 31 本，其中新闻理论 1 本，新闻事业论述 5 本、新闻业务 11 本、苏联新闻事业历史与现状 14 本。总体而言，我们的学习重点是苏联

新闻工作历史、现实经验以及新闻业务规律，而不是基础理论的阐释。

新闻学界学苏联的主要内容如下：

1. 党报工作流程与方式的介绍

《党和苏维埃报刊的理论和实践教学大纲》，在阐明课程的研究对象和任务的基础上，论述以下 31 个方面的内容：苏联报刊；编辑报纸材料的原则；报纸编辑部工作的组织和计划化、通讯写作、报纸上的标题、报纸的出版技术、在报纸上阐明党的生活问题；在报纸上宣传马克思列宁主义理论；在报纸上阐明工业和运输业问题；农业问题的阐明；苏联商业问题的阐明；科学、学校和高等学校的问题阐明；论文是报纸的基本政论体裁、论文的种类；社论；报刊述评；文学和艺术问题的阐明；报纸上的书刊评介；报纸上的评论；宣传论文；在报纸上阐明苏维埃建设问题；在报纸上阐明文化和生活问题；在报纸上阐明国际生活；报纸上的特写；小品文；报纸和杂志上的图片；报纸杂志的推广和发行。

《党和苏维埃报刊理论与实践的几个问题》，是苏共中央高级党校新闻班学员学习的主要科目"党和苏维埃报刊的理论和实践"这门课程的教材。"这一门学科涉及到党和苏维埃报刊——我们党最有力的思想武器和组织武器——整个工作的各种问题。"① 这门课程主要讲述以下内容：党和苏维埃报刊的基本原则，苏联报刊、报纸编辑部工作的组织计划，报纸编辑部处理劳动人民来信的群众工作，党和苏维埃报刊上组织报道的方法，如何在苏联报纸上阐明党的生活问题，如何在报纸上进行马克思列宁主义理论的宣传，如何阐明农业问题，如何阐明科学和大中小学问题，如何阐明文学和艺术问题，如何阐明批评和书刊评介问题，社论及小品文的写法。其中，在报纸上阐明党的生活问题，占有很大的比重。

《联共（布）中央直属高级党校新闻班讲义汇编》第一集有如下 18 篇文章，都是在介绍党报业务经验：《报纸的社论》《宣传论文与报纸的宣传部》、柯捷夫的《论新闻报道》、布朗特曼的《论新闻报道》《如何报道工业和运输业问题》《报纸对农业问题的报道》《苏维埃建设问题的报道》《在报刊上阐明党的生活的几个问题》《报纸编辑部怎样处理劳动者的来信？》《报纸上的批评和图书评论》《论小品文》《报纸的图片》《论报刊述评》《报纸稿件的文字编辑与校正基础》《州级报纸编辑部工作的组织》《报纸编辑部的群众工作》《地方记者和通讯》《在过渡到恢

---

① 〔苏〕伊·尼·斯洛保加纽克：《党和苏维埃报刊理论与实践的几个问题》，北京，中共中央高级党校 1956 年出版，第 1 页。

复国民经济的和平工作时期的布尔什维克报刊》。

《苏联共产党中央直属高级党校新闻班讲义汇编》第二集，其中 9 篇论述革命报刊的历史，另外 5 篇也是论述新闻工作的论文：《报纸上党的生活问题的阐明》《怎样在报纸上阐明工业和运输业问题》《报纸对农业问题的阐明》《报纸中的特写》《剧评和影评》。

可见，当时苏联的新闻学研究，没有重视新闻学理论体系的建构，也不重视基本新闻学概念的阐发，而是重在党报业务经验与工作流程的介绍。

2. 党的理论在各行各业宣传工作中的具体应用

苏联新闻学术研究的重要内容就是以党的理论指导各行各业的具体宣传工作，来提升党的宣传工作水平。

（1）党性原则。党性原则"是党和苏维埃报刊全部活动的基础""积极争取实现共产党的政策，是党的报纸和杂志党性的最重要标志。党和苏维埃的报刊是创造性马克思主义思想的旗手，是宣传党的政策和革命理论的首要的和决定性的武器，是宣传、鼓动、组织和对劳动群众进行思想教育的全苏讲坛。"① 党报的真实性是其党性的重要标志之一。新闻报道必须坚持"布尔什维克党性"，"最主要的是要阐明各种事实和现象所具有的政治内容"②，"党的经常领导是党和苏维埃报刊工作成功的首要条件"③。

（2）党和苏维埃报刊的人民性。为人民服务，巩固强大的苏维埃国家，同劳动人民的敌人作不调和的斗争，深信无穷无尽的人民创造力，这些是共产党报刊的特征和基本特点。因此，"广大劳动群众之积极参加定期出版物是我们报刊成功的基础，是报刊力量的泉源"④。

（3）党和苏维埃报刊的主要任务。党和苏维埃报刊在国家从社会主义过渡到共产主义时期中的作用和首要任务如下：报刊是最有力的武器，党在它的帮助下，每日每时以经常巩固工农联盟的精神、以各民族互相

---

① 〔苏〕《党和苏维埃报刊的理论和实践教学大纲》，凌俊、伍福强、郑兴东合译，北京，中国人民大学 1955 年出版，第 3 页。

② 〔苏〕柯捷夫：《论新闻报道》，《联共（布）中央直属高级党校新闻班讲义汇编》，北京，人民出版社版 1954 年版，第 83、第 93 页。

③ 〔苏〕《党和苏维埃报刊的理论和实践教学大纲》，凌俊、伍福强、郑兴东合译，北京，中国人民大学 1955 年出版，第 4 页。

④ 〔苏〕《党和苏维埃报刊的理论和实践教学大纲》，凌俊、伍福强、郑兴东合译，北京，中国人民大学 1955 年出版，第 3 页。

友好、苏维埃爱国主义和无产阶级国际主义的精神教育群众。用共产主义建设的生动而具体的实例和榜样来教育广大人民群众，反对苏维埃人民意识中的资本主义残余。这些是我们报刊在为共产主义斗争时期的最重要任务。

党和苏维埃报刊在现阶段社会主义经济建设方面的任务有：竞赛的公布，科学技术成就和生产革新者经验的宣传。报刊在为争取进一步发展工业，为争取迅速提高人民消费品的生产和改善劳动群众物质福利而斗争。党和政府在农业方面的措施，以及报刊在实现这些措施上的作用。①

（4）党和苏维埃报刊的作用。党和苏维埃报刊是党的强大思想武器。报刊在思想工作上、在宣传马克思列宁主义理论上具有重要的作用。为党员和非党员创造性地研究马克思列宁主义理论而努力，为反对教条主义、书呆子式和机械背诵的各式各样表现而斗争。揭露同苏维埃人民不相容的资产阶级思想。

报刊对于开展自我批评和自下而上的批评，对于反对官僚主义和拖拉作风的斗争，以及对于以共产党要求的精神来教育干部的作用。报刊之为开展实事求是的有原则的批评，为反对批评的庸俗化，为揭露压制批评者而斗争。

党和苏维埃的报刊为反对不问政治、无思想性、资产阶级的民族主义和世界主义而斗争；为社会主义现实主义的文学和艺术作品的高度思想理论水平和高度艺术技巧和为苏维埃科学的进一步发展而斗争。苏维埃社会的报刊之为在科学、艺术和文学中展开创造性的辩论和原则性的批评而斗争。

"党和苏维埃报刊对于阐明和实现苏维埃国家爱好和平的对外政策，对于巩固以苏维埃为首的社会主义阵营、对于宣传国际主义和各民族兄弟般团结的思想，以及对于为争取和平而斗争的作用。揭露帝国主义战争的挑拨者，培养政治警惕性。系统地阐明中华人民共和国和各人民民主国家的生活，阐明它们为社会主义的建设、为在新的社会主义社会的建设中巩固兄弟般的友谊和互助的奋斗，阐明保卫和平的成就。"②

---

① 〔苏〕《党和苏维埃报刊的理论和实践教学大纲》，凌俊、伍福强、郑兴东合译，北京，中国人民大学1955年出版，第3～4页。

② 〔苏〕《党和苏维埃报刊的理论和实践教学大纲》，凌俊、伍福强、郑兴东合译，北京，中国人民大学1955年出版，第4页。

3. 报刊斗争历史经验的研究

苏联的新闻学研究，在重视现实党报工作经验总结的同时，也重视党报斗争历史经验的研究，因此，确立了新闻史学的重要地位。《苏联共产党中央直属高级党校新闻班讲义汇编》第二集以 2/3 的篇幅介绍苏共报刊的发展历史，具体内容如下：为在俄国创建社会民主工党而斗争时期中的工人报刊；俄国社会民主工党形成时期的工人报刊；斯托雷平反动时期的布尔什维克报刊；第一次帝国主义战争前工人运动高涨时期的布尔什维克报刊；帝国主义战争和俄国第二次革命时期的布尔什维克报刊；伟大十月社会主义革命的准备和实行时期的共产党报刊；为国家的社会主义工业化而斗争时期的党和苏维埃报刊；为实现农业集体化而斗争时期的布尔什维克报刊；卫国战争前（1938 年至 1941 年 6 月）为完成社会主义建设和逐步向共产主义过渡而斗争时期中的党和苏维埃报刊。

作为中共中央高级党校教材的《苏共报刊史概要》，研究了 11 个问题：俄国社会民主工党建立时期的革命的马克思主义报刊，列宁的《火星报》为建立新型政党而斗争；日俄战争时期和第一次俄国革命时期的布尔什维克报刊，斯托雷平反动时期的布尔什维克报刊；第一次帝国主义战争前工人运动高涨时期的布尔什维克报刊，帝国主义战争和第二次俄国革命时期的布尔什维克党报刊；在准备和实现伟大十月社会主义革命时期的布尔什维克党的报刊；外国武装干涉和国内战争时期的共产党报刊，在恢复国民经济的和平过渡时期的共产党报刊；为我国社会主义工业化而斗争时期的共产党报刊；为农业集体化而斗争时期的共产党报刊；为完成社会主义社会的建设和实施新宪法而斗争时期的共产党报刊；共产党报刊在战前年代里为完成社会主义建设和逐渐过渡到共产主义而斗争；苏联伟大卫国战争时期的共产党报刊；共产党报刊在战后时期为完成社会主义建设和逐步过渡到共产主义而斗争。

苏联的新闻史研究，主要是为了说明"报刊是怎样在一定的历史时期发展起来的"[①]。报刊史如何进行分期？研究者引用列宁在《俄国工人报刊的历史》一文中的观点进行论述。列宁指出，俄国工人报刊史是与民主主义和社会主义运动史密切相关的，"只有理解了解放运动的主要阶段，才能真正作到理解工人报刊的准备和产生为什么经历了这样的而不

[①]〔苏〕伊·尼·斯洛保加纽克：《苏共报刊史概要》，北京，中共中央高级党校 1956 年出版，第 2 页。

是那样的道路"，"俄国工人报刊差不多有一百年的历史——最先是准备阶段的历史，就是说，并非工人运动的历史，并非无产阶级运动的历史，而是'一般民主主义'的，即资产阶级民主主义解放运动的历史"。"列宁的这些奠基性质的指示规定了作为工人报刊先驱（1895 年以前）的俄国新闻业的意义，规定了与解放运动的三个主要阶段（贵族时期，约从1825 年到 1861 年；平民时期，约从 1861 年到 1895 年；无产阶级时期，从 1895 年起）相应的俄国新闻业分期的基础，帮助我们划出为解放人民的无穷尽的创造力而斗争的先进的、革命的、真正爱国主义的俄国新闻业发展的基本道路"①。可见，苏共报刊史的分期是按照革命历史的分期来进行的。而具体研究过程中，革命领袖的报刊工作经验的总结与分析是重要内容。

4. 报刊的阶级斗争工具属性

苏联的新闻学术研究对报刊的阶级斗争工具属性给予充分关注。

《苏共报刊史概要》阐明，"新闻学"是这样的一门课程："新闻是社会活动中彻底形成了的一种形式，是文字工作的形式之一。新闻是反映社会生活，反映社会物质和精神需要增长的形式之一。作为一种反映社会物质和精神需要形式的新闻学，是阶级斗争中最锋利的武器。马克思列宁主义的创始人创立了社会发展的科学理论，揭示了阶级斗争在社会历史中的作用并指出了这一斗争的方法和手段。属于阶级斗争的思想武器，首先就是掌握在阶级、政党手中的有力的、锋利的斗争武器——报刊。马克思列宁主义经典作家认为记者的职业就是战士的职业。"② 研究者没有从新闻知识体系建构与独特新闻学范畴体系确立等角度来论证新闻学的科学性，而是把报刊的阶级斗争属性作为新闻学科学性论证的理论基础与前提。

《苏共报刊史概要》还强调："新闻史是一门科学课程。这门科学说明，报刊是怎样在一定的历史时期发展起来的。列宁和斯大林关于定期报刊是阶级斗争的最尖锐武器的言论规定了作为科学课程的新闻史的任务和方法论的基础。"③ 新闻史课程的科学性也源于报刊的阶级斗争属性。

---

① 〔苏〕伊·尼·斯洛保加纽克：《苏共报刊史概要》，北京，中共中央高级党校 1956 年出版，第 2 页。

② 〔苏〕伊·尼·斯洛保加纽克：《苏共报刊史概要》，北京，中共中央高级党校 1956 年出版，第 1 页。

③ 〔苏〕伊·尼·斯洛保加纽克：《苏共报刊史概要》，北京，中共中央高级党校 1956 年出版，第 2 页。

《党和苏维埃报刊的理论和实践教学大纲》在阐述课程的研究对象和任务时也指出："新闻事业是反映社会生活的一种最重要形式，是在思想上影响群众的工具，是政治斗争的尖锐武器。列宁所创办和领导的布尔什维克报刊，是马克思、恩格斯所奠定的革命报刊传统的继承者和继续者。布尔什维克报刊是俄国革命民主主义报刊和工作报刊优良战斗传统的继承者。"① 《党和苏维埃报刊的理论和实践教学大纲》还指明这门课程的基本内容："学生学习党代表大会和党中央委员会关于报刊的决议，马克思列宁主义经典作家关于报刊的著作和言论；学习共产党的缔造者列宁、列宁的学生及其事业的继承者斯大林，以及他们的亲密战友们的政论活动和编辑活动；学习党和苏维埃工作的经验、方式和方法。"②

苏联的新闻课程在突出强调新闻的阶级属性的同时，又将领袖语录与苏共决议作为重要的论证依据或理论阐释的重心。《苏共报刊史概要》的《引言》首先引用列宁的语录，指出，列宁在讲到敌对阶级社会的每一个"民族文化"中的两种文化时曾强调："我们从每个民族文化里只是取出民主主义的和社会主义的成分，取出这些成分只是并且无条件是要和每个民族的资产阶级文化、资产阶级民族主义相对抗。"③ 然后明确指出，"根据列宁的这些指示，新闻史这门课程的任务是研究民主主义和社会主义的机关刊物，研究俄国的优秀新闻工作者和作家的政论活动和编辑活动。对进步定期出版物的思想趋向和内容的研究，对十八、十九世纪先进的俄国政论反对反动阵营、农奴主地主、资本家掠夺者及专制独裁制度所进行的不可调和的思想斗争的研究，揭示了俄国民主主义的和革命的报刊的伟大战斗的传统。"④ 可见，阐述新闻的阶级斗争工具属性是苏联新闻学课程的基本任务与方法论基础，而具体阐述方式是领袖语录加苏共决议。

当时，中国新闻学界以"一边倒"的方式学习苏联。通过苏共中央党校与高等新闻教育机构的教学大纲与教材可以看出，当时苏联主要以

---

① 〔苏〕《党和苏维埃报刊的理论和实践教学大纲》，凌俊、伍福强、郑兴东合译，北京，中国人民大学 1955 年出版，第 1 页。

② 〔苏〕《党和苏维埃报刊的理论和实践教学大纲》，凌俊、伍福强、郑兴东合译，北京，中国人民大学 1955 年出版，第 2 页。

③ 〔苏〕伊·尼·斯洛保加纽克：《苏共报刊史概要》，北京，中共中央高级党校 1956 年出版，第 3 页。

④ 〔苏〕伊·尼·斯洛保加纽克：《苏共报刊史概要》，北京，中共中央高级党校 1956 年出版，第 3 页。

演绎革命领袖语录，为现实政治、经济、文化政策做注释与引申的方式来进行新闻学研究。这一方式与当时中国革命色彩深郁的时代热潮相契合，更与延安时期形成的意识形态化研究方式相呼应，形成共振性放大，从而影响了这一时期的中国新闻学理论建构：理论新闻学研究者热衷于"五性一统"，将"党性""思想性""战斗性""群众性""真实性"这些报纸工作的五个原则统一于"阶级斗争工具论"；应用新闻学研究更多关注"群众写""写群众"的工农兵通讯写作；新闻史学研究则是苏联的翻版，重在革命报刊的历史与现实的宣传内容与经验的研究。"党报之学"的新闻学研究，因过度关注新闻的意识形态属性而在知识体系与范畴体系的建构方面，少有建树。

第三节　1956 年新闻工作改革中的新闻学理论创新

1956 年，新闻学界借新闻业界的改革之风，开始对新闻界学苏联进行理论反思，并积极进行理论创新。其中，王中的《新闻学原理大纲》是典型代表。

一、1956 年新闻工作改革

（一）百花齐放：新闻工作改革背景

1956 年是中华人民共和国历史上具有里程碑意义的一年，这一年发生的许多重大事件对中国新闻界产生了或直接或间接的影响。

在中国共产党的领导下，中国于 1956 年基本完成了对农业、工业、资本主义工商业的社会主义改造。社会主义改造的完成使中国的生产关系发生巨大变化，社会根本矛盾也相应发生改变。同时，三大改造的完成也是中国从新民主主义社会转变为社会主义社会的标志。

1956 年 2 月，苏共二十大召开。斯大林的错误以及对斯大林的个人崇拜受到批判，这一事件在整个社会主义阵营产生强烈反响，中国也不例外。苏共二十大尚未结束时，人民日报社编委会就召开会议，对新闻界学苏联进行反思。

1956 年 4 月 25 日，毛泽东在《论十大关系》报告中指出："一切民族、一切国家的长处都要学，政治、经济、科学、技术、文学、艺术的一切真正好的东西都要学。但是，必须有分析有批判地学，不能盲目地学，不能一切照抄，机械搬运。他们的短处、缺点，当然不要学。对于苏联和其他社会主义国家的经验，也应当采取这样的态度。"① 中央政治局扩大会议针对这个报告进行了讨论。4 月 28 日，毛泽东在总结发言中提出了"百花齐放，百家争鸣"的方针。5 月 2 日的最高国务会议第七次会议上，毛泽东对"双百"方针做了进一步阐述。《论十大关系》报告与"双百"方针的提出，为新闻改革提供理论基础和指导方针，为新闻改革提供一个宽松的自由的氛围。

中国新闻界从 1950 年开始学苏联，一方面提高了中国新闻界马克思主义理论水平与业务水平；另一方面，也造成大量生搬硬套、盲目模仿苏联的情况。这就引发了新闻机构日趋单一化、新闻宣传日益公式化等问题。这种片面、丧失客观性的报道，自然会引起读者的反感和对报纸的不信任。可以说，当时的新闻界学苏联已经走进了"死胡同"，改革之势迫在眉睫，"它是历史的必然，是新中国新闻事业史发展的必然"②。新闻界学苏联的教条主义弊病，引起党和国家领导人的重视。1955 年，毛泽东在《合作社的政治工作》一文的按语中指出："我们的许多同志，在写文章的时候，十分爱好党八股，不生动，不形象，使人看了头痛。""哪一年能使我们少看一点令人头痛的党八股呢？"③ 1956 年 5 月下旬，刘少奇在对胡乔木和新华社负责人的谈话中提出："我们的新闻报道，学习塔斯社的新闻格式，死板得很，毫无活泼……我们不能学习这种党八股。"④ 党和国家领导人对新闻界学苏联的批评，更引起新闻界的高度重视。1956 年，改革时机已经成熟，新闻工作改革顺利开展起来。

（二）社会公器：《人民日报》以改版为中心的新闻工作改革

1956 年 1 月 1 日，《人民日报》的排版方式由直排改为横排，并由繁体字改为简体字。诚如 1955 年 12 月 31 日刊登的《启事》所说："本报从一九五六年一月一日起，改用老五号字横排。报纸容纳的字数，比原来用新五号字直排减少了四分之一，大约减一万五千字左右。因此，希

---

① 《毛泽东著作选读》（下册），北京，人民出版社 1986 年版，第 740～741 页。
② 方汉奇主编：《中国新闻事业通史》第 3 卷，北京，中国人民大学出版社 1999 年版，第 172 页。
③ 《毛泽东新闻工作文选》，北京，新华出版社 1983 年版，第 180 页。
④ 刘少奇：《对新华社工作的第一次指示》（1956 年 5 月 28 日），中国社会科学院新闻研究所编：《中国共产党新闻工作文件汇编》下卷，北京，新华出版社 1998 年版，第 359 页。

望各方面的作者供给本报的文章和新闻都必须写得短些。"① 这种变化
"在《人民日报》的多次改版史上是唯一提前通知，广而告之过的"②。
从某种方面来讲，我们可以把这次排版方式的改变看成是 7 个月之后更
大规模改版的风向标。

1956 年年初，《人民日报》开始着手进行新闻工作改革。党中央也指
示《人民日报》要改进工作，以求适应社会形势的发展。4 月 2 日编委会
讨论通过的《关于讨论改进〈人民日报〉工作的计划》，对改革内容、时
间、步骤作出了具体详细的规定。同时，编委会还成立七人小组，在委
员会的领导下具体实施改版工作。4 月 6 日，中共中央宣传部副部长胡乔
木前来作报告，正式宣布《人民日报》将进行改版。《人民日报》编委会
经过广泛调研和讨论，最终由主编邓拓完成改版报告，于 6 月 20 日呈递
党中央。7 月 1 日，《人民日报》发表社论《致读者》，向广大读者宣布
改版。

首先，最直观的革新是报纸由四版变为八版，内容大大增加，报道
范围扩大。社论《致读者》告知报纸改出八个版以后的版面安排：第一
版还是要闻；第二、第三版的内容是国内经济，大致第二版着重工业和
交通，第三版着重农业和商业；第四版的内容是国内政治，包括党的生
活，此外还有一栏首都新闻或地方通讯；第五、第六版是国际版；第七
版是学术文化版；第八版上半版是带文学性质的副刊，下半版是广告。
原来的读者来信专页取消了，将读者来信分别登在各版上。

其次，头版头条不再被以前的会议、政治新闻占据，取而代之的是
与国家建设关系更紧密的经济新闻。据统计，改版后头两个月（7 月和 8
月）的 62 篇头条新闻中，报道经济建设 31 篇，文化教育 5 篇，人民生活
5 篇，会议新闻 2 篇，公告性新闻 14 篇，涉外新闻 4 篇。③ 从以上数据可
以明显看出经济新闻开始在头版头条唱主角，而政治新闻、会议新闻相
比以前大大减少。而且新闻报道面更宽，信息量更大，新闻更短小。

再次，《人民日报》开展"百家争鸣"方针的讨论，发表许多学者，
如马寅初、朱光潜、茅盾等人有关"百家争鸣"的文章。7 月 21 日，
《人民日报》还配发评论员文章《略论百家争鸣》，阐述观点，引导舆论。

---

① 胡正荣、李煜主编：《社会透镜——新中国媒介变迁六十年：1949～2009》，北京，清华
大学出版社 2010 年版，第 16 页。
② 胡正荣、李煜主编：《社会透镜——新中国媒介变迁六十年：1949～2009》，北京，清华
大学出版社 2010 年版，第 16 页。
③ 参见钱江：《〈人民日报〉1956 年的改版》，《新闻研究资料》1988 年第 3 期。

这种编排方式也促成了生动活泼、思想解放的良好氛围。

此外，《人民日报》开始大量刊登批评性报道。1956 年 7 月"共发表各类批评性稿件 150 多篇（条），比 6 月的批评稿 29 篇（条），多出 120 余篇（条）"①。同时，评论在推动报纸批评和扩大报纸批评影响力方面，起到积极的推动作用。如，1956 年 8 月 23 日，《人民日报》头版头条发表社论《郑殿章事件暴露了什么》，并配发了消息、通讯、述评、漫画等，对官僚主义现象力加挞伐。

在国际新闻报道方面，《人民日报》改变了对社会主义国家报喜不报忧的做法，刊发《波兹南事件详细经过》《匈牙利事件的起因和经过》等作品，进行客观报道，在读者中产生很大反响。

《人民日报》达到了其在改版社论《致读者》中所强调的："我们的报纸名字叫作'人民日报'，意思就是说它是人民的公共的武器，公共的财产。人民群众是它的主人。只有靠着人民群众，我们才能把报纸办好。"②《人民日报》改版后得到读者普遍好评。1956 年 7 月 6～19 日，编辑部就收到读者对改版持肯定意见的来信近千封。可以说，《人民日报》达到了改版目的。

（三）春色满园：新闻工作改革的全面开展

《人民日报》的改革引发全国报纸、通讯社、广播电台的相继改革。1956 年 8 月 1 日，中共中央转批《人民日报》编委会的报告。中央批示认为，《人民日报》改进工作的办法是可行的，"并希望各地党委所属的报纸也能够进行同样的检查，以改进报纸的工作"③。这样，新闻工作改革就在神州大地推广开来。

1. 报纸的改革

《人民日报》的改版，推动了全国报纸的改革。《大公报》《中国青年报》《解放军报》《文汇报》等都根据自身特点与存在的问题进行相应的改革，并取得了很好的效果。其中，《新民报》晚刊在这次新闻工作改革中的表现格外突出。

早在 1953 年公私合营伊始，《新民报》晚刊就制定了以开展与提高人民文化生活为主，报道市政建设与进行时事教育为辅的编辑方针。在学苏联的热潮中，晚刊编辑部曾把《莫斯科晚报》的版面全部翻译成中

---

① 参见钱江：《〈人民日报〉1956 年的改版》，《新闻研究资料》1988 年第 3 期。
② 夏杏珍：《1956 年〈人民日报〉的改版》，《党史文汇》2011 年第 5 期。
③ 夏杏珍：《1956 年〈人民日报〉的改版》，《党史文汇》2011 年第 5 期。

文，参照改版。这样，文化生活的内容丰富了，但也削弱了晚刊的地方性和群众性①，不免有教条主义之嫌，也失去了自己的特点。借《人民日报》改版的东风，《新民报》晚刊从自身实际出发，对版面进行大胆革新。总编辑赵超构根据当时报纸存在的篇幅过长、架子太大、文章太硬等问题，提出了报纸改革的方向："短些，短些，再短些；广些，广些，再广些；软些，软些，再软些。"② 并解释，其中的"软"，指的是思想既要正确，又要把报纸弄得生动些，通俗些。深入浅出，让读者感觉亲切。经过改革，《新民报》晚刊充分突出时间性、地方性、文化娱乐性，从而增强了可读性。评论专栏《随笔》，综合性副刊《繁花》都受到读者的欢迎。改版后一个月内，报纸的发行量由 2 万份上升到 9 万份左右，近一年后又增加到 14.5 万份。③

2. 通讯社的改革

中华人民共和国成立后，新华社经过几年的努力，工作有了很大进步，新闻报道质量也有了明显提高。然而，依然存在着许多问题，如新闻报道报喜不报忧，只报道已有定论的问题，只反映与领导机关意见相吻合的情况，不注意反映群众的意见和呼声，国外分社工作发展不快等等。④ 1955 年，毛泽东指示，新华社"应该大发展，尽快做到在世界各地都能派有自己的记者，发出自己的消息，把地球管起来，让全世界都能听到我们的声音"⑤。1956 年，刘少奇提出了将新华社建设成为"世界性通讯社"的发展目标。

1956 年 8 月，新华社在向中央提交的若干重大问题的报告中，提出了建设世界性通讯社的目标：5 年到 7 年内把新华社建设成为东方（亚非地区）最有权威的通讯社；10 年到 12 年内把新华社建设成为可以和西方资产阶级各大通讯社相匹敌的世界性通讯社。报告还提出具体的改进措施："新华社协助党和政府贯彻执行政策，不是简单地宣扬政策的正确，

---

① 参见方汉奇主编：《中国新闻事业通史》第 3 卷，北京，中国人民大学出版社 1999 年版，第 182 页。

② 参见方汉奇主编：《中国新闻事业通史》第 3 卷，北京，中国人民大学出版社 1999 年版，第 182 页。

③ 参见方汉奇主编：《中国新闻事业通史》第 3 卷，北京，中国人民大学出版社 1999 年版，第 184 页。

④ 参见丁淦林主编：《中国新闻事业史》，北京，高等教育出版社 2002 年版，第 428 页。

⑤ 《毛泽东新闻工作文选》，北京，新华出版社 1983 年版，第 182 页。

而要反映政策在群众行动中受考验的情况。"① "不能仅只报道已有正确结论的事实，同时也要报道暂时还不能做出正确结论的事实。"② "全面地报道世界各国发生的各种各样的重要事件，而不限于只报道对我有利的进步的事件；在报道时立场坚定，但应尽可能赋予我们的新闻以客观的形式，避免宣传化的毛病。"③

由于实施上述一系列改革，新华社取得较大的成就，同时还充分发挥了"消息汇总"的作用，受到报纸和电台的欢迎。

3. 广播工作改革

1956 年 5 月 28 日，中央广播事业局向中共中央汇报广播事业发展规划。中共中央副主席刘少奇代表中共中央对广播工作的发展提出 10 个方面的意见，其中主要包括发展农村有线广播很重要，要依靠群众但不要加重群众的负担，广播宣传要密切联系人民的思想生活，应该关心所有听众关心的问题，特别要关心人民的生活等问题。1956 年七八月间召开的第四次全国广播工作会议成为广播新闻工作改革全面开展的标志。会上，刘少奇再次指出，广播跟人民思想、人民生活、人民需要有密切的联系。会议还确立了广播工作改革的主要目标，即改进新闻报道，扩大节目取材范围，办好文艺广播，让听众从收音机里听到更多的节目。之后，全国广播工作有了显著改进，节目内容更加接近人民生活，形式更加生动活泼，广播语言注意口语化、通俗化，受到国内外听众的普遍欢迎。④ 同时还纠正了广播不得开展批评的错误观念。

（四）死人办报：《人民日报》改版的中断

尽管《人民日报》在改版初期取得很大成绩，得到各方好评，但反右派斗争的开始，令《人民日报》改版工作随之中断。这与两个宣传报道紧密相关。

第一是有关反"冒进"的宣传报道。《人民日报》在改版过程中，面对各地甚至是中央出现的急躁冒进倾向，顶住压力，执行了中央政治局

① 《关于新华社工作中几个重大问题向中共中央的请示报告》，转引自丁淦林：《中国新闻事业史》，北京，高等教育出版社 2002 年版，第 430 页。

② 《关于新华社工作中几个重大问题向中共中央的请示报告》，转引自丁淦林：《中国新闻事业史》，北京，高等教育出版社 2002 年版，第 430 页。

③ 《关于新华社工作中几个重大问题向中共中央的请示报告》，转引自丁淦林：《中国新闻事业史》，北京，高等教育出版社 2002 年版，第 430 页。

④ 参见方汉奇主编：《中国新闻事业通史》第 3 卷，北京，中国人民大学出版社 1999 年版，第 194 页。

提出的"既反对保守又反对冒进，在综合平衡中稳步前进"的国民经济发展方针，并据此进行相关宣传。1956 年 6 月 20 日，《人民日报》发表由邓拓审定的著名社论《要反对保守主义也要反对急躁情绪》。这篇社论提醒全国各地注意纠正社会主义建设事业蓬勃发展过程中出现的一些急躁冒进现象，促进工农业生产积极稳步向前发展。然而，这篇社论受到毛泽东的多次批评。1956 年 11 月 15 日，毛泽东在党的八届二中全会上说：我们的计划经济，平衡又不平衡。平衡是暂时的，有条件的。1957 年 1 月，毛泽东在省、市、自治区党委书记会议上批评 1956 年反"冒进"，结果又出了个右倾。在 1958 年 1 月召开的南宁会议上，毛泽东说《人民日报》1956 年 6 月 20 日的社论有原则性错误。[①] 毛泽东的批评，使改版后的《人民日报》处于两难境地。

第二是有关最高国务会议和宣传工作会议的报道。1957 年 2 月 27 日，毛泽东在最高国务会议上作了题为《关于正确处理人民内部矛盾的问题》的报告，邓拓组织编委会制定宣传报道计划并撰写社论和文章，但送审后未得批复，《人民日报》因此没有在第一时间进行宣传。3 月 12 日毛泽东作了重要报告《在中国共产党全国宣传工作会议上的讲话》。由于有关最高国务会议的宣传计划未得批复，加之党的"八大"有关中央领导人无论是谁，讲话后如果报纸要进行宣传，必须经过中央的批准的规定，毛泽东的讲话因此也没有在第一时间内在《人民日报》上得到宣传。这些引起毛泽东的不满。1957 年 4 月 10 日，毛泽东对《人民日报》提出批评，"《人民日报》最近对党的政策宣传，不是没有抓紧，而是没有抓""过去说是书生办报，现在应该说是死人办报"[②]。4 月 12 日，胡乔木来到《人民日报》，在编辑部全体大会上做了长篇讲话，批评《人民日报》这一个时期以来的工作。

随着 1957 年 6 月反右派斗争的普遍开展，《人民日报》的许多编辑记者与曾在《人民日报》上发表过争鸣文章的作者都被打成右派，《人民日报》的改版遭到否定，又回到了改版之前的老路，这次改革也宣告终结。

自然，全国范围的报纸、通讯社与广播事业改革也随之中断。

---

① 参见方汉奇主编：《中国新闻事业通史》第 3 卷，北京，中国人民大学出版社 1999 年版，第 177 页。

② 参见方汉奇主编：《中国新闻事业通史》第 3 卷，北京，中国人民大学出版社 1999 年版，第 178 页。

二、王中的新闻学理论创新

1956 年新闻改革的春风不仅吹到了新闻业界，同时，在新闻学界也掀起了研究新闻理论与探讨新闻业务的热潮，"人们对新闻学是不是科学，它属文学范畴还是属政治范畴，办报传统与如何对待西方新闻学等问题进行了广泛的探讨"①。中国新闻学术研究氛围一度活跃起来。新闻学界开始清理学苏联过程中存在的"教条主义"，尝试新闻学理论创新。其中，王中的《新闻学原理大纲》就是典型一例。

王中（1914～1994），山东高密人，原名单勋，笔名张德功。1935～1937 年在青岛国立山东大学外文系读书，投身一二九学生爱国运动。1936～1938 年参加抗日民族先锋队，在青岛和高密组织抗日游击队。1938 年 1 月加入中国共产党，同年 3 月，改名王中。1940 年后，曾任《大众月刊》编辑，《大众日报》编辑部主任，新华社山东总分社编辑部主任，《鲁中日报》总编辑，《新民主报》编辑部主任等职务。1949 年后曾任华东新闻学院教务长，复旦大学统战部长、副教务长、新闻系系主任等职务。

（一）《新闻学原理大纲》的写作背景

王中调入复旦大学新闻系任教后，在新闻教学实践中逐渐关注两个主要话题：一是如何从学苏联造成的沉闷气氛中解脱出来，二是如何跟上新闻改革的形势。王中完成的《新闻学原理大纲》，对于上述两个问题做出理论解答。可以说，王中的《新闻学原理大纲》，是整个时代大背景与其个人实践相结合的产物。

1956 年，党中央实行"百花齐放、百家争鸣"的方针，鼓舞了知识分子的研究热情。王中不再以校部工作为主，而是全力主持复旦大学新闻系的工作。他主张克服学习苏联过程中出现的教条主义倾向，恢复和发扬党的理论联系实际的优良传统。在他主持下，复旦大学新闻系每月举行一次科学报告讨论会，出版《新闻学译丛》，同时举办中国报刊史料展览会、老报人座谈会等活动。王中还在新闻系新闻写作教研组蹲点调查，为高年级学生讲授《新闻学原理》《评论写作》《新闻专题》课程。这些教改活动的举行，从侧面推动了王中的理论创新。王中发现，苏联的教学大纲和教材十分教条。缺少好教科书是教学工作面临的主要问题，

---

① 徐培汀：《我国新闻学研究的沿革与趋向》，《复旦学报》（社会科学版）1984 年第 5 期。

这是促使王中写作《新闻学原理大纲》的一个重要原因。王中在 1956 ~ 1957 年撰述富有创造性的《新闻学原理大纲》，可以说是对新闻界"学苏联"的一种理论反思。《新闻学原理大纲》是"一个综合新闻理论和新闻业务多方面内容的理论体系，大纲的框架同根据苏联教科书制定的人民大学新闻系教材的大纲并无太大区别，但在具体阐述相关的内容时，作者却加进了许多自己的思考"①。

王中的新闻理论研究，是与现实新闻改革实践紧密结合的。1956 年，全国新闻工作改革掀起热潮。王中特别关注新闻工作改革成就，率领复旦新闻系教师团②到济南、青岛、无锡、南京等地的报社进行考察。王中在考察结束后回到复旦大学，草拟出《新闻学原理大纲》十八章的目录，向全系教师征求意见。王中还向当时正在上海人民广播电台学习新闻夜大学课程的各报社、电台的记者、编辑讲授大纲前三章的内容。此后在课堂、座谈会上，王中都充分运用自己的观点，剖析当时新闻工作中存在的问题，并寻求解决问题的办法。这些发言或报告，在当时新闻学界、新闻业界备受瞩目，引起强烈反响。可以说，《新闻学原理大纲》是对1956 年新闻工作改革的理论总结，也为新闻改革提供了理论参考与方向。

王中的一些观点，当时看来有些"另类"，也为王中带来了厄运。在1957 年反右派斗争中，他被划为极右分子，被扣上反党、反社会主义的资产阶级右派新闻代理人的帽子，长期受到不公正待遇。

（二）王中的理论创新

1. 新闻有学

新闻学界学苏联过程中，高度关注的是领袖语录的注解与革命斗争、宣传经验的承继，对新闻学科的发展并不重视。而王中的《新闻学原理大纲》开篇第一节就是"新闻学的形成、发展及其范围"，明确指出："科学是从实践中产生和提炼出来的，新闻学是由新闻事业发展的需要而产生的……20 世纪初产生新闻学是因为 19 世纪下半期日报大量发展。现代报纸是资本主义的产物。"③"从历史知识来看，第一个办报的没有学新闻学，只有自己的实际工作经验"④，当办报的人多了，积累的经验多了，上升为理论，也就形成了新闻学。显然，新闻学这门学科的形成也是从

---

① 郑保卫：《新中国 60 年：新闻学研究发展历程回望》，《新闻与写作》2009 年第 10 期。
② 余家宏、郑北渭、朱振华、张四维、居欣如等参加。
③ 赵凯主编：《王中文集》，上海，复旦大学出版社 2004 年版，第 36 页。
④ 赵凯主编：《王中文集》，上海，复旦大学出版社 2004 年版，第 43 页。

实践到理论的。"无论资产阶级或无产阶级新闻学的形成皆起源于训练实际工作干部、传授经验、培养操作能力为主，逐步扩展，逐步上升为理论。"① 王中认为，随着新闻事业的发展与新闻教育的开展，便开始有了新闻学。

王中主张，要正确看待资产阶级新闻学。过去我们说资产阶级新闻学完全是胡说八道，这也是不一定的。"资产阶级新闻学的核心是新闻价值，新闻价值的依据是读者兴趣，要快，研究新闻地点、报纸地区、怪事，刺激读者思想和感情，无产阶级新闻学的核心是党性，党性的准绳是以历史唯物主义认识与解释社会现象以及宣传对人民及无产阶级的利益。"② "资产阶级新闻学揭示了若干社会现象和涉及到新闻事业各方面有关的问题，但有浓厚的唯心观点……无产阶级新闻学以唯物主义说明新闻事业，但缺陷是体系完整上不如资产阶级新闻学，狭隘零碎不完整。"③

对于新闻学的研究对象，王中指出："新闻学分为历史、理论、应用三部分，历史科学提供了理论科学的资料。理论是从实践来的，我们要知道历史事实来证明理论。理论概括了新闻事业的基本法则。应用科学解决了各方面业务的方法。这三个方面不能分割。"④ 王中更进一步解释说，"新闻学应以社会诸条件对新闻事业的决定作用为研究重点。"⑤ 可以说，这一观点为他的"社会需要论"提供了理论基础。

同时，王中还分析了当时新闻学学科现状："新闻学只有几十年，无产阶级新闻学的历史更短。新闻学和其他科学比较产生晚，不完备，欠稳定性，缺乏专门研究。在科学院的科学研究项目中，新闻学还没有份。"⑥

可见，王中具有明确的新闻学科意识，对新闻学知识体系的建构给予充分重视，同时对无产阶级新闻学的优势与不足进行了较为理性的分析。

2. 新闻事业的产生与发展规律

王中把新闻事业作为一种社会现象来考察，对于新闻事业的产生与发展规律，做了历史唯物主义的阐释。

---

① 赵凯主编：《王中文集》，上海，复旦大学出版社 2004 年版，第 38 页。
② 赵凯主编：《王中文集》，上海，复旦大学出版社 2004 年版，第 41 页。
③ 赵凯主编：《王中文集》，上海，复旦大学出版社 2004 年版，第 42 页。
④ 赵凯主编：《王中文集》，上海，复旦大学出版社 2004 年版，第 43 页。
⑤ 赵凯主编：《王中文集》，上海，复旦大学出版社 2004 年版，第 43 页。
⑥ 赵凯主编：《王中文集》，上海，复旦大学出版社 2004 年版，第 38 页。

王中指出，新闻事业"就是一种以收集消息、供给消息为专门事业的活动"。若想探究新闻事业的产生、发展与演变规律，应该"从社会条件，各个方面的条件与新闻事业的关系的规律性中去找……一种必然性在迫使它（新闻事业）非改非变不可……社会客观因素对新闻事业有一定的规定性"①。基于这种认识，王中从新闻历史变化发展入手，分析新闻事业的产生与发展。他指出，封建社会不能产生现代意义的报纸，是因为"封建社会是自然经济，自然经济是分散的，是一个个个体生产，每一个很小很小的社会单位就可以独立生活。"②"资本主义产生了现代的新闻事业……资本主义经济是商品经济，用机器生产，生产出商品来，商品供应全社会用。通过商品的生产来取得剩余价值……因为商品经济的产生，它就刺激着科学、文化、交通一系列东西的发展。因此，就产生了形成现代的新闻事业的社会基础。现代新闻事业的发展，有它自己的发展规律"③。据此，王中得出结论，新闻事业是社会产物，"就是人类社会必然要发展到一定的历史时期，发展到人和人的关系相互依存，相互制约，严密到一定的程度，以及其他的社会条件，如具备了读者群，如交通工具、印刷条件等等，这一些社会条件决定了报纸的产生。报纸的变化也是依据着许多社会条件变化而变化的"④。

针对当时"新闻事业产生于阶级斗争"的观点，王中明确强调："如果说是阶级斗争出来的报纸，则必须意味着在奴隶社会或者是奴隶和奴隶主产生了尖锐的斗争的时候就已产生报纸。但事实上不是一有阶级就有报纸，就形成新闻事业。"⑤"从历史上证明，如果说，阶级斗争才斗出报纸来的，我认为不完全符合事实。"⑥王中认为，"无产阶级的报纸是起源于阶级斗争"，是阶级斗争的产物，并且"一产生就是阶级斗争的工具"⑦。但是，不能把"阶级斗争"的观点推广到整个人类社会的新闻事业，这样是讲不通的。

王中特别指出，因为"人需要知道周围的事情……告诉人们的事实，这一个事实或那一个事实，就会直接或间接地引起政治作用。纯客观也

① 赵凯主编：《王中文集》，上海，复旦大学出版社 2004 年版，第 44 页。
② 赵凯主编：《王中文集》，上海，复旦大学出版社 2004 年版，第 50 页。
③ 赵凯主编：《王中文集》，上海，复旦大学出版社 2004 年版，第 52～53 页。
④ 赵凯主编：《王中文集》，上海，复旦大学出版社 2004 年版，第 65 页。
⑤ 赵凯主编：《王中文集》，上海，复旦大学出版社 2004 年版，第 67 页。
⑥ 赵凯主编：《王中文集》，上海，复旦大学出版社 2004 年版，第 68 页。
⑦ 赵凯主编：《王中文集》，上海，复旦大学出版社 2004 年版，第 69 页。

必然会引起政治作用"①。"新闻中必然渗透着不同阶级的观点"，新闻
"可以公开发布各个党派的主张"②。因此，"新闻事业是社会产物包括了
新闻是阶级斗争工具的含义"③。可见，王中的"社会需要论"与"阶级
斗争工具"论并不是非此即彼的对立关系。

3. 报纸的性质与职能

《新闻学原理大纲》专门有一节论述"报纸的性质和职能""报纸是
一种传布新闻的工具，它是在人类社会发展到一定的历史条件之下，产
生的一种新闻工具。最早是作为一种职业来出现的，逐渐地被政治力量
所运用所控制"④。"政治力量运用了报纸而不是政治力量创造了报纸。"⑤

王中进而探讨报纸的阶级性问题。在阶级社会，"拿一般报纸来讲，
所有报纸都有阶级性。但你要从一个报纸解剖来看，则不能这么机械，
说：都有阶级性。每一条新闻都有阶级性，是讲不通的。《解放日报》的
气象预告，你说有阶级性吗？今天最低温度是 7℃，明天最低温度是 3℃。
这有什么阶级性吗？没有，有很多没有……是不是有阶级性的报纸都有
政治背景呢？不一定。大多数的报纸是有政治背景的。有政治背景的报
纸是不是都是政党的报纸呢？也不一定……报纸不一定必须是政党的工
具，但是政党必须运用这个工具"⑥。"报纸从刊载的文字内容来说，多数
文字是有阶级性的，是为一定的阶级利益服务的。"⑦ 报纸作为阶级利益
服务的工具和其他为阶级利益服务的工具有什么不同呢？"报纸主要通过
新闻，其次通过言论来服务。"⑧

关于报纸的职能，王中概括为五点。其中第一点就是"提供新闻，
阐明新闻"⑨。阐明新闻包括两个意义："一是使读者透彻地了解这个事
实，一是了解它为什么这样，将来如何。"⑩ 为了使新闻"能够有效地达
到宣传者的意图，那就产生了用言论阐释新闻。通过这样提供新闻、阐

① 赵凯主编：《王中文集》，上海，复旦大学出版社 2004 年版，第 70 页。
② 赵凯主编：《王中文集》，上海，复旦大学出版社 2004 年版，第 71 页。
③ 赵凯主编：《王中文集》，上海，复旦大学出版社 2004 年版，第 72 页。
④ 赵凯主编：《王中文集》，上海，复旦大学出版社 2004 年版，第 85 页。
⑤ 赵凯主编：《王中文集》，上海，复旦大学出版社 2004 年版，第 86 页。
⑥ 赵凯主编：《王中文集》，上海，复旦大学出版社 2004 年版，第 87 页。
⑦ 赵凯主编：《王中文集》，上海，复旦大学出版社 2004 年版，第 90 页。
⑧ 赵凯主编：《王中文集》，上海，复旦大学出版社 2004 年版，第 104 页。
⑨ 赵凯主编：《王中文集》，上海，复旦大学出版社 2004 年版，第 105 页。
⑩ 赵凯主编：《王中文集》，上海，复旦大学出版社 2004 年版，第 105 页。

明新闻来发挥政治宣传的作用、阶级斗争的工具作用等等"①。其他的职能有："组织舆论，扶植民主"②；"指导工作，指导生活"③；"培植道德，移风易俗"④；"增进知识，提高文化"⑤。

通过上述可见，在人人大谈报纸的阶级性、政治性的时代背景下，王中独树一帜，用历史唯物主义观点，揭示报纸的性质是"新闻工具"，首要职能是"提供新闻，阐明新闻"，新闻本位观点十分鲜明。

4. 读者观

王中强调，"办报人要有读者观念"，这一观点也被称为"读者需要论"。他在《新闻学原理大纲》中论述资产阶级新闻学和无产阶级新闻学的区别时指出，"资产阶级新闻学把群众当作顾客，无产阶级新闻学则把群众作为报纸的主人……我们的基本观点是读者作为报纸的主人，为他们的长远利益打算"⑥。王中还强调，"报纸要根据读者需要来办，这是办好报纸的根本问题。离开了读者需要，只把报纸当作党的宣传武器，不把它当成读者要花五分钱购买的一种商品，报纸必然不会受到读者的欢迎"⑦。王中还提出，"报纸的作用不完全在于指导人们的工作，而且在于增加人民群众的知识，培养人民群众的生活兴趣"⑧。"报纸要反映社会生活的矛盾。我认为一般说来中心工作也正是社会生活中的主要矛盾……中心工作要好好报道，但也不能忽视社会生活的报道，如城市交通公共汽车，人民天天接触它，报纸不能不管。"⑨ 同时，在《新闻学原理大纲》征求意见稿中，王中还专门设置了"报纸群众工作""读者调查"等章节，只是由于种种原因并没有具体展开，还停留于大纲形式。但从中我们也可以看出王中对于读者的重视。

5. 反思"报纸是集体的宣传者与组织者"

列宁认为党报具有重大的作用。1901 年 5 月，列宁在《从何着手？》一文中提出，"报纸不仅是集体的宣传员和集体的鼓动员，而且是集体的

①　赵凯主编：《王中文集》，上海，复旦大学出版社 2004 年版，第 105 页。
②　赵凯主编：《王中文集》，上海，复旦大学出版社 2004 年版，第 105 页。
③　赵凯主编：《王中文集》，上海，复旦大学出版社 2004 年版，第 107 页。
④　赵凯主编：《王中文集》，上海，复旦大学出版社 2004 年版，第 108 页。
⑤　赵凯主编：《王中文集》，上海，复旦大学出版社 2004 年版，第 109 页。
⑥　赵凯主编：《王中文集》，上海，复旦大学出版社 2004 年版，第 41～42 页。
⑦　赵凯主编：《王中文集》，上海，复旦大学出版社 2004 年版，第 4 页。
⑧　赵凯主编：《王中文集》，上海，复旦大学出版社 2004 年版，第 6 页。
⑨　赵凯主编：《王中文集》，上海，复旦大学出版社 2004 年版，第 5 页。

组织者"①。列宁的这段论述广为早期的中国共产党人采纳。1930 年 3 月
26 日《红旗》杂志刊载社论《提高我们党报的作用》，1930 年 5 月李立
三撰写《党报》，1930 年 5 月 10 日《红旗》杂志刊载《党员对党报的责
任》，1931 年 7 月 1 日《战斗》刊载李卓然的《怎样建立健全的党报》，
1933 年 8 月《红色中华》刊载李富春的《"红中"百期的战斗纪念》，
1933 年 8 月《红色中华》刊载博古的《愿〈红色中华〉成为集体的宣传
者和组织者》，1933 年 8 月《红色中华》刊载邓颖超的《把"红中"活
跃飞舞到全中国》，1933 年 8 月《红色中华》刊载凯丰的《给〈红色中
华〉百期纪念》，1933 年博古撰写《我们应该怎样拥护红军的胜利》等
文，都反复引证或阐发列宁有关党报作用的这个论断。② 列宁的这句话不
仅在 20 世纪 30 年代广为流传，在新闻界学苏联过程中，也是较为流行的
经典语录。

　　陈力丹教授对这句话的提出背景与经过做过研究，指出，列宁在创
办《火星报》之前设想，这家党报不是一般意义的党报，除了坚持马克
思主义的办报方针外，还肩负着重要的建党任务。列宁在《火星报》第 4
号的社论《从何着手？》中阐述了完成这一任务的具体设想，其中就有那
句经典语录。在这句语录中，"列宁所说的'集体'，是指当时分散在各
地的党的各个小组或个人的总和，他们是俄国社会民主工党意义上的
'集体'。列宁选择这个概念是很适当的，因为当时'党'实际上并不存
在，如果说'党的组织者'显然不合适；但是说'未来的组织者'也不
合适，因为毕竟各地小组派出过自己的代表，召开了第一次党代表大会，
宣布了党的成立，这个党不是未来的，但现实中又失去了中央领导机构
和系统的组织联系。在 1903 年党的二大召开后，党有了党代表大会选举
产生的中央领导机构后，列宁再没有使用'集体的组织者'这样的概念
说明党报的作用，'党报的组织作用'的概念也几乎没有使用过"③。列
宁在特殊时期使用的一个概念为什么会在中国广为流传？陈力丹指出，
"由于斯大林后来成为苏联党和国家的主要领导人，于是他在 1923 年写
的一篇文章《报刊是集体的组织者》得到广泛传播，造成'党报的组织

---

① 列宁：《从何着手》，《列宁全集》第五卷，北京，人民出版社 1986 年第 2 版，第 8 页。
② 李秀云：《中国现代新闻思想史》，北京，中国社会科学出版社 2007 年版，第 267～
270 页。
③ 陈力丹：《马克思主义新闻思想概论》，上海，复旦大学出版社 2003 年版，第 148～
149 页。

作用'的概念和列宁关于'报纸是集体的组织者'语录的流行"①。中国共产党人,在反复引证这一论断时,更多地根据斯大林的说法,而不是列宁的说法,虽然他们反复强调那是列宁的说法。

王中的《新闻学原理大纲》有专门一节对这个观点进行评述,成为列宁这个论断的最早的一位反思者。他指出:"今天我们对于集体的组织者这一个问题有些片面的夸张,列宁是讲报纸是集体的组织者,我们常常就了解成'我这条消息有组织作用''我这期报纸有组织作用'。"② 可见当时新闻界的许多人,对于列宁观点的理解近乎生搬硬套。王中进而提出一个更加现实的问题:"可是今天我们研究报纸的性质,是否需要恰如其分根据着现在的情况,根据着将来社会发展的情况来看呢?报纸的集体宣传者集体组织者这一个作用是不是还是像革命爆发前后的那样来理解?"③ 王中给出了三个字的答案:"具体化。"他认为要具体化理解列宁的观点,回归列宁当时的"语境",具体问题具体分析。王中认为,当前中国的阶级斗争已经取得胜利并且基本结束。现在的报纸,就应该重新反思与定位自己"宣传者""组织者"的角色,而不是继续墨守陈规,抱着个别马列主义的教条。他说:"我感到报纸应当为社会的性质所规定,被阶级斗争的形势所规定,被人民的任务所规定。不是受着僵硬的几句口号和定义就能够作为我们办报的进行新闻工作的一个万古不变的教条……我们今天正确地运用了列宁所说的基本精神来办报,才能办好报。"④

不难看出,王中对于列宁新闻观点的思考,实际上是对当时新闻界广泛存在的盲目"学苏联"所造成的教条主义的一种反思与修正。

(三) 结语

王中的《新闻学原理大纲》只完成了前三章的文稿,其余的只是讲义大纲,所以还不够完备,其中很多章节都是根据他的发言整理而成,随意性、口语化较为明显。王中提出的诸多理论观点,也带有历史局限性。但是,瑕不掩瑜,这些都没有影响《新闻学原理大纲》成为中国新闻学术史上具有里程碑意义的著作。我们应该看到,1956年新闻改革时,新闻界面临的一大问题就是解决实践层面,即现实新闻工作中出现的问

---

① 陈力丹:《马克思主义新闻思想概论》,上海,复旦大学出版社2003年版,第149页。
② 赵凯主编:《王中文集》,上海,复旦大学出版社2004年版,第100页。
③ 赵凯主编:《王中文集》,上海,复旦大学出版社2004年版,第101～102页。
④ 赵凯主编:《王中文集》,上海,复旦大学出版社2004年版,第103页。

题。《新闻学原理大纲》的许多观点，正是针对当时业界存在的诸多问题而进行的理论解答，反映了当时的客观形势。从内容上看，王中的诸多观点，既有打破教条主义的理论创新，又有较强的可操作性，对于当时的新闻业界与学界，都具有指导意义。

最后，我们还应该认识到，王中及其《新闻学原理大纲》在 1957 年后遭到批判，也有着深层次的原因，诚如李彬在《中国新闻社会史》中所言："以象棋为例，当时中国的工业农业、交通运输、国防外交、文化教育、新闻传播等就像一盘棋，每个棋子的走法都不得不受制于整个棋局即系统，受制于各种结构性关系即现在所说的'游戏规则'。"① 王中当时所提出"社会需要论""报纸是商品"等观点，在今天看来无可厚非，然而，在当时的历史条件下，却成为一种奇谈怪论，与时代氛围格格不入，"就好像中国象棋没走中国象棋的步法，而走成了国际象棋的步法。这种走法即使再高妙，出神入化，还是同整个棋局不尽合拍"②。王中后来的遭遇，也缘于他的理论创新，因为他走在了时代的前列。

---

① 李彬：《中国新闻社会史（1815～2005）》，上海，上海交通大学出版社 2007 年版，第 216 页。

② 李彬：《中国新闻社会史（1815～2005）》，上海，上海交通大学出版社 2007 年版，第 216 页。

第二章 政治运动之学：1957～1976 年的新闻学研究

1957 年至 1976 年，中国新闻学研究者历经反右派斗争、大跃进运动、反右倾、"文化大革命"等政治运动的洗礼。此起彼伏的政治运动令新闻学术研究失去应有的制度保障，新闻学者被迫放弃学术理想，以非此即彼的二元对立方式进行学术研究。新闻规律从属甚至不得不让位于政治规律。新闻学不是一门科学的知识体系，而是政治运动的工具。

第一节 反右派斗争中的新闻学研究

1957 年，中国共产党开展整风运动。由于错误估计国内外阶级斗争形势，整风运动演变成为反右派斗争。期间，新闻界召开两次首都新闻工作者座谈会。在第一次座谈会上，新闻工作者踊跃发言；在第二次座谈会上，他们受到了激烈批判。两次座谈会的召开，集中反映了这一特殊时期新闻学术研究的状况与特征。

一、两次首都新闻工作者座谈会的召开

反右派斗争中的新闻学术研究，主要围绕两次首都新闻工作者座谈会所进行的学术论争与批判而展开。

（一）反右派斗争简介

1956 年，苏共二十大的召开在社会主义阵营产生强烈冲击波，波兹南事件与匈牙利事件的发生，标志着社会主义阵营开始分裂。

国内阶级斗争形势也开始复杂化。在毛泽东的直接干预下，农业生产领域的"反冒进"很快停止，合作化运动再次掀起高潮，从而造成生产力的严重破坏。1956 年下半年，人民最基本生活品如粮食、肉类等出

现短缺。少数学生、工人和复员军人在升学、就业和安置方面出现困难，继而出现少数人闹事的情况。据不完全统计，从1956年9月到1957年3月，全国约有一万多工人罢工，一万多学生罢课①。

如何面对日益复杂的国际国内形势？1957年2月27日，毛泽东在最高国务会议第十一次（扩大）会议上讲话，指出："在我们的面前有两类社会矛盾，这就是敌我之间的矛盾和人民内部的矛盾。这是性质完全不同的两类矛盾"②，为此，要正确处理人民内部矛盾。3月，毛泽东在全国新闻宣传工作会议上讲话，强调"双百"方针是一个基本性的、长期性的方针。为此，我们要采取"放"的方针，即放手让大家讲意见。由此，知识分子日渐活跃起来。在此背景下，我们党开展了整风运动。

1957年4月27日，中共中央发出《关于整风运动的指示》，要求在全党范围内进行以正确处理人民内部矛盾为主题的开门整风运动。《指示》特别强调检查"百花齐放、百家争鸣"方针和"长期共存、互相监督"方针的执行情况。由此，广大群众和爱国人士积极响应党中央的号召，针对党和政府工作中存在的一些问题、缺点或错误，提出大量的建议与批评。

整风运动很快成为全国媒体的宣传工作中心。各类媒体不仅大规模报道各地的整风情况，还阐释整风的意义、内容与方法。媒体还进一步开展"鸣放"，大力报道各民主党派人士和社会各界人士举行的座谈会，向党领导各个方面的工作提出许多意见和批评，很快发展成为"大鸣大放"。在"大鸣大放"过程中，有人对中国共产党的领导和社会主义制度进行批评。如《光明日报》总编辑储安平在中央统战部召开的座谈会上，批评共产党在国家政治生活中的领导地位是"党天下"，要求共产党从各个单位的领导岗位上退出去，要求改组政府，让民主党派掌权。章伯钧、罗隆基提出"政治设计院""轮流坐庄"③等错误言论。

在"大鸣大放"的情况下，"一切党报，在5月8日至6月7日这个期间，执行了中共中央的指示"④，"不登或少登正面意见，对资产阶级反动右派的猖狂进攻不予回击"⑤，"其目的是让魑魅魍魉，牛鬼蛇神'大

---

① 张涛：《中华人民共和国新闻史》，北京，经济日报出版社1992年版，第134页。
② 《毛泽东著作选读》（下册），北京，人民出版社1986年版，第757页。
③ 张涛：《中华人民共和国新闻史》，北京，经济日报出版社1992年版，第136页。
④ 《文汇报的资产阶级方向应当批判》，《人民日报》1957年7月1日第1版。
⑤ 《文汇报的资产阶级方向应当批判》，《人民日报》1957年7月1日第1版。

鸣大放'，让毒草大长特长"①，这就是"引蛇出洞"的手段。于是《人民日报》和各地党报放手"大鸣大放"，报道大量的后来被划成右派分子的人的意见，暂时没有反击。《文汇报》《光明日报》等也进行了大量报道。在这一过程中，各报纸对某些错误意见不加选择地刊登，有的甚至突出某些偏激的、错误的意见。

1957年6月8日，党中央发布《组织力量反击右派分子的猖狂进攻》的指示，向党内高级干部做了反击右派的部署。同日，《人民日报》刊载社论《这是为什么?》，对右派分子的反击由此开始，一场大规模的急风暴雨式的群众性政治运动拉开帷幕。各报纸开始大量刊登文章，批判鸣放中的错误思想。这一斗争一直持续到1958年夏天才基本结束。在此期间，党报上公开点名揭发和批判了大量右派分子。1957年6~9月，仅《人民日报》点名批判的新闻界右派分子就有104人。后来事实证明，其中绝大多数，都是被错划成右派的。1978年9月17日，中央向全党转发了具有重大历史意义的文件，拟定了《贯彻中央关于全部摘掉右派分子帽子决定的实施方案》，全国各地各单位按照中央指示精神，进行了平反工作，至11月中旬，全国摘掉了55万右派分子的帽子。

（二）首都新闻工作者座谈会的召开

1. 第一次新闻工作者座谈会

在"大鸣大放"的形势下，中华全国新闻工作者协会研究部、北京大学中文系新闻专业、中国人民大学新闻系，于1957年5月16~18日，在北京联合召开新闻工作者座谈会。全国各地的200多位新闻工作者参加了座谈会。王中、顾执中、张友鸾、杨重野、陈铭德、邓季惺、萧离、王芸生、陈诗经等与会新闻工作者就党报的性质与任务、新闻工作现状、新闻自由与新闻体制、老报纸与老记者的地位与待遇等问题充分发表意见。

2. 第二次首都新闻工作者座谈会

反击右派开始后，中华全国新闻工作者协会研究部、北京大学中文系新闻专业、中国人民大学新闻系、复旦大学新闻系，联合召开第二次首都新闻工作者座谈会。座谈会从6月24日开始，至8月中旬结束，新闻界400多位人士参加了大会。大会成为新闻界反右派斗争的主阵地。会议的主旨是"揭露资产阶级右派分子篡夺某些报纸领导权活动，

---

① 《文汇报的资产阶级方向应当批判》，《人民日报》1957年7月1日第1版。

并批判近一时期出现的资产阶级新闻观点"①。第二次首都新闻工作者座谈会采取大会与小会结合的形式，批判氛围非常热烈。会议重点追查"罗隆基——浦熙修——文汇报编辑部"这一"民盟右派系统"的内幕，结果没有查出存在"民盟右派系统"的事实。第一次座谈会的发言者，如王中、顾执中、邹震、陈铭德、莫如俭、陈诗经等，许多被错划成右派分子，他们在第一次座谈会上陈述的观点，大多被当作批判的靶子。

上海等地相继召开新闻工作者座谈会，一方面与首都新闻工作者座谈会相呼应，一方面结合当地新闻工作现状，围绕出席第一次首都新闻工作者座谈会的右派分子，进行深入揭批。在以首都新闻工作者座谈会为核心的批判热潮中，王中、张友鸾、顾执中、"民盟右派系统"等成为批判焦点。

二、"大鸣大放"中的新闻理论论争

第一次首都新闻工作者座谈会是在"大鸣大放"的形势下进行的，与会的新闻学者与新闻工作者毫无顾忌地发表意见，集中提出新闻工作中存在的一系列问题，为党的开门整风尽心尽力。在这一过程中，新闻工作者就新闻基础理论与新闻业务理论问题发表看法。

（一）新闻理论

1. 新闻理论的危机

北京大学中文系新闻专业教师陈诗经对高等教育机构新闻学教学工作提出尖锐批评，认为存在"新闻教学的危机"。"在教学中，有'五性一统'，把党性、群众性、思想性、战斗性和指导性统到党性底下，这样一来，所有生动、活泼的东西都统光了。"② 而"新闻教学的危机，实际是新闻理论的危机"③，"新闻理论贫乏，教条主义严重。"④

---

① 《北京上海等地新闻界人士座谈，揭露右派篡夺报纸领导权活动》，《文汇报》1957 年 6 月 25 日第 1 版。

② 《首都新闻工作者座谈会结束，提出许多新闻理论和实际工作中的问题》，《人民日报》1957 年 5 月 19 日第 2 版。

③ 《首都新闻工作者座谈会结束，提出许多新闻理论和实际工作中的问题》，《人民日报》1957 年 5 月 19 日第 2 版。

④ 《首都新闻工作者座谈会结束，提出许多新闻理论和实际工作中的问题》，《人民日报》1957 年 5 月 19 日第 2 版。

顾执中认为，"现在各科都有了理论，可是新闻学还没有"①。

2. 报纸的趣味性

王中说，复旦大学新闻系的同学曾经讨论党性和真实性、群众性、趣味性和思想性的矛盾。王中表明自己的看法："我看趣味性和思想性中间没有矛盾，趣味性只和教条主义有矛盾。"②

《新民报》副社长陈铭德在会上介绍《新民晚报》的情况："新民晚报1953年改组以后，提出了恢复原有的传统风格和'短些、短些、再短些，软些、软些、再软些'的口号，报纸面目一新，销数扶摇直上。"③陈铭德说自己在《新民晚报》这一转变中的体会是：办报必须走群众路线，要满足群众的要求，关起门来办报，群众就会厌弃。一个报纸如果能解除了教条主义的绳子，一定会受读者的欢迎。他说："如果说报纸是人们的精神食粮，那么新闻工作者就是厨师。一个好的厨师做出来的食物，不但要有营养价值，并且要做到色、香、味俱全，只有这样，才能引起人们的食欲，而色香味与营养也并不是矛盾的。趣味性和思想性不矛盾，正像色香味和营养不矛盾一样。"④

3. 新闻的阶级性

王中指出："报纸是为了叫人看的，如果人家觉得没意思，没兴趣，看不进去，那还有什么阶级性呢？"⑤

顾执中指出，许多人都说新闻有阶级性，可是没有东西可以参考。他说："新闻内容有阶级性，新闻编排没有阶级性。"⑥ 想想看，"为什么资产阶级的报纸能够办的生动活泼，社会主义的报纸却做不到呢？"⑦

中国新闻社记者郑白涛说："消息要为社会普遍服务……消息是客观发生的，不是每一件事都与阶级有关。可以放手叫记者发表自己的意见。"⑧

北京日报社副社长周游提到《北京日报》刊登有关人民生活的新闻图片，曾受到一些读者和社内干部的责难，认为"不严肃"，"不像党

① 《北京新闻界"鸣"起来了》，《人民日报》1957年5月17日第1版。
② 《北京新闻界"鸣"起来了》，《人民日报》1957年5月17日第1版。
③ 《鸣放的空气浓厚，老报人慷慨陈词》，《光明日报》1957年5月18日第2版。
④ 《鸣放的空气浓厚，老报人慷慨陈词》，《光明日报》1957年5月18日第2版。
⑤ 《北京新闻界"鸣"起来了》，《人民日报》1957年5月17日第1版。
⑥ 《北京新闻界"鸣"起来了》，《人民日报》1957年5月17日第1版。
⑦ 《北京新闻界"鸣"起来了》，《人民日报》1957年5月17日第1版。
⑧ 《北京新闻界"鸣"起来了》，《人民日报》1957年5月17日第1版。

报"，实际上这些人也喜欢看这样的新闻，他们却说这些新闻没有思想性、阶级性等等。周游认为"这是对报纸的阶级性、思想性的教条主义的理解……报纸的指导性在于用事实、用新闻从政治上、思想上教育群众，而不是说教"①。

4. 新闻的时效性

张友鸾指出："报纸，我们也称它做新闻纸。新闻在报纸上应该占有头等地位，报道新闻乃是报纸的天职，这是完全没有问题的。但是，从今天报纸上所刊载新闻和论文的数量对比看，新闻的比重实在太少了。而那些很少的新闻，还得不到它在报纸上应有的地位。报纸把最优越、最能使人注意的地位，用来刊登一些论文和谈话；最近发生的、读者极为关心的新闻，却被压缩，被挤得排在报纸的角落上。每有一次什么大会，会上的总结报告，各报往往以不怕千篇一律的'勇气'，刊登连篇累牍的'明日黄花'。这些东西登多了，新闻自然会被挤掉。既然叫做新闻，顾名思义，其中当然含有强烈的时间要求。"②

顾执中也主张记者要抢消息："'抢消息绝对不是资产阶级的东西。'任何消息，只要不是军事秘密和外交秘密，都可以抢。现在许多重要事情要隔几天才发表，弄得读者的思想也麻痹了。"③

《中国青年报》总编辑张黎群主张"报纸新闻应该抢先，新闻质量的高低，首先就表现在时间上"④。

5. 新闻的真实性

张友鸾指出，在我们的新闻工作中，也还存在着新闻的真实性问题。有时"不免有由于科学知识的不足，造成判断的错误，因而影响了新闻的真实性"⑤。

6. 新闻自由

关于新闻自由，《文汇报》记者杨重野指出："在国民党统治时代，当然没有新闻自由。可是记者钻的很起劲儿。现在许多人对记者的任务不了解，对记者的工作不支持。"⑥"记者如果总是怕挨整，怎么能够积极

---

① 《鸣放的空气浓厚，老报人慷慨陈词》，《光明日报》1957 年 5 月 18 日第 2 版。

② 张友鸾：《是蜜蜂，不是苍蝇》，《光明日报》1957 年 5 月 28 日第 3 版。

③ 《北京新闻界"鸣"起来了》，《人民日报》1957 年 5 月 17 日第 1 版。

④ 《报纸应该对谁负责？中国新协等单位在北京集会讨论》，《文汇报》1957 年 5 月 17 日第 1 版。

⑤ 张友鸾：《是蜜蜂，不是苍蝇》，《光明日报》1957 年 5 月 28 日第 3 版。

⑥ 《北京新闻界"鸣"起来了》，《人民日报》1957 年 5 月 17 日第 1 版。

工作呢?"① "有些机关真是'侯门深似海',连传达室这一关记者也很难通过,好容易闯过这一关,见了秘书也能毫不留情地回绝记者的采访。"②

《中国青年报》的张黎群指出:"最困难的是有些机关、有些会议,根本不让记者参加,'使我们有力量也使不出来'。中国青年报去年发表了二百多篇批评性的稿件,受到了不少责难和挫折。有人甚至对青年们有没有资格批评业务部门工作中的缺点和错误,根本表示怀疑。"③

新华社记者邹震指出:"新闻自由被官僚主义、宗派主义、主观主义剥夺了……现在新闻方面还没有鸣,中宣部应该开放绿灯。"④

7. 新闻体制

《文汇报》记者杨重野针对新闻记者不写新闻的现象发表意见说:"现在报纸上新闻很少,又很枯燥。有人于是就说,我国的新闻记者已经失去新闻敏感性了。"⑤ "解放后许多记者不写新闻,是因为新华社统一发稿。新华社这么一统,各报记者就没事做了;文风也变了,新闻的写法都是老一套。"⑥ 对此,新华社记者邹震也提出,新华社发的新闻,公式化现象很严重。"各个报纸先是拒绝,后是不用,这应该看作是一种好现象。"⑦

《大公报》记者萧离不满意中宣部的工作。他说"前几天他们给中宣部写了封信,要求对报纸讨论新闻的状况发表意见,可是等来等去,三天过去了,还没有接到回信"⑧。

顾执中对新华社"一花独放"表示不满,建议"中宣部应该鼓励民主党派、人民团体办通讯社"⑨。对此,新华社记者邹震提出:"为了贯彻长期共存、互相监督的方针,应该有更多的报纸、更多的通讯社;各民

---

① 《北京新闻界"鸣"起来了》,《人民日报》1957 年 5 月 17 日第 1 版。
② 《"三大主义"阻碍新闻事业的发展——首都举行的新闻工作座谈会初试"鸣""放"》,《光明日报》1957 年 5 月 17 日第 2 版。
③ 《"三大主义"阻碍新闻事业的发展——首都举行的新闻工作座谈会初试"鸣""放"》,《光明日报》1957 年 5 月 17 日第 2 版。
④ 《报纸应该对谁负责? 中国新协等单位在北京集会讨论》,《文汇报》1957 年 5 月 17 日第 1 版。
⑤ 《北京新闻界"鸣"起来了》,《人民日报》1957 年 5 月 17 日第 1 版。
⑥ 《北京新闻界"鸣"起来了》,《人民日报》1957 年 5 月 17 日第 1 版。
⑦ 《北京新闻界"鸣"起来了》,《人民日报》1957 年 5 月 17 日第 1 版。
⑧ 《新闻工作者座谈会继续举行,老报人批评现在报纸的缺点》,《人民日报》1957 年 5 月 18 日第 2 版。
⑨ 《"三大主义"阻碍新闻事业的发展——首都举行的新闻工作座谈会初试"鸣""放"》,《光明日报》1957 年 5 月 17 日第 2 版。

主党报有自己的讲坛，无党派人士也应当有自己的讲坛。"① 邓季惺则主张多办同仁报纸："应该把同仁报纸变成报纸的民主党派，这样可以和党报竞赛，可以减少报道中的主观片面性。"②

陈铭德建议增办非党报纸，建议首都办一个晚报。"全国非党报纸只有五家，非党报纸不是太多而是太少了。如果把报纸当作'百花齐放'的园地，那么园地多了，就能开放更多的花朵；如果把报纸当作'百家争鸣'的讲坛，讲坛多了，就能辨明一些是非。"③

《人民铁道报》副总编辑范四夫和《人民航运报》的赵琪介绍了专业报纸工作的困难。范四夫说："我们是'非新闻界'的新闻人士、非铁路界的铁路员工。"④

8. 党报的性质

王中认为："现在有些党报把报纸看成下达自己的命令和意见的工具，忘记了报纸还是人民获得知识和消息的东西……有一个报纸要办个文艺副刊，党委不同意，说这没有思想性；实际上怎么样呢？党委在办公室这样说，回到家去还是要看。因为他是个人。"⑤

中国人民大学新闻系教师莫如俭指出："报纸的性质和作用到现在还没有解决。党委认为报纸是代表党和政府的，所以讲党性，过分强调报纸是教科书，总是自上而下地传达命令……列宁说过'报纸不仅是集体的宣传者和集体的鼓动者，而且还是集体的组织者'。但那是在 1901 年时候说的，那时候阶阶级斗争很尖锐，提这个口号是对的。现在再这样机械地执行那就压制了大家的积极性。"⑥

《中国青年报》总编辑张黎群认为，现在的报纸"实际上担任了布告牌、留声机、翻版书和'惹是生非'的责任"⑦。

《人民航运报》的赵琪提出，要办"人民群众所有制"的报纸，而党报是"机关所有制的报纸"。党报有三大缺点：有些话不便讲，有些话不

---

① 《"三大主义"阻碍新闻事业的发展——首都举行的新闻工作座谈会初试"鸣""放"》，《光明日报》1957 年 5 月 17 日第 2 版。

② 《首都新闻工作者座谈会结束，提出许多新闻理论和实际工作中的问题》，《人民日报》1957 年 5 月 19 日第 2 版。

③ 《鸣放的空气浓厚，老报人慷慨陈词》，《光明日报》1957 年 5 月 18 日第 2 版。

④ 《鸣放的空气浓厚，老报人慷慨陈词》，《光明日报》1957 年 5 月 18 日第 2 版。

⑤ 《北京新闻界"鸣"起来了》，《人民日报》1957 年 5 月 17 日第 1 版。

⑥ 《北京新闻界"鸣"起来了》，《人民日报》1957 年 5 月 17 日第 1 版。

⑦ 《报纸应该对谁负责？中国新协等单位在北京集会讨论》，《文汇报》1957 年 5 月 17 日第 1 版。

敢讲，有些话不准讲，因此党报已到生命垂危的地步，是办不下去了。只有"人民所有制"的报纸才可以什么话都讲。①

（二）新闻工作

1. 非党报纸的地位与待遇

《文汇报》记者杨重野作了形象的比喻："党把党报比作亲生儿子，非党报纸顶多是螟蛉义子。"②邓季惺则列举了党报与非党报的种种不同待遇："分配给人民日报的纸张就超过了实际的需要，非党报的纸张不够用，纸的质量也不好。机器也是这样，党报有高速轮转机，非党报一直用着旧机器……各报给邮局的发行费一样，都是25%，而邮局只给人民日报捆报，不给大公报捆报。"③

王中在介绍上海新闻界情况时说："有些机关发表新闻的时候，常对非党报说，这个新闻等解放日报刊过以后，你们再登。"④

《大公报》记者萧离指出："新闻常被新华社和人民日报垄断，他们想竞赛，都无从竞赛起！"⑤

张黎群指出，《中国青年报》的记者在采访中遇到很大的困难。青年读者的要求是多方面的，记者应该进行多方面采访。可是，"记者出去到处碰钉子，好多地方进不了门"⑥。

《文汇报》的杨重野举例说："去年在云南边境举行中缅人民联欢大会时，云南省委决定除新华社、《云南日报》记者外，其他报社记者都不许参加；有些作家要求参加，也被拒绝。当时只是由于周总理看不见记者问起来，省委才忙着到处去找记者。"⑦

2. 老报人的待遇

顾执中说："过去上海申报、新闻报有很多老记者老编辑，他们同国

---

①《北京上海等地新闻界人士座谈，揭露右派篡夺报纸领导权活动》，《文汇报》1957年6月25日第1版。

②《北京新闻界"鸣"起来了》，《人民日报》1957年5月17日第1版。

③《首都新闻工作者座谈会结束，提出许多新闻理论和实际工作中的问题》，《人民日报》1957年5月19日第2版。

④《"三大主义"阻碍新闻事业的发展——首都举行的新闻工作座谈会初试"鸣""放"》，《光明日报》1957年5月17日第2版。

⑤《新闻工作者座谈会继续举行，老报人批评现在报纸的缺点》，《人民日报》1957年5月18日第2版。

⑥《北京新闻界"鸣"起来了》，《人民日报》1957年5月17日第1版。

⑦《"三大主义"阻碍新闻事业的发展，首都举行的新闻工作座谈会初试"鸣""放"》，《光明日报》1957年5月17日第2版。

民党反动派和帝国主义没有任何关系，他们的毛病只是业务观点重，脱离政治；这些老记者老编辑都有比较丰富的新闻工作经验，报社里的机器设备，都是他们用心血换来的，可是，解放以后，他们都进了被称为养老院的新闻图书馆。"① 他认为，"不让那些没有政治问题的老报人做新闻工作，是不对的。"②

3. 新闻工作效率

关于新闻工作者的劳动生产效率，王芸生说："解放前的记者不记很不光彩，可现在记者不记，编辑不编，生产率相当低。"③

新闻界前辈张恨水对有些报社的编辑记者多至几百人的情况表示惊讶。他说："人虽多，而报纸还是办得不那么完满。有些记者一个月也不写一条新闻。"④ 他提出疑问，"这些记者都干什么去了呢？有些新闻单位到处拉稿子，稿子拉来了，却不看，一放几个月，最后把原件退回来，还说什么已经失去时间性了。"⑤

新华社的邹震指出："现在许多新闻单位衙门化，层次很多，机构重叠。能写能编的编辑、记者都做了'官'，在这里看不到工作效率。"⑥

4. 宣传策略与宣传艺术

王芸生指出："现在的报纸是报喜不报忧，隐恶扬善，报上登的光明面，都是事实，但并不是工作中一点缺点没有，报上却很少报道。"⑦

张黎群谈到了报纸的宣传艺术。青年报有时注意版面的色彩，"有人劝他们不要把报纸搞成绣花枕头，外面好看，里面是一包草。可是，他们认为，讲究生动活泼总是很重要的"⑧。

---

① 《"三大主义"阻碍新闻事业的发展——首都举行的新闻工作座谈会初试"鸣""放"》，《光明日报》1957 年 5 月 17 日第 2 版。

② 《"三大主义"阻碍新闻事业的发展——首都举行的新闻工作座谈会初试"鸣""放"》，《光明日报》1957 年 5 月 17 日第 2 版。

③ 《新闻工作者座谈会继续举行，老报人批评现在报纸的缺点》，《人民日报》1957 年 5 月 18 日第 2 版。

④ 《"三大主义"阻碍新闻事业的发展，首都举行的新闻工作座谈会初试"鸣""放"》，《光明日报》1957 年 5 月 17 日第 2 版。

⑤ 《"三大主义"阻碍新闻事业的发展，首都举行的新闻工作座谈会初试"鸣""放"》，《光明日报》1957 年 5 月 17 日第 2 版。

⑥ 《北京新闻界"鸣"起来了》，《人民日报》1957 年 5 月 17 日第 1 版。

⑦ 《新闻工作者座谈会继续举行，老报人批评现在报纸的缺点》，《人民日报》1957 年 5 月 18 日第 2 版。

⑧ 《北京新闻界"鸣"起来了》，《人民日报》1967 年 5 月 17 日第 1 版。

5. 新闻工作者的社会地位

张友鸾针对新闻记者"讨厌得好像嗡嗡嗡的一群苍蝇"的说法，辩驳道："新闻记者走到那里诚然都是嗡嗡嗡的一群。如果缺少这嗡嗡嗡的一群，我们就会感觉到缺少很多东西……新闻记者在今天，应该不是苍蝇，而是蜜蜂。尽管苍蝇和蜜蜂同样的是嗡嗡嗡的一群，所发生的作用却大不相同。蜜蜂不仅为人类酿造蜜和蜡，而且在百花齐放之时，还要它传花授粉……还另有一些人，他们之所以讨厌蜜蜂，并非不知蜜蜂有哪些好处，只是因为蜜蜂有刺。"①

张友鸾想起旧社会的一句话："记者不坐牢，不是好记者；报馆不封门，不是好报馆。"面对当时的情形，张友鸾把这句话改成了"记者不讨厌，不是好记者；报馆不闯祸，不是好报馆"②。张友鸾特别强调，他并不希望这两句话成为"俏皮话"并流传开来，只是希望新闻工作者能用这两句话相互勉励，希望"主观主义者""宗派主义者""官僚主义者"这"三座山"能够"正视新闻工作者应有的社会地位，对新闻工作者加以信任和尊重"③。

6. 报纸与读者的关系

张友鸾指出，"报纸出现在读者的面前，可以有两种姿态；或者说，有两种身份。一种是，板起面孔，正襟危坐的严师；一种是，和颜悦色，无所不谈的良友。有些人，是不大理解此中的奥妙的，他们认为，报纸只应该居高临下，发号施令。他们理想，把一份报纸交在读者手里，等于给读者上十堂政治课；从第一版第一条起，到末一版末一条止，最好都是正面向读者进行教育，理论、理论、再加理论。今天的报纸，分量重得压坏人，读者得一面喘着气、一面去死钻硬啃。他们完全不管，读者会不会得到'消化不良'的病症。"④"报纸的社论，是代表报社的看法和意见的。说得有道理，写得有说服力，读者自然会同意你。否则，我们就应该倾听读者的意见。如果读者的意见正确，我们不妨修正自己的看法。今天大大小小的报纸，所有社论，都好像是'社训'，只许读者接受、服从，不许读者吭气。我认为这种态度是值得考虑的。"⑤

张友鸾指出："资产阶级的新闻学，说报纸应该有益和有趣，我觉得

---

①　张友鸾：《是蜜蜂，不是苍蝇》，《光明日报》1957 年 5 月 28 日第 3 版。

②　张友鸾：《是蜜蜂，不是苍蝇》，《光明日报》1957 年 5 月 28 日第 3 版。

③　张友鸾：《是蜜蜂，不是苍蝇》，《光明日报》1957 年 5 月 28 日第 3 版。

④　张友鸾：《是蜜蜂，不是苍蝇》，《光明日报》1957 年 5 月 28 日第 3 版。

⑤　张友鸾：《是蜜蜂，不是苍蝇》，《光明日报》1957 年 5 月 28 日第 3 版。

这话还是对的……我们要供给读者以知识和趣味，适应读者的需要。只要软中有硬，不妨软些、软些、更软些。能够如此，就能够和读者结成朋友。有些报纸这样做了，销路打开了，说明它结交的朋友日渐增多了。"① "能够做老师的，降身做朋友，我们至少认为他是在师友之间，对之不失尊重之心。反之，只够做朋友，却硬要去做老师，就必然很尴尬，不但摆不起老师的架子，连朋友都会交不到的。"②

张友鸾特别强调，有一位严师就够了，如《人民日报》。良友却是越多越好。最好的状态是"每一阶层的人们，都能有良友"③。为此，他建议在北京办一份通俗报纸。"过去，北京报纸史上，有《时事白话报》《群强报》、小《实报》这些通俗报纸，适合于文化水平低的成年人阅读。一个黄包车工人，停下车来，就拿着一份报看。这说明，那些报纸销行的广泛。解放后，一直没有这种性质的报纸，未免是个缺点。"④

三、反右派斗争中的新闻理论批判

反右派斗争期间召开的第二次首都新闻工作座谈会是批判大会，通过批判与自我批判的形式，深挖新闻理论界存在的右派分子。批判活动不局限于北京一地，王中等人的发言与自我批判，没有令批判者谅解，而是责令他们回到上海等地继续接受批判。

（一）对主要人物开展的批判

1. 对王中的批判

1956 年新闻工作改革过程中，王中迎来其新闻学术的一个活跃期。只可惜，反右派斗争开始后，王中成了不折不扣的右派分子，他的新闻学术活动被迫中断。第二次首都新闻工作者座谈会期间，王中受到最严厉的批判。在 1957 年 7 月 25 日至 8 月 1 日连续举行的七次大会和小会上，王中都成为批判的重点。在反右派斗争的大背景下，批判内容已不再局限于第一次首都新闻工作者座谈会上王中所发表的言论，而是扩大到他的《新闻学原理大纲》的全部内容，以及 1956～1957 年间，王中领导复旦大学新闻系师生开展的所有教学改革与研究活动。批判的基调也一再升级，不再局限于所谓资产阶级新闻观点的批判，而是上升到反党、

---

① 张友鸾：《是蜜蜂，不是苍蝇》，《光明日报》1957 年 5 月 28 日第 3 版。
② 张友鸾：《是蜜蜂，不是苍蝇》，《光明日报》1957 年 5 月 28 日第 3 版。
③ 张友鸾：《是蜜蜂，不是苍蝇》，《光明日报》1957 年 5 月 28 日第 3 版。
④ 张友鸾：《是蜜蜂，不是苍蝇》，《光明日报》1957 年 5 月 28 日第 3 版。

反社会主义的高度来进行。对于王中的批判，不局限于首都新闻工作者座谈会，还在上海连续召开新闻工作者座谈会。复旦大学新闻系也不断集会，揭批王中的"阴谋活动"。在政治高压下，王中被看成有纲领有计划的反党反社会主义者。

（1）《新闻学原理大纲》是反动纲领。批判者认为："王中的反党反马克思列宁主义的资产阶级的反动纲领，是一本长约五万言的所谓《新闻学原理大纲》。"① 批判者指出："这位自称为搞无产阶级新闻学理论的人，在他的这本著作中肆意攻击马克思列宁主义对新闻事业的指导思想。他只在歪曲共产党的报纸的作用时，才提到马克思列宁主义的个别字句。王中的著作中充满了资产阶级反动的新闻观点，认为报纸不是阶级斗争的产物，而是因为抽象的'社会需要'而产生的。他用一些恶毒的手法来否认报纸的党性、阶级性，认为'读者需要'和'为读者服务'是报纸的本性，是新闻的自然属性，王中又把这种他所谓的报纸的'本性'称为'商品性'。他说这种本性从原始社会就有，而且要永远存在。至于报纸的阶级性和报纸作为阶级斗争的工具，王中认为这是政党给硬加进去的。因此，报纸就有了两重性，王中把报纸的党性和人民性看成是对立的矛盾。王中还认为报纸的'工具性'只有在'商品性'的基础上才能起作用。王中竭力主张恢复和发扬他所说的这种报纸的'本性'，他说，报纸必须适应'社会需要'和'读者兴趣'，他提倡用美国的资产阶级报纸的'调查研究读者心理'的办法来编报。"②

（2）有计划地篡改新闻事业的政治方向，想在南方新闻界树立势力范围。批判者认为，王中"对于自己的一套反党的新闻学纲领，绝不是像自己在座谈会上所声称的仅仅是在作为一种学术研究，而是有计划有组织在各地新闻单位进行过宣扬、传播，以企图用他的纲领来作为各地党的指导思想，篡改党报的政治方向。"③ 这是因为，王中在1956年曾率领一个"调查组"到上海人民广播电台、无锡《工人生活报》、南京《新华日报》、济南《大众日报》《青岛日报》等处调查报纸的缺点和所谓"读者的需要"。每到一地，他就演讲报告，贩卖他的纲领。在调查时

---

① 《有纲领有计划地篡改新闻事业的政治方向，王中蜕化为资产阶级右派的代理人》，《光明日报》1957年8月2日第3版。

② 《有纲领有计划地篡改新闻事业的政治方向，王中蜕化为资产阶级右派的代理人》，《光明日报》1957年8月2日第3版。

③ 《有纲领有计划地篡改新闻事业的政治方向，王中蜕化为资产阶级右派的代理人》，《光明日报》1957年8月2日第3版。

对报纸的缺点总是加以渲染夸大，比如有人说"党报是寡妇脸"，他就加以附和；有人说"以后党委登指示文件要拿广告费"，他也赞成。在调查中处处拉笼和他有共鸣的人，并煽动这些人对党委领导报纸的不满情绪。调查以后，他就经常在学生中夸大党报的缺点，来证明目前的报纸非照他的理论改变不可。在北京新闻工作者座谈会上，"许多右派分子发表许多反动的言论，其中许多是符合他的纲领的，他对这些言论大为欣赏。"①返回上海途中，他又到济南、南京，以各种方式在新闻界传达这些反动言论。"在南京时，《新华日报》的一个右派分子曾去找他，向他说《新华日报》有一伙人要办一个'言人所不敢言'的'同人'晚报，并且说现在他们还暂时留在《新华日报》，等晚报办好他们再离开。"② 按照上述逻辑推演，王中的调查与演讲活动就被批判为"企图在南方一带的报社中造成有形无形的理论势力，同北方的新闻机关为垒"③。

（3）对无产阶级新闻学进行恶意攻击。王中对新闻学界学苏联的反思，被批判为对苏联新闻学研究进行诽谤。王中诬蔑说"无产阶级新闻学系武大郎攀杠子——上不挨天，下不着地，既无理论又无技术"④，并造谣说"苏联没有新闻学，有的只是'决议加事例'"⑤。"王中对苏联、对无产阶级新闻学恶毒攻击，但对美国的资产阶级新闻学却佩服得五体投地。他公开贩卖美国盖洛普的反动的'民意测验'，并无耻地要党报学习这些东西。"⑥

（4）拉拢师生搞宗派活动，向学生放毒。批判者认为，在复旦大学新闻系内，王中"一贯拉拢师生，搞宗派活动，兜售他的反党的新闻学纲领。他不愿意和国内的其他大学的新闻系互相帮助，他鼓励系内教师按照他的纲领进行教学工作，他说他们要'卧薪尝胆搞十年，搞出一个

---

① 《有纲领有计划地篡改新闻事业的政治方向，王中蜕化为资产阶级右派的代理人》，《光明日报》1957 年 8 月 2 日第 3 版。

② 《有纲领有计划地篡改新闻事业的政治方向，王中蜕化为资产阶级右派的代理人》，《光明日报》1957 年 8 月 2 日第 3 版。

③ 《想在南方新闻界树立势力范围，王中的卑鄙意图受到驳斥》，《文汇报》1957 年 7 月 26 日第 2 版。

④ 《有纲领有计划篡改新闻事业政治方向，王中是不折不扣的右派分子》，《文汇报》1957 年 8 月 2 日第 2 版。

⑤ 《有纲领有计划篡改新闻事业政治方向，王中是不折不扣的右派分子》，《文汇报》1957 年 8 月 2 日第 2 版。

⑥ 《有纲领有计划篡改新闻事业政治方向，王中是不折不扣的右派分子》，《文汇报》1957 年 8 月 2 日第 2 版。

道理来'，他还要在自己的领导下搞成一个'学派'。他主张复旦大学新闻系的毕业生要固定地分配给几个省的新闻单位，以便经常和他们互相'联系'和'帮助'。他还鼓动他的学生到非党报纸和地方报纸去，说在这些地方'大有可为'，叫学生不要进人民日报、新华社等大新闻机关。他还经常在学生面前宣传报纸的党性如何不好，要学生发展个性。他经常对学生辱骂共产党的老干部，说老干部没有文化没有知识。他还带挑拨性说北京大学新闻专业已变成中国人民大学新闻系的殖民地、附属国，并且说人民大学是教条主义的大本营"①。

发动复旦大学新闻系师生揭发王中所谓"篡改新闻系政治方向"，是批判王中的一个有力手段。1957 年 8 月 3 日，复旦大学新闻系全体师生集会，斥责王中对青年的毒害，而对少数教师所谓"暧昧"态度，提出严正批评。座谈会上，有 20 多人发言，认为"右派分子王中篡改新闻系政治方向的阴谋活动是有纲领、有计划、有组织的；王中的《新闻学原理大纲》就是这种阴谋活动的理论基础和行动纲领。"② 批判者指出："王中篡改新闻系政治方向的另一活动就是向学生放毒。"③ 王中借扩大见识为名，把大量的中华人民共和国成立前的黄色报刊（如《飞报》）发给未曾学过无产阶级新闻学的学生看；王中主持出版的《新闻学译丛》刊出了大量不准备批判的资产阶级办报理论。由于王中放毒，系内就出现了能把《飞报》的新闻、标题倒背如流的"飞报专家"，出现了"充满色情、下流、无聊文章的《友好通讯》和《给爱花者》等刊物"④。王中还借独立思考的幌子要学生钻研歪理。王中说写文章不能讲"人所熟知"的道理，必须要有独创性，即使有错误的独创见解也比一般文章好。"在王中的这种思想指导下，毕业班同学的毕业论文绝大部分是离开了'我所熟知'的无产阶级新闻理论的，渗透了王中的'商品性''趣味性''社会性'的理论。"⑤

---

① 《有纲领有计划篡改新闻事业政治方向，王中是不折不扣的右派分子》，《文汇报》1957年 8 月 2 日第 2 版。

② 《复旦新闻系全体师生集会，揭发王中篡改新闻系政治方向》，《文汇报》1957 年 8 月 4日第 2 版。

③ 《复旦新闻系全体师生集会，揭发王中篡改新闻系政治方向》，《文汇报》1957 年 8 月 4日第 2 版。

④ 《复旦新闻系全体师生集会，揭发王中篡改新闻系政治方向》，《文汇报》1957 年 8 月 4日第 2 版。

⑤ 《复旦新闻系全体师生集会，揭发王中篡改新闻系政治方向》，《文汇报》1957 年 8 月 4日第 2 版。

2. 对张友鸾的批判

反右派斗争开始后，张友鸾的观点受到全面批判。1957 年 7 月 26 日，《光明日报》刊载的黄卓明的文章，成为批判张友鸾的代表作。

（1）关于记者的地位问题。黄卓明指出："报纸是阶级性极为强烈的政治工具，而记者本身就是阶级的战士。众所周知，在党的领导下的社会主义的人民报纸是集体的宣传者、鼓动者和组织者。新闻记者在我国社会主义制度下，就是党的宣传员，就是党联系群众的有力助手。这道理很简单，因为人民报纸的基本方向，即社会主义的方向，是一致的。报纸是反映社会存在的，我们的社会基础是社会主义，在这样的不以意志为转移的客观的社会存在中，一切坚决走社会主义道路和愿意走社会主义道路的人们，对于社会主义的报纸总是看作自己的喉舌，看作自己的良师益友的。新闻记者受着党和人民的信任，有着崇高的社会地位。这是因为，报纸和广大人民的意志是一致的，新闻工作者和广大人民的意志是一致的。由此可见，张友鸾所形容我们今天的记者绝对不是真实的客观形象，他是歪曲和丑化了我们今天的记者的形象。我们不禁要问，张友鸾把我们今天的记者描绘成那样的自卑，动机又是怎样的呢？答复只能一个：就是煽动记者的反党情绪。"①

黄卓明认为："尤其严重的是，张友鸾作了这样的煽动之后，紧接着提出了口号：'记者不讨厌，不是好记者；报馆不闯祸，不是好报馆'。向谁'闯祸'呢，这自然是指的要向领导全国人民建设社会主义事业的共产党'闯祸'，因为在我国社会主义制度下，没有其他的'闯祸'对象。既然如此，我们就不禁要问：张友鸾为什么要以'闯祸'来作为衡量报纸好坏的标准呢？以马克思列宁主义为自己的指导思想的人民报纸，只有一个标准；这标准，就是社会主义方向。右派分子篡夺新闻阵地的阴谋，就是要把文汇报和光明日报办成为反对派的报纸，来和党报唱'对台戏'的。他们所采用的手段之一，是'处处点火'；而'点火'和'闯祸'，在实质上是同义语。张友鸾用'闯祸'来作为衡量报纸好坏的标准……是在煽动一些思想不健康的人走上歧途。我们不能不这样说：张友鸾的用心是恶毒的。他不遗余力地煽动着！记者要'争取社会地

---

① 黄卓明：《张友鸾的文章是"苍蝇"，不是"蜜蜂"——评张友鸾的"是蜜蜂，不是苍蝇"》，《光明日报》1957 年 7 月 26 日第 3 版。

位'，要向党'闯祸'，挑拨新闻工作者和党的对立，挑拨报纸和党的对立。"①

（2）关于报纸与读者的关系。黄卓明指出，张友鸾所说的报纸"居高临下，发号施令"，是"诬蔑我们今天的报纸是站在群众之上"②。张友鸾为什么要如此的歪曲事实呢？意图很明显，是在为所谓的报纸"做读者的良友"树立论据。黄卓明进而对"做读者的良友"观点进行批判：把报纸区分为"严师"和"良友"，是"一个荒谬主张"。这是在明显地进一步煽动一些报纸和《人民日报》对立起来。在张友鸾看来，党报并不适合社会需要，因此必须创办一些其他的报纸。他还以中华人民共和国成立前的《实报》为例，来论证他的"良友"谬论。可以得出这样的推断："张友鸾是把党和人民对立起来的。这样，张友鸾就根本混淆了资产阶级报纸和社会主义报纸的原则区别，否定了报纸的阶级性……张友鸾故意把报纸说成有两种关系，就是有意地降低党报的威信和作用。因此张友鸾在报纸工作上进攻党的领导，而所采取的阴险手法，是挑拨党和人民的对立，挑拨新闻工作者和党的对立。"③

（3）关于新闻的时效性。黄卓明认为，张友鸾提出的"报道新闻是主要任务"一说，正是向党进攻的一支毒箭。关于什么是新闻的问题，存在着无产阶级办报原则与资产阶级办报原则的根本分歧。"社会主义的报纸是集体的宣传者、鼓动者和组织者。宣传鼓动些什么，组织广大人民做些什么，是有着最广泛的报道范围的。但是，我们的报道工作是有一个标准的，这个标准就是毛主席指出的六项政治标准。"④因此，我们必须认识到："新闻的'抢先'问题，是一个带政治性的问题，不是纯技术性的问题。"⑤张友鸾的错误在于，他违背了社会主义办报原则。

综上所述，黄卓明得出结论：张友鸾的文章"是集资产阶级办报观

① 黄卓明：《张友鸾的文章是"苍蝇"，不是"蜜蜂"——评张友鸾的"是蜜蜂，不是苍蝇"》，《光明日报》1957年7月26日第3版。

② 黄卓明：《张友鸾的文章是"苍蝇"，不是"蜜蜂"——评张友鸾的"是蜜蜂，不是苍蝇"》，《光明日报》1957年7月26日第3版。

③ 黄卓明：《张友鸾的文章是"苍蝇"，不是"蜜蜂"——评张友鸾的"是蜜蜂，不是苍蝇"》，《光明日报》1957年7月26日第3版。

④ 黄卓明：《张友鸾的文章是"苍蝇"，不是"蜜蜂"——评张友鸾的"是蜜蜂，不是苍蝇"》，《光明日报》1957年7月26日第3版。

⑤ 黄卓明：《张友鸾的文章是"苍蝇"，不是"蜜蜂"——评张友鸾的"是蜜蜂，不是苍蝇"》，《光明日报》1957年7月26日第3版。

点之大成的，他为资产阶级右派分子在报纸工作上进攻党的领导充当了'急先锋'"。①

（二）对主要观点的批判

1. 关于报纸的领导权

广播事业局局长梅益针对党管得多，新闻自由少的观点，指出："这显然是一个立场问题，问题不在于新闻自由多少……如果他们要的是反党反社会主义的自由，那就是新闻工作的真正危机。"② 梅益强调，"报纸、广播电台如果不是无产阶级领导，就是资产阶级去领导。所谓'超然'地位，所谓'小骂大帮忙'等等谬论，实际上是资产阶级夺取领导权的一种托辞罢了。"③

曾在《文汇报》工作的叶夫指出，《文汇报》"没有站稳无产阶级立场"的错误都是在党的领导被削弱的情况下发生的。"从这些教训来看，任何想脱离党的领导，或者口头上讲要党的领导，实际上想另搞一套的做法都是错误的。"④

人民日报社高集对赵琪的"人民群众所有制"观点进行批判，认为这种说法"把人民和党对立起来"。赵琪曾说，领导机关所有制的报纸是有些话不便讲，有些话不好讲，有些话不准讲。因此，党报已生命垂危，办不下去了。而"人民群众所有制"的报纸新闻多，服务周到，而最主要的是可以百无禁忌，什么话都可以讲。高集针锋相对指出："我们不能不怀疑这种说法是别有用心的。所谓什么话都可以讲，就是说可以讲反苏的、反共的、反社会主义的话，最近一个时期，这样的话人们已经听到不少了，不是还有人说党报太多了，'人民群众'的报太少了吗？这难道不是在争夺报纸吗？"⑤

高集认为，陈铭德提出的"同人办报"的意见，在实质上与所谓"人民群众"的报纸有相似之处。高集说："所谓同人办报是与机关报对

---

① 黄卓明：《张友鸾的文章是"苍蝇"，不是"蜜蜂"——评张友鸾的"是蜜蜂，不是苍蝇"》，《光明日报》1957 年 7 月 26 日第 3 版。

② 《新闻工作座谈会继续举行，批判反社会主义新闻观点》，《文汇报》1957 年 6 月 28 日第 1 版。

③ 《新闻工作座谈会继续举行，批判反社会主义新闻观点》，《文汇报》1957 年 6 月 28 日第 1 版。

④ 《新闻工作座谈会继续举行，批判反社会主义新闻观点》，《文汇报》1957 年 6 月 28 日第 1 版。

⑤ 《首都新闻界人士昨日举行座谈会，揭露右派分子篡夺报纸的活动》，《光明日报》1957 年 6 月 25 日第 3 版。

立而言的。我们认为报纸是阶级斗争的工具，我们不相信有超出阶级斗争范围以外的人办的报纸。"①中华人民共和国成立前《大公报》就是标榜"同人办报"，标榜超然立场的，而实际上它对国民党"小骂大帮忙"则是尽人皆知的事，这说明它只不过是拿超然立场来掩盖自己的政治行动而已。"我认为同人办报的提出就是不要党的领导，这与右派分子的活动是互相呼应，不谋而合。"②高集反问道："我们究竟是要加强党对报纸的领导呢？还是不要党的领导？我们是放弃报纸这个阶级斗争的武器？还是紧紧掌握住这个武器。从光明日报、文汇报发生的事件，说明我们决不能削弱党对报纸的领导，相反地必须加强党的领导，办社会主义的报纸。"③

王芸生、袁毓明、孔昭恺、刘克林在座谈会上以《怎样办一张社会主义的报纸》为题作了联合发言。他们认为必须从思想上明确以下问题，才能办好一张社会主义的报纸："要分清社会主义国家报纸与资本主义国家报纸的区别。明确了这个区别，就应当检查我们是否有意或无意地使用了资本主义国家的新闻手段。"④王芸生等从办报路线的高度强调党对报纸的领导："报纸是有充分的政治性的，它和读者之间不仅是几分钱买一张报的关系。在社会主义国家办社会主义的报纸，必须为社会主义服务，这是个路线问题，是不可寸步离开的。一张中华人民共和国的报纸，应该站在什么立场上，拥护什么，反对什么，是必须一清二楚的。毛主席指示给我们的六项政治标准……就是我们的办报标准，就是我们的办报立场。"⑤他们还强调，只要时时刻刻遵循这六项标准办报，就能时刻放出花香。"六项标准中最主要的是巩固共产党的领导和社会主义。我们要办社会主义的报纸，必须接受党的领导。"⑥他们总结说："我们的报纸不论是党报与非党报都要有社会主义的党性，也就是人民性。所谓办人民群众所有制的报纸等等都是把党和人民对立起来的谬论，必须批判这

---

①《首都新闻界人士昨日举行座谈会，揭露右派分子篡夺报纸的活动》，《光明日报》1957年6月25日第3版。

②《首都新闻界人士昨日举行座谈会，揭露右派分子篡夺报纸的活动》，《光明日报》1957年6月25日第3版。

③《首都新闻界人士昨日举行座谈会，揭露右派分子篡夺报纸的活动》，《光明日报》1957年6月25日第3版。

④《六项政治标准也就是我们办报标准——新闻界人士继续揭露右派活动驳斥资产阶级新闻观点》，《光明日报》1957年6月26日第3版。

⑤《必须解决办报的路线问题》，《人民日报》1957年7月14日第4版。

⑥《必须解决办报的路线问题》，《人民日报》1957年7月14日第4版。

种错误观点。"①

2. 关于报纸的阶级性

《光明日报》的高天在发言中驳斥"新闻没有阶级性"的说法。他说："报纸是阶级斗争的工具，这是确定不移的真理。"② 一个报纸究竟是人民的报纸、社会主义的报纸，还是反社会主义的报纸，决定于它掌握在什么人手里，为什么人服务。当《光明日报》掌握到右派分子手里的时候，就走上资产阶级的政治方向，成为右派野心分子的反社会主义工具，正好说明了这个问题。"我们社会主义国家的报纸，共同的基础是社会主义。不论党和非党报纸，共产党和民主党派的报纸，在社会主义的共同立场和共同利益上是完全一致的。当然，各种报纸可以各有特点，不能一模一样，但决不能强调不同而否定了共同基础。"③

《人民日报》的沙英驳斥莫如俭的"列宁的办报原则过时了"的言论。他强调，列宁的报纸是集体的宣传者、鼓动者和组织者的原则不仅适合于革命时期也适合于建设时期。他说："我们今天正在建设社会主义，从资本主义到社会主义的过渡还没有完成，我们必须用报纸对人民进行组织教育，使人民积极参加社会主义建设。而且报纸这个阶级斗争的工具我们不利用别人就要利用，《光明日报》《文汇报》的最近一个时期的情况就是如此……我们根据列宁的原则和学习苏联的经验来办报，当然要结合我们国家的具体情况，不能教条的搬用，但立场、观点是不能变的。"④

张恨水说："在依然存在着阶级斗争的社会里，新闻和历史就是记载和评论阶级斗争的，它当然是有阶级性和党性的。"⑤

中国新闻社的孙殿伟批判郑白涛的言行。他说，中国新闻社全体同志看到报纸上刊登的郑白涛的资产阶级的反动谬论，一致表示愤慨。在社内曾经多次开会帮助他，但他仍继续发表反动言论，这说明他坚持错

---

① 《六项政治标准也就是我们办报标准——新闻界人士继续揭露右派活动驳斥资产阶级新闻观点》，《光明日报》1957 年 6 月 26 日第 3 版。

② 《首都新闻界人士昨日举行座谈会，揭露右派分子篡夺报纸的活动》，《光明日报》1957 年 6 月 25 日第 3 版。

③ 《首都新闻界人士昨日举行座谈会，揭露右派分子篡夺报纸的活动》，《光明日报》1957 年 6 月 25 日第 3 版。

④ 《北京上海等地新闻界人士座谈，揭露右派篡夺报纸领导权活动》，《文汇报》1957 年 6 月 25 日第 1 版。

⑤ 《新闻工作座谈会继续举行，批判反社会主义新闻观点》，《文汇报》1957 年 6 月 28 日第 1 版。

误，屡教不改。孙殿伟说，郑白涛最近写了一篇文章，刊于《新闻业务》
第6期，文章说"新闻应当像语言一样普遍地为社会服务"①，通讯社是
超阶级的，新闻报道没有阶级性。但是就以郑白涛一再吹嘘的《纽约时
报》为例来说，它的阶级性难道还不明显吗？"所谓'新闻要像语言一样
普遍地为社会服务'，实质上就是要我们的新闻报道放弃社会主义立场，
为资产阶级服务。郑白涛发表的反动言论，是和他反动的政治立场分不
开的，他同意章伯钧的'政治设计院''两院制'，他所说的唱'对台
戏'，就是主张办资产阶级反对派的报纸。"②

　　中国新闻社何耕新则说，郑白涛口头标榜新闻没有阶级性，但是他
在中国新闻社工作中却非常有阶级性。章伯钧的所谓"政治设计院"的
谬论提出后，郑白涛主张马上发消息。他"看到报纸反右派的言论他就
唉声叹气，对反动作品《花丛小语》，他就到处向人宣传。他所写的对外
用的稿子几乎和资产阶级通讯社记者写的一样，片面地说我们经济困难、
原料不足。他对我们实际是大骂而不是小骂。他口称新闻要像语言一样
普遍地为各阶级服务，实际他却是坚决反社会主义观点"③。

四、反右派斗争中新闻学术论争的特征

（一）学术争鸣热烈而又感性

　　第一次首都新闻工作者座谈会召开时，正是开门整风阶段，"大鸣
大放"成为理所应当的学术争鸣方式，气氛热烈，大家畅所欲言。会
上，新闻学者提出一系列新闻理论问题，如报纸的阶级性、趣味性，新
闻的时效性、真实性，新闻自由与新闻体制，党报的性质等，也提出一
系列新闻业务的实际问题，如报纸与读者的关系、新闻工作者的地位、
新闻工作效率等等。这些基础理论问题，在建国初期学习苏联过程
中，较少引起新闻工作者与新闻学者的关注。当时若能就这些问题进
行纯粹的学理思考，无疑会开创新中国新闻学术研究的新局面。遗憾
的是，这种"百家争鸣"的学术氛围很快被一顶顶政治帽子压制
下去。

---

①　《六项政治标准也就是我们办报标准——新闻界人士继续揭露右派活动驳斥资产阶级新
闻观点》，《光明日报》1957年6月26日第3版。
②　《六项政治标准也就是我们办报标准——新闻界人士继续揭露右派活动驳斥资产阶级新
闻观点》，《光明日报》1957年6月26日第3版。
③　《只有在党的领导下，人民报纸才能办好——新闻界座谈会继续批驳资产阶级办报思
想》，《文汇报》1957年6月26日第1版。

当然，我们也应当指出，在"大鸣大放"的氛围下，新闻学者与新闻工作者在座谈会上发表意见的方式充满了感性色彩。发言者表述自己的建议时，很多意见话里有话，话中带刺，有些意见是偏激甚至是错误的。但总体来说，他们是在响应党中央开门整风的号召，积极向党的新闻工作提出意见，他们是在拥护社会主义新闻制度的前提下提出意见与发表观点。即使有过火的地方，我们可以进行批评，但应当是学术争鸣范围内的善意批评。

在"大鸣大放"的形势下，新闻学者的学术热情高涨。他们在阐述观点时，有许多灵感的火花，但缺乏严谨的逻辑推理与冷静的学理思考，这也是反击右派开始后，他们的观点能被抓住辫子，被扣上帽子的原因所在。

（二）学术批判激烈而又无情

第一次首都新闻工作者座谈会出现了很好的"百家争鸣"的学术氛围。可惜的是，刚刚出现的好苗头被扩大化的阶级斗争所压制甚至扭曲。声势浩大的反击右派开始后，"座谈会"变成了"批判会"。更可惜的是，批判者没有一一针对第一次座谈会上提出的新闻理论问题进行以理服人式的学术争鸣，而是以阶级斗争为主线，以政治标准为取舍，对上述理论的提出者进行政治攻击。于是，理论的分歧演变成为两条路线的斗争。

当时，批判者曾兴致勃勃地总结自己的战果："以首都新闻工作者座谈会、各省市新闻界集会和所有各个新闻单位内部的斗争组成的全国新闻界反右派斗争的联合战线，在相互配合和内外夹攻的形势下，不仅纷纷揭露了右派分子企图篡夺人民新闻事业的阴谋活动，并且针对着右派分子各种带共同性的反动观点，展开了有力地驳斥，以剥夺右派分子向党进攻的思想武器。有不少外地新闻工作者来参加首都新闻工作者座谈会，这个座谈会已经开了几十次，揭露和批判了北京、上海两地新闻界的首要右派分子。"[1] 批判新闻观点，只是为了让所谓的牛鬼蛇神篡夺新闻阵地的阴谋纷纷败露，而不是为了澄清理论误解。这一目的决定了新闻界反右派斗争声势越是浩大，对学术研究的伤害也就越大。

在反击右派过程中，在第一次座谈会上的发言者被扣上资产阶级右派的代理人、反党者、反社会主义者、阴谋家、篡夺者等大帽子后，他

---

[1] 《全国新闻界反右派斗争声势浩大》，《光明日报》1957年8月24日第3版。

们已没有机会为自己的观点做申辩，即使他们的理论真的有错，也无法通过"愈辩愈明"的方式来接近真理。批判者将学术问题当作政治问题大加批判，这对当时积极响应党的号召的新闻学者与新闻工作者来讲，是不公正的。随着众多新闻工作者与新闻学者被错误地划成右派，他们从事新闻学术研究的积极性也严重受挫。有些被划成右派的学者不得不停止学术研究，这更是一种无法挽回的损失。

第二节　中国人民大学新闻系新闻学术批判运动中的新闻学研究

1960 年中国人民大学新闻系的"学术批判"运动是在"整风反右倾的基础上展开的"①。"学术批判"运动把新闻学教材中的一些正确新闻观点作为"现代修正主义和现代资产阶级新闻观点"来批判，把"报纸是阶级斗争的工具"看成是唯一正确的说法，强调报纸是"暴力机关"。在运动过程中，新闻学术研究进一步阶级斗争化。

一、中国人民大学新闻系新闻学术批判运动的开展

1958 年 6 月 21 日，北京大学中文系新闻专业的师生共 260 余人，合并到中国人民大学新闻系，中国人民大学新闻系师生多达 800 余人。这次合并是"为了加强新闻教学力量，避免人力、物力上的浪费，更好地贯彻总路线，多快好省地培养新闻干部"②。合并后的新闻系实力大增，成为"人大最大的系"③，不仅培养本科生，还办起各种新闻培训班和新闻专修科。1959 年，新闻系教师贯彻"总路线"，鼓足干劲，力争上游，编写新闻写作、采访、编辑等 6 本讲义。从 1960 年 6 月开始，新闻系的一些师生把这些自编的讲义以及外国新闻学名著作为批判的"靶子"，掀起一场揭批"修正主义和资产阶级新闻学"的运动。

（一）新闻学术批判运动的准备（1960 年 4 月至 1960 年 6 月）

中国人民大学新闻系的新闻学术批判运动，是在新闻学术领域开展

①　向青：《我系是怎样开展新闻学学术批判运动的》，《教学与研究》1960 年第 Z1 期。

②　《北大新闻专业并到人大新闻系》，《新闻战线》1958 年第 7 期。

③　童兵、林涵：《20 世纪中国新闻学与传播学·理论新闻学卷》，上海，复旦大学出版社 2001 年版，第 343 页。

"兴无灭资"运动。

1960 年 4 月，中国人民大学新闻系的领导为开展学术批判运动做好各方面准备工作。党总支经过多方面研究，统一了"六方面关系"的认识，决定"先外后内，先批后建，先文艺后新闻"①。这样，学术批判先从批判巴人开始。通过批判巴人，"取得了在学术领域内开展两条道路，两种世界观的斗争的初步经验，初步探索到了进一步开展教育革命的科学途径"②。

在批判巴人过程中，新闻系抽调了以教员为核心的少数人组成专业队伍，为新闻学的批判和建设工作进行干部、理论和资料上的准备。首先重点学习纪念列宁诞辰 90 周年的三篇文章，检查 1959 年上半年完成的新闻写作、编辑、采访等讲义，并对"错误"观点进行系统整理，即把"错误"观点进行归纳，梳好辫子，"并以南斯拉夫现代修正主义新闻观点来'照镜子'，证明这些错误观点正是修正主义思潮在我们队伍里的反映，正是接受了修正主义、资产阶级新闻理论影响的结果"③。通过归纳整理工作，大家统一了思想认识："要解决我们队伍的思想问题，必须把斗争的主要锋芒指向现代修正主义，同时要挖掘老根、要准备深入地、系统地批判现代资产阶级新闻观点，抓住现代资产阶级的最反动、最权威、最有影响的新闻学，把资产阶级新闻学从体系上彻底打倒，通过批判建立起来以毛泽东思想为指导的崭新的无产阶级新闻学课程体系。"④

为了做好系统批判工作，1960 年 5 月，中国人民大学新闻系翻译出版了 5 本西方新闻学经典著作，分别是美国卡斯柏·约斯特（Casper Yost）的《新闻学原理》、美国纳尔逊·安特宁·克劳福德（Nelson Antrim Crawford）的《新闻伦理学》、美国布莱德·西伯特（Fred S. Siebert）、西渥多·柏德森（Theodore Peterson）、韦尔柏·斯克兰（Wilbur Schramm）的《报刊的四种理论》，日本小野秀雄（おのひでお）的《新闻学原理》，美国威士里·C. 克拉尔克（Wesley C. Clark）主编的《明日新闻事业》。1960 年 7 月，又翻译出版法国杰克·凯塞尔（Jacques Kayser）的《一种自由的死亡》。这 6 本书分别作为"批判资产阶级新闻学

---

①　向青：《我系是怎样开展新闻学学术批判运动的》，《教学与研究》1960 年第 Z1 期。
②　向青：《我系是怎样开展新闻学学术批判运动的》，《教学与研究》1960 年第 Z1 期。
③　向青：《我系是怎样开展新闻学学术批判运动的》，《教学与研究》1960 年第 Z1 期。
④　向青：《我系是怎样开展新闻学学术批判运动的》，《教学与研究》1960 年第 Z1 期。

资料"第一至第六辑，就是所谓资产阶级最反动、最权威、最有影响的新闻学著作。

（二）新闻学术批判运动的开展（1960 年 6 月至 1961 年 3 月）

1960 年 6 月初，批判巴人的活动一结束，就开展对修正主义、资产阶级新闻观点的批判运动。参加运动的有新闻系三四年级和专修科的学生及教师，共 400 余人。具体做法是，针对整风中检查出来的问题，以南斯拉夫现代修正主义为"靶"，作一次批判导言报告。报告之后，开展群众性的大鸣大放、大争大辩。除了批判导言，还要批判讲义中的错误观点摘录、南斯拉夫的修正主义新闻与文艺观点汇编、部分资产阶级新闻学资料。通过鸣放辩论，进一步"暴露和发现"问题，然后及时编辑"问题汇编"，发放给各个支部，推动批判运动向纵深发展。

为加强党对批判运动的领导，采取如下措施：第一，组织一支学术批判的核心力量。党总支组织一批教员作导言报告。队伍的成员"都是要革命、敢革命的，他们一般政治思想水平较高，对于资产阶级的东西没有什么留恋，敢于彻底打破"[1]。他们能初步将纪念列宁诞辰 90 周年的 3 篇文章作为锋利的武器，大胆地向修正主义、资产阶级新闻观点进行尖锐批判，能在批判运动中打头阵。第二，组建学术批判办公室。学术批判办公室"作为总支委员会的助手，在总支领导下负责学术批判活动中的组织工作，及时了解活动进展情况向总支委员会汇报，并及时向各支部传达总支的指示和意图。同时紧密结合活动进展情况，研究重要的学术观点，为各支部的骨干提供一定的理论武器"[2]。第三，"在党总支领导下，各支部的学术批判运动由支部挂帅，在支委会下面普遍设立'批''建'小组，即理论小组"[3]。小组成员经常在理论上先走一步，并负责研究本单位"鸣放"出来的观点。

为了推动学术批判运动的深入开展，中国人民大学新闻系以学生为主体，开展报社调查活动。四年级三个班的 89 名同学，被分成 6 个调查组，到山西、河北、江苏、河南、安徽、湖北六省进行调查。"调查的目的就是要服务于反修正主义。通过调查报社实际工作里两条道路的斗争，总结我国报刊经验，发扬党的优秀传统，从而找出了反修正主义实际材

---

① 向青：《我系是怎样开展新闻学学术批判运动的》，《教学与研究》1960 年第 Z1 期。

② 向青：《我系是怎样开展新闻学学术批判运动的》，《教学与研究》1960 年第 Z1 期。

③ 向青：《我系是怎样开展新闻学学术批判运动的》，《教学与研究》1960 年第 Z1 期。

料。"① 历经 90 天左右的深入调查，调查组撰写了 50 多万字的调查报告与论文，并且积累 100 万字的资料。学生还和报社的同志就新闻学大纲撰写问题展开了讨论与交流。调查报告和专题论文的内容涉及全党办报、典型报道、编辑部内部群众运动、报纸如何宣传群众运动、报纸的言论、国际时事宣传、新闻干部的培养、加强宣传的理论性等问题。学生返校后，先举行交流会，然后撰写论文，论文写作的要求是："一为讲义'消毒'……二是指导新闻工作的实际斗争；三为批判现代修正主义服务。"②

（三）为错批的教师和教材平反（1961 年 4 月）

1961 年 3 月 4 日，饱受批判之苦的中国人民大学新闻系教师甘惜分给中宣部写信，反映新闻学术批判运动是背离马克思主义新闻学的错批事件。4 月，中宣部调查组到中国人民大学调查。后来，中宣部部长陆定一在全国文教书记会议上指出，中国人民大学新闻系 1960 年开展的对资产阶级、修正主义新闻学的批判，是错误的。

二、中国人民大学新闻系新闻学术批判运动的特点

（一）阶级斗争学说成为唯一评判标准

在学术批判运动的准备阶段，中国人民大学新闻系曾对 1959 年上半年完成的新闻写作、编辑、采访等讲义进行检查，检查出一系列所谓资产阶级观点，并展开批判。

讲义提出，报纸是"提供知识、经验和国内外消息的教科书"，是"观察生活的学校"。"报纸是商品""是应社会需要而产生的"③。批判者指出，这些观点否认了报纸是阶级斗争的工具。

讲义提出，"按照真实性原则，新闻必须反映缺点和错误，要坚持真理，就要敢于揭露缺点、错误"④。批判者认为，这是"强调党性和真实性的矛盾，把真实性夸大，抬高到党性之上"⑤。

讲义提出："记者要'独立判断'一切事件，'独立负责'所有报

---

① 向青：《我系是怎样开展新闻学学术批判运动的》，《教学与研究》1960 年第 Z1 期。
② 向青：《我系是怎样开展新闻学学术批判运动的》，《教学与研究》1960 年第 Z1 期。
③ 向青：《我系是怎样开展新闻学学术批判运动的》，《教学与研究》1960 年第 Z1 期。
④ 向青：《我系是怎样开展新闻学学术批判运动的》，《教学与研究》1960 年第 Z1 期。
⑤ 向青：《我系是怎样开展新闻学学术批判运动的》，《教学与研究》1960 年第 Z1 期。

道，记者是一支'独立职业大军'，'有其自己发展的历史'。"① 批判者强调，这些观点"违反党报是党的事业的一部分，是党的组织细胞；党报必须全面地、绝对地服从党的领导这些根本的马克思列宁主义原理"②。

总之，上述错误非同一般，"几乎可以从以南斯拉夫铁托集团为代表的现代修正主义者那里，从美国和日本资产阶级新闻学那里找到他们的全部来源"③。由此可见，对于上述问题的争论，已不是学理范畴的学术争鸣，而是一场批判式的政治运动。这一政治运动的思想基础是："新闻学是党性很强的科学，在新闻战线上，资产阶级观点与无产阶级观点的斗争是长期的，它是政治思想战线上两条道路斗争的继续深入。"④ 可见，两条路线的斗争就成为唯一的价值评判标准，让学术争鸣失去了应有的客观立场与科学精神。

（二）学术研究以大搞群众运动的方式进行

在批判运动开始后，"大鸣大放"成为学术研究的基本方式，并发展成为群众运动。党总支作了进一步动员，从开小会、边读边议，到大型辩论会，学术批判运动很快出现"深入鸣放"的高潮。新闻系三年级与四年级的学生，以年级为单位，分别召开 5 次多达百人以上的大型辩论会。教师支部与专修科学生，则分别召开 50 人的辩论会。辩论会就报纸的党性、报纸的真实性、无产阶级党报要不要继承资产阶级民主报刊传统、记者的作用、记者和基层党委的关系、经济报道的政治挂帅等问题，展开针锋相对的争论。如，有人提出"资产阶级新闻学是一堆垃圾"，另有人就会说"要在垃圾堆里拣珍珠"⑤。争论气氛当然是热烈异常，但这种非此即彼的二元对立思维方式，妨碍了对理论本身的正确认识。

（三）全党抓理论建设，以政治标准作取舍

在学术批判运动中，党组织起到了关键作用。党组织成立一个"政治上坚强"的理论小组，加强对运动的领导。在批判过程中，党总支首先全面摸底，清楚了解教师在学术上存在的所谓问题，然后在党总支的直接领导下，对所有问题进行深入揭批。这样，通过理论小组的设置，

---

① 向青：《我系是怎样开展新闻学学术批判运动的》，《教学与研究》1960 年第 Z1 期。
② 向青：《我系是怎样开展新闻学学术批判运动的》，《教学与研究》1960 年第 Z1 期。
③ 向青：《我系是怎样开展新闻学学术批判运动的》，《教学与研究》1960 年第 Z1 期。
④ 向青：《我系是怎样开展新闻学学术批判运动的》，《教学与研究》1960 年第 Z1 期。
⑤ 向青：《我系是怎样开展新闻学学术批判运动的》，《教学与研究》1960 年第 Z1 期。

使党的领导具体深入到学术领域。学术研究加强党的领导本无可厚非，但若以政治标准取代学术标准，难免会妨碍学术研究的正常开展。

（四）以全盘否定的方式对待外国新闻学理论

1960年，人民大学新闻系翻译出版6册"批判资产阶级新闻学资料"。这6册书分别是美国、法国、日本的新闻学经典著作。但当时翻译的目的，不是学习、借鉴西方新闻学理论，而是树立起批驳的靶子。这些著作及其作者无一例外被扣上了"资产阶级"的大帽子。

卡斯柏·约斯特的《新闻学原理》的翻译者在介绍约斯特时写下这样一段话："约斯特是美国垄断集团的忠实走卒，曾任美国圣路易地球——民主报的主笔。写这本书的时候，他已积累了三四十年的反动宣传经验，并且是美国报纸编辑人协会的会长。这个协会受垄断集团指挥，是控制美国报界的一个重要组织。约斯特写这本书是有他的政治目的。他妄想用一套虚伪的理论来美化资产阶级报纸，掩盖资产阶级报纸的反动本质……约斯特由于写了这本书，受到了他主子的赏识，三个大学先后授予他博士学位，两个新闻单位颁发给他荣誉奖章。"[1] 在严格区分阶级立场之前提下，约斯特数十年的学术积累被看作是"反动宣传"，就连博士学位与荣誉奖章的获得也成为其"反动本质"的佐证。按照这一思路，《新闻学原理》自然受到严厉批判："贯串全书的一条黑线就是：把美国和一切资产阶级报纸都说成是超阶级和超政治的。在'独立'、'自由'、'公正'、'为大众服务'等幌子下掩盖资产阶级报纸的阶级实质。"[2] "这本书所宣扬的资产阶级新闻理论是比较全面和系统的。直到今天在美国还被视为正统理论，用来当作新闻教学的课本。现代修正主义者和我国一些新闻界资产阶级右派分子的一套谬论，都可以从这里找到渊源。因此，我们印发这本反面材料作为批判现代修正主义新闻观点的参考。"[3] 这样，批判者在全盘否定《新闻学原理》的学术贡献后，又将该书的观点硬生生地与现实的"反修正主义"斗争纠结在一起。

小野秀雄1923年留学德国、美国，1929年起先后任日本东京大学文学系新闻研究室主任、新闻研究所所长、教授。对于他的《新闻学原理》

---

[1]　中国人民大学新闻系：《约斯特及其"新闻学原理"》，〔美〕卡斯柏·约斯特：《新闻学原理》（批判资产阶级新闻学资料一），北京，中国人民大学新闻系1960年出版。

[2]　中国人民大学新闻系：《约斯特及其"新闻学原理"》，〔美〕卡斯柏·约斯特：《新闻学原理》（批判资产阶级新闻学资料一），北京，中国人民大学新闻系1960年出版。

[3]　中国人民大学新闻系：《约斯特及其"新闻学原理"》，〔美〕卡斯柏·约斯特：《新闻学原理》（批判资产阶级新闻学资料一），北京，中国人民大学新闻系1960年出版。

的理论创见，译者这样评价："作者从其阶级立场出发，综述日本和欧美资产阶级新闻界代表人物的观点，对报纸的本质、新闻的使命和报纸的经营等，都作了论述，其中有不少观点，是欧美资产阶级新闻学观点的进一步发挥，即作者所谓'独特见解'和'别人没有这样提过的看法'。"①《新闻学原理》中附录三个文件：日本新闻工作者协会的"新闻伦理纲领"、美国报纸编辑协会的"新闻道德律"、华尔达·威廉斯（Walter Williams）编写的"新闻工作者的信条"。对此，译者的评价是："这三个文件中都标榜着新闻记者的'不偏不倚'的'超然'态度，并虚伪地谈论着资产阶级新闻事业的'责任心'、'公正心'、'独立性'等等漂亮词句，可说是三个典型的资产阶级的新闻学纲领。"② 对这三个文件倡导的新闻伦理原则，译者没有进行学理分析，而是硬生生地将政治帽子扣给小野秀雄。

威士里·C. 克拉尔克主编的《明日新闻事业》同样受到批判："本书虽然标榜'论述美国新闻事业的前途'，实际上是在夸耀美国新闻事业的'技术进步'和'规模宏大'，更恶毒的是全书贯穿着'公众通讯事业的社会责任'的反动理论，极力掩盖其欺骗、蒙蔽、腐蚀读者的作用。"③

对于《一种自由的死亡》，译者采取同样的批判思路："杰克·凯塞尔在这本书里，打着早已被资产阶级抛弃的'自由'、'人权'的破旗，要求绝对的、超阶级的自由，他在所谓'新闻自由'、'新闻与真理'、'新闻与和平'的幌子下，竭力美化资产阶级报刊，鼓吹美国的所谓新闻自由，恶毒地攻击苏联等社会主义国家。"④ "《一种自由的死亡》一书，是在社会主义阵营不断强大，帝国主义日暮途穷的形势下出版的。它直接为帝国主义擦脂抹粉，和现代修正主义一唱一和。当我们批判现代修正主义的时候，同时彻底批判凯塞尔，是十分必要的。"⑤ 这样，凯塞尔

①　中国人民大学新闻系：《前言》，〔日〕小野秀雄：《新闻学原理》（批判资产阶级新闻学资料四），北京，中国人民大学新闻系 1960 年出版。

②　中国人民大学新闻系：《前言》，〔日〕小野秀雄：《新闻学原理》（批判资产阶级新闻学资料四），北京，中国人民大学新闻系 1960 年出版。

③　中国人民大学新闻系：《前言》，〔美〕威士里·C. 克拉尔克主编：《明日新闻事业》（批判资产阶级新闻学资料五），北京，中国人民大学新闻系 1960 年出版。

④　中国人民大学新闻系：《前言》，〔法〕杰克·凯塞尔：《一种自由的死亡》（批判资产阶级新闻学资料六），北京，中国人民大学新闻系 1960 年出版。

⑤　中国人民大学新闻系：《前言》，〔法〕杰克·凯塞尔：《一种自由的死亡》（批判资产阶级新闻学资料六），北京，中国人民大学新闻系 1960 年出版。

及其《一种自由的死亡》就被扣上了"修正主义"的帽子。

由此可见，中国人民大学新闻系翻译 6 本西方新闻学经典著作，不是为了客观介绍西方新闻学术观点，而是为了完成资产阶级新闻学的批判工作。在强烈政治目的驱动下，当时的新闻学者未能客观地分析这些著作阐释的新闻学理论与观点，而是片面地从阶级立场出发进行批判再批判，全盘否定这些新闻学著作的学术价值。这对于当时的新闻学术研究，造成了无法弥补的遗憾。

第三节　"全党办报"研究热潮

20 世纪 50 年代末 60 年代初，在大跃进运动与大兴调查研究之风的推动下，新闻领域掀起以省、市、区委书记为主角的"全党办报"研究热潮。

一、"全党办报"研究热潮的兴起

"全党办报"研究热潮的出现，带有浓厚的政治色彩。大跃进运动与大兴调查研究之风，是"全党办报"研究热潮兴起的重要推动因素。

（一）大跃进运动对"全党办报"研究的推动

"全党办报"是中国共产党新闻工作的一个优良传统。早在延安时期，就开创了以工农兵通讯写作为主要形式的"全党办报"模式，"党报通讯工作成为各地党委的经常业务之一"[①]。1955 年，湖北省委第一书记亲自领导建立了党委写作小组，以"龚同文"的集体笔名给报刊写稿，撰写杂文与政论文，影响很大。在大跃进运动推动下，"全党办报"的优良传统得以发扬。

1958 年 1 月 12 日，毛泽东给广西壮族自治区党委的两位负责人刘建勋、韦国清写信，掀起"全党办报"的热潮。毛泽东在信中强调，"省报问题是一个极重要问题，值得认真研究……精心写作社论是一项极重要任务，你们自己、宣传部长、秘书长、报社总编辑，要共同研究。第一书记挂帅，动手修改一些最重要的社论，是必要的。一张省报，对于全

---

① 李秀云：《工农通讯写作："全党办报"的缩影——以延安〈解放日报·新闻通讯〉为中心的考察》，《新闻春秋》2009 年第 11 辑。

省工作，全体人民，有极大的组织、鼓舞、激励、批判、推动作用"①。这封信为"全党办报"提供了具体思路，即"第一书记挂帅"。

1958年1月15日，毛泽东对新华社社长、人民日报社总编辑吴冷西谈话时指出："评论大家写，各版包干是好办法。总编辑是统帅，要组织大家写，少数人写不行……各部门，各版可以竞赛……报社的人应该经常到下边去，呼吸新鲜空气，同省委关系要搞好。下去又做工作，又当记者。不要长住北京，要活动一些。要经常到外边跑一跑。人民日报社是中央一个部门，同中央组织部、宣传部一样，都应该向地方学习。《人民日报》有一个重要任务，就是转载地方报纸的好东西，把这件事当作一个政治任务来做。"② 这个谈话使办好党报成为一项重要的政治任务。

毛泽东的号召与指示，鼓舞了新闻战线的大跃进，也为新闻战线的大跃进提供了具体思路。在毛泽东的号召与鼓舞下，在政治任务的高调激励下，这种由党委领导和报社编辑部紧密结合的党委通讯组（写作组、报道组）获得大发展的良机，纷纷建立起来。在省委的领导下，不少省、地市、县都建立起党委通讯组，并且由各级党委书记亲自挂帅，吸收各方面负责人参加，经常给党报写评论和报道。这种组织形式在湖北、江苏、安徽、陕西、广西、福建等省最为普及。到1959年，仅福建省就建立起724个党委通讯组③。在"一天等于二十年"的大跃进形势下，各地涌现的党委通讯组（写作组、报道组）就是"全党办报"的具体方式方法。

从某种意义上讲，"全党办报"也是发动大跃进运动的重要新闻手段。大跃进运动是靠群众运动的方式进行的。在全民参与的大跃进运动中，单凭报社编辑部的力量往往不能胜任形势的要求，于是，除了依靠党委通讯组这种形式，"现场编报""版面下放""专页下放"等能充分体现"全党办报"与群众办报有机结全的形式也相继出现。

1959年，各地与各行各业的"继续跃进"是全国新闻媒介宣传报道的基本内容之一。作为新闻媒介大跃进的主要表现与成果之一的"全党办报"继续引起新闻界的充分关注，并快速发展，此间对"全党办报"

①　《毛泽东新闻工作文选》，北京，新华出版社1983年版，第202页。

②　《毛泽东新闻工作文选》，北京，新华出版社1983年版，第203～204页。

③　方汉奇主编：《中国新闻事业通史》第3卷，北京，中国人民大学出版社1999年版，第231页。

的研究也在继续和深入。

（二）大兴调查研究与"全党办报"研究热潮

大跃进运动中"浮夸风""共产风"盛行，给国民经济带来巨大损失。人们痛定思痛，开始挖掘这一恶果产生的原因。20 世纪 60 年代初期兴起的调查研究之风，就是对大跃进实践后果的反思与总结。

1961 年 1 月，毛泽东在中央工作会议和党的八届九中全会上，号召全党大兴调查研究之风，一切从实际出发。3 月，中共中央发出《关于认真进行调查工作问题给各中央局，各省、市、区党委的一封信》，要求全党高级和中级干部学习毛泽东的《调查工作》一文，并指出大跃进以来所犯错误的根本原因，是由于许多领导人放松了调查研究工作。在党中央的号召下，从中央到地方各级领导人纷纷深入基层，开展调查研究。1961 年四五月份，刘少奇曾两次对新闻宣传工作做出重要指示，强调报纸工作人员是调查研究的专业工作人员，报上的一切文章都应当是调查研究的结果。

根据中央精神，新闻界开展了加强调查研究的宣传。1961 年 1 月 29 日，《人民日报》发表社论《大兴调查研究之风》。1961 年 2 月，党中央理论刊物《红旗》刊载社论《大兴调查研究之风，一切从实际出发》。新华社和人民日报社合办的《新闻业务》也刊载有关新闻工作方面进行调查研究的系列论述和经验介绍。很快，各新闻单位积极行动起来，努力加强调查研究工作。

在大兴调查研究之风的过程中，"全党办报"实践以崭新的形式与全新的效果得到发展。这一时期的"全党办报"，依然是第一书记挂帅。在第一书记中，中共广东省委书记陶铸最具典型性。早在 1960 年 9 月，陶铸就开始进行调查研究工作。他到湛江、海南等地考察，历时 43 天，行程万里，对实际工作中的许多问题进行调查研究。考察途中他看到大跃进给国民经济造成的恶果，严肃批评浮夸风和瞎指挥风，号召大家种瓜种豆，让人民群众吃饱肚子。当时跟随陶铸一起考察的《南方日报》总编辑林里及作家陈残云、江林感到陶铸的谈话很有针对性，便一路将谈话记下来写成通讯，相继在《南方日报》上发表，题为《随行纪谈》，考察结束时，共发表 27 篇。广东人民出版社后来把这些文章结集出版，书名为《随行纪谈》。该书出版后两个月再版三次，销数达 17 万册。第三次重印时，书名改为《西行纪谈》。1961 年 1 月，《人民日报》还以《粤西行》为题刊载《西行纪谈》的部分文章。陶铸为这本书撰写序言，指出："利用报纸作为组织和领导工作的工具，既灵活，又方便，非常重要。这是毛主席所指示的工作方法，我们必须学会很好地运用。写作《西行纪谈》可以说是运用这个领导方法的一种尝试。"① 就这样，陶铸在具体的调查研究实践中贯彻了"全党办报"的方针。陶铸指出，当时广东省内的报纸在新闻报道上存在以下问题："一曰不敢于提出问题，二曰缺少建设性的批评，三曰体裁格式单一化。"② 《西行纪谈》的文章开创了"纪谈"这种新形式，能提出问题，有表扬又有批评。这是"全党办报"与调查研究活动有机结合的典范。

与"大跃进"时期不同，各省、市、自治区的第一书记不仅在实践上亲自指导甚至参与党报的工作，而且开始注重理论的总结。许多省委领导人开始撰写文章，对"全党办报"问题进行理论探讨。如中共广西壮族自治区第一书记刘建勋的《认真执行毛主席关于报纸工作的指示》，中共安徽省委第一书记曾希圣的《关于全党办报问题》，中共山西省委第一书记陶鲁笳的《党委要把机关报紧紧地掌握在自己的手里》，中共湖北省委第一书记王任重的《加强党报的战斗性——为纪念湖北日报创刊十周年而作》③ 等等。1961 年，山西省新闻工作者协会编辑出版《省委书记论报刊》一书，整理收录这方面的成果。

在第一书记挂帅的情况下，各新闻单位在积极贯彻"全党办报"方针中实现了新闻业务创新。1960 年《人民日报》与《解放日报》《河北日报》《云南日报》等报纸合作，共同写作社论。1963 年年初，《西藏日报》请求全国各省（区）党报帮助编辑《兄弟省（区）介绍》专页，得到许多报纸的响应。各报刊积极总结"全党办报"实践，如《河北日报》开辟《全党办报》专栏，介绍各地贯彻"全党办报"方针，开展"全党办报"活动的新措施与新经验。《新闻业务》《新闻战线》等杂志也载文介绍"全党办报"经验。这样，新闻界就形成了以各省区第一书记为代表，各党报新闻工作者积极参与的全方位、多层次的"全党办报"研究热潮。

---

① 方汉奇、陈业劭主编：《中国当代新闻事业史》，北京，新华出版社 1992 年版，第 159 页。

② 方汉奇、陈业劭主编：《中国当代新闻事业史》，北京，新华出版社 1992 年版，第 159 页。

③ 方汉奇主编：《中国新闻事业通史》第 3 卷，北京，中国人民大学出版社 1999 年版，第 295 页。

二、"全党办报"研究热潮的主要内容

（一）"全党办报"的形式

中国人民大学新闻系《福建日报》实习组对"全党办报"的形式进行了全面总结[①]：

1. 建立各级党委报道组

各级党委报道组由第一书记挂帅。党委报道组的任务是给报纸写稿，负责一个地区或一个部门的通讯工作，包括对通讯员进行政治思想教育、组织报道、订计划、检查督促等，给报纸出题目、编报和评报。

2. 全党为报纸出题目

发动全党为报纸出题目。编辑部各部和记者站分别向地委、市委和公社党委征求报道题目，随时通知采访部，汇总报告编委会。编辑部要对这些题目进行研究，有的要与党委报道组共同研究，经过问题排队、典型排队，然后选择具有全省意义的典型，组织报道。

3. 同党委合编专页、专栏

通过党委报道组，与各级党委一起合编专页或专栏。各级党委报道组编报的原则是抓典型、插红旗，把当地或本部门最好的典型拿到报纸上，树立榜样。

4. 全党评报

全党评报是指各级党委和党委报道组，根据中央和省委每个时期的领导意图和指示精神，结合本地区的实际情况，对报纸在宣传党的方针政策以及版面安排等等方面的优缺点，及时提出意见，提出要求。

（二）"全党办报"的作用

"全党办报"具有显著的作用，令报社的工作面貌发生了变化，具体包括：

第一，报道质量有显著提高。"全党办报"从诸多方面推动了报道质量的提高，如"政治气候反映得更及时、更充分，因此对党的各项中心工作的指导与推动就更加有力"[②]；"抓典型、插红旗的问题得到了进一步的解决"[③]；为搞好集中、连续的重大战役性报道提供了有利条件；既给

---

① 参见中国人民大学新闻系福建日报实习组：《"全党办报"的几种新形式》，《新闻战线》1959 年第 8 期。

② 孙泽夫：《全党办报的新阶段》，《新闻战线》1960 年第 5 期。

③ 孙泽夫：《全党办报的新阶段》，《新闻战线》1960 年第 5 期。

竞赛评比提供了大量的现实材料，又使竞赛评比成为各级党组织和广大群众所关心的活动；各级党委积极向报纸提供典型，你追我赶，相互促进；报纸能够更好地发现并解决实际工作中的关键性问题。

第二，推动报道的合理平衡。"全党办报"提升了各报关于新闻报道地区平衡问题的认识水平："地区平衡问题不单纯是一个发稿比例问题，而是说明报纸同全省各级党委和群众的关系问题。"① 若想实现报道的合理平衡，"光靠编辑部的努力还是不行的，不论在人力和对情况的了解等方面，我们都有所限制。各个地区、各个部门都建立了党委写作组以后，各个地区、各个部门的新成就、新经验、新的问题都能及时地反映到编辑部来，这就大大有利于解决平衡问题，消灭报道中的所谓'空白地区'和'空白点'"②。"在全省各专区、市、县和大型厂矿企业、大专学校及一部分人民公社中，都建立起来由党委书记挂帅的通讯组……报道的地区平衡问题在这样的新形势下，才得到了根本解决。"③

第三，报道迅速而准确。各报由于经常向各级党委了解情况，依靠各级党委组织稿件，使报道赶上了形势发展的需要。"全党办报"不但不会影响"新闻的时间性"，相反，因为"实际工作在基层，情况在基层，而现在从出题目到写稿子也首先靠基层，就决定了能够更快地把应当报道的事情及时反映上来"④，使报道做到迅速而准确。

第四，增强编辑记者的政治观念。"全党办报"密切了报纸和各级党委的关系，"大大增强了新闻业务干部的党的观念、群众观念和政治家办报的观念"⑤。

第五，"全党办报推动了读报工作和发行工作，使报纸的作用得到更大的发挥"⑥。

"全党办报"也令党的工作得到了发展，具体如下：

第一，调动党员工作积极性。过去主要靠通讯员给报社写稿和反映情况，"现在则是全党出题目、全党写稿、全党编报、全党评报和全党抓

---

① 河南日报总编室：《全党办报是根本解决报道地区平衡问题的关键》，《新闻战线》1960年第8期。

② 仲冲：《全党办报是报纸工作的根本方针》，《新闻战线》1960年第12期。

③ 河南日报总编室：《全党办报是根本解决报道地区平衡问题的关键》，《新闻战线》1960年第8期。

④ 孙泽夫：《全党办报的新阶段》，《新闻战线》1960年第5期。

⑤ 孙泽夫：《全党办报的新阶段》，《新闻战线》1960年第5期。

⑥ 孙泽夫：《全党办报的新阶段》，《新闻战线》1960年第5期。

报纸群众工作……在更大范围内调动了全党办报的积极性"①。

第二，培养了写作队伍。党委写作组的同志通过为报纸写稿，经常和党委领导同志一起下乡下厂了解情况，学习理论，思想水平和写作水平普遍得到提高。他们从学写动态新闻到学写典型报道、通讯、特写、经验文章和言论，甚至写社论和组织整版的专页报道。这为进一步提高报纸的宣传质量提供了有力保证。②

第三，全党办报推动了全党用报。随着全党办报运动的发展，各级党委都把为报纸写稿同指导本地区、本部门工作有机结合起来，对运用报纸也就更关心。全党办报运动推动了调查研究、总结工作。③

（三）"全党办报"要两条腿走路

党委写作组是"全党办报"的新发展。在普遍建立起各级党委领导下的写作（通讯）组之后，报纸编辑部还要不要直接跟非写作组的成员，即广大工农写作积极分子进行更广泛的联系？答案是要"两条腿走路"。

党委写作组是全党办报运动的新发展，但不是"全党办报"的全部。也就是说，在充分肯定党委写作组是全党办报运动中的骨干和核心力量的基础上，更好地联系广大通讯员，充分发挥广大通讯员的作用。这是因为，只有部分党委写作组容纳了一些分散的通讯员，绝大多数党委写作组只是由党委几个主要领导同志组成。这些分散的通讯员生活在群众的海洋里，最熟悉他们身边发生的事情，削弱同这一部分通讯员的联系，"是在一定程度上削弱了报纸和更广泛的群众的联系"④。因此，"在开展全党办报工作中，既要充分发挥党委写作组的集体作用，也要充分发挥那些分散在各个角落里的广大通讯员的个人作用"⑤。这是"开展全党办报运动的'两条腿'，两者相辅相成，缺一不可"。"依靠和充分发挥党委写作组的集体作用与依靠和充分发挥广大通讯员的个人作用，正是全党办报方针的一个问题的两个方面。"⑥

要想"两条腿走路"，要求报纸编辑人员"必须进一步加强与党委写作组的联系，更有效地发挥党委写作组这种集体通讯组的核心作用"⑦。

---

① 孙泽夫：《全党办报的新阶段》，《新闻战线》1960 年第 5 期。
② 参见仲冲：《全党办报是报纸工作的根本方针》，《新闻战线》1960 年第 12 期。
③ 参见仲冲：《全党办报是报纸工作的根本方针》，《新闻战线》1960 年第 12 期。
④ 刘建邦、卢克：《谈通讯员在全党办报运动中的作用》，《新闻业务》1961 年第 12 期。
⑤ 刘建邦、卢克：《谈通讯员在全党办报运动中的作用》，《新闻业务》1961 年第 12 期。
⑥ 刘建邦、卢克：《谈通讯员在全党办报运动中的作用》，《新闻业务》1961 年第 12 期。
⑦ 刘建邦、卢克：《谈通讯员在全党办报运动中的作用》，《新闻业务》1961 年第 12 期。

要想"两条腿走路",要求报纸编辑人员"必须走出办公室,深入到群众中去,进行艰苦、细致的工作。特别是对广大通讯员进行经常、耐心、具体的培养和提高工作"①。

要想"两条腿走路",还要做到"三结合"。"三结合"是"就整个报纸工作讲,是党委领导、专业新闻工作者与广大通讯员相结合,由党委指出方向,提出任务,由专业新闻工作者组织广大通讯员共同完成;就一篇重要稿件的写作讲,是领导干部、编写人员和群众相结合,由领导干部提出观点,群众提供具体材料,编写人员执笔,集体修改,党委审查;就写作组方法讲,是学习、工作、写作三结合,强调学习运用毛泽东思想来分析问题、指导写作,把写作的过程和调查研究、总结工作的过程统一起来"②。

三、"全党办报"研究热潮的主要特点

20世纪50年代末60年代初的"全党办报"研究热潮,具有如下特点:

(一)政治挂帅,坚持两条路线的斗争

"全党办报"研究的兴起,源于大跃进运动的舆论发动与舆论宣传。这一研究热潮开始之初,就被提到了政治任务的高度:"应当看到,报纸工作的两条路线的斗争是长期的,如何经常在编辑部开展'兴资灭无'的斗争,拿无产阶级办报路线去彻底战胜资产阶级办报路线,以马克思列宁主义的新闻观点去战胜资产阶级新闻观点,这是一项极其严肃的战斗任务。"③"经过报纸工作的两条路线斗争,使我们深深体会到,报纸必须坚决依靠党的领导,贯彻执行党委意图……贯彻实现全党办报的方针,充分发挥报纸的集体宣传者、鼓动者和组织者的作用。我们都知道,党委机关报,是党用来进行阶级斗争的武器,政治宣传的工具。一方面,党委要把报纸紧紧掌握在自己手里,另一方面,更重要的是,报纸编辑部必须自觉地坚决地依靠党委的领导,完全按照党委的意图办事。这是增强报纸党性的前提,报纸工作中两条路线斗争的焦点,也正是党的领导问题。"④ 因此,在全党办报问题的研究中,"兴无灭资"斗争备受关

① 刘建邦、卢克:《谈通讯员在全党办报运动中的作用》,《新闻业务》1961年第12期。
② 仲冲:《全党办报是报纸工作的根本方针》,《新闻战线》1960年第12期。
③ 丁希凌:《坚持报纸工作的两条路线斗争》,《新闻战线》1958年第10期。
④ 丁希凌:《坚持报纸工作的两条路线斗争》,《新闻战线》1958年第10期。

注，具有较浓厚的极"左"倾向。

20 世纪 60 年代初期的"全党办报"是和调查研究活动有机结合的，从而在一定程度上纠正了大跃进时期的极左倾向，但是依然强调"首先要坚持政治挂帅"①。什么是政治挂帅？"归根结底，就是听党的话，听毛主席的话，用毛泽东思想挂帅。"②办报思想无非有两种：一种是资产阶级办报思想，用这种思想做指导，就会把报纸办成资产阶级反党反社会主义的报纸。一种是无产阶级办报思想。用这种思想做指导，"就会使报纸成为无产阶级进行阶级斗争的工具"③。"所谓无产阶级思想，就是马克思列宁主义，就是毛泽东思想……我们报纸的指导思想，只能是马克思主列宁主义，只能是毛泽东思想。我们必须把毛泽东思想看作是我们报纸的政治生命。"④"我们报纸首先是一张思想报"，就是说，"我们的报纸必须通过一切途径和办法，加强毛泽东思想的宣传。"⑤

20 世纪 60 年代初期的"全党办报"依然强调"不懈地进行两条路线的斗争"⑥。在这种斗争中，必须清除"专家"办报的思想障碍。那种主张办好报纸主要依靠记者或少数知识分子的观点，被看作是资产阶级新闻观点。"只有树立政治家办报的思想，依靠党委，依靠党委领导下的通讯组织，依靠工农群众，才能办好社会主义报纸。"⑦

可见，政治挂帅与两条路线的斗争，是贯穿"全党办报"研究热潮的一条主线。

（二）研究者热衷党报理论的普及，而不是新闻学知识体系的建构

"全党办报"的研究者，积极响应党中央的号召，自觉以其学术研究迎合现实的政治需要，研究热情高涨。从第一书记到党委写作组，从党报工作人员到通讯员，都加入到了研究队伍。他们的研究，或者注重全党办报实践经验的总结，或者注重党中央有关政策与号召的注释与解读，或者重视全党办报意义的阐释，或者进行党报理论的普及。在极左思潮的演进中，不可避免地出现了学术依附政治、盲目跟风等现象。

难能可贵的是，1962 年，李龙牧撰文提出："加强新闻学的理论研

---

① 孙泽夫：《全党办报的新阶段》，《新闻战线》1960 年第 5 期。
② 孙轶青：《学会用毛泽东思想办报》，《新闻业务》1965 年第 4 期。
③ 孙轶青：《学会用毛泽东思想办报》，《新闻业务》1965 年第 4 期。
④ 孙轶青：《学会用毛泽东思想办报》，《新闻业务》1965 年第 4 期。
⑤ 孙轶青：《学会用毛泽东思想办报》，《新闻业务》1965 年第 4 期。
⑥ 孙泽夫：《全党办报的新阶段》，《新闻战线》1960 年第 5 期。
⑦ 《报纸工作要适应全党办报的新形势》，《新闻战线》1960 年第 7 期。

究，把新闻学建立在浓厚的理论基础上，实在是马克思主义新闻学建设中的关键性问题之一。"① 李龙牧指出，近年来，我们在辑录和学习马克思、恩格斯、列宁、斯大林、毛泽东有关新闻学的论述和指示方面上已做了一些工作，取得了一些成绩。新闻学若想有所发展，离不开这些工作。但我们也应看到，这些不是新闻学理论研究的全部内容。"经典作家们在实际斗争中为我们揭示了许多重要的理论原理，但他们究竟不可能事事都给我们准备好完全的答案，更不能把这些答案为我们整理出马克思主义的新闻学科学体系来。"② 李龙牧认为，新闻学理论研究大致包括新闻事业的历史唯物主义的研究、新闻事业的辩证唯物主义认识论的研究、宣传艺术和宣传策略的研究三个方面。

1965 年，沈育也撰文论述马克思主义新闻学的基本观点。沈育通过对新闻事业的性质、新闻事业发展的规律、新闻及新闻的本源、新闻自由四个问题的论述，来分析马克思主义新闻学和资产阶级新闻学的根本分歧；通过对党性和群体性、组织性与原则性、政治和技术、客观性与指导性四个"关系"的辨析，来分析无产阶级新闻事业的根本原则。③

遗憾的是，李龙牧的号召并没有引起广大研究者的充分重视，类似沈育所做的研究也很少见。"全党办报"研究热潮中，党报理论成为备受关注的理论重心，研究者对新闻学知识体系的理论建构没有给予重视。

第四节　"文化大革命"中的新闻学研究

"文化大革命"十年，新闻学术研究完全让位于政治批判，"大批判式"的阶级分析全盘否定了新闻学术规律，新闻学研究在政治高压下偏离了追求真理、揭示规律的学术追求，"新闻无学"说大行其道。

一、"文化大革命"时期新闻学著述形式

"文化大革命"开始后，由于受极"左"思潮影响，许多学者横遭迫害，无法从事正常学术研究。十年间，出版的新闻学著述屈指可数。据《中国新闻学书目大全》统计，1966 年 5 月至 1976 年 10 月，新闻学著述

---

① 李龙牧：《加强新闻学的理论建设》，《新闻业务》1962 年第 6 期。
② 李龙牧：《加强新闻学的理论建设》，《新闻业务》1962 年第 6 期。
③ 参见沈育：《马克思主义新闻学的基本观点》，《江淮学刊》1963 年第 4 期。

一共有 33 种，具体如表 2-1：

表 2-1 "文化大革命"期间的新闻学著述

书　名	编　者	出版单位及出版年月
《把新闻战线的大革命进行到底》	人民出版社编印	人民出版社 1968 年 9 月
《怎样办好农村黑板报》	德惠县达家沟人民公社、吉林师范大学中文系三结合编写组编	吉林人民出版社 1976 年 6 月
《毛主席论报刊宣传工作》	新华日报社编印	1971 年
《新闻理论讲话》	北京市朝阳区工农通讯员、北京大学中文系新闻专业七三级工农兵学员编	1975 年 10 月
《新闻采写漫谈》	南开大学中文系写作教研组编	1976 年
《新闻写作》	内蒙古人民广播电台编	1973 年
《新闻写作》	复旦大学新闻系编印	1975 年 9 月
《新闻写作知识》	新疆日报采编部编	1975 年
《新闻写作》	石家庄日报编印	1976 年
《写广播稿怎样正确运用语言》	北京广播学院新闻系编	《湖北广播》1974 年第 8 期增刊
《怎样写广播稿》	武汉人民广播电台编	1976 年 9 月
《红色新闻特辑》	《新湖南报》编辑部编印	1970 年 6 月
《新闻文选》	北京大学中文系编印	1973 年
《新闻报道学习材料》	沧州地区革委会政治部宣传组选辑	1973 年
《新闻报道文选》	湖北日报编辑部编印	1975 年 1 月
《新闻文选》	天津南开大学编印	1975 年 8 月
《新闻报道好稿评介》	西安日报社编印	1975 年 11 月
《新闻报道汇编》	南方日报社编印	1975 年
《新闻文选及分析》	广西大学中文系新闻专业教研室编印	1976 年 4 月

书　名	编　者	出版单位及出版年月
《新闻作品试析》	北京军区政治部战友报社编印	1976 年
《典型报道文选》	解放军报社编印	1976 年
《新闻选读》	郑州大学中文系编印	1976 年
《通讯报道文选》	解放军报社编印	1970 年
《广播稿选》上、下册	复旦大学新闻系编印	1976 年
《读报与评报》（新闻学教材之一）	复旦大学新闻系编印	1974 年 7 月
《读报常识》	复旦大学新闻系编	1973 年
《亚非新闻工作者协会书记处第五次全会文件集》	亚非新闻工作者协会书记处编印	1967 年
《报纸工作经验汇编》	中共河北省委宣传部编印	1966 年
《批判林彪修正主义新闻路线》	长江日报社编印	1975 年
《沿着毛主席无产阶级新闻路线奋勇前进：全省通讯报道工作会议典型材料汇编》	江西日报社革命委员会编	1970 年 5 月
《全国农村有线广播网宣传工作经验交流座谈会材料选编》	中央广播事业局地方广播处编印	1975 年 8 月
《新闻学习小辞典》	西藏日报社编	1975 年 8 月
《新闻学小辞典》	复旦大学新闻系编	广西日报编辑部 1976 年 1 月

　　由表 2 - 1 可见，"文化大革命"十年间的新闻学著述，基本上都是新闻业务单位内部编印的业务小册子。公开出版的只有两本小册子，一本是《把新闻战线的大革命进行到底》，一本是吉林人民出版社出版的《怎样办好黑板报》。这一时期唯一的一本新闻理论著作《新闻理论讲话》，也没能由出版社公开出版，其内容重点讲解革命导师的办报活动和

新闻战线的两条路线斗争，并不注重基本理论的阐发。

这一时期，新闻学著述形式主要不是著作，而是在《人民日报》《解放军报》《红旗》杂志以及各种小报刊载的社论与大批判文章，论及甚至曲解一些新闻理论，主要有：人民日报、红旗杂志、解放军报编辑部的《把新闻战线的大革命进行到底——批判中国赫鲁晓夫反革命修正主义的新闻路线》（《人民日报》1968 年 9 月 1 日），革联摄影部分会驱虎豹战斗队的《刘少奇修正主义新闻纲领十大罪状》（《新闻战报》1967 年第 1 期），首都红代会人大三红新闻兵团的《刘少奇在我国新闻界三次进行反革命夺权罪恶滔天》（《人大三红》1967 年 5 月 11 日），闻洪宾的《把中国赫鲁晓夫的资产阶级新闻纲领拿来示众——批判大毒草〈对华北记者团的讲话〉》（《人民日报》1967 年 8 月 24 日），吴冷西的《刘少奇对〈人民日报〉、新华社的指示——我的初步检讨》（《红色新华》1968 年第 43 期），中国人民解放军政治学院的《社会主义新闻事业是无产阶级专政的工具——彻底批判中国赫鲁晓的反革命修正主义新闻观点》（《光明日报》1968 年 9 月 4 日），姚文元的《工人阶级必须占领上层建筑的各个领域》（《红旗》1968 年第 2 期），人民日报工人通讯员的《无产阶级报纸必须为工农兵服务》（《人民日报》1968 年 9 月 5 日），吉扬文的《革命舆论的战斗力量》（《红旗》1969 年第 2 期），安学江的《用革命舆论粉碎反革命舆论》（《人民日报》1969 年 6 月 19 日），安江的《思想战线上的新事物》（《红旗》1970 年第 7 期），江虹的《加强新闻报道队伍的思想建设》（《红旗》1971 年第 2 期），等等。

二、“文化大革命”时期新闻学术研究的主要内容

“文化大革命”十年，备受摧残的新闻学术研究，主要有如下内容：

（一）新闻事业的阶级属性

在“文化大革命”期间，新闻事业的阶级属性被突出强调：“新闻事业是阶级斗争的工具。无产阶级的新闻事业，是无产阶级专政的重要组成部分。长期以来，在新闻战线上存在着毛主席的无产阶级新闻路线同中国赫鲁晓夫的反革命修正主义新闻路线的激烈斗争，存在着无产阶级同资产阶级争夺新闻阵地领导权的生死搏斗。”[1] “在阶级社会中，报纸总

---

[1]　中国人民解放军政治学院：《社会主义新闻事业是无产阶级专政的工具——彻底批判中国赫鲁晓夫的反革命修正主义新闻观点》，《光明日报》1968 年 9 月 4 日第 4 版。

是阶级斗争的工具。世界上决没有什么超阶级的报纸，各个阶级的报纸统统都是为本阶级的利益服务的。我们无产阶级的报纸，就是要为无产阶级政治服务，为工农兵服务，使报纸起到团结人民、教育人民、打击敌人、消灭敌人的巨大作用。"①

1. 兴趣是有阶级性的

"文化大革命"中，新闻的趣味性与指导性被对立起来，新闻的趣味性被看作是资产阶级的。刘少奇曾主张，"资产阶级通讯社能搞得有趣味，难道我们就不能搞得更有趣味吗？"刘少奇因为这一观点被批判为"极力反对新闻的阶级性、指导性，大谈特谈新闻的知识性、趣味性"，"对帝国主义、修正主义国家的黄色新闻津津乐道"②。

刘少奇有关新闻趣味性的论述，被看作是"忘记阶级斗争"。中国赫鲁晓夫的一个"反动的修正主义新闻观点，就是新闻报道的'普遍兴趣'论。他胡说什么'第一条要有普遍兴趣'，'老是政治大问题，听了没有什么味道'……其目的就是要无产阶级按照资产阶级的标准来办新闻，使无产阶级的革命新闻变成资产阶级的黄色新闻。把办好新闻报纸的'第一条'胡说成是什么'兴趣'，真是岂有此理。"③ "新闻要有'普遍兴趣'吗？不通之至。在阶级社会中，兴趣是有阶级性的。兴趣就是人们的爱好……无产阶级和劳动人民的兴趣，同资产阶级和一切剥削阶级的兴趣总是格格不入的。资产阶级所关心的是交易所证券价格的起落，所爱好的狗马声色的玩乐，所拿手的是尔虞我诈的伎俩，所颂扬的是'劳心者治人，劳力者治于人'的'真理'，对于这些，无产阶级和劳动人民是丝毫不感兴趣的……中国赫鲁晓夫并不是真要什么'普遍兴趣'，他要的只不过是资产阶级的'兴趣'而已。"④

2. 读者是划分为阶级的

刘少奇提出的报纸"为读者服务"的观点，受到了激烈批判。"'读

---

①　人民日报工人通讯员：《无产阶级报纸必须为工农兵服务》，《人民日报》1968 年 9 月 5 日第 5 版。

②　革联摄影部分会驱豹战斗队：《刘少奇修正主义新闻纲领十大罪状》，《新闻战报》1967 年第 1 期，转引自丁望编：《中国大陆新闻界文化大革命资料汇编》，香港，香港中文大学出版社 1973 年版，第 4 页。

③　中国人民解放军政治学院：《社会主义新闻事业是无产阶级专政的工具——彻底批判中国赫鲁晓夫的反革命修正主义新闻观点》，《光明日报》1968 年 9 月 4 日第 4 版。

④　中国人民解放军政治学院：《社会主义新闻事业是无产阶级专政的工具——彻底批判中国赫鲁晓夫的反革命修正主义新闻观点》，《光明日报》1968 年 9 月 4 日第 4 版。

者'是划分为阶级的。不同阶级的读者，决没有相同的爱憎。"① "一张报纸，不同的阶级看了就有不同的反应。《人民日报》《红旗》杂志、《解放军报》发表的毛主席关于工人阶级必须领导一切的系列最新指示，不同的阶级就有根本不同的反应。我们工人阶级最忠于毛主席，对毛主席的最新指示，坚决拥护，坚决照办。为了全面落实毛主席的最新指示，我们刀山敢上，火海敢闯。可是，帝国主义、修正主义和各国反动派，以及国内一小撮叛徒、特务、死不悔改的走资派和没有改造好的地、富、反、坏、右分子，他们对毛主席的最新指示吓得胆战心惊，恨得咬牙切齿，于是到处造谣诽谤，挑拨离间，兴风作浪，妄想扭转历史车轮，阻挡社会的前进。你看！这两个阶级的读者爱憎是多么鲜明的不同。同一张报纸哪里能够同时为两个对立的阶级服务呢？中国赫鲁晓夫所谓的'为读者服务'，'为看报的人服务'，只不过是一层纸糊的伪装，一捅就破！中国赫鲁晓夫的'读者'，就是帝国主义、修正主义和没有改造好的地、富、反、坏、右分子。"②

3. 客观、真实、公正报道是资产阶级新闻观

刘少奇曾提出："外国记者强调他们的新闻报道是客观的、真实的、公正的报道……我们如果不敢强调客观的、真实的报道，只强调立场，那么，我们的报道就有主观主义，有片面性。"③刘少奇因此被批判为"十足的洋奴，对外国资产阶级记者佩服得五体投地"④。批判者声称："新闻是有阶级性的，党派性的，超阶级的'客观的报道'是没有的。资产阶级报纸为了欺骗人民，维持本阶级的罪恶统治，一贯颠倒是非，混淆黑白，对客观事实任意歪曲，对革命人民横加诬蔑，哪有什么'客观''真实''公正'可言！那些'客观''真实''公正'之类动听的言词，不过是用来掩盖它们为资产阶级服务、维护资产阶级利益的几片肮脏的

---

① 《人民日报》《红旗》杂志《解放军报》编辑部：《把新闻战线的大革命进行到底——批判中国赫鲁晓夫反革命修正主义的新闻路线》，《人民日报》1968 年 9 月 1 日第 1 版转第 2 版。

② 人民日报工人通讯员：《无产阶级报纸必须为工农兵服务》，《人民日报》1968 年 9 月 5 日第 5 版。

③ 《人民日报》《红旗》杂志《解放军报》编辑部：《把新闻战线的大革命进行到底——批判中国赫鲁晓夫反革命修正主义的新闻路线》，《人民日报》1968 年 9 月 1 日第 1 版转第 2 版。

④ 《人民日报》《红旗》杂志《解放军报》编辑部：《把新闻战线的大革命进行到底——批判中国赫鲁晓夫反革命修正主义的新闻路线》，《人民日报》1968 年 9 月 1 日第 1 版转第 2 版。

遮羞布！"①

（二）群众办报与专家办报

群众办报是中国无产阶级新闻事业的一个优良传统。在"文化大革命"期间，人们把群众办报与专家办报对立起来，在大力批判专家办报过程中，倡导群众办报："毛主席的办报方针是群众办报的方针，这是一条马克思列宁主义的办报路线。而刘少奇公然提出了一条少数人办报、专家办报的资产阶级路线，来与之相对抗。刘少奇眼中没有群众，而只有少数资产阶级的'专家'。他不是发动广大干部群众起来办通讯社，而是热衷于四处抽'专家'，靠'专家''名记者'办社……在派出国外的记者中，他看中的也是少数'专家'和'名记者'。在雇用外国人工作的问题上，他是推行了一条赤裸裸的专家办报和物质刺激的路线。"②

专家办报具有十恶不赦的罪名："中国赫鲁晓夫及其在新闻界的代理人邓拓、吴冷西之流，疯狂地抵制毛主席的无产阶级办报路线，推行了一条'专家办报''关门办报'的修正主义新闻路线。他们的所谓'专家办报'，就是依靠那些叛徒、特务、汉奸、反动文人、反动学术'权威'办报，把无产阶级报纸这个重要宣传阵地拱手让给他们，让他们进行反党、反社会主义、反毛泽东思想的罪恶勾当。"③

（三）革命舆论的战斗作用

"文化大革命"的发动，得益于大造革命舆论。对革命舆论的研究，是"文化大革命"时期新闻学研究的另一重点。

1. 革命舆论的作用

"文化大革命"期间，大造革命舆论是在响应毛泽东的号召，也是在宣传毛泽东思想："伟大领袖毛主席深刻地教导我们：'历史的经验值得注意。一个路线，一种观点，要经常讲，反复讲。只给少数人讲不行，要使广大革命群众都知道。'学习毛主席的这一最新指示，使我们深刻地

---

① 《人民日报》《红旗》杂志《解放军报》编辑部：《把新闻战线的大革命进行到底——批判中国赫鲁晓夫反革命修正主义的新闻路线》，《人民日报》1968年9月1日第1版转第2版。

② 革联摄影部分会驱虎豹战斗队：《刘少奇修正主义新闻纲领十大罪状》，《新闻战报》1967年第1期，转引自丁望编：《中国大陆新闻界文化大革命资料汇编》，香港，香港中文大学出版社1973年版，第2页。

③ 人民日报工人通讯员：《工农兵是新闻战线上的主力军》，《人民日报》1968年9月5日第5版。

认识到大造革命舆论，充分发挥革命舆论的巨大的战斗力量，是多么必要。"①

毛泽东有关舆论作用的论述成为最权威的价值标尺："我们伟大领袖毛主席高度重视革命舆论的政治作用，不仅在理论上作了一系列精辟天才的阐述，而且在伟大的革命实践中为我们树立了最光辉的典范。毛主席教导我们说：'凡是要推翻一个政权，总要先造成舆论，总要先做意识形态方面的工作。革命的阶级是这样，反革命的阶级也是这样。'无产阶级和其他劳动人民为了推翻剥削阶级的反动统治，夺取政权，必须大造革命舆论；在夺取政权以后，为了巩固无产阶级专政，防止资本主义复辟，同样必须掌好舆论大权，充分利用舆论工具，大造革命舆论。革命舆论工作是革命总战线中一条重要的战线。没有革命的舆论便没有革命，便不能夺取政权、巩固和发展政权。这是一条阶级斗争的重要历史定律，古今中外，概莫能外。"② 革命舆论的巨大作用是巩固政权与发展政权。

对舆论战斗作用的突出强调，源于对阶级斗争形势的估计。"在无产阶级专政下，革命的舆论工作比以往任何革命时期都更加重要。这是因为，无产阶级专政的建立，并不是阶级斗争的结束，而是阶级斗争在新形势下的继续。无产阶级和资产阶级之间的阶级斗争，特别是在意识形态领域里的阶级斗争，无时无刻不在尖锐地进行着。这种没有枪炮声的激烈斗争，就其长期性、复杂性、深刻性说来，远远超过了无产阶级夺取政权以前的斗争。斗争的焦点，仍然是政权问题。"③ 对阶级斗争扩大化的错误估计，使舆论的革命作用片面突出。

2. 革命舆论的本质

大造革命舆论的实质，"就是大力宣传马克思主义、列宁主义、毛泽东思想，宣传毛主席的无产阶级革命路线，使毛主席的每一个指示，无产阶级司令部的每一个战斗号令，在广大革命群众中得到迅速的传播"④。

对于大造革命舆论的认识，必须上升到两条路线斗争的高度。"对大造革命舆论的态度，实际上，就是对待宣传毛泽东思想的态度，对待宣传毛主席革命路线的态度。革命舆论工作做得好不好，是衡量我们两条路线斗争觉悟高不高的一个重要标志。"⑤ "舆论工作就是打笔墨官司、可

①　吉扬文：《革命舆论的战斗力量》，《红旗》1969 年第 2 期。
②　吉扬文：《革命舆论的战斗力量》，《红旗》1969 年第 2 期。
③　安学江：《用革命舆论粉碎反革命舆论》，《人民日报》1969 年 6 月 19 日第 2 版。
④　吉扬文：《革命舆论的战斗力量》，《红旗》1969 年第 2 期。
⑤　吉扬文：《革命舆论的战斗力量》，《红旗》1969 年第 2 期。

有可无吗？不。'笔墨官司'，就是思想斗争，就是造舆论。反动的资产阶级思想占领的阵地，必须也只能用无产阶级的思想去进攻，去摧毁，去占领。一个革命战士，应该既能拿枪，又能拿笔，既能武战，又能文攻，武来武去，文来文去，这才能捍卫毛主席无产阶级革命路线，捍卫无产阶级专政。我们革命战士决不能轻视笔杆子的作用。"①

3. 大造革命舆论的方法

大造革命舆论的基本方法是大批判。"革命舆论的本质是批判，是斗争。大造革命舆论，必须批判反革命修正主义，批判形形色色的资产阶级思潮。在革命大批判中，我们就是以战无不胜的毛泽东思想为武器，大破叛徒、内奸、工贼刘少奇的反革命修正主义思想，使毛泽东思想得到空前的大普及。今后，我们还要用毛泽东思想同修正主义、同右的或形'左'实右的错误思想作斗争。只有开展革命大批判，才能使革命舆论充分发挥它的战斗作用。"②

大造革命舆论，"必须及时。这就是要快，要争取时间。战斗任务一下来，要雷厉风行，闻风而动，说干就干。阶级敌人的反革命舆论一出笼，就马上反驳它、摧毁它。只有这样，我们才能赢得斗争的主动权，才能最大限度地缩小反革命舆论的市场，才能迅速地粉碎反革命舆论。要及时就必须紧跟毛主席的伟大战略部署"③。

大造革命舆论，"必须针锋相对，有的放矢，鲜明尖锐，毫不含糊。这样，我们的革命舆论才能充分发挥战斗作用，打中敌人的要害，有效地戳穿敌人的流言，调动浩浩荡荡的革命大军共同对敌。要使革命舆论具有鲜明的针对性，就必须不断地用毛泽东思想武装我们的头脑，提高我们的辨别能力，密切注意阶级斗争的新动向、新特点，认真进行研究分析，从中找出规律性的东西"④。"针锋相对并不是被动应战，而是要主动进攻。阶级敌人反扑时我们要迎头痛击，他们'装死躺下'时，我们还是要大造革命舆论进行揭露，唤起群众把他们揪出来。总之，只要我们经常研究阶级敌人的新动向，掌握其活动的规律性，既看到他们当前使用的伎俩，又要分析他们下一步可能施展的花招。这样，我们就能够稳操对敌斗争的主动权，先发制人，克敌制胜。"⑤

---

① 吉扬文：《革命舆论的战斗力量》，《红旗》1969 年第 2 期。
② 吉扬文：《革命舆论的战斗力量》，《红旗》1969 年第 2 期。
③ 安学江：《用革命舆论粉碎反革命舆论》，《人民日报》1969 年 6 月 19 日第 2 版。
④ 安学江：《用革命舆论粉碎反革命舆论》，《人民日报》1969 年 6 月 19 日第 2 版。
⑤ 安学江：《用革命舆论粉碎反革命舆论》，《人民日报》1969 年 6 月 19 日第 2 版。

大造革命舆论，必须"反复宣传，不断夺取新的胜利。革命舆论必须经常造、反复造。这是由于政治思想领域内阶级斗争的长期性、反复性、复杂性所决定的"①。"当然，经常地、反复地大造革命舆论，不是简单的重复，而是不断根据斗争形势赋予新的宣传内容。"②

大造革命舆论，必须"充分依靠群众，发动群众。这就是要使广大革命群众都成为毛泽东思想宣传员，成为大造革命舆论的宣传家；同时还要利用各种舆论工具，协同作战。这样才能使革命舆论造得轰轰烈烈，铺天盖地，占领一切舆论阵地，形成舆论战线上的'人民战争'，使敌人陷于灭顶之灾"③。

三、"文化大革命"时期新闻学术研究的主要特点

（一）大批判成为主要著述形式，新闻学术研究让位于政治批判

这一时期的新闻学研究者，不是为学问而学问，其著述目的是为了大批特批所谓资产阶级新闻观点，各种社论就是批判的重要手段。大批判过程中，扣帽子、打棍子成为普遍现象，刘少奇被称作中国的赫鲁晓夫，他的观点被称作"反革命修正主义的新闻路线"④，赞同刘少奇观点的吴冷西、朱穆之等人，被称作是"正是在刘少奇的黑指示下"，"秉承其主子的旨意，极力抵制宣传毛泽东思想，使新华社走了一条修正主义的道路"。⑤

在大批判过程中，两条路线的斗争成为唯一的价值标尺："现在，报纸的大权已经掌握在无产阶级革命派手中，但是，两个阶级、两条道路、两条路线的斗争并没有结束，复辟和反复辟的斗争还是长期的、尖锐的、复杂的。"⑥ 在这一过程中，虽然论及新闻事业的性质、客观真实报道、群众办报、舆论的作用等基本学理问题，但大批判式的阶级分析，全盘否定了新闻学术规律，新闻学术研究完全让位于政治批判。新闻学术研

---

① 安学江：《用革命舆论粉碎反革命舆论》，《人民日报》1969 年 6 月 19 日第 2 版。

② 安学江：《用革命舆论粉碎反革命舆论》，《人民日报》1969 年 6 月 19 日第 2 版。

③ 安学江：《用革命舆论粉碎反革命舆论》，《人民日报》1969 年 6 月 19 日第 2 版。

④ 《人民日报》《红旗》杂志《解放军报》编辑部：《把新闻战线的大革命进行到底——批判中国赫鲁晓夫反革命修正主义的新闻路线》，《人民日报》1968 年 9 月 1 日第 1 版转第 2 版。

⑤ 革联摄影部分会驱豹战斗队：《刘少奇修正主义新闻纲领十大罪状》，《新闻战报》1967 年第 1 期，转引自丁望编：《中国大陆新闻界文化大革命资料汇编》，香港，香港中文大学出版社 1973 年版，第 2 页。

⑥ 新华社驻西宁记者：《把报纸办成宣传毛泽东思想的坚强阵地》，《光明日报》1967 年 6 月 12 日第 2 版。

究在政治高压下偏离了追求真理、揭示规律的学术追求与价值取向。

（二）非此即彼的线性思维方式

在大批特批所谓资产阶级新闻观点过程中，批判者采用的是非此即彼的线性思维方式。有关"百家争鸣"的认识，批判者这样说："所谓'百家'，实为两家，无产阶级和资产阶级各一家。一张报纸的政治倾向，归根到底，不是无产阶级的意见，就是资产阶级的意见；不是宣传马克思列宁主义、毛泽东思想，就是宣传资产阶级、修正主义的思想。"[①] 批判者认为，资产阶级与无产阶级之间是水火不容的："有了资产阶级的地位，就没有无产阶级的地位；有了资本主义的地位，就没有社会主义的地位。"[②] 如果进行"是就是，非就非，好就好，坏就坏"的实事求是的报道，那就是"为实行资本主义鸣锣开道[③]。

（三）理论阐释就是为毛主席语录做注释

在大批判过程中，毛泽东的部分新闻思想被奉为金科玉律。在论述新闻事业的阶级属性、群众办报、舆论的革命作用等新闻思想过程中，反复引证的是毛泽东的论断。但在引证过程中，采取的是断章取义和为我所用的取舍方式，学术研究缺乏应有的科学精神与严谨态度。

第五节　政治运动之学的主要特征

从反右派斗争至"文化大革命"结束，政治运动本位新闻学研究范式日渐形成，具体特征如下：

一、新闻学是政治运动的工具

新闻学是一门政治性很强的学科，学术研究更难处理好述学与论政

---

① 《人民日报》《红旗》杂志《解放军报》编辑部：《把新闻战线的大革命进行到底——批判中国赫鲁晓夫反革命修正主义的新闻路线》，《人民日报》1968年9月1日第1版转第2版。

② 《人民日报》《红旗》杂志《解放军报》编辑部：《把新闻战线的大革命进行到底——批判中国赫鲁晓夫反革命修正主义的新闻路线》，《人民日报》1968年9月1日第1版转第2版。

③ 《人民日报》《红旗》杂志《解放军报》编辑部：《把新闻战线的大革命进行到底——批判中国赫鲁晓夫反革命修正主义的新闻路线》，《人民日报》1968年9月1日第1版转第2版。

的关系。从反右派斗争至"文化大革命"结束的新闻学研究，始终贯穿着"灭资兴无"的斗争: 反右派斗争中围绕首都新闻工作者座谈会展开的论争，把一些善意的建言当作是资产阶级新闻观点进行批判; 中国人民大学新闻系的学术批判运动，是以揭批资产阶级新闻观点为目的;"全党办报"研究热潮，将两条路线的斗争作为价值评判标准;"文化大革命"则将无产阶级与资产阶级的斗争看作是你死我活的殊死搏斗。在这一过程中，新闻学日益成为政治运动的工具与大批判的手段。新闻学术研究不仅让位于政治批判，甚至被政治批判所取代，新闻学术话语被政治话语所消融。当人们以政治运动的方式来解决学术问题时，新闻学术研究难免缺失应有的平和与冷静。

二、新闻学不是科学的知识体系

当新闻学作为政治运动工具而被使用时，就很难将其作为一门科学的知识体系来进行探讨。纵观政治运动本位新闻学的研究成果，我们不难发现，最丰富的内容是阶级斗争学说在新闻工作中的具体体现与运用，而新闻学基础理论建设则明显薄弱。1957 年整风时期召开的第一次首都新闻工作者座谈会上，虽然提出了一些基础新闻理论问题，但反击右派的斗争开始后，这些理论遭到了严厉的政治批判。"全党办报"的研究热潮，更多关注"全党办报"、群众办报过程中两条路线的斗争，而不是关注"全党办报"过程所体现的新闻活动与新闻事业发展的自身规律。中国人民大学新闻系的学术批判运动中，也论及一些新闻理论问题，但无一例外地难逃批判的厄运。至于"文化大革命"，大批判的社论完全取代了正常的学术研究。当新闻学者一次又一次被卷入大批判式的政治旋涡时，无论是主动放弃抑或被动剥夺正常的学术研究活动，新闻学基础理论的建设都受到严重的冲击。

在这一时期，最具备"知识体系"特征的是两份新闻学原理大纲，我们从中可见一斑。

1960 年，复旦大学新闻系李龙牧主持编写《马克思主义新闻学原理大纲》。大纲共 9 章 33 节，具体内容如下:

一、绪论
二、资产阶级新闻事业和无产阶级新闻事业
三、无产阶级新闻事业的党性原则
四、无产阶级新闻事业在争取解放斗争中的任务和作用
五、无产阶级专政和社会主义建设时期新闻事业的任务和作用

六、新闻事业的国际问题宣传与国际宣传斗争

七、全党办报——无产阶级新闻事业的根本方针

八、政治家办报

九、新闻工作中的内容与形式问题

1964 年 9 月，中国人民大学新闻系甘惜分编写《新闻学理论基础》教学大纲，分上下两篇共八章，具体内容如下：

上篇　无产阶级和新闻事业

　　第一章　无产阶级新闻事业的性质和作用

　　第二章　新闻事业在无产阶级专政时期的历史任务

　　第三章　在新闻事业性质问题上的原则争论

　　第四章　掌握新闻事业的特性

　　第五章　无产阶级专政与新闻自由

下篇　无产阶级新闻事业的党性原则

　　第六章　党报和群众报的统一

　　第七章　真实地反映现实

　　第八章　绝对服从党的领导

可见，两份新闻学原理大纲都突出无产阶级新闻事业的阶级性和党性，而对新闻与新闻传播自身的规律，对新闻学基本概念的探讨则明显忽视。即使其自成体系，也只是以阶级斗争学说为核心的知识体系，而不是系统的科学的新闻学知识体系。

三、虚无主义的态度

从反右派斗争至"文化大革命"结束，贯穿历次新闻学术运动的一个主线是新闻及新闻事业阶级斗争工具性的理论论证。姓"资"姓"社"的阶级立场的区分，成为新闻学术研究的核心内容，也是新闻学者的主要甚至是唯一价值评判标尺。领袖语录演绎法与现实政策注释法不仅被加以运用，而且以断章取义的方式被推向极端。甚至领袖的范围也越来越小，"文化大革命"中，马克思、恩格斯、列宁、斯大林也不在引证范围之内，领袖语录几乎成为毛泽东一人的语录，毛泽东有关阶级斗争的论述，成为新闻学的全部。

在政治运动中，研究者在姓"资"与姓"社"、"革命"与"反革命"的二元对立非此即彼的思维模式下，既没有批判继承民国时期我们已经形成的新闻观点，也没有积极吸取西方新闻学说的合理内核。在姓"资"姓"社"的你死我活的斗争中，研究者错把正常的观点或理论当作

"资本主义"的、"修正主义"的、"反革命"的思想加以政治大批判，误把全盘抛弃等同于"革命"。其实，无论是对待传统新闻观念，还是对待外来新闻理论，研究者都采取了虚无主义态度。这种态度严重妨碍了这一时期新闻学基础理论的建设与发展。

第六节　政治运动之学的成因

一、新闻学术研究缺乏制度保障

1957～1976 年，一次次政治运动演化的过程，是极左思潮的演进过程，也是新闻学术制度屡遭破坏的过程。

（一）新闻教育停滞

1956 年在新闻改革的推动下，王中带领复旦大学新闻系开始了新闻学理论创新，也开始了新闻业务课程的改革过程，其《新闻学原理大纲》就是杰出的成果。1957 年反右派斗争开始后，王中却因此成为新闻界的最大右派。当复旦大学新闻系师生采用大会与小会相结合的形式狠批王中的"反党""反社会主义"思想时，复旦大学新闻系的教育改革就此中断，活跃的学术氛围也遭到破坏。当批判者以无限上纲上线的形式给王中等人扣上一顶顶政治大帽子时，王中等人失去了辩解与说理的机会。1956 年中国新闻改革带来的宽松学术氛围自然消失殆尽。

大跃进运动中，新闻教育事业有所调整与发展。1958 年 6 月，北京大学中文系新闻专业合并到中国人民大学新闻系。同年，该系举办了一期一年制的培训县报工作人员的专修班，还举办了三届两年制的新闻在职干部专修科。1961 年以后，招生对象以应届高中毕业生为主。1958 年，北京广播专科学校成立，1959 年改名为北京广播学院。1961 年，复旦大学新闻系招收两名新闻史专业的研究生。新中国 17 年间，复旦大学是中国唯一培养过新闻研究生的教育机构。此外，杭州大学新闻系、江西大学新闻系、南京大学中文系新闻专修科、西安政法学院新闻专业等于 1958 年创办。吉林大学中文系新闻专业、广州暨南大学中文系新闻专业、天津师范学院中文系新闻专业班、山东大学中文系新闻专修科、江苏省新闻专科学校等于 1960 年创办。

1958 年中华全国新闻工作者协会举办了各类新闻讲座，有的分会和报社还创办了一批新闻红专大学，如《山西日报》与《山西农民报》创办的新闻红专大学，中国记协安徽分会与《甘肃日报》主办的新闻夜大学，《河北日报》主办的新闻大学等，主要培训在职新闻干部。

但是，问题也随之而来。在大跃进形势下创办的一些新闻教育机构，师资力量不足，条件较差。1961～1963 年间，中国国民经济实行调整方针，许多新闻教育机构纷纷停办或停止招生。一直招生的新闻教育机构主要有中国人民大学新闻系、复旦大学新闻系和北京广播学院。

1966 年"文化大革命"发生后，学校普遍停课"闹革命"，各新闻教育机构也纷纷停课，甚至停止招生，新闻教育遭到前所未有的破坏。1969 年 3 月 29 日，《人民日报》发表文章《我们主张彻底革命》，指出："新闻系，根本培养不出革命的新闻工作者，可以不办。"① 复旦大学新闻系停办。复旦大学开办"五七文科班"，代替了文科各个专业。1971 年，中国人民大学新闻系因中国人民大学被撤销而被撤销，新闻系大部分教师在"五七"干校劳动。北京广播学院也在"文化大革命"初期被撤销。

1971 年 9 月，北京大学中文系新闻专业得以恢复。1971 年年底，复旦大学新闻系招收第一批工农兵学员。此后，一些新闻教育机构得以复办和新办。1972 年，广西大学中文系新闻专业成立。1972 年，天津师范学院中文系新闻专修班招收工农兵学员。1973 年，北京广播学院经国务院批准复校，1974 年开始招生。1974 年，江西大学中文系开办新闻干部进修班。1976 年，郑州大学中文系开始试办新闻专业班。

"文化大革命"期间的新闻教育机构数量不多。而且，各高等院校新闻系（专业）先是停止招生，后又大搞"开门办学""上、管、改"（工农兵大学生上大学、管大学、改造大学），大批"师道尊严"，教学秩序混乱，教学质量很差。

（二）新闻学术刊物停刊

在政治运动中，作为新闻学术交流重要平台的新闻学术刊物，遭到破坏。

1956 年 9 月，中国人民大学新闻系创办教学实习报纸《新闻与出版》，主要发表新闻出版方面的报道和评论，出版至 30 号，于 1957 年年底停刊。

---

① 方汉奇主编：《中国新闻事业通史》第 3 卷，北京，中国人民大学出版社 1999 年版，第 406 页。

1956 年，复旦大学新闻系创办以介绍外国新闻学为主的《新闻学译丛》，1957 年反右派斗争开展后被迫停刊，只出版 5 期。

1956 年 10 月，新华社主办《新闻业务》①，是最早创办的全国性新闻知识刊物，出版至 1960 年 6 月休刊。同年 8 月，《新闻业务》与《新闻战线》合并，仍用《新闻业务》刊名，由中华全国新闻工作者协会、人民日报社、新华社三家联合主办。它是"文化大革命"前最有影响的一个新闻专业刊物。1966 年 6 月，因"文化大革命"开始而停刊。

《新闻战线》创刊于 1957 年 12 月，前两期以"中华全国新闻工作者协会"的名义出版，编辑部和办公地点设在人民日报社，实际编辑工作由人民日报社负责。从第 3 期开始改由人民日报社出版。杂志初创为双月刊，1958 年 1 月变为月刊，当年 10 月改为半月刊。1960 年 8 月与《新闻业务》合并，于"文化大革命"期间停刊。

1959 年 1 月，山西省新闻工作者协会创办《新闻战士》（后改名为《新闻采编》），于 1961 年 1 月停刊。

1961 年 4 月，中国人民大学新闻系的"内部教学参考资料"《国际新闻界简报》创刊，主要刊载国际新闻界的动态和有关资料，截至 1965 年 12 月共出版 24 期，停刊。

这一时期的新闻学术刊物数量很少，而且发行时间不长，但在当时的特殊历史情境下，仍不失为重要的学术交流平台与新闻学术发展的重要推动力量。遗憾的是"文化大革命"开始后，这些刊物相继停刊，整个"文化大革命"期间，新闻专业期刊的园地一片荒芜。

（三）新闻学术研究中止

大跃进运动，掀起新闻学者的学术热情，他们撰写了一系列教材。中国人民大学出版了内部铅印教材《中国现代报刊史讲义》，此外还编印有《报纸编辑讲义》《新闻采访讲义》等教材。该系还编辑了《马克思恩格斯论报刊》《列宁论报刊》《中国报刊工作文集》等新闻学教学参考资料。复旦大学新闻系编辑有《中国报刊研究文集》《中国报刊评论文选》《中国报刊通讯报告选》等教学参考资料。北京广播学院编辑《中国新闻广播文集》《广播稿选》等。

此外，中共中央马恩列斯著作编译局研究室编著《五四时期期刊介绍》。山西省新闻工作者协会于 1961 年编辑《省委书记论报刊》，新华社

———————
① 1951 年新华社创办内部刊物《新闻业务》。

于 1964 年编印《我们的经验》。

这一时期由于极左思潮的影响，新闻研究难免带有时代印迹。其中一点就是把"报纸是阶级斗争工具"的观点绝对化，而把正确的观点作为"现代修正主义和现代资产阶级新闻观点"加以批判。1960 年中国人民大学新闻系的新闻学术批判运动是典型一例。

"文化大革命"中，许多新闻学者横遭迫害，大量的宝贵的新闻学术资料被毁，新闻研究机构和新闻学会，如中华全国新闻工作者协会与各地的新闻工作者协会，纷纷被迫停止活动或解散。新闻学术研究因缺乏基本的保障而备受摧残。

二、新闻学者被迫放弃学术理想

新中国第一代新闻学者在新中国成立初期那个泛革命化的年代，自觉加入革命化的学术研究队伍。经历 1956 年的新闻改革之后，中国新闻学人的学术良知或被唤醒或被激活，从而在 1957 年的开门整风运动中，展现了新中国成立以来少有的学术批判精神与学术热情。然而，随之而来的政治风雨，硬生生扼杀了这种学术良知与学术理性。

1957 年召开的两次首都新闻工作者座谈会，是以党的开门整风和反右派斗争为背景的。由于党中央错误地估计国内国际斗争形势，错把人民内部矛盾看成是敌我矛盾，错将 50 多万满腔热忱的知识分子划成右派。新闻界中被划成右派的王中、张友鸾、顾执中等人，恰恰是当时最富有新闻学术理想最富有学术创造力的新闻学者。反右派斗争给新闻学术研究带来不可估量的损失。1960 年开始的中国人民大学新闻系学术批判活动，又是通过政治运动方式进行的。甘惜分与王中是同样来自解放区的新闻工作者，1957 年甘惜分还曾经参与"棒杀"王中的过程，这一次却同样被扣上了政治帽子。"文化大革命"中，大批判完全取代正常的学术研究活动。

这样，在一次又一次的政治运动中，新闻学者被迫融入现实的政治斗争。研究者以政治取向作为新闻学术价值评判标准，不再关注甚至无暇顾及新闻学自身的理论问题，新闻是什么，新闻事业是什么，远没有新闻及新闻事业的阶级斗争工具属性的论证来得更现实。那些敢于关注新闻自身内在规律的研究者，也会被一顶顶沉重的政治大帽子逼压得长时间停止正常的学术活动，王中就是一个典型。

建国初期本已习惯于站在革命阶级立场来评判一切学术的知识分子，历经多次政治运动洗礼后，学术良知与学术理性被硬生生扼杀。众多研究者屈服于现实政治危压，对持不同学术观点者进行违背良知的群体政治批判。正如 20 世纪 80 年中后期，有研究者所反思的："如果写一部建国以来新闻学研究的历史，无论作者多么强调新闻学术的特点，恐怕前四分之三不能不写成政治或政治运动的历史，后四分之一在一定程度上也有点像政治史，一条明显的线索贯穿在整个新闻学中：新闻学与政治合二而一。"① 这种状况必然带来严重的后果："新闻学研究的是非优劣，不是取决于谁掌握更多的科学真理，而是取决于谁在政治上处于更有利的地位，学者们无形中养成了一种一切以政治风向而不是以科学真理为判断标准的思维定式。"② 这一状况，也必然严重影响这一时期新闻学术研究前进的脚步。

---

① 陈力丹：《新闻学：从传统意识到现代意识》，《新闻学刊》1988 年第 6 期。
② 王亦高：《试论上世纪 80 年代我国新闻学研究中逻辑思维的缺失》，《国际新闻界》2008 年第 3 期。

第三章　新闻事业之学：1977～1990 年的新闻学研究

1977～1990 年间，经历拨乱反正后，新闻学术研究得以恢复并发展起来。在理论新闻学研究中，新闻学者把包括报刊、广播、电视在内的整个新闻事业作为理论重心，积极探索新闻事业发展的特性、功能与共通规律；在新闻史学领域，新闻学者对中国"新闻事业"的发展历程进行政治化、革命化、阶级化研究与再现；在应用新闻学领域，新闻业务观念开始由宣传本位转向新闻本位。这一时期的新闻学术研究，逐渐由直观的素朴的现象总结转入对新闻学科内在特性和规律的探索。然而，由于历史与现实条件的限制，新闻学者仍承袭党报本位新闻学的传统，即无产阶级政党学说在新闻事业领域的具体运用——社会主义新闻工作的基本原则。这使新闻事业本位新闻学的理论建构未能实现根本突破。

第一节　理论新闻学研究：以新闻事业为重心

1982 年，中国人民大学出版社出版的甘惜分撰写的《新闻理论基础》，是新中国成立后第一部公开出版的新闻学理论教材。此后至 1990 年间，新闻学概论一类的研究成果相继问世，主要有：方言的《新闻初探》（新华出版社 1982 年），张宗厚、陈祖声的《简明新闻学》（人民日报出版社 1983 年），何光先、卢惠民、张宗厚的《新闻学初探》（人民日报出版社 1983 年），戴邦、钱辛波、卢惠民主编的《新闻学基本知识讲座》（人民日报出版社 1984 年），复旦大学新闻系新闻理论教研室编的《新闻学概论》（福建人民出版社 1985 年），余家宏、宁树藩、叶春华的《新闻学基础》（安徽人民出版社 1985 年），成美、童兵主编的《新闻理论简明教程》（中央广播电视大学出版社 1986 年），郑旷主编的《当代新闻学》（长征出版社 1987 年），缪雨的《新闻学通论》（新华出版社 1987 年），何光先的《现代新闻学》（云南教育出版社 1988 年），何崇文的《新

闻学基础》（西南师范大学出版社 1988 年），刘卫东的《信息论与新闻》
（北京广播学院出版社 1988 年），王益民的《系统理论新闻学》（华中理工
大学出版社 1989 年），郑保卫的《新闻学导论》（新华出版社 1990 年），杨
思迅的《新闻学教程》（黑龙江教育出版社 1990 年），等等。

　　上述新闻学著述主要围绕新闻、舆论、新闻事业、新闻工作等几个
关键词来展开研究，以新闻事业为新闻学的研究对象，从而构建起"新
闻事业"之学。

一、理论新闻学的逻辑起点：新闻

　　"新闻事业"之学的建构过程中，新闻学者不约而同将关注的目光投
向本学科的最基本概念——新闻，同时将"新闻"作为新闻学研究的逻
辑起点。

　　《新闻理论基础》指出："新闻，这是新闻事业的基本因素。没有新
闻，也就没有了新闻事业……新闻是新闻事业的细胞，新闻事业的一切
工作都是围绕着新闻而进行的。所以，研究新闻学必须从研究新闻开
始。"[1] 为此，《新闻理论基础》的第一章专门研究"什么是新闻""新闻
的起源""新闻机构发布的新闻""事实——新闻报道者——新闻接受者
的关系""新闻的定义"。

　　《简明新闻学》指出，"新闻是报纸、广播、电视的主体，是人们进
行信息交流和传播的重要手段，是新闻学的基本研究对象，因此，研究
新闻学不能不从新闻开始"[2]。全书共设五章，第二章专门论述"新闻"。

　　余家宏等的《新闻学基础》用三节的篇幅分别研究"新闻活动是人
类社会活动的普遍现象""新闻是新近发生事实的报道""新闻事业产生
于社会需要"[3]。

　　《新闻学概论》认为，"新闻活动是一种普遍的社会现象"[4]，其第一
章就是"新闻活动是人类社会生活发展的需要"。

　　《新闻理论简明教程》的第二章专门研究"新闻"，论述"信息和新
闻""新闻的定义""事实——新闻报道者——新闻接受者之间的关系"

---

　　① 甘惜分：《新闻理论基础》，北京，中国人民大学出版社 1982 年版，第 23 页。
　　② 张宗厚、陈祖声：《简明新闻学》，北京，人民日报出版社 1983 年版，第 12 页。
　　③ 余家宏、宁树藩、叶春华：《新闻学基础》，合肥，安徽人民出版社 1985 年版，第 3～
9 页。
　　④ 复旦大学新闻系新闻理论教研室：《新闻学概论》，福州，福建人民出版社 1985 年版，
第 1 页。

"新闻价值"等问题①。

《新闻学通论》的第一章论述"什么是新闻",研究"新闻属于意识形态""新闻的基本特性""新闻定义问题"②。

何崇文的《新闻学基础》指出,"有了新闻现象就有新闻活动。新闻的发展便形成了新闻事业……新闻学就在于研究新闻规律,研究新闻与其他事物之间的联系"③。因此,《新闻学基础》的第一章即为"新闻概说"。

《现代新闻学》共设三编,第二编则专门研究"新闻",分16章分别研究"新闻的起源""什么是新闻""新闻的特性""新闻的二重性""新闻信息""新闻的真实性""新闻价值""新闻批评""新闻的可受性""新闻的时间性、时新性、时宜性""新闻的可塑性""新闻的思想性、针对性、指导性""新闻的客观性、选择性、倾向性""新闻的知识性、趣味性、美学性""新闻的易逝性、连续性、永恒性""新闻受众"④。

《当代新闻学》明确指出:"找到了新闻的本质,找到了新闻学研究的逻辑起点。"⑤ 该书的前三章都在研究"新闻",分别研究"新闻与信息""新闻价值""新闻与宣传"。

《系统理论新闻学》分三个"子系统"来论述,第一"子系统"就是"论新闻",分三章研究"新闻与新闻性质""新闻与新闻信息""新闻与新闻价值"⑥。

《新闻学导论》共分14章,其中前八章都在研究"新闻",研究"什么是新闻""新闻的真实性""新闻价值""新闻的指导性""新闻的客观性与倾向性""新闻与信息""新闻与宣传""新闻与舆论"诸问题⑦。

《新闻学教程》认为:"新闻学是新闻之学,是关于新闻的学问。新闻,新闻学最基本的研究对象。"⑧《新闻学教程》分三部分来架构,第一部分是"新闻篇",分四章论述新闻特性论、新闻传播论、新闻价值论、新闻宣传论。

---

① 成美、童兵:《新闻理论简明教程》,北京,中央广播电视大学出版社1986年版,第19~47页。

② 缪雨:《新闻学通论》,北京,新华出版社1987年版,第14~28页。

③ 何崇文编著:《新闻学基础》,重庆,西南师范大学出版社1988年版,第4页。

④ 何光先:《现代新闻学》,昆明,云南教育出版社1988年版,第229~473页。

⑤ 郑旷主编:《当代新闻学·绪论》,北京,长征出版社1987年版,第1页。

⑥ 王益民:《系统理论新闻学》,武汉,华中理工大学出版社1989年版,第18~83页。

⑦ 郑保卫:《新闻学导论》,北京,新华出版社1990年版,第1~120页。

⑧ 杨思迅:《新闻学教程》,哈尔滨,黑龙江教育出版社1990年版,第7页。

可见，学者们进行理论新闻学建构时，普遍把"新闻"作为研究的逻辑起点。从篇幅上看，"新闻"从一章的一两节到全书的七八章，比重也越来越来越大，这表明新闻学者对"新闻"活动或现象本身的关注程度逐步提升。对于"新闻"的研究，从含义、产生、定义到新闻与信息、新闻与舆论、新闻与宣传等各种关系范畴，从新闻真实性到新闻的可受性、时新性、时宜性、趣味性、易逝性，其认知水平也越来越全面与深刻。

二、理论新闻学的理论重心：新闻事业

"新闻事业"成为每本理论新闻学著作必然研究的不可或缺的内容，是理论体系建构的重中之重。

（一）"新闻事业"是新闻学的研究对象

有的著作把新闻学的研究对象直接定义为"新闻事业"。《新闻理论基础》绪论部分就明确指出："现代新闻事业，这就是新闻学所要研究的对象。"[1]《新闻理论基础》全书共七章，第一章与第二章分别论述"新闻"与"舆论"，其余五章分别是"新闻事业""新闻事业的作用""新闻事业和现实生活""新闻事业和群众""新闻事业和党"。可见，"新闻事业"已成为名副其实的研究对象。《系统理论新闻学》也指出："新闻学的主要研究对象是新闻事业，是包括报纸、广播、电视等传播媒介在内的新闻传播事业。"[2]

（二）"新闻事业"是新闻学的研究重点

有的著作虽然把"新闻现象"或"新闻活动"作为研究对象，但研究重点依然是"新闻事业"。

余家宏等的《新闻学基础》强调："新闻学是以人类社会客观存在的新闻活动作为自己的研究对象。研究的重点是新闻事业和人类社会的关系，探索新闻事业的产生、发展的客观规律，总结新闻工作的基本原则和工作方法。"[3]《新闻学基础》的第一部分是"新闻理论"，该部分共设六章，其中前三章分别是"人类的新闻活动和新闻事业""新闻事业的特性和社会功能""新闻事业和宣传活动"。第四章论述"我国新闻工作的

---

① 甘惜分：《新闻理论基础》，北京，中国人民大学出版社 1982 年版，第 4～5 页。

② 王益民：《系统理论新闻学》，武汉，华中理工大学出版社 1989 年版，第 2 页。

③ 余家宏、宁树藩、叶春华：《新闻学基础》，合肥，安徽人民出版社 1985 年版，第 1 页。

基本原则"，共分四节，除了第一节论述"新闻的真实性"外，其他三节
分别论述"新闻事业的群众性""新闻事业的战斗性""新闻事业的
党性"。

《现代新闻学》强调："新闻学的研究任务是把握人类社会新闻现象
和新闻活动的规律性。要把握人类社会新闻现象和新闻活动的规律，必
须以新闻事业作为研究的重点……新闻学是新闻事业的理论基础和行为
方式的指南，新闻事业则是新闻学研究的基础。"① 《现代新闻学》第一
编第三章的题目为"新闻事业是新闻学研究的重点"。

《新闻学概论》也强调："新闻学是以人类社会客观存在的新闻现象
作为自己的研究对象，研究的重点是新闻事业和人类社会的关系，探索
新闻事业的产生、发展的特殊规律和新闻工作的基本要求。"② 基于这种
认识，《新闻学概论》的 12 章内容如此安排：新闻活动是人类社会生活
发展的需要；资本主义商品经济孵化了新闻事业；新闻事业的发展；新
闻事业的阶级性；新闻事业的党性；新闻事业的社会功能；新闻必须完
全真实；新闻事业的指导性；新闻事业的群众性；运用新闻工具开展批
评与自我批评；新闻选择；我国新闻事业对新闻工作者的基本要求。12
章内容中有 9 章是在研究"新闻事业"，占据主要篇幅。

（三）"新闻事业"是新闻学的重要组成部分

更多的著述将"新闻事业"作为新闻学的重要组成部分。

《简明新闻学》认为："研究新闻学，必须研究人们的新闻活动。
人们有目的有意识进行的有组织的大规模的新闻活动，形成新闻事业。
对新闻活动的研究首先要研究新闻事业，研究新闻事业的发生与发展，
研究它的特性与职能，研究构成新闻事业的报刊、广播、电视、通讯
社、新闻电影、新闻教育等的历史、现状、特性和功能，进而认识新闻
事业的演变规律。"③ 《简明新闻学》共设五章，第一章就研究"新闻
事业"。

《新闻理论简明教程》的第一章第一节就是"新闻事业和新闻学"。
该书强调，"新闻学是研究新闻活动、新闻事业及其工作的规律的一门科

① 何光先：《现代新闻学》，昆明，云南教育出版社 1988 年版，第 63 页。

② 复旦大学新闻系新闻理论教研室：《新闻学概论》，福州，福建人民出版社 1985 年版，
第 4 页。

③ 张宗厚、陈祖声：《简明新闻学》，北京，人民日报出版社 1983 年版，第 12～13 页。

学。它是在新闻事业发展到一定规模之后才产生的"①。"随着新闻事业的发展，新闻事业形式的增多，新闻学的研究领域也越来越广。"② 全书共分 12 章，分别是："新闻理论的研究对象和方法""新闻""新闻事业的产生和发展""新闻事业的性质""新闻自由""社会主义新闻事业的基本特征""社会主义新闻事业的党性""社会主义新闻事业的真实性""社会主义新闻事业的群众性""正确体现来自人民的批评和监督""新闻工作者""建设有中国特色的社会主义新闻事业"。"新闻事业"的重要性显而易见。

《当代新闻学》共 18 章，其中第四章至第八章专门研究新闻事业产生和发展规律，分别研究"新闻事业的性质和功能""新闻事业和舆论""新闻事业与受众""新闻事业的自由与控制""新技术革命与新闻事业"③。

《新闻学教程》指出："新闻学是研究分析社会上的新闻现象，人们的新闻活动，探求新闻工作、新闻事业的客观规律的科学。"④《新闻学教程》共分三部分，第二部分是"事业篇"，分四章研究"进步需要论""性质功能论""区别联系论""社会制约论"。

《系统理论新闻学》主张，"新闻学主要研究对象是新闻事业，是包括报纸、广播、电视等传播媒介在内的新闻传播事业"⑤。该书共 12 章，其中第四章至第六章论述"新闻事业"，具体内容是："新闻事业的产生和发展""资产阶级新闻事业观""无产阶级新闻事业观"。该书把"新闻事业"作为系统理论新闻学的三个子系统之一。

《新闻学导论》强调，"新闻学把一切新闻现象和新闻事业的全部工作作为自己的研究对象"⑥。全书共分 15 章，其中第九章至第十四章分别如下："新闻事业的产生和发展""新闻事业的性质与功能""新闻事业的活动自由与限制""无产阶级新闻事业的党性""无产阶级新闻事业的人民性""社会主义新闻事业的舆论监督与新闻批评"。"新闻事业"是

---

① 成美、童兵：《新闻理论简明教程》，北京，中央广播电视大学出版社 1986 年版，第 1 页。

② 成美、童兵：《新闻理论简明教程》，北京，中央广播电视大学出版社 1986 年版，第 2 页。

③ 郑旷主编：《当代新闻学》，北京，长征出版社 1987 年版，第 71～169 页。

④ 杨思迅：《新闻学教程》，哈尔滨，黑龙江教育出版社 1990 年版，第 7 页。

⑤ 王益民：《系统理论新闻学》，武汉，华中理工大学出版社 1989 年版，第 2 页。

⑥ 郑保卫：《新闻学导论》，北京，新华出版社 1990 年版，绪论第 5 页。

全书的重要组成部分。

三、理论新闻学的重要关系范畴：新闻与舆论

一系列理论新闻学著述不约而同将"舆论"纳入研究视野，新闻与舆论成为重要的关系范畴。

（一）新闻的定义

1. 新闻的定义

关于新闻的定义，有不同的说法，主要有如下几种：

（1）意识形态论。《新闻理论基础》认为："新闻是一种社会意识形态，是人类的头脑对现实生活的反映的一种形式。"[①]

《现代新闻学》指出："新闻就是一种观念形态的东西，是客观事物在人们头脑中的反映；它与一般观念形态不同的只是表现形式上的差异，由于它是通过报纸或电波传播达于受众的，一般又称之为物化了的意识形态。"[②]

《新闻学通论》指出："新闻是这样一种意识形态的东西：它是新近发生或发现的为群众所关心的事实的报道。"[③] 这里加上"发现"二字，是考虑到新闻所报道的事实，不仅有新近发生的事件，而且有新近发现或认识到的其他各种经验、过程、趋势和问题等。当然，从一定意义上说，"发生"也包含有"发现"的意思。加上"发现"二字，主要是为了使定义更加明确。

（2）报道论。众多著述沿用或者发展了陆定一的定义。

《简明新闻学》指出："'新闻是新近发生的事实的报道'还是比较科学的一个定义。"[④] "这个新闻定义，既体现了新闻报道的客观事实依据，又体现了采访者和新闻机关的主观倾向；坚持了辩证唯物论的实践和认识的对立统一、形式和内容的对立统一、客观和主观的对立统一，具有事物定义应具有的客观性、鲜明性和普遍性，是一个比较科学准确的定义。"[⑤]

《新闻学基本知识讲座》特别指出："这个定义是四十年代我党新闻

①　甘惜分：《新闻理论基础》，北京，中国人民大学出版社1982年版，第24页。
②　何光先：《现代新闻学》，昆明，云南教育出版社1988年版，第243～244页。
③　缪雨：《新闻学通论》，北京，新华出版社1987年版，第30页。
④　张宗厚、陈祖声：《简明新闻学》，北京，人民日报出版社1983年版，第44页。
⑤　张宗厚、陈祖声：《简明新闻学》，北京，人民日报出版社1983年版，第45页。

队伍中唯物主义和唯心主义斗争的产物。陆定一同志从新闻的本源上划清了两种新闻观的界限，为无产阶级新闻观奠定了理论基础，明确提出：'新闻，是新近发生的事实的报道。'这个定义简练地概括了新闻的基本特征。"①

《新闻学基础》指出，陆定一的定义，"坚持了唯物主义的认识论，事实——客观存在是第一性的；报道——主观反映是第二性的"②。

《新闻学概论》明确指出："不管是古代社会还是现代社会，人们所说的新闻中的两大类有几个共同点：一、新闻的反映对象是事实，并非是虚构的；二、新闻所反映的事实都是新近出现的；三、新闻有一个相互传递的过程。我们把这些共同点集中起来，把新闻的定义概括如下：新闻是新近发生的事实的报道。"③

《新闻理论简明教程》认为，陆定一的定义"比较明确简洁地概括了新闻最基本的特点。它强调了新闻是事实的报道，并且强调了'新'和'近'"④。

《系统理论新闻学》提出，尽管中国关于新闻的定义很多，"但真正为大多数人所接受、所公认的定义毕竟极少，严格来说，也许只有一个，这就是陆定一的定义"⑤。

《新闻学导论》认为，"陆定一的定义几十年来在我国已成了一个约定俗成的东西，而且就定义本身来说，文字简约，概括得当，真可谓言简意赅。因此，我们认为目前还是沿用陆定一的定义为好"⑥。

（3）信息论。《当代新闻学》指出，信息是"新闻最基本的本质规定"⑦，"新闻就是及时公开传播的非指令性信息"⑧。

《信息论与新闻》指出，"新闻是信息中的一种，它是传播（报道）

①　戴邦、钱辛波、卢惠民：《新闻学基本知识讲座》，北京，人民日报出版社 1984 年版，第 131 页。

②　余家宏、宁树藩、叶春华：《新闻学基础》，合肥，安徽人民出版社 1985 年版，第 6 页。

③　复旦大学新闻系新闻理论教研室：《新闻学概论》，福州，福建人民出版社 1985 年版，第 23 页。

④　成美、童兵：《新闻理论简明教程》，北京，中央广播电视大学出版社 1986 年版，第 37～38 页。

⑤　王益民：《系统理论新闻学》，武汉，华中理工大学出版社 1989 年版，第 39 页。

⑥　郑保卫：《新闻学导论》，北京，新华出版社 1990 年版，第 8 页。

⑦　郑旷主编：《当代新闻学》，北京，长征出版社 1987 年版，第 11 页。

⑧　郑旷主编：《当代新闻学》，北京，长征出版社 1987 年版，第 20 页。

新近变动事实的信息。"① 这个定义从三个方面来理解：第一，新闻是一种付诸社会的公开传播的信息。信息的存在特点之一是它的依附性，即它是在运动中表现出来，是系统的一种存在过程，由信息源通过媒介向接收者流动，或者作相反方向的"反馈"流动。没有过程，就不能体现信息。新闻传播也是如此，客观外界的事物具备一定的有效信息，必须经过人的传播行为，才能成为新闻。如果一个包含很大信息量的事实，不被人们所发现，或只有一个人知道，却不传播给外界，这个事实再有价值，再重要，也构不成新闻。第二，新闻是新近变动的信息。"新近变动"是新闻与其他信息的另一重要区别。它体现了新闻在时间上必须是最新的，从事实发生到成为新闻传播出去，这一时间差越短越好；在内容（信息）上是最新的变动，是人所未知的，首次报道的，一般情况下，其价值也最高。第三，"新闻是由客观事实发出的，与人的反映相伴生的信息。客观事实一旦被发现、被转述或被传播，就不再是事实本身了，而是传播者对事实的反映，是事实本身的信息。也就是说，具有一定信息量的事实是新闻产生的基础，对事实的传播构成了新闻，即传播了事实的信息"②。

杨思迅指出："新闻是其接受对象需要（有用性）而未知的（新鲜性）新近（及时性）事实（真实性）的文化信息（传知性）。"③ 对于这一定义，可从四个方面来理解：新闻的形态是"传"（文化信息）；新闻的本源是"事"（客观存在）；新闻的特征是"新"（新近、未知）；新闻的检验是"需"（接受对象需要）。

2. 新闻的基本特性

（1）真实性。新闻"不能有任何虚构、夸张或合理想象，这是新闻的又一个本质特征"④。"新闻必须实事求是，如实反映情况。真实性是新闻的生命，是新闻的一个十分重要的特点。"⑤ "新闻是报道事实的，而事实是不能向壁虚造的。新闻必须完全真实。"⑥ "新闻源于事实，反映事实，必须忠于事实。不准无中生有，也不准半点歪曲和虚

① 刘卫东：《信息论与新闻》，北京，北京广播学院出版社1988年版，第53页。

② 刘卫东：《信息论与新闻》，北京，北京广播学院出版社1988年版，第54页。

③ 杨思迅：《新闻学教程》，哈尔滨，黑龙江教育出版社1990年版，第17页。

④ 张宗厚、陈祖声：《简明新闻学》，北京，人民日报出版社1983年版，第59页。

⑤ 何崇文编著：《新闻学基础》，重庆，西南师范大学出版社1988年版，第17页。

⑥ 缪雨：《新闻学通论》，北京，新华出版社1987年版，第20页。

构。"① "真实性"是新闻的第一基本特性。真实"是新闻与文学相区别的标志"②。

（2）新鲜性。"新鲜，构成了新闻的一个本质特征。"③ "如果说，真实性是新闻的生命的话，那么新鲜性则是新闻的灵魂；新闻是真实的事实，但真实的事实如果不新，就像只有躯壳而无灵魂一样，而不能成为新闻。"④ 新闻既然是"事实的报道"，也就隐含着另一个基本特性：新闻要"新"。"新闻是有时间性的。""同新闻必须完全真实一样，时间性也是新闻的生命。新闻失去了时间性，就会变成旧闻，变成历史，就不成其为新闻了。"⑤ "'新鲜'者，'初次出现'也。这也是新闻与历史，新闻与文件、资料区别之点。"⑥ "新闻事实要成为新闻首先必须新鲜，这是人们需要新闻的关键所在。一张不提供新鲜信息的报纸是不会有读者的。"⑦

（3）公开性、传播性、传知性。有学者认为，公开性是新闻的三个基本特性之一。"新闻在报告消息这一点上可以说是一种情报。但一般的情报只限于少数人知道，而新闻这种公开的情报是面向全社会，不但不怕人知道，而是希望知道的人愈多愈好。因此，公开性是新闻的又一个本质特征。"⑧ "新闻是社会公众可以共同分享的。"⑨ "真实、新鲜的新闻事实只有公开报道出来，为公众所接受，为社会所承认才能最终实现其价值。人们制作新闻的目的就是为了向公众传播……从这一意义上讲，新闻是公开传播的情报。公开传播是新闻存在的外部条件，是新闻的一个基本特征。"⑩

有学者注意区别公开性与公众性两个概念，反对使用"公众性"替代"公开性"。向公众传播的信息不一定都是新闻，比如林彪叛国出逃的消息，一开始就传向公众，却没有作为新闻信息公诸于世，而是通过大面积的内部传达。"有了公众性不一定有公开性，有了公开性必然带有公

---

① 杨思迅：《新闻学教程》，哈尔滨，黑龙江教育出版社 1990 年版，第 15 页。
② 郑保卫：《新闻学导论》，北京，新华出版社 1990 年版，第 8 页。
③ 张宗厚、陈祖声：《简明新闻学》，北京，人民日报出版社 1983 年版，第 59 页。
④ 何光先：《现代新闻学》，昆明，云南教育出版社 1988 年版，第 271 页。
⑤ 缪雨：《新闻学通论》，北京，新华出版社 1987 年版，第 23 页。
⑥ 杨思迅：《新闻学教程》，哈尔滨，黑龙江教育出版社 1990 年版，第 16～17 页。
⑦ 郑保卫：《新闻学导论》，北京，新华出版社 1990 年版，第 8～9 页。
⑧ 张宗厚、陈祖声：《简明新闻学》，北京，人民日报出版社 1983 年版，第 60 页。
⑨ 何光先：《现代新闻学》，昆明，云南教育出版社 1988 年版，第 271 页。
⑩ 郑保卫：《新闻学导论》，北京，新华出版社 1990 年版，第 9 页。

众性、广泛性。公开传播的事物最新状态，必定是面向公众的新闻信息。"①

也有学者反对新闻具有"公开性"。这是混淆了形式、内容的关系，"一对一地传与一对万地传，只是量的不同，质并无差别。所以，'公开性'是'新闻宣传'的特性，不是'新闻'的特性"②。

还有学者强调，新闻具有"传播性"。"传"意味着一方与另一方的活动：传送思想和信息，建立某种共同认识。"播"意味着传的范围的广泛性。传播就是一种交流。"新闻必须传播，不传播不成其为新闻……事实不等于新闻，只有经过传播而让人们得到了解的事实才是新闻。"③

有学者将新闻的这一特性概括为"传知性"。"新闻具有传知性，是为传而发、经传而知的文化信息。它为我们划清了'事实'与'事实的反映'的界限。"④

（4）及时性。新闻不仅是公开传播的信息，还是及时传播的信息。"及时"有两层含义，一是急传性，二是时宜性。"急传又合乎时宜，合乎时宜地急传快发"，把二者统一称为"及时性"⑤。新闻必须反映现状，而把过去留给历史。"及时"的标志，就是时未过，境未迁，人未知。"新闻必须具备及时性，这是新闻与历史的区别所在。"⑥"真实、新鲜的新闻事实若得不到及时传播，新闻便成了旧闻，失去了存在的价值。"⑦

（5）客观性。"新闻信息必须是客观存在的事实的信息。新闻所反映的客观事物必须是真实的，不能虚构。这是新闻信息与文艺信息的根本区别。"⑧

（6）有用性与服务性。有学者指出，只具备传知性、真实性、及时性、新鲜性，还不能判定它就是新闻。"凡新闻，都必须能满足其接受对象的某种需要，即满足某方面的新闻需要"⑨，这就是新闻的"有

---

① 郑旷主编：《当代新闻学》，北京，长征出版社1987年版，第16页。
② 杨思迅：《新闻学教程》，哈尔滨，黑龙江教育出版社1990年版，第17页。
③ 何崇文：《新闻学基础》，重庆，西南师范大学出版社1988年版，第20页。
④ 杨思迅：《新闻学教程》，哈尔滨，黑龙江教育出版社1990年版，第14页。
⑤ 郑旷主编：《当代新闻学》，北京，长征出版社1987年版，第17页。
⑥ 杨思迅：《新闻学教程》，哈尔滨，黑龙江教育出版社1990年版，第16页。
⑦ 郑保卫：《新闻学导论》，北京，新华出版社1990年版，第9页。
⑧ 郑旷主编：《当代新闻学》，北京，长征出版社1987年版，第15页。
⑨ 杨思迅：《新闻学教程》，哈尔滨，黑龙江教育出版社1990年版，第17页。

用性"。

有学者将新闻的这一特性概括为服务性，"即新闻必须为大众服务……按照马克思的观点，要把新闻工具当作人民的公仆，讲服务性更贴切，更符合马克思主义新闻学原则"①。

（二）舆论

1. 舆论的定义

甘惜分指出："舆论就是群众的议论，群众的意见。"② 何光先认为："舆论是社会一定范围内的多数人对某种事态所公开表达出来的大体一致的带倾向性的意见。"③ 郑旷主张："舆论是利害相近的人们对某种事情大体一致的议论。"④ 成美、童兵指出："舆论不是任何人的思想情绪，它总是社会生活中经济地位和政治地位基本相近的人们或社会集团对某一事态的大体相近的看法，也就是说，它是公众的意见，是一种社会思潮。"⑤ 郑保卫提出："舆论是利益关系相近的人们对其所关注的某一现实问题的共同意见。"⑥ 可见，关于舆论的内涵，研究者基本达成共识：舆论是相对一致的意见。

2. 舆论的特性

对于舆论的特性，新闻学者各抒己见，多达十余种。

（1）依存性。舆论是一种社会意识，"是人们在思想上和感情上相互影响的产物，是社会存在的反映。但它没有自己特有的反映对象和特有的传播手段，有着很大的依存性"⑦。

（2）评价性与时评性。舆论，"必须是公开表达出来，并且具有评价性质的意见"⑧。也就是说，对于政治、经济、法律、道德以及现实社会生活中的各方面问题，舆论总是以拥护或反对，赞扬或谴责的方式做出公开的评价。这种"评价特性"是舆论的基本属性。"舆论的时评性是指舆论主体在舆论形成过程中对舆论对象所特有的态度。舆论的各种职能，

① 何光先：《现代新闻学》，昆明，云南教育出版社 1988 年版，第 273 页。
② 甘惜分：《新闻理论基础》，北京，中国人民大学出版社 1982 年版，第 52 页。
③ 何光先：《现代新闻学》，昆明，云南教育出版社 1988 年版，第 494 页。
④ 郑旷主编：《当代新闻学》，北京，长征出版社 1987 年版，第 104 页。
⑤ 成美、童兵编：《新闻理论简明教程》，北京，中央广播电视大学出版社 1986 年版，第 255 页。
⑥ 郑保卫：《新闻学导论》，北京，新华出版社 1990 年版，第 101 页。
⑦ 何光先：《现代新闻学》，昆明，云南教育出版社 1988 年版，第 500 页。
⑧ 戴邦、钱辛波、卢惠民：《新闻学基本知识讲座》，北京，人民日报出版社 1984 年版，第 73 页。

如监督、调节、咨询等，都是源于它的时评性……舆论的形成是绝不能离开议论的。没有时评性的舆论不是真正的舆论，充其量不过是不高明的宣传罢了。"①

（3）阶级性与倾向性。"舆论具有一定的阶级性。因为人们的思想状况基本上是受他所处的物质利益地位所决定，他对当前事件的支持或反对的态度，同样是受他自己的物质利益所支配。所以，同一阶级或同一社会集团的人们，由于他们具有共同的物质利益，也必然地存在着相似的舆论。"② "舆论大多是人们对某一所关注的社会现实问题发表的评述意见，这种意见一般都体现出舆论主体的明确态度。赞成和反对，褒扬与批评，倾向鲜明，毫不含糊。这就是舆论的倾向性。"③

（4）公开性。"舆论既是公众的议论，公开和传播自然就成了一种先决条件……舆论是具有公开性与传播性的。而已经形成的舆论要扩大范围和增大影响也须借助公开传播。"④

（5）自主性与非强制性。"舆论的自主性是指舆论主体参与舆论活动完全出于自觉自愿，不受任何逼迫。"⑤ 舆论的非强制性"表现在它对社会、对人们的思想和行动产生的影响上"⑥。舆论"不具有强制力"，"往往通过潜在的形式对人们的思想和行动产生巨大的影响力"⑦。

（6）一致性与不一致性的统一。"舆论总是围绕着某个涉及人们共同利益，但又有争议的问题形成的。这也是舆论的一个重要特性。"⑧ 有争议，但没有多数人意见的一致，也同样谈不上舆论。舆论是各种个人意见的综合，但这种综合不是个人意见的简单总和，而是要经过一个复杂的吸取和扬弃的过程。人们的意见通过争论、劝导、说服、仿效、权威的影响等各种形式，逐渐从个人意识的范围进入社会意识的范围，并围绕若干基本观点形成比较集中的意见。这一新的集体的意见可能与原来的个人意见都不完全相同，但它肯定比其他任何意见更容易为大多数人所接受。所以，尽管舆论的形成需要意见的一致，但

---

①　郑旷主编：《当代新闻学》，北京，长征出版社1987年版，第102页。

②　甘惜分：《新闻理论基础》，北京，中国人民大学出版社1982年版，第53页。

③　郑保卫：《新闻学导论》，北京，新华出版社1990年版，第102～103页。

④　郑保卫：《新闻学导论》，北京，新华出版社1990年版，第103页。

⑤　郑旷主编：《当代新闻学》，北京，长征出版社1987年版，第103页。

⑥　郑保卫：《新闻学导论》，北京，新华出版社1990年版，第105页。

⑦　郑保卫：《新闻学导论》，北京，新华出版社1990年版，第105页。

⑧　戴邦、钱辛波、卢惠民：《新闻学基本知识讲座》，北京，人民日报出版社1984年版，第74页。

也不能把舆论看成是完全一致的结果。在舆论中常常同时包含着一致和不一致的成分。

（7）客观性与社会性。舆论有客观性。"它不是哪个人随心所欲地制造出来的，而是许多人根据它们对事物的了解和判断而形成的相似或一致的意见。"① "舆论的社会性是由人的社会性所决定的。在社会中生活的人们为了共同生活的需要，往往会形成某些共同的舆论。"② 正因为此，人们常用"社会舆论"的说法来体现舆论的这种社会性质。

（8）公众性与民意性。个人的意见不是舆论，只有公众的意见才能形成舆论。舆论的公众性又决定了舆论的民意性。公众，亦即民众，民众的意见当然代表民意。来自领导机关或领导者个人的意见要形成舆论也必须以被群众所接受为条件。"因此说，舆论总是民情的反映、民意的表达，是具有民意性的。"③

（9）流动性与稳定性。构成舆论的意见"既是流动变化的，又是相对稳定的。这种流动性和稳定性的辩证统一，一方面使得舆论的内容不断更新，而不是僵化不变，另一方面又使得舆论的内容具有一定的连续性"④。

（10）多样性和复杂性。"舆论无论从生成范围、持有者人数，还是从意见性质及持有者身份看都具有多样性。"⑤ "舆论的这种多样性决定了它的复杂性。当某种舆论出现时，一定要注意分清它的性质，对那些生成范围大、持有者人数多，而且体现社会发展方向、代表民心民意的正向舆论要积极扶植并努力扩大其影响；而对那些生成范围小、持有者人数少，而且有背社会发展方向，有违民心民意的负向舆论要尽量缩小其影响并积极加以引导，将其引向正确的轨道。"⑥

（三）新闻与舆论的关系

从内涵上讲，舆论有"政治舆论""新闻舆论""社会舆论"的不同区分，这一时期的研究，更关注"新闻舆论"，新闻与舆论的关系也就成为研究的重点。

---

① 张宗厚、陈祖声：《简明新闻学》，北京，人民日报出版社 1983 年版，第 85 页。

② 郑保卫：《新闻学导论》，北京，新华出版社 1990 年版，第 102 页。

③ 郑保卫：《新闻学导论》，北京，新华出版社 1990 年版，第 104 页。

④ 戴邦、钱辛波、卢惠民：《新闻学基本知识讲座》，北京，人民日报出版社 1984 年版，第 76 页。

⑤ 郑保卫：《新闻学导论》，北京，新华出版社 1990 年版，第 105 页。

⑥ 郑保卫：《新闻学导论》，北京，新华出版社 1990 年版，第 106 页。

1. 新闻影响舆论

（1）新闻是舆论的传播者。舆论是公开表达出来的意见，而舆论的公开表达，必须借助于那些载体或实际行动，如文字、图像、演讲、会议等等，而"最经常、最大量的还是依赖于新闻传播。因为新闻是舆论传播最理想的形式"①。

（2）新闻是舆论的"信息库"。获得信息是形成舆论的起码条件。对于任何一个事态或问题，人们只有得到有关它的信息，了解它的情况，才有可能作出判断和发表意见；这种信息越多，判断的根据越充分，就越能发表准确的意见。新闻的信息来源广，信息量大，可以为舆论提供大量的信息依据。这是其他任何传播手段所无可比拟的。②

（3）新闻是舆论的"扩散机"。舆论是在人们日常的思想交流中，在不同观点、看法的自由争论中自然形成的，它需要不断地交流信息，及时了解各方面的观点，以加速对某种事态或问题作出拥护还是反对的明确决定。新闻的时效性强，传播信息快，对于促进交流、加速舆论的形成，提供了极为有利的条件。③

（4）新闻是舆论的"反馈器"。舆论不是天然正确的，也不是一成不变的，它要在反复争论中确认真理，也要在实践中经受检验。因此，十分需要信息的反馈，不断调整自己的观点和看法，以求意见的正确。新闻是舆论最好的反馈器，新闻不仅对于舆论的形成是重要的，而对于调整观点、确保舆论的正确性尤为重要。④

（5）新闻是舆论的"分真炉"。舆论是否正确，首要的在于信息是否准确。舆论的信息来源是多方面的，除了亲眼目睹的以外，其他的信息很难完全作为舆论的真实依据，舆论的正确性难以得到保证。而新闻必须完全真实，而且多是耳闻目睹的第一手资料，信息的可靠性有充分的保证。"即使有某种失实现象，当消息一发布出去，就会受到社会严格的检验，对于那些虚假的东西，受众就会很快写信、打电话反馈上去，使之得以纠正。它就像分真炉，是真是假，只要一发布出去就会真相大白。因此，舆论是否真实，只有通过新闻传播这个分真炉，才能得到确认。"⑤

① 何光先：《现代新闻学》，昆明，云南教育出版社1988年版，第501页。
② 参见何光先：《现代新闻学》，昆明，云南教育出版社1988年版，第501页。
③ 参见何光先：《现代新闻学》，昆明，云南教育出版社1988年版，第501页。
④ 参见何光先：《现代新闻学》，昆明，云南教育出版社1988年版，第502页。
⑤ 参见何光先：《现代新闻学》，昆明，云南教育出版社1988年版，第502页。

（6）新闻是舆论最通俗的"宣传书"。舆论需要集中多数人的意见，需要深入群众，它的群众性越广泛就越有力量。怎样才能使更多群众接受或反对某种意见？新闻传播具有优越性。新闻传播为舆论深入群众打开了大门，也为舆论争取多数、显示力量开辟了广阔的天地。①

（7）新闻是舆论的载体和放大器。新闻作为"传播媒介"，是"舆论传播的载体"②。各种分散的、局部的舆论，经过新闻媒介广泛传播后，"将变成集中的、更大范围的舆论"③。所以，新闻又是舆论的"放大器"。

（8）新闻是舆论形成的基础和依据。我们把舆论界定为一种意见，而意见的产生源于人们对某一事件或现实问题做出的评价或判断。若想做出评价或判断，必须了解事件或问题的来龙去脉，以求消除或者减少自己认识上的那些不确定性的东西。因此，"反映现实生活中各种情况和问题的新闻信息是人们了解情况、认识问题，从而对事物作出准确判断和客观评价，导致舆论最终形成的基础和依据。"④

（9）新闻能反映舆论。人民群众在生产活动和社会实践中，形成许多新经验、新发明、新创造和新见解，也形成许多意见、建议、愿望、要求和呼声。这些"构成了我们社会的舆论的基础。反映人民群众的实践活动、经验、创造、意见、要求等，是社会主义新闻工作的主要职责之一。"⑤

（10）新闻能引导舆论。引导舆论是指"新闻事业有目的地通过各种新闻媒介传播具有倾向性的新闻报道或用新闻言论来控制舆论的方向"⑥。

2. 舆论影响新闻

（1）舆论是新闻的灵魂。新闻以传播信息、表达舆论为天职。新闻必须传播信息，传播最新的事实。但新闻传播的目的，在于反映舆论、引导舆论。"离开了这个基本点，新闻就失去了灵魂，就不可能取得良好的社会效果。"⑦ 有人只强调"新闻是事学"，新闻只报道事实、传播信

①　参见何光先：《现代新闻学》，昆明，云南教育出版社 1988 年版，第 503 页。
②　郑保卫：《新闻学导论》，北京，新华出版社 1990 年版，第 110 页。
③　郑保卫：《新闻学导论》，北京，新华出版社 1990 年版，第 110 页。
④　郑保卫：《新闻学导论》，北京，新华出版社 1990 年版，第 111 页。
⑤　张宗厚、陈祖声：《简明新闻学》，北京，人民日报出版社 1983 年版，第 87 页。
⑥　郑旷主编：《当代新闻学》，北京，长征出版社 1987 年版，第 116 页。
⑦　何光先：《现代新闻学》，昆明，云南教育出版社 1988 年版，第 503 页。

息，而忽视了表达舆论这个事实，把表达舆论同传播事实对立起来，这是一种片面性。

（2）舆论是新闻的"催化剂"。因为新闻能够表达舆论，反映舆论，引导舆论，影响事物的进程，所以新闻才成为社会的向导，时代的号角。在这里，舆论就像新闻的"催化剂"，新闻的舆论力量越强，新闻的作用就越大，就越能影响社会，影响事物的进程；"如果一条新闻不具有舆论性，引不起社会的关注，那它就失去了实际意义，失去了传播的价值"①。

（3）舆论是新闻价值的具体体现。"一条新闻到底有多大的社会意义，是由新闻价值所决定的。新闻价值存在于客观事实之中，它的价值到底有多大，则要由舆论来检验和回答。凡价值越高的新闻越能引起社会舆论，反之，它的价值越低便越难引起舆论。"②

（4）舆论是检验新闻社会效果的尺度。"新闻的社会效果是新闻宣传的出发点和归宿，是新闻工作者劳动的全部价值所在。"③ 一条新闻写得好不好，"是看新闻在读者中所引起的舆论程度；舆论越大，说明新闻的社会效果越大，反之社会效果就越小"④。

（5）舆论是新闻的建筑材料。人们往往喜欢议论那些富有争议性的现实问题，并发表意见，从而形成舆论。因此，舆论总是"具有较大的新闻价值，成为新闻报道的重要内容"⑤。因此，我们可以说，舆论"是新闻的建筑材料"⑥。

第二节　新闻史学研究：苏共模式仍居主流

中共十一届三中全会以后，中国新闻史研究得到恢复和发展。1979～1990 年间，系列成果相继问世。

其中通史类中国新闻史专著、教材主要有李瞻主编的《中国新闻史》（学生书局 1979 年），方汉奇的《报刊史话》（中华书局 1979 年），方汉

---

① 何光先：《现代新闻学》，昆明，云南教育出版社 1988 年版，第 504 页。
② 何光先：《现代新闻学》，昆明，云南教育出版社 1988 年版，第 504 页。
③ 何光先：《现代新闻学》，昆明，云南教育出版社 1988 年版，第 505 页。
④ 何光先：《现代新闻学》，昆明，云南教育出版社 1988 年版，第 505 页。
⑤ 郑保卫：《新闻学导论》，北京，新华出版社 1990 年版，第 111 页。
⑥ 郑保卫：《新闻学导论》，北京，新华出版社 1990 年版，第 111 页。

奇、陈业劭、张之华主编的《中国新闻事业简史》（中国人民大学出版社
1983 年），梁家禄等编的《中国新闻业史》（广西人民出版社 1984 年），
赖光临的《新闻史》（允晨文化实业公司 1984 年），李龙牧的《中国新闻
事业史稿》（上海人民出版社 1985 年），李炳炎编著的《中国新闻史》
（颖顺印刷有限公司 1985 年），复旦大学新闻系新闻史教研室编的《简明
中国新闻史》（福建人民出版社 1986 年），王凤超编著的《中国的报刊》
（人民出版社 1988 年），姚建红的《中国新闻史事溯源》（中国新闻出版
社 1989 年），曾虚白主编的《中国新闻史》（三民书局股份有限公司
1989 年），丁淦林主编的《中国新闻事业史》（武汉大学出版社 1990
年）等。

　　此外还有系列教学参考资料，如中国人民大学新闻系新闻事业史教
研室编的《中国近代报刊史参考资料》（中国人民大学新闻系 1980 年），
中国人民大学新闻系编的《中国新闻事业史教学参考资料（新民主主义
革命时期）》（中国人民大学新闻系 1981 年），中国人民大学新闻系新闻
事业史教研室编的《外国新闻事业史参考资料》（中国人民大学出版社
1989 年）等。

　　外国新闻史专著与教材主要有李瞻的《世界新闻史》（三民书局
1983 年），陶涵主编的《世界新闻史大事记》（人民日报出版社 1988
年），张隆栋、傅显明编著的《外国新闻事业史简编》（中国人民大学出
版社 1988 年），苑子熙编的《外国广播电视事业史简编》（新华出版社
1990 年）等。

　　断代史研究也取得了系列成果，如复旦大学新闻系新闻事业史教研
组编的《中国新闻事业史讲义：新民主主义革命时期（初稿）》（复旦大
学 1978 年），方汉奇的《中国近代报刊史》（山西人民出版社 1981 年），
赖光临的《七十年中国报业史》（中央日报 1981 年），黄卓明的《中国古
代报纸探源》（人民日报出版社 1983 年），梁家禄等编著的《中国新闻业
史（古代至 1949 年）》（广西人民出版社 1984 年），杨光辉等编的《中国
近代报刊发展概况》（新华出版社 1986 年），徐焕隆的《中国现代新闻史
简编》（河南人民出版社 1988 年），王洪祥主编的《中国新闻史：古近代
部分》（中央民族学院出版社 1988 年），尹韵公的《中国明代新闻传播
史》（重庆出版社 1990 年）等。

　　个案研究成果较为丰富。其中新闻界人物的个案研究成果主要有朱
传誉的《报人·报史·报学》（台湾商务印书馆 1980 年），赖光临的《中
国近代报人与报业》（台湾商务印书馆 1980 年），丁浪的《谢觉哉与新闻

工作》（重庆出版社 1983 年），徐铸成的《报人张季鸾先生传》（三联书店 1986 年），许有成编著的《于右任传》（湖南人民出版社 1988 年），高崧、胡邦秀编的《报人出版家陈翰伯》（人民日报出版社 1990 年）等。新闻媒体的个案研究成果主要有陈纪滢的《抗战时期的大公报》（黎明文化事业公司 1981 年），林彦编著的《挺进报纪事》（四川人民出版社 1982 年），张友鸾等著的《世界日报兴衰史》（重庆出版社 1982 年），广西日报新闻研究室编的《救亡日报的风雨岁月》（新华出版社 1987 年），广西日报新闻研究室编的《国际新闻社回忆》（湖南人民出版社 1987 年）等。

地方新闻史研究有所进展，主要成果有长江日报新闻研究室《武汉新闻史料》（长江日报 1983 年），中共广东省委党史资料征集委员会、广东省新闻学会、广州市新闻学会编的《广东革命报刊研究》（中共广东省委党史资料征集委员会 1987 年），范步遥的《肇庆报业史话》（广东人民出版社 1988 年），徐运嘉、杨萍萍编著的《杭州报刊史概述》（浙江大学出版社 1989 年），李继光编的《沧州报刊史料：1924～1990》（河北人民出版社 1990 年），兰凌编的《新疆新闻界纪事（1910～1989）》（新疆摄影艺术出版社 1990 年）等。

专门史研究成果主要有黄河、张之华的《中国人民军队报刊史》（解放军出版社 1986 年），胡太春的《中国近代新闻思想史》（山西人民出版社 1987 年），童兵的《马克思主义新闻思想史稿》（中国人民大学出版社 1989 年）等。

在新中国成立初期，新闻史学领域以"一边倒"的方式学习苏联，按照苏共报刊史和苏共高级党校新闻班讲义模式编写中国新闻史，"强调新闻的阶级性，将新闻史看成是阶级斗争史和党内路线斗争史在新闻领域的表现"①。20 世纪 80 年代，新闻史学者开始反思这种研究模式，试图摆脱"左"的影响，但这种状况没有得到根本改变。这一时期的研究成果，仍带有苏共模式的印迹，方汉奇在全国新闻工作座谈会上称之为"半大的解放脚"②。这一特点在断代史、通史及专门史写作中都有所体现。

① 方汉奇、曹立新：《多打深井多作个案研究——与方汉奇教授谈新闻史研究》，《新闻大学》2007 年第 3 期。
② 方汉奇、曹立新：《多打深井多作个案研究——与方汉奇教授谈新闻史研究》，《新闻大学》2007 年第 3 期。

一、断代史研究的革命化

1981 年，方汉奇的《中国近代报刊史》由山西人民出版社出版。该书是在"解放以来，新闻学的著作出版得很少，报刊史方面的著作则更少。广大新闻工作者和想了解一点我国报刊历史的人，都苦于无书可读"① 的情况下写作完成的。该书先对中国自唐代以来的新闻事业进行简略阐述，然后对 1815～1919 年中国新闻事业发展状况进行整体描述，具体结构安排如下：

第一章　中国早期的报纸

第二章　外国人在中国的办报活动

第三章　中国资产阶级报刊的萌芽和资产阶级改良派的办报活动

第四章　民主革命准备时期的报刊

第五章　民主革命高潮时期的报刊

第六章　辛亥革命前后的报刊

第七章　民国初年和北洋军阀统治时期的报刊

由此可见，从整体框架来看，还是采用革命史的分期方式，用方汉奇自己的话说："还有不少'左'的观点的影响和思想束缚的痕迹。"②从章节安排来看，从民主革命、辛亥革命到民国初年的"二次革命"，"革命"成为一个重要的关键词。全书共七章，其中三章的内容在集中介绍民主革命与辛亥革命时期革命报刊的宣传活动、宣传内容与宣传特点。办报主体首先被定位为资产阶级改良派或革命派，然后在阶级立场的框架下介绍办报主体的报刊活动。办报主体的进步与落后自然以"改良"或"革命"的立场来评判。

《中国近代报刊史》的框架结构虽说还是革命史范式，但在具体行文中，新见迭出。该书虽然以革命报刊的宣传活动与宣传内容为核心，但不是全部内容，还对报刊业务规律进行总结。如资产阶级改良派在报刊业务上的改进、辛亥革命报刊业务工作的改进，分别以一节的篇幅来论述。此外，该书还对民国初年的新闻记者和新闻学研究活动进行介绍。这些都是建国初期的中国新闻史著述所看不到的内容。

方汉奇从 1978 年开始写作，当时已有近 30 年的报刊史教学工作经历，积累了丰富的资料，历时两年完成 50 多万字的书稿。他通过翔实、

---

① 方汉奇：《中国近代报刊史》，太原，山西人民出版社 1981 年版，第 760 页。

② 方汉奇：《中国近代报刊史》，太原，山西人民出版社 1981 年版，第 760 页。

细致、扎实的史料考证，揭示中国近代新闻事业的总体特点与宏观规律，同时对中国近代新闻事业"重要的细节有深入的把握"①。无论是材料的充分占有，还是著述体例的完备，都令《中国报刊史》成为上乘之作。对此，学界给予很高的评介，正如史媛媛所说："方汉奇对中国近代新闻事业的描述细腻而全面。"②

二、通史研究的政治化

李龙牧（1918～1996）曾任教于马列学院新闻班。当年马列学院新闻班制定《中国报刊史教学大纲（草稿）》时，他是其中的一位起草者。1957 年，他调入复旦大学新闻系任教，继续从事报刊史研究。1985 年，他撰写的《中国新闻事业史稿》由上海人民出版社出版。《中国新闻事业史稿》共设七章，分别研究："近代报刊的产生和发展""旧民主主义革命与报刊""新民主与新型报刊""新闻事业和大革命""十年内战中的新闻斗争""新闻事业在抗战中的发展""新闻事业和人民革命的胜利"。

由于李龙牧的特殊经历，《中国新闻事业史稿》的研究，自然是对马列学院新闻班教学大纲的进一步贯彻与发展，"是新中国成立后用马克思主义理论与方法研究中国新闻史的一次尝试。其特征是，以革命的、进步的新闻事业发展的历史为主线，着重评述新闻宣传的原则与内容，分析新闻宣传在政治斗争和思想斗争中的作用"③。在马列学院新闻班新闻史大纲研究思路的指引下，《中国新闻事业史稿》的研究很难避免一些问题："对于新闻传播的自身规律与业务经验阐释太少；有些部分重复或演绎革命斗争史、政治思想史的内容；在某些问题上，有'左'的观点。"④

其实，李龙牧在写作《中国新闻事业史稿》时，已经认识到问题的存在，在该书《后记》中写道："不少同志指出，过去的论述过多地重复了政治史和思想史的内容，而没有充分突出新闻事业史的特点，这确实指出了存在的一部分弊病。不过这大约在创始阶段也难以完全避免，问题没有认识清楚，想'突'也'突'不出来，这是有待于进一步努力的。有一些同志又引出了一种观点，主张要绕开政治史而专门研究新闻业务

① 史媛媛：《从戈公振到方汉奇——在中国新闻史研究的两座高峰之间》，《新闻爱好者》2001 年第 5 期。
② 史媛媛：《从戈公振到方汉奇——在中国新闻史研究的两座高峰之间》，《新闻爱好者》2001 年第 5 期。
③ 丁淦林：《20 世纪中国新闻史研究》，《复旦学报》（社会科学版）2000 年第 6 期。
④ 丁淦林：《20 世纪中国新闻史研究》，《复旦学报》（社会科学版）2000 年第 6 期。

的历史，认为这才是突出新闻事业的特点。这也许可以是一种办法，不过，我却不禁想到，新闻事业怎么可能绕开政治呢？如果说到新闻事业的特殊性的话，那么，在我看来，比起其他文化教育事业来，与政治关系更密切一些，正是新闻事业特殊性的一种表现。"① 由此可见，20 世纪 80 年代中国新闻史书写所带有的苏共模式的痕迹，不是这一代学者的主观的刻意追求，是客观条件使然。李龙牧在新闻史写作中，也想突出中国新闻业务的规律，但"突"不出来，这是时代的局限。也正因如此，学界对该书的写作，给予充分肯定，称它"是中国新闻史研究的又一次突破，它推动中国新闻史研究向深度和广度发展，成为新闻传播学科领域中较为稳定、成果较多的一个部分"②。

三、专门史研究的阶级化

在专门史研究中，胡太春的《中国近代新闻思想史》最具有代表性。

《中国近代新闻思想史》以马列主义、毛泽东思想为指导，对近代中国从鸦片战争到五四运动时期新闻思想的发生和发展过程作了剖析，探讨中国近代史上资产阶级新闻思想的发生、发展和衰败的过程。全书分四章，也就是分四个阶段，为近代中国"资产阶级新闻思想史"理出一条较为清晰的脉络和线索：

第一，资产阶级新闻思想的孕育期——鸦片战争后中国人对近代报刊功能的思索。从鸦片战争到戊戌变法前夕，少数国人自办的报刊开始出现，少数先进的知识分子提出了零星的办报观点。但总体而言，"人们对近代报刊功能的思索，尚处在混沌之期"③。

第二，资产阶级新闻思想的萌发期——戊戌变法时期维新派关于报刊是耳目喉舌思想的提出。戊戌变法前后，正在从"地主阶级知识分子"向民族资产阶级转化的维新士子，提出"报刊是国家的耳目喉舌的思想，围绕这一思想还提出了对报刊编辑业务的若干改革"④。

第三，资产阶级新闻思想的发展期——辛亥革命前资产阶级关于报纸是社会舆论机关思想的形成。从戊戌变法失败到辛亥革命爆发，出现了第二次办报高潮。"民族资产阶级上层及其代表人物资产阶级自由主义

① 李龙牧：《中国新闻事业史稿》，上海，上海人民出版社 1985 年版，第 358 页。
② 丁淦林：《20 世纪中国新闻史研究》，《复旦学报》（社会科学版）2000 年第 6 期。
③ 胡太春：《中国近代新闻思想史》，太原，山西人民出版社 1987 年版，第 5 页。
④ 胡太春：《中国近代新闻思想史》，太原，山西人民出版社 1987 年版，第 5 页。

改良派和民族资产阶级中下层及其代表人物民主革命派，都提出了报刊是社会舆论机关的思想"①。

第四，资产阶级新闻思想的总结期——五四运动前资产阶级关于"言论独立"思想的提出并走向破产和资产阶级新闻学专著的出现。从民国初年到1919年五四运动前夕，由于帝国主义和封建势力相互勾结扼杀了辛亥革命，加之资产阶级民主的虚伪性和派系纷争不已的劣根性，使得"言论独立"的思想流为空洞无力的口号，"近代中国资产阶级新闻思想便处于一筹莫展、捉襟见肘的困惑时期"②。

可见，中国近代新闻思想史的发展阶段是严格按照中国近代革命史、政治史的分期来划分的。把中国近代新闻思想的发生与发展同近代中国资本主义经济与资产阶级的产生和发展过程联系起来进行分析，把中国近代新闻思想的发生与发展同近代中国各个历史阶段政治思想、哲学思想的产生和发展过程结合起来进行考察，是《中国近代新闻思想史》的突出特色。

第三节　应用新闻学研究：宣传本位转向新闻本位

1977～1990年间，涌现出一批新闻采访、写作方面的著述，如艾丰的《新闻采访方法论》（人民日报出版社1982年），饶鹏飞的《采访与写作》（重庆出版社1983年），陆云帆的《新闻采访学》（辽宁人民出版社1983年），复旦大学新闻系采访与写作教研室的《新闻采访与写作》（复旦大学出版社1984年），蓝鸿文的《新闻采访学》（中国人民大学出版社1984年），徐占焜的《新闻写作基础与创新》（新华出版社1984年），周胜林、严硕勤编的《新闻采访写作教程》（中央广播电视大学出版社1985年），尹均生的《新闻体裁写作》（湖北教育出版社1985年），周胜林的《新闻通讯写作述略》（新华出版社1985年），叶春华的《新闻写作》（湖北人民出版社1985年），申凡的《新闻采访学纲要》（华中工学院出版社1986年），张惠仁的《新闻写作学》（四川人民出版社1986年），汤世英等的《新闻通讯写作》（中国人民大学出版社1986年），徐光炎等编著的《新闻学与新闻写作》（江西人民出版社1986年），洪天国的《现代新闻写作技巧》（中国新闻出版社1986年），邵华泽的《新闻评

---

① 胡太春：《中国近代新闻思想史》，太原，山西人民出版社1987年版，第6页。
② 胡太春：《中国近代新闻思想史》，太原，山西人民出版社1987年版，第6页。

论写作漫谈》（长征出版社 1986 年），谢振荣编著的《新闻写作》（北京大学出版社 1987 年），王中义的《新闻采写通论》（新华出版社 1987 年），丛文滋的《新闻》（吉林教育出版社 1987 年），程天敏编著的《新闻写作学》（广东高等教育出版社 1987 年），叶春华、连金禾的《新闻业务基础》（上海外语教育出版社 1987 年），彭朝丞的《新闻写作技法新探》（解放军出版社 1987 年），陆云帆编写的《新闻写作技巧》（吉林教育出版社 1987 年），谢荣镇编著的《新闻写作》（北京大学出版社 1987 年），徐熊的《新闻报道艺术钩探》（中国新闻出版社 1988 年），彭朝丞的《新闻编辑的艺术》（中国新闻出版社 1988 年），张宝生编的《新闻采访与写作》（西南交通大学出版社 1988 年），申凡的《采访心理学》（人民日报出版社 1988 年），王义良编著的《新闻写作漫谈》（山东友谊书社 1988 年），刘文波的《新闻写作笔法 100 例》（中国新闻出版社 1989 年），刘善兴、王桂林的《实用新闻写作新探》（海潮出版社 1989 年），孙世凯的《怎样采访新闻》（北京出版社 1989 年）与《漫谈新闻写作》（新华出版社 1989 年），施大鹏主编的《新闻写作词林》（广西人民出版社 1989 年），黄智敏的《新闻采访艺术》（学术书刊出版社 1989 年），邱沛篁编著的《新闻采访艺术》（四川大学出版社 1989 年），宋兆宽的《新闻采写与实用技法》（河海大学出版社 1989 年），郑兴东、陈仁风主编的《不要这样写——对百篇新闻写法的商榷》（中国人民大学出版社 1991 年），李景亮、杨全玲的《新闻采访漫谈》（新华出版社 1990 年），林玉善的《实用采访学》（河南大学出版社 1990 年），崔素兰的《新闻采访与写作》（青岛海洋大学出版社 1990 年），王菘的《新闻采访与写作：兼论对外传播》（光明日报出版社 1990 年），张德宝的《采访与写作》（上海人民出版社 1990 年），刘炳文、张骏德的《新闻写作创新与技巧》（上海人民出版社 1990 年），等等。

新闻业务改革是中国新闻改革的重要组成部分。改革开放以来，中国的新闻报道形式发生重大改变。1981 年 11 月，在庆祝新华社建社 50 周年茶话会上，习仲勋代表中央书记处讲话，"重点讨论了新闻业务问题，提出了新闻报道的'五字方针'：真、短、快、活、强。'五字方针'的提出促使形式带动内容的变化——内容开始由以文件、讲话、政论为主转向以消息、新闻为主"[①]。新闻业务改革由此拉开帷幕，开始由宣传

---

① 吴廷俊主编：《中国新闻传播史（1978～2008）》，上海，复旦大学出版社 2011 年版，第 9 页。

本位向新闻本位转化。新闻实践领域的这一变化在应用新闻学研究中有所体现，集中表现在强调真实报道和深入报道两个方面。

一、真实报道

"关于新闻真实性的问题，1980 年 5 月，在兰州召开的西北五报新闻学术讨论会上及后来由中国社科院新闻所、安徽省新闻学会、安徽新闻刊授大学联合发起在合肥召开的新闻真实性学术探讨会上，集中进行过两次大讨论。"① 之后，学界对真实性的讨论持续不断。这一时期的采访学、写作学著述中，均有所涉及。

（一）"真实"在新闻报道中具有重要地位

多部著述强调"真实是新闻的生命"、真实是"报纸生命之所系"。

《新闻》一书在论述"新闻的特性"时，把"真实性"放在首位："真实性是新闻报道的根本属性，真实，是新闻的生命。维护新闻的真实性是每个新闻工作者必须坚信不疑的第一个原则……我们无产阶级的新闻事业，要求新闻报道要绝对真实，在任何时候、任何条件下，新闻工作者都要坚持新闻真实性的原则，这是党的事业对新闻记者的根本要求，也是一个新闻记者的起码的职业道德。"②

《新闻报道艺术钩探》把真实性列为新闻的"自然属性"。原因是："一件事实，可以被写成各种各样的新闻，但是构成它们的物态却始终是同一个。真实是新闻的生命，不真实就根本丧失了新闻存在的资格。新闻的真实性是任何一条新闻所必须具备的天性，而新闻事实的其他一些特性，未必能在每一条新闻中都显示出来。"③

《新闻采访艺术》把真实性放在新闻采访的第一位："真实是新闻的生命，同样也是新闻采访艺术的生命。""采访中坚持真实性第一的原则，是我们党的新闻工作的优良传统。""新闻采访要求确保新闻报道的真实性，也是广大人民群众对新闻工作的基本要求和愿望，是党的新闻事业取信于民，从而发挥宣传作用的基础。""新闻采访中确保真实性的原则，也是衡量我们能否成为一名合格记者、合格通讯员的关键。"④

---

① 刘保全编著：《新闻论争综述 16 题》，北京，中国人民大学新闻学院 2002 年出版，第 25 页。

② 丛文滋编：《新闻》，长春，吉林教育出版社 1987 年版，第 25 页。

③ 徐熊：《新闻报道艺术钩探》，北京，中国新闻出版社 1988 年版，第 24 页。

④ 邱沛篁编著：《新闻采访艺术》，成都，四川大学出版社 1989 年版，第 21～23 页。

　　《新闻写作词林》在"新闻的真实性"这一词条中处处强调"真实性"的重要："真实是新闻的生命""新闻要真实可靠，必须是真人、真事、真情况、真言语""新闻的真实性也是新闻写作的根本大法"，"新闻一旦不真实，就失去了应有的特点和优势，失去了存在的价值"①。

　　《新闻业务基础》这样强调新闻的真实性："新闻必须用事实说话，这是对新闻强调的第一个要素即第一个基本特征。新闻必须完全真实，这是对新闻强调的第二个要素即第二个基本特征。""无产阶级新闻报道的威力，首先就在于它是完全真实的、准确无误的。我们的新闻事业之所以能够取信于民，在人民群众中享有崇高的威信，也首先在于我们的新闻报道是完全真实的、准确无误的。"②

　　《实用新闻写作新探》提到："新闻的真有它自己的特殊含义。它是现实生活的真，是每时每刻都在发生而又不断消逝的事实上的真。""新闻的真实美，是新闻的本质要求。它在新闻价值的诸要素中占居首要地位，起着决定作用。群众评价一条新闻美不美，首先是看这条新闻是否真实地反映了客观事实。"③

　　（二）事实与真实性

　　多部教材论述新闻与事实的关系，以"事实"这个概念深化对真实性的理解。

　　《新闻业务基础》强调，记者和作者对"事实的解释，应该完全符合客观事物的本来面目，一是一，二是二，既不夸大，也不缩小，准确无误"④。

　　《新闻采访艺术》提到："新闻是对事实的客观反映，没有事实就不会有新闻。新闻报道决不允许把没有发生的事情说成已经发生了，把正在做的事情说成已经完成了；也不允许把不同人、不同单位、不同时间办的某些事情，集中到同一个人、同一个单位、同一时间上；当然，更不允许虚构、凭空想象等。"

　　《新闻写作词林》指出，"新闻的真实性，是指新闻必须符合客观事实……先有事实，后有新闻，事实是新闻的本源，新闻只是对客观事实

　　①　施大鹏主编：《新闻写作词林》，南宁，广西人民出版社1989年版，第19～20页。
　　②　叶春华、连金禾：《新闻业务基础》，上海，上海外语教育出版社1987年版，第36页。
　　③　刘善兴、王桂林：《实用新闻写作新探》，北京，海潮出版社1989年版，第132页。
　　④　叶春华、连金禾：《新闻业务基础》，上海，上海外语教育出版社1987年版，第36页。

的如实反映。用事实说话是新闻的最大特点和独特优势。"①

（三）新闻失实的表现及原因

新闻失实的表现及原因，可从三个层面来分析。

1. 思维局限

"由于思想方法的片面性而造成的失实报道，最常见的是以点带面，以偏概全，往往表扬一个人就把他捧到天上去，似乎没有任何缺点，批评一个人就把他说得一无是处……还有的人因为思想上片面追求知识性、趣味性，结果在思想上丧失警惕，对新闻的真实性不加注意，造成失实的新闻报道相继出现。"②

有的作者"为了'思想性''指导性'，或者迎合有关部门的不正确要求，或'奉命'或'自觉'，随心所欲地'画龙点睛'，拔高主题和思想，把事物弄得面目全非"③，从而出现任意拔高、强扭角度、以偏概全等新闻失实现象。

"有的同志并不是故意要造假新闻，但由于在思想认识上存在一些糊涂、错误的观念，因而造成了采访工作的失实。"④ 采访中存在的主观主义、形而上学、先进人物神化、片面强调某一方面问题等现象，均属思维上有局限。

2. 工作作风与方法的不足

记者"作风飘浮，惯听小道，写作新闻不是深入实际，作实地考察，而是浮光掠影，道听途说，一有风吹草动，立即捕风捉影，渲染张扬，耸人听闻"⑤，会造成新闻失实的严重恶果。这类失实具体表现为以讹传讹、工作粗糙等。《新闻采访艺术》把这类问题归结为"采访作风不深入，粗枝大叶，偏听偏信"；"观察不细致、不准确"；"记者不核对采访对象提供的材料等几种情况"⑥。

3. 动机不端正

道德品质问题也是失实的一个原因。有人"以为新闻报道法力无边，企图通过新闻报道达到谋取私利的目的，因此，不惜造假以炮制新闻"⑦。

---

① 施大鹏主编：《新闻写作词林》，南宁，广西人民出版社1989年版，第20页。
② 丛文滋编：《新闻》，长春，吉林教育出版社1987年版，第29页。
③ 叶春华、连金禾：《新闻业务基础》，上海，上海外语教育出版社1987年版，第37页。
④ 邱沛篁编著：《新闻采访艺术》，成都，四川大学出版社1989年版，第25页。
⑤ 叶春华、连金禾：《新闻业务基础》，上海，上海外语教育出版社1987年版，第38页。
⑥ 邱沛篁编著：《新闻采访艺术》，成都，四川大学出版社1989年版，第25~29页。
⑦ 丛文滋编：《新闻》，长春，吉林教育出版社1987年版，第28页。

这样的人虽然不多，但影响恶劣。

弄虚作假"是新闻报道失实中的最严重也最恶劣的一种情况"，"为了某种目的，明知故犯，不惜捏造事实，无中生有，一些假先进、假典型常常由此而生"①。

"有的作者不报道事实的真相，不忠实于真理，而是看'风'使舵，投机迎合。有的甚至用新闻报道搞不正之风，以追求个人的私利，丧失了一个社会主义新闻工作者应有的职业道德。"②

(四) 如何做到真实报道

新闻具备了"5W"，是否就意味着新闻真实了？"许多失实新闻不仅具备五要素，甚至还刊登了照片，可照样还是失实。"③ 如何确保新闻报道的真实？主要包括如下几点：

1. 提高记者、通讯员的修养

对记者进行新闻常识的普遍教育，"让从事新闻工作的同志逐渐明白新闻为什么必须真实，怎样做到真实"。"新闻报道的真实则是绝对的真实，事件和人物都必须是存在的，不能有丝毫虚构。""要杜绝'客里空'式的新闻报道，就要求新闻工作者讲真事，讲真话，讲真理。"④

"培养记者和通讯员求实的作风、实事求是的品德、艰苦奋斗的精神，都与保障新闻报道的真实性有关。""在业务技巧上不断提高，在知识面上不断扩大，也就增强了记者、通讯员辨别真伪的能力。"⑤ 同时注重奖惩机制，对违反真实原则的记者给予适当处分。

2. 采访过程中的注意事项

采访"切忌强加于人"。"有的记者为了追求情节生动曲折，却不顾客观事实，硬是通过所谓启发或引导去追问，企图达到主观设想的采访目的。"⑥ 为了避免这类问题，记者应做到：划清启发性或引导性的提问与强加于人进行追问的界限；记者应随时随地了解采访对象的心理，设法解除其思想顾虑；任何时候都坚守实事求是的原则⑦。

"新闻采访工作中一定要把所报道的新闻事实的诸要素，即时间、地

---

① 叶春华、连金禾：《新闻业务基础》，上海，上海外语教育出版社 1987 年版，第 37 页。
② 施大鹏主编：《新闻写作词林》，南宁，广西人民出版社 1989 年版，第 23 页。
③ 王中义：《新闻采写通论》，北京，新华出版社 1987 年版，第 104 页。
④ 丛文滋编：《新闻》，长春，吉林教育出版社 1987 年版，第 30 页。
⑤ 邱沛篁编著：《新闻采访艺术》，成都，四川大学出版社 1989 年版，第 33 页。
⑥ 孙世凯：《怎样采访新闻》，北京，北京出版社 1989 年版，第 229 页。
⑦ 参见孙世凯：《怎样采访新闻》，北京，北京出版社 1989 年版，第 231～232 页。

点、人物、事情、原因等，掌握得十分准确，是完全真实可靠的。"① 为此，调查研究和采访环节"要做到在采访工作中确保报道的真实，就必须在调查研究上下功夫，真正学会以马克思主义、毛泽东思想作指导，用辩证唯物主义和历史唯物主义的立场、观点、方法去观察与分析问题，弄清事实真相"。"在采访环节上，要注意层层把关，在各个主要环节与步骤上毫不马虎、含糊，以确保新闻的真实性。"② 特别要注意核实采访信息，掌握一手资料。

3. 写作过程中的注意问题

在写作中注意区分新闻与文艺创作有严格的区别。文艺作品可以通过虚构塑造典型形象，而新闻"一人一物一情一节都是确确实实有根有据的，经过调查核对的，经得住推敲，完全可信的"。"新闻，是事实报道，离开了事实，就没有存在的价值。"③

要保证新闻真实性，在写作时要做到"五不"："一知半解"的不写、材料不准确不写、不能随意扭角度、不依赖自己的记忆写稿、不能超越事实。④

选角度、定主题都要从材料出发；写自己有把握的内容，不能因抢时间而草率；正确反映因果关系；多用客观事实，少下结论等。⑤

"新闻所报道的事件、人物、地点、时间和事件发生的原因，必须是绝对真实、准确无误的""新闻事实应符合客观事物现象的真实，甚至在细节上；新闻事实必须符合客观事物本质的真实""新闻事实从整体和联系上必须符合当前社会的实际；新闻事实必须坚持党的方针、政策、路线的基本原则和基本精神"。⑥

二、深度报道

"20 世纪 80 年代中期以来，深度报道在我国兴盛。我国新闻界 1986年至 1988 年把深度报道单列成一个品种，参加全国好新闻评选。"⑦ 应用新闻学著述也开始注重研究"深度报道"。

---

① 邱沛篁编著：《新闻采访艺术》，成都，四川大学出版社 1989 年版，第 23 页。
② 邱沛篁编著：《新闻采访艺术》，成都，四川大学出版社 1989 年版，第 31、第 32 页。
③ 王中义：《新闻采写通论》，北京，新华出版社 1987 年版，第 104 页。
④ 参见谢荣镇编著：《新闻写作》，北京，北京大学出版社 1987 年版，第 33 页。
⑤ 施大鹏主编《新闻写作词林》，南宁，广西人民出版社 1989 年版，第 23、第 24 页。
⑥ 黄智敏：《新闻采访艺术》，北京，学术书刊出版社 1989 年版，第 14 页。
⑦ 王武录：《关于深度报道》，《新闻与写作》1999 年第 8 期。

（一）深度报道形式

深度报道形式多样。这一时期的著述对解释性报道、分析性报道、调查性报道、预测性报道、连续性报道的研究比较多。

1. 解释性报道

"所谓解释新闻，本是运用有关背景事实来补充和解释新闻事件发生、发展的来龙去脉，揭示它的实质、意义的一种报道方式。"① 《新闻采编艺术》强调解释新闻大都属于二次报道、连续报道，当然也有一次性的解释报道，但重心都是在说明解释，不在于告之以事。解释新闻的价值在于具有"强烈针对性的指导意义"或"丰富的知识性"。解释新闻"仅是纯新闻的延伸，必须遵循忠实地报告事实这个不能动摇的原则。用于解释的背景事实，都必须是能准确反映事物本来面目，具有典型性、代表性的，切忌个人随心所欲地取孤证，去妄加解释或随意发挥"②。

《新闻采写实用技法》借鉴美国新闻学者赖斯特的观点，专门论述"扩展解释法"。"解释，就是新闻报道的深入化，就是把单一的新闻事件放到一系列事件中去写，就是提供新闻背景的知识，从而使读者能够对新闻事件作出客观的判断。"③ 若想扩展解释，须做到如下要求：紧扣主题，疏密得当，表述上灵活多样，逻辑性强。

2. 分析性报道

有学者认为，"分析论证就是讲道理，论是非，也叫事理论证。就是通过对事理的分析，揭示论点和论据的关系，揭示事物的本质特征，从而将观点建立在不可动摇的基础之上"④。分析事实可以从多方面入手："可以'横向'分析，也可以'纵向'分析；可以从正面分析，也可以从反面分析；可以从现实分析，也可以从历史的角度分析。"⑤ 在分析过后，还要进行"综合"，"这样才能使文章的论题更加鲜明有力，也便于上升到理论高度。同时，从文章的结构上看，也有了完整的结尾"⑥。分析论证的技法主要有：透过现象抓实质；举例与分析相辅相成；说理要周密。

---

① 彭朝丞：《新闻编辑的艺术》，北京，中国新闻出版社 1988 年版，第 450 页。
② 彭朝丞：《新闻编辑的艺术》，北京，中国新闻出版社 1988 年版，第 457 页。
③ 宋兆宽：《新闻采写实用技法》，南京，河海大学出版社 1989 年版，第 322 页。
④ 宋兆宽：《新闻采写实用技法》，南京，河海大学出版社 1989 年版，第 304 页。
⑤ 宋兆宽：《新闻采写实用技法》，南京，河海大学出版社 1989 年版，第 305 页。
⑥ 宋兆宽：《新闻采写实用技法》，南京，河海大学出版社 1989 年版，第 306 页。

3. 调查报告

调查报告作为一种新闻文体，有关研究基本达成共识。有学者指出，"调查报告作为一种新闻文体，是反映某个事件、某项政策或某项工作的调查情况的报道，是对客观事物较为系统的调查研究之后向广大读者的汇报"①。有人认为，"调查报告是对重要事件或群众关心的问题，进行调查研究的一种文体。它的主要任务是调查事件真相，总结工作经验教训，探讨事物发展规律"②"调查报告是对某一新闻事件或群众关心的问题进行专题调查研究，以总结经验教训，探讨事物发展规律为目的的一种常用新闻文体。"③ 还有人指出，调查报告是"一种常用的新闻体裁""有明确的针对性，它是作者对社会生活中具有典型意义的事件或问题进行调查研究后披露事实真相的报道"④。

关于调查报告的种类与写作要领，则有不同表述。《新闻写作》指出，调查报告按内容可分为专题性调查报告、基础性调查报告、揭露性调查报告。调查报告所报道的事实比较完整，且有较强的概括性，寓理于事。调查报告写作要求进行扎实深入调查，详细占有现实材料和历史材料、"点"上材料和"面"上材料、正面材料和反面材料、间接材料和直接材料；认真分析材料，找出规律性的东西；恰当运用材料阐明观点，观点来自于材料、来自于对比、来自于统计数字。⑤

《新闻采写通论》将调查报告分为总结经验的调查、揭露问题的调查、今昔对比的调查、基本情况的调查。做好调查研究是写好调查报告的基础，调查研究要坚持马克思主义理论；掌握阅卷调查、座谈调查、典型统计调查、抽样调查、分层调查等科学方法；了解事物发展全过程，如材料不足，则要进一步搜索。写作上要认真分析、掌握规律，提炼观点、统帅材料，讲究技巧、引人入胜，同时避免求大求全、不深不透、简单片面等常见病。⑥

《新闻写作词林》将调查报告分为基本情况的调查报告、典型经验的

① 丛文滋编：《新闻》，长春，吉林教育出版社1987年版，第135～136页。
② 王中义：《新闻采写通论》，北京，新华出版社1987年版，第229页。
③ 谢荣镇编著：《新闻写作》，北京，北京大学出版社1987年版，第205页。
④ 施大鹏主编：《新闻写作词林》，南宁，广西人民出版社1989年版，第369页。
⑤ 参见谢荣镇编著：《新闻写作》，北京，北京大学出版社1987年版，第207～220页。
⑥ 参见王中义：《新闻采写通论》，北京，新华出版社1987年版，第230～244页。

调查报告、揭露问题的调查报告、斗争历史的调查报告。① 在调查报告的写作中，要注意深入调查获取资料，要注意观点与材料统一。调查报告的写作，尤其注意主体部分要"纲举目张，结构最好以小标题或'一、二、三、四'提要式来组织材料"②。

《新闻》强调，调查报告写作要注意：思想要深、角度要新；充分占有材料、精心选择事实；事实说明观点、理论统率材料；结构要严谨、层次要分明。③《漫谈新闻写作》指出："调查报告的写作，力求反映出事件、经验或问题的来龙去脉以及前因后果，从而引出带有规律性的东西或富有指导性的结论、办法、意见、启示。"④ 写好调查报告需要五道工序：选好主题；选准题材；深入调查、广泛占有材料；分析材料、找出本质或规律；谋篇布局要严谨、观点材料要统一。

4. 连续性报道

《新闻写作词林》指出："碰上突然性的新闻事件，由于时间紧迫，记者一时无法获得全部事实，往往只能选择最重要的新闻事实抢先报道。完成'第一条消息'后，再跟踪追击，充分了解新闻事件发展的全过程。"⑤ 该书以美联社对 1982 年墨西哥埃尔齐诺纳尔火山爆发的连续报道为例，强调连续性报道采写的一个重要事项："连续报道不是刻板地、机械地按时间顺序报道新闻事件的发展，而是以读者兴趣为基础将它们组成有机整体。"⑥

5. 预测性报道

《新闻编辑的艺术》指出，预测新闻"是对读者关心的新闻事件和新闻现象不仅要解释过去，而且要对它的前景进行科学分析、预察未来的一种报道方式"⑦。这类报道一般包括三个要素："一是对过去和现实情况的概括；二是对未来的分析预测；三是提出实现未来的条件或可行措施。"⑧ 预测新闻的文体特点在于鲜明地提出问题，就事论理，表现手法灵活多样，有深度。预测性报道有七种：结论式的预测、探讨式的预测、

---

① 参见施大鹏主编：《新闻写作词林》，南宁，广西人民出版社 1989 年版，第 370～372 页。

② 参见施大鹏主编：《新闻写作词林》，南宁，广西人民出版社 1989 年版，第 374 页。

③ 参见丛文滋编：《新闻》，长春，吉林教育出版社 1987 年版，第 135～151 页。

④ 孙世凯：《漫谈新闻写作》，北京，新华出版社 1989 年版，第 83 页。

⑤ 施大鹏主编：《新闻写作词林》，南宁，广西人民出版社 1989 年版，第 215 页。

⑥ 施大鹏主编：《新闻写作词林》，南宁，广西人民出版社 1989 年版，第 216 页。

⑦ 彭朝丞：《新闻编辑的艺术》，北京，中国新闻出版社 1988 年版，第 457～458 页。

⑧ 彭朝丞：《新闻编辑的艺术》，北京，中国新闻出版社 1988 年版，第 458 页。

提醒式的预测、咨询式的预测、建议式的预测、选择式的预测、预言式的预测。

《新闻写作词林》认为，"预测性新闻，是对将有可能发生的事情进行展望和推测的报道。它是一种新闻分析。即通过分析客观事物的历史和现状，探求其内在的变化规律，从而对其发展趋势，作出科学预测"①。预测性新闻不是主观臆测，而是新闻敏感和大量积累资料的结果。

（二）新闻背景与做好深度报道

在谈及做好深度报道的具体做法时，很多著述主张运用好新闻背景来深化报道。

《新闻写作》指出，"新闻背景就是介绍新闻事件发生的历史、环境与客观条件的材料"。其作用是"烘托、深化主题，更好地说明问题，解释事件发生或人物成长的主客观条件及其实际意义，从而帮助读者更好地理解新闻的主题"②。该书将背景材料分为事物背景、历史背景、地理背景、人物背景。在运用背景材料时则要紧扣主题，说明主题；突出重点，简明扼要；有的放矢，针对性强；灵活穿插，生动活泼。③

《新闻业务基础》指出，"背景，原指绘画等艺术作品中衬托主体的背后景物。借用到新闻写作上来，指的是衬托新闻主体的材料"④。新闻背景是"说明、突出和深化新闻主题的手段和材料"⑤。写作新闻背景的要求是：紧扣新闻主题、考虑读者需要、力求少而精、不拘一格、注意实际效果。

《新闻写作学》指出，"新闻背景就是新闻事件产生的历史和环境、原因和时间、空间条件以及对有关各方面所作出的说明解释"⑥。背景材料"该疏该密，应浓应淡，需显需隐，要因消息的文体而异"，"从纵的方面报道重要事情的发展始末和从横剖面阐明某一重要思想、经验而带有借题发挥性质的综合新闻或非事件性消息"⑦。

《新闻报道艺术钩探》将新闻背景界定为"对新闻中事件和人物起作

①　施大鹏主编：《新闻写作词林》，南宁，广西人民出版社1989年版，第215页。
②　谢荣镇编著：《新闻写作》，北京，北京大学出版社1987年版，第73页。
③　参见谢荣镇编著：《新闻写作》，北京，北京大学出版社1987年版，第73～76页。
④　叶春华、连金禾：《新闻业务基础》，上海，上海外语教育出版社1987年版，第26页。
⑤　叶春华、连金禾：《新闻业务基础》，上海，上海外语教育出版社1987年版，第27页。
⑥　程天敏：《新闻写作学》，广州，广东高等教育出版社1987年版，第85页。
⑦　程天敏：《新闻写作学》，广州，广东高等教育出版社1987年版，第119～120页。

用的历史情况或现实环境"①，并以"新闻背景浅谈"的形式，分别论述"交代新闻背景是新闻报道的基本规则""新闻背景是深化主题的有力武器""运用新闻背景是新闻写作的一项基本功"②。

《新闻写作词林》指出，新闻背景材料的运用原则是因稿而异、紧扣主题、恰到好处、饶有兴味。"最好是分散在事件叙述的过程中去交代，做到灵活穿插，自然而然地出现在读者面前。"③

第四节　新闻事业之学的主要特征

新闻事业本位新闻学的学术研究，具有如下特征：

一、理论建构开始注重基本概念辨析

这一时期的新闻学术研究，尤其是理论新闻学研究，开始注重新闻、舆论、新闻事业等基本概念的辨析，开始关注每个概念的基本内涵，这从侧面反映新闻学术传统得到恢复与初步发展。但也存在一系列问题。

在概念使用方面，存在同一概念多层含义混用的情况。"新闻"是新闻学者着力最多的一个概念。研究者揭示了不同内涵下的"新闻"。甘惜分首先确认，"新闻是一种社会意识形态"④。"新闻就是真实地报道正在变化中的客观事物，是这种事物在人类头脑中的反映，并且传播给人们"⑤。但这还不是新闻的科学定义，新闻的科学意义还必须考察新闻的起源。"新闻是一种社会活动，是人与人之间的情况交流、经验交流和思想交流的社会活动，是一些人了解到一种情况，接触到一种新事物，然后把这种新情况和新事物又转而传达给别人，使人们根据这种传达而采取适当的行动。这种把新情况新事物传达、报告给别人的社会活动，就是新闻活动。"⑥ 这种活动是随着人类而产生而发展的。在此基础上，甘

①　徐熊：《新闻报道艺术钩探》，北京，中国新闻出版社1988年版，第42页。
②　徐熊：《新闻报道艺术钩探》，北京，中国新闻出版社1988年版，第39、第49、第65页。
③　施大鹏主编：《新闻写作词林》，南宁，广西人民出版社1989年版，第147页。
④　甘惜分：《新闻理论基础》，北京，中国人民大学出版社1982年版，第24页。
⑤　甘惜分：《新闻理论基础》，北京，中国人民大学出版社1982年版，第28页。
⑥　甘惜分：《新闻理论基础》，北京，中国人民大学出版社1982年版，第28页。

惜分对新闻机构发布的新闻进行界定："新闻是报道或评述最新的重要事实以影响舆论的特殊手段。"① 如此，"新闻"就有了"起源"意义、"意识形态"意义与"新闻作品"意义的不同区分，在新闻学理论建构中，到底使用哪种意义的"新闻"，须给予明确规定。但不是所有的新闻学者都意识到了这个问题，更多的新闻学者混淆使用三层含义下的新闻概念，这自然影响到理论建构的水平。

在概念使用方面，存在不同概念表达同一基本内涵的情况。新闻学者对"新闻"与"舆论"两个概念着力颇多。新闻的特性则包括真实性、新鲜性、公开性、传播性与传知性、及时性、客观性、有用性与服务性等等。舆论的定义虽较为一致，但舆论的特性则包括依存性、评价性与时评性、倾向性与阶级性、公开性、自主性及非强制性、一致性与不一致性、客观性与社会性、公众性与民意性、流动性与稳定性、多样性和复杂性等等。在此，可以看出新闻学术研究存在基本概念界定不清的现象。同时也反映出，由于基本概念界定不准确，带来重复研究的现象。有研究者为了与别人的研究相区别，在文字使用方面下了功夫，但若看具体论述，其实只是换了文字，其基本内涵没有明显区分，如"传播性"与"传知性"，自主性"与"非强制性"，"评价性"与"时评性"，等等。

在概念使用方面，存在不同概念混用现象，如"新闻事业"与"新闻工作"与"新闻"。有的著述将"社会主义新闻工作"或"我国新闻工作"或"新闻工作"的基本原则表述为"党性""群众性""战斗性""真实性""指导性和服务性"等等，如郑旷主编的《当代新闻学》，张宗厚、陈祖声的《简明新闻学》，何崇文的《新闻学基础》，余家宏、宁树藩、叶春华主编的《新闻学基础》，王益民的《系统理论新闻学》，等等。也有的著述将"党性""真实性""群众性""人民性"等看作是"新闻事业"的基本特性，如甘惜分的《新闻理论基础》，成美与童兵的《新闻理论简明教程》，郑保卫的《新闻学导论》，复旦大学新闻系新闻理论教研室的《新闻学概论》等。也有的著述概括为"新闻的党性"，如缪雨的《新闻学通论》。

概念使用方面存在的这些问题，在一定程度上妨碍了"新闻事业"之学的理论建构。

---

① 甘惜分：《新闻理论基础》，北京，中国人民大学出版社1982年版，第50页。

二、理论建构结构松散

"新闻事业"之学的理论建构，其逻辑起点是"新闻"，但逻辑终点往往是"新闻事业"或"新闻工作"，这在一定程度上影响了"新闻事业"之学的理论体系建构。

在一系列理论新闻学著述中，有不少成果将新闻学的研究对象界定为"新闻现象""新闻活动"。张宗厚、陈祖声的《简明新闻学》强调，"新闻学研究的对象是新闻这种社会现象和作为人们社会活动一部分的新闻活动"①。何崇文在《新闻学基础》中清晰表述："新闻学研究的主要对象是新闻。新闻学就在于研究新闻规律，研究新闻与其他事物之间的联系。"② 余家宏、宁树藩、叶春华的《新闻学基础》则明确指出，"新闻学是以人类社会客观存在的新闻活动作为自己的研究对象"③。何光先的《现代新闻学》认为，"新闻学是反映新闻传播规律的知识体系"④。缪雨的《新闻学通论》也指出，"新闻学的研究对象应当对准新闻这种社会现象，对准新闻现象这个领域中所特有的矛盾"⑤。杨思迅的《新闻学教程》认为，"新闻学是新闻之学，是关于新闻的学问"⑥。按照逻辑推演，这些著述应当将"新闻现象"或"新闻活动"作为逻辑终点，但事实不是如此。

在一系列理论新闻学著述中，从章节安排来看，主流构建方式是"新闻→新闻事业"或者是"新闻→新闻事业→新闻工作"。如甘惜分的《新闻理论基础》，张宗厚、陈祖声的《简明新闻学》，余家宏等的《新闻学基础》，成美、童兵的《新闻理论教程》，郑旷主编的《当代新闻学》，复旦大学新闻系主编的《新闻学概论》，王益民的《系统理论新闻学》，杨思迅的《新闻学教程》，郑保卫的《新闻学导论》，等等。逻辑起点与逻辑终点的不一致，造成理论体系结构松散。

无论是将研究对象界定为"新闻事业"，还是"新闻现象与新闻活动"，这一时期理论新闻学著述的理论重心都是"新闻事业"。"新闻事业"包括报刊、广播、电视、通讯社、新闻电影、新闻教育等在内，研

① 张宗厚、陈祖声：《简明新闻学》，北京，人民日报出版社 1983 年版，第 12 页。
② 何崇文编著：《新闻学基础》，重庆，西南师范大学出版社 1988 年版，第 4 页。
③ 余家宏、宁树藩、叶春华：《新闻学基础》，合肥，安徽人民出版社 1985 年版，第 1 页。
④ 何光先：《现代新闻学》，昆明，云南教育出版社 1988 年版，第 19 页。
⑤ 缪雨：《新闻学通论》，北京，新华出版社 1987 年版，第 11 页。
⑥ 杨思迅：《新闻学教程》，哈尔滨，黑龙江教育出版社 1990 年版，第 7 页。

究对象纷繁复杂。随着各类媒介的不断发展，研究外延不断扩大。这些必然影响到理论体系的建构。对此，有学者做有精到的分析："因为媒介传播的内容庞杂、结构多样，功能广泛，运作方式也多有不同，许多方面并不等同于新闻传播自身的规律，而是与新闻传播的自身规律并行发展，或是其他学科规律在媒介传播中的具体体现。其相互之间并无必然的内在逻辑联系。如对于一家报纸或一家电视台来说，除新闻外，传播的内容还有娱乐、教育、广告等等，这些内容的传播规律与新闻规律并不相同，放在一起研究，自然没有相同的逻辑起点，也就无法建立起科学的理论体系。"①

三、理论建构游离新闻本体

这一时期的历史新闻学建构，在理论框架上未能超越20世纪50年代流行的苏共模式。无论是方汉奇的《中国近代报刊史》，还是李龙牧的《中国新闻事业史稿》，抑或是胡太春的《中国近代新闻思想史》，都仍以革命史的历史分期作为新闻史书写的理论框架，即首先确定报刊或新闻人物等研究对象的阶级立场，将其划分为资产阶级的或无产阶级的，革命的或非革命的，进步的或非进步的，然后再对人物的新闻活动或报刊的宣传内容进行评说，其评价标准是看其对革命的、进步的、无产阶级的新闻事业作出哪些贡献。把其他学科的概念与框架搬用到历史新闻学科，历史新闻学的理论建构自然游离了新闻本体。其实，新闻学者已经注意到这个问题，正如戴邦、钱辛波、卢惠民指出的，在研究新闻业史时，"忽视了新闻事业本身发生、发展和演变的特有条件和固有历史，把新闻业史写成类似阶级斗争史。实践证明，这种方法是不全面的。新闻是一种社会现象，在无阶级社会和有阶级社会里都是社会现象。探索新闻赖以产生、发展的社会历史条件是必要的，但历史条件和新闻业务本身是两回事。只讲'阶级斗争'的历史条件，不讲新闻事业本身赖以产生和发展的社会需要，以及必要的物质条件，就脱离了新闻学自身内容，而丧失了新闻业史的特色"②。

在应用新闻学的理论建构中，虽然由于实践领域新闻改革的进行，

① 宁树藩、芮必峰、陆晔：《关于新闻学理论研究历史与现状的对话》，《新闻大学》1997年第4期。
② 戴邦、钱辛波、卢惠民：《新闻学基本知识讲座》，北京，人民日报出版社1984年版，第2页。

理论领域出现了由宣传本位向新闻本位转向这一可喜现象，对真实报道、深入报道进行了理论思考。但由于思维惯性的影响和现实历史条件的限制，这种转向必然要有一个过程。宣传本位的理论模式很难彻底改变，新闻本位观念的确立也不能一蹴而就。

四、反思阶级斗争工具说

新中国成立以来，在历次政治运动中，阶级斗争的作用一再被夸大。长期以来，资产阶级新闻学与无产阶级新闻学被看作水火不容的你死我活的斗争。对此，戴邦等指出："新闻学既是一门科学，它就像所有的社会科学一样，不同的历史发展阶段，就有各个不同发展阶段的成就和学说，就有发展与继承的关系。不管它是封建社会的也好，资本主义社会的也好，只要它反映了事物的本质和规律，促进事业的发展，就应该研究它、承认它，批判地继承它的合理部分；否则，新闻学就成了无源之水，无本之木，就不成其为科学，也很难发展这门科学了。"[1] 对于一些新闻学基本观点，如新闻的真实性等，不能因为资产阶级先于我们提出来的，就一律予以否定，那不是科学的态度。对于资产阶级新闻学只有采取批判、继承的态度，才能发展无产阶级新闻学，使无产阶级新闻学有个全面的正确的结论。"事实表明，对于科学发展的历史，不能只从阶级概念出发，而主要的应从科学本身的发展事实和客观规律出发，按照历史唯物主义的观点，凡属正确的就继承，凡属错误的就摒弃。"[2]

张宗厚、陈祖声从新闻事业性质辨析入手，反思阶级斗争工具说。如果把新闻事业理解为包括社会主义新闻事业和资本主义新闻事业在内的人类的新闻事业，那么说新闻事业是"无产阶级专政的工具"是不妥的。我们所讲的性质是指事物所具有的特性，也就是这一事物独有而其他事物没有的性质。所以，新闻事业的性质必须准确表达出新闻事业的特点。如果说新闻事业是"阶级斗争的工具"，就看不出新闻事业与国家、政党等阶级斗争工具的区别。说新闻事业是"社会舆论的工具"，也看不出它和一般书籍、刊物的区别。"新闻事业的特性必须从它的特殊表现形式，就是它的业务特点来说明。新闻机构的主要业务就是发布新闻，

---

[1]　戴邦、钱辛波、卢惠民：《新闻学基本知识讲座》，北京，人民日报出版社 1984 年版，第 4 页。

[2]　戴邦、钱辛波、卢惠民：《新闻学基本知识讲座》，北京，人民日报出版社 1984 年版，第 7 页。

把最新发生的有传播价值的事实告诉人们。"①

余家宏等指出,在长达 20 年(1957～1977)的时间里,"报纸是阶级斗争的工具"被认为是报纸(包括广播、电视)的性质、定义和全部功能。这个看法很片面。把报纸性质规定为阶级斗争工具,这意味着阶级斗争规律可以取代办报的客观规律。把报纸上的新闻、评论都和阶级斗争联系起来,报纸就会以"阶级斗争为纲","那势必把传播信息、反映经济建设、介绍知识等等作用、任务统统排除报纸之外。"② "在存在阶级和阶级斗争的社会里,报纸的阶级斗争工具作用,仅仅是报纸的一种作用,不是全部作用。报纸对社会的作用,在不同的历史时期有不同的侧重点。在革命战争年代,由于社会上存在着敌对阶级,阶级斗争尖锐、激烈,我们党领导下的报纸,其阶级斗争作用十分突出。党的十一届三中全会以后,全党的工作中心,已转移到经济建设上来,报纸就要把反映经济建设、推动经济建设作为中心任务。阶级斗争的作用降到次要的地位上。"③

缪雨指出,"阶级性,是阶级社会里新闻的一种深刻的社会属性","但新闻的社会属性并不止阶级性一种,还有它的时代性、民族性,也要联系起来考虑"④,"新闻的阶级性,并不限于表现在阶级斗争的报道上。同样,新闻的社会功能也不能仅仅理解为'阶级斗争工具'。"⑤

何光先则指明,"给新闻事业定性,还要从它的整个发展过程去看问题。对于'新闻事业是阶级斗争工具'的性质,即使从阶级社会来说,也难以站住脚。因为,决定事物性质的只能是它的内在规律性,而不是它的外部条件。研究新闻事业的内在规律性,首先要从新闻事业形成和发展的全过程去寻找"⑥。

新闻学者对阶级斗争工具理论的反思,反映出拨乱反正、改革开放带来思想解放,新闻学研究开始迈向正常的学术轨道,这是可喜的现象。比较遗憾的是,新闻学者一方面反思"新闻事业阶级斗争工具说",一方

① 张宗厚、陈祖声:《简明新闻学》,北京,人民日报出版社 1983 年版,第 213 页。

② 余家宏、宁树藩、叶春华:《新闻学基础》,合肥,安徽人民出版社 1985 年版,第 36 页。

③ 余家宏、宁树藩、叶春华:《新闻学基础》,合肥,安徽人民出版社 1985 年版,第 36～37 页。

④ 缪雨:《新闻学通论》,北京,新华出版社 1987 年版,第 108 页。

⑤ 缪雨:《新闻学通论》,北京,新华出版社 1987 年版,第 111 页。

⑥ 何光先:《现代新闻学》,昆明,云南教育出版社 1988 年版,第 67 页。

面，又大量使用阶级斗争说的研究方法来进行研究。有关新闻工作党性、群众性、指导性、战斗性等基本原则的论述中，往往将新闻事业区分为资本主义与社会主义两类，而在分析社会主义新闻工作的基本原则时，首先强调"党性原则"，而党性又源于新闻事业的"阶级性"。时代的局限与思维的惯性，让他们的理论论述无法实现根本性突破。

第五节　新闻事业之学的成因

经过拨乱反正，中国改革开放事业顺利开展，为中国新闻事业的发展提供稳定的环境，也为中国新闻学术研究的逐步恢复与发展提供宽松的氛围。

一、新闻事业蓬勃发展

这一时期，新闻学者不约而同将新闻事业作为理论研究的重心，与这一时期新闻事业的蓬勃发展紧密相关。

1984～1988 年，改革开放事业如火如荼。新闻改革作为改革开放事业的重要组成部分，也随之展开。新闻工作改革带来了中国新闻事业的迅猛发展。

中国报业规模急遽扩大，报业实力大幅度提高。据统计，"1978 年，我国报纸有 186 种，每期平均印数为 4280.1 万份，总印数为 1277620 万份。到了 1991 年，我国拥有公开发行的报纸 1514 种，平均每期发行数为 15318 万份，全年总发行数达到了 2130642 万份。"[①]

报纸数量的激增，带来了经济实力的增强。1979 年 1 月 4 日，《天津日报》率先在全国报纸中刊登广告。1982 年国务院颁布《广告管理暂行条例》，中国报纸广告经营被纳入法治化轨道。据统计，"1984 年，我国登记在册的报纸广告经营单位 509 家，广告经营额为 1.168 亿元人民币。到 1991 年，全国报纸广告经营单位达到 1387 家，广告经营额近 9.62 亿元，增长了 9 倍左右。"[②]

---

① 吴廷俊主编：《中国新闻传播史（1978～2008）》，上海，复旦大学出版社 2011 年版，第 240 页。

② 吴廷俊主编：《中国新闻传播史（1978～2008）》，上海，复旦大学出版社 2011 年版，第 247 页。

在业务建设方面，中国报纸一方面紧密配合党的中心工作，充分发挥"宣传"的优良传统：宣传思想解放，为改革开放做舆论准备；宣传经济建设，为改革开放提供舆论支持；加强思想政治宣传，反对资产阶级自由化。① 另一方面，中国报纸致力于业务革新，取得了一系列瞩目的成绩：新闻报道的中心转移到经济建设上来，注重"真、短、快、活、强"消息的传递并不断进行创新；提倡软新闻，增强报纸可读性；加强深度报道，深刻解读改革开放；繁荣典型报道，提供精神动力；加强新闻批评，发挥舆论监督功能。报业经营管理则向企业化方向迈进：做好广告及多种经营，报纸扭亏为盈；开展自办发行，改变发行模式；引入承包制、责任制等新机制，进行经营制度创新。②

广播、电视事业同样获得了发展机遇。1980 年第十次全国广播工作会议上重提"自己走路"的方针。1982 年广播电视部提出在坚持"自己走路"的同时，还要依靠社会力量"开门办广播电视"。1983 年第十一次广播电视工作会议确立"四级办广播电视"的方针。1984 年，中国自己研制的第一颗试验通讯卫星发射成功，解决多路传输广播电视的问题。从此，广播电视事业格局发生重大变化。据统计，1984 年，中国拥有无线广播电台 167 座、中短波发射台和转播台 556 座、调频发射台和转播台 172 座、广播人口覆盖律为 67.8%。1992 年则拥有无线广播电台 812 座、中短波发射台和转播台 711 座、调频发射台和转播台 934 座，广播人口覆盖律 75.6%。电视事业的发展速度更快。1984 年中国拥有电视台 93 座、电视发射台和转播台 9708 座、电视人口覆盖律 64.7%，1992 年中国拥有电视台 586 座、电视发射台和转播台 32643 座，电视人口覆盖率 81.3%。③

数量猛增的同时，广播电视业务改革也在进行。广播电视新闻节目篇幅变短，容量变大，注重提高时效，报道形式丰富多样，舆论监督功能有所加强；经济专栏、经济频道和经济台创立；专题节目、纪实节目

---

① 参见吴廷俊主编：《中国新闻传播史（1978～2008）》，上海，复旦大学出版社 2011 年版，第 243～244 页。

② 参见吴廷俊主编：《中国新闻传播史（1978～2008）》，上海，复旦大学出版社 2011 年版，第 247～248 页。

③ 参见吴廷俊主编：《中国新闻传播史（1978～2008）》，上海，复旦大学出版社 2011 年版，第 345 页。

异军突起；文艺节目繁荣。①

通讯社事业同样得到充分发展。1978～1982 年，新华社从"文化大革命"期间几近停滞的状况下得到恢复。1983 年，经中央批准，新华社确立建设社会主义现代化的世界性通讯社的发展目标，从此新华社进入快速发展阶段。新华社全面实施新闻业务改革，推进国际性通讯社的建设进程：报道方针上，实行国内报道和对外报道并进战略；报道理念上，坚持实事求是；报道内容上，大力扩大报道面；报道形式上，提倡"视觉性新闻""现场短新闻""散文式新闻""预测性新闻"等等，增强可读性；经营管理方面，狠抓新闻报道的同时，搞好经营管理，追求社会效益与经济效益的双赢。②

1978 年 9 月，中国新闻社恢复工作③。中新社成立专稿部，确立"面向中间，反映现实"的专稿报道方针，把专稿作为对外报道的重要方式之一；成立摄影部，做好日常工作的同时，不断派出记者与外国摄影家合作；建立电影部，并由拍摄纪录片向戏曲片、故事片、专题片、电视剧拓展，推出一批影视作品，通过电影电视开展对外报道；不断加强各分社和驻外记者的建设。④

综上所述，改革开放进程中，中国报业、广播电视事业、通讯社事业的全面进步与迅猛发展，引起新闻学者的充分关注，他们自然把目光聚集在新闻事业上，也就有了"新闻事业之学"理论范式的出现。综观媒体与新闻学的发生与发展过程，新闻事业之学将报纸、广播电视、通讯社等媒体作为研究对象，不是偶然的现象，而是历史的必然选择。"新闻"是在人类社会早期就出现的一种社会现象。但在当时，"新闻"是人类日常生活的常态，没有引起重视，也没有人加以研究。而当报纸等媒介充分发展后，情况则发生了变化："正是报纸最早放大了新闻的作用，扩大了新闻的功能，将新闻从日常生活常态中凸现出来，新闻的社会意义是由于报纸而被社会认同的，正因为如此，'新闻学'研究的着眼点一

---

① 参见吴廷俊主编：《中国新闻传播史（1978～2008）》，上海，复旦大学出版社 2011 年版，第 455～456 页。

② 参见吴廷俊主编：《中国新闻传播史（1978～2008）》，上海，复旦大学出版社 2011 年版，第 345 页。

③ 1969 年，中新社并到新华社，保留中新社名义，由新华社领导。

④ 参见吴廷俊主编：《中国新闻传播史（1978～2008）》，上海，复旦大学出版社 2011 年版，第 474～475 页。

开始就被引向报纸或报馆上，而非新闻本身。"① 20 世纪 80 年代，包括报纸、广播、电视、通讯社在内的新闻事业的迅猛发展，吸引了众多学者的关注目光，新闻事业自然成为他们进行新闻学理论建构的重心。

综观新闻业务改革，无论是报业、广播电视事业还是通讯社事业，都对"新闻"报道给予充分的重视，并不断革新"新闻"报道方式。这意味着中国的新闻业务实践，开始由"宣传"本位向"新闻"本位转化。业界的这一变化自然会引起应用新闻学者的关注，对客观报道、深度报道进行理论建构。这一变化不仅仅体现在应用新闻学的理论建构中，在理论新闻学的理论建构中也有所反映，即新闻学者不约而同将"新闻"作为理论研究的逻辑起点。虽然新闻学者最终将"新闻事业"作为研究的理论重心，但能将"新闻"作为研究的起点，相比"党报之学"与"政治运动之学"而言，已是重要的理论进步。

二、新闻学术研究的恢复与发展

新闻学术研究需要正常的学术氛围，可靠的制度保障，相应的人才储备与学术交流的空间。20 世纪 80 年代，这些条件相继具备，从而令"文化大革命"期间遭受摧毁性打击的新闻学术研究得以恢复。1982 年 12 月五届人大五次会议通过的第六个"五年计划"中，提出了加强新闻学研究的主张，从而使新闻学术研究沐浴改革开放的春风，逐步发展起来。

（一）新闻教育的恢复与发展

1977 年，国家高等学校恢复统一招生制度，复旦大学、北京大学、广西大学、北京广播学院正式招收新闻学专业学生，中国新闻教育开始恢复。1978 年 6 月，中国社会科学院研究生院新闻系成立，由人民日报社、新华社、中国社会科学院合办。1982 年，"全国高等学校新闻专业点已有 16 个，在校生（包括专科生）1685 人，专业教师 364 人，基本恢复和略超过了'文化大革命'前的水平"②。

1983 年 5 月，在中共中央宣传部和教育部的主持下，第一次全国新闻教育工作者座谈会在北京召开。中共中央宣传部、教育部于 9 月

---

① 宁树藩、芮必峰、陆晔：《关于新闻学理论研究历史与现状的对话》，《新闻大学》1997 年第 4 期。

② 吴廷俊主编：《中国新闻传播史（1978～2008）》，上海，复旦大学出版社 2011 年版，第 553 页。

10 日发布《关于加强新闻教育工作的意见》的通知。由于有了政策支持与保障，中国新闻教育开始出现发展热潮。兰州大学、宁夏大学、吉林大学、武汉大学、新疆大学、华中工学院增设新闻系或新闻专业，厦门大学则成立新闻传播系。有条件的院校还增设广播电视、新闻摄影、新闻事业管理和广告等专业。复旦大学、北京外国语学院、北京大学、暨南大学、上海外国语学院则试办国际新闻专业或国际文化交流专业。此外，有关院校与新闻业务单位还承担起培训任务，如新华社成立干部进修学院，人民日报社试办两年制的在职新闻研究生班。这一年，中央广播电视大学开始设立新闻专业。全国省市以上的新闻刊授、函授学校达到 13 所，学员达 23 万。到了 1985 年，第一次全国新闻教育工作座谈会制定的"原各大行政区至少应有一所高等院校设置新闻专业"[1] 的目标基本实现。1986 年，全国新闻学专业自学考试启动。1983～1988 年是中国新闻教育发展高潮期，"新闻类专业点由 1983 年的 16 个增加到 1988 年的74 个"。[2]

新闻教育的充分发展，令新闻教育机构很快升格。1988 年 6 月，复旦大学新闻学院与中国人民大学新闻学院成立。

这一时期，研究生教育也发展起来。中国社会科学院研究生院新闻系从 1978 年开始招收新闻学硕士研究生。复旦大学新闻系、中国人民大学新闻系从 1984 年开始招收博士研究生。

新闻教育的发展令新闻学科地位得到提升。国家社会科学基金从 1986 年起开始增添新闻学项目。"1987 年末，国家科委的统计年报中，新闻学被列为社会科学和人文科学的 15 个项目之一，居 11 位，这是国家有关部门对新闻学学科地位的首次正式承认；1990 年，国务院学位委员会第九次会议通过的《授予博士、硕士学位和培养研究生的学科、专业目录》中，新闻学被提升为文学下的二级学科。"[3]

新闻教育的发展，带动专门的新闻教育团体组织的成立。1984 年，中国新闻教育学会在北京成立。1987 年 10 月，中国新闻教育学会在成都召开高校教育改革讨论会，全国 40 余所新闻院校（系、专业）的负责人以及有关专家、学者参加会议。

---

[1]　吴廷俊主编：《中国新闻传播史（1978～2008）》，上海，复旦大学出版社 2011 年版，第 553 页。

[2]　张振亭：《中国新闻传播学术研究 30 年》，《今传媒》2008 年第 12 期。

[3]　唐远清：《中国新闻理论研究 30 年的发展历程及成就》，郑保卫主编：《新时期中国新闻学学科建设 30 年》，北京，经济日报出版社 2008 年版，第 86～87 页。

总之，新闻教育的恢复与发展，为新闻学术的发展培养了大批人才，令新闻学术研究的持续性得到可靠保障。

（二）新闻学术刊物的出版

新闻学研究的开展，必然要进行学术成果的发布与交流。新闻学术研究与新闻学刊物之间是相互依托、相辅相成的关系。新闻学术研究为新闻学术刊物"提供了发展的内在动力和理论源泉"，新闻学术刊物为新闻学术研究"提供了制度平台和交流园地"①。党的十一届三中全会以后，"文化大革命"前创办的新闻学术刊物相继复刊，一批新的刊物纷纷创办，中国迎来新闻学术刊物创办的一个高峰。

1978～1980 年，复旦大学新闻系主办《外国新闻事业》。

1978 年 12 月，人民日报社主办的《新闻战线》② 复刊，双月刊，1980 年改为月刊。

1978 年，新闻出版报社主办的《出版工作》创刊，内部发行。1987 年 1 月起公开发行。1991 年 1 月，改版并更名为《中国出版》。2010 年 1 月，《中国出版》改为半月刊。

1979～1985 年，复旦大学新闻系主办《新闻学研究》。

1979 年，中国社会科学院新闻研究所主办不定期发行的《新闻研究资料》，出版至 1993 年。这是一份以刊载新闻史料及其研究成果为主要内容的刊物。

1979 年，甘肃省新闻研究所主办《新闻理论与实践》，出版至 1995 年。

1979 年，中国电影家协会主办的《电影艺术》③ 复刊，双月刊，次年改为月刊。1990 年改为双月刊。

1979 年，《北京广播学院学报》（人文社会科学版）创刊，1994 年更名为《现代传播——北京广播学院学报》，2005 年 1 月经国家新闻出版总署批准再次更名为《现代传播——中国传媒大学学报》。

1980 年，中国人民大学新闻系主办《新闻学论集》，出版至 1999 年。

1980～1984 年，陕西省新闻研究所主办《新闻研究》。

1980～1984 年，黑龙江省新闻研究所主办《新闻学研究资料》。

---

① 邵培仁、吴赟：《回顾、反思、展望：全球华文新闻与传播学术刊物创新与发展》，《国际学术动态》2009 年第 1 期。

② 1957 年创刊，1960 年 8 月改名《新闻业务》，1966 年 6 月停刊。

③ 创刊于 1956 年 10 月。

1980～1989 年，首都新闻学会主办《新闻学会通讯》。

1981 年 3 月，《国际新闻界》① 经教育部批准，公开发行。

1981 年 5 月，复旦大学主办的《新闻大学》创刊，季刊。

1981 年 7 月，新华社主办的《中国记者》② 复刊。

1981～1982 年，首都新闻学会主办《报纸工作参考资料》。

1981 年，山西人民出版社创办内刊《编创之友》，1985 年改名《编辑之友》并公开出版。

1982 年 1 月，山西省新闻工作者协会主办的《新闻采编》③ 复刊，改为双月刊。

1982 年，中国电视艺术委员会创办《中国电视》月刊。

1982 年，湖南省广播电视厅、湖南广播电视学会主办《湖南广播通讯》，1987 年 2 月更名为《视听业务》。

1982 年，中华人民共和国广播电影电视总局主办的《中国广播影视》创刊。1987 年 1 月更名为《中国广播电视》。

1982 年，《电视时代》创刊，由湖北省广播电视总台主管主办。2010 年实行全面改版并更名为《媒体时代》。

1982 年 9 月，中国版协科技出版工作委员会创办《科技出版通讯》。1988 年改名为《科技出版》，公开发行。1992 年 12 月改名为《科技与出版》。2007 年 1 月由双月刊改为月刊。

1982 年，开明出版社主办《出版史料》，季刊。

1982 年，中国印刷科学技术研究所主办《印刷信息》。

1983 年 3 月，上海市新闻学会主办《新闻记者》月刊。

1984～1988 年，中国社会科学院新闻研究所新闻法研究室主办《新闻法通讯》。

1984 年 1 月，北京日报社创办《新闻与写作》。

1984 年，《北京电影学院学报》创办。

1984 年，中国电影艺术研究中心创办《当代电影》。

1984 年，新华日报社主办《新闻通讯》月刊，后更名为《传媒观察》，由新华日报报业集团主办和主管。

---

① 内刊《国际新闻界简报》创刊于 1961 年，"文化大革命"期间停办，1979 年 5 月复刊时仍为内刊，1980 年改为季刊。

② 前身是《新闻业务》。

③ 1959 年创办，曾用名《新闻战士》。

1984 年，工人日报社创办《新闻三昧》，月刊。

1984 年，云南省广播电视厅总编室主办《云南广播电视》，双月刊。

1984 年 7 月，陕西日报社、陕西省新闻研究所、陕西省新闻工作协会联合创办《新闻知识》，月刊。

1984 年，上海市编辑学会主办《编辑学刊》，双月刊。

1985 年，中国对外贸易经济合作部主管、中国对外经济贸易协会主办的《国际广告》创刊。

1985 年，新疆日报社、新疆新闻工作者协会创办的《新疆新闻界》创刊。1999 年更名为《当代传播》。

1985 年，《新闻界》公开发行，现由四川日报报业集团主办和主管。

1985 年，黑龙江省新闻研究所、黑龙江省新闻工作者协会、黑龙江日报创办《新闻传播》。

1985 年，浙江日报报业集团及浙江省新闻研究所主办《新闻实践》，月刊。

1985 年 7 月，《出版与发行》创刊，由新闻出版总署主管、中国出版科学研究所主办，1988 年更名为《出版发行研究》。

1985 年，中央电视台创办《电视研究》。

1985 年，辽宁日报、辽宁省新闻工作者协会主办《记者摇篮》，其前身为《辽宁日报通讯》。

1985 ~ 1989 年，《新闻学刊》由中国社会科学院新闻研究所、中国新闻学联合会合作出版，双月刊。

1986 年，内蒙古自治区新闻研究所主办《新闻论坛》。

1986 年 1 月，河南《大河报》主办《新闻爱好者》。

1986 年，江苏省广播电视总台创办《视听界》，双月刊。

1986 年，中宣部出版局为推动书评事业创办《中国图书评论》。

1987 年，贵州省新闻协会创办《新闻窗》，双月刊。

1987 年，中国广播电视学会创办《中国广播电视学刊》。

1987 年，浙江省广播电视局、浙江省广播电视学会主办《视听纵横》，双月刊。

1988 年，江西省广播电视学会、江西人民广播电视台、江西电视台创办《声屏世界》，月刊。

1988 年 11 月，湖北日报、湖北省新闻工作者协会、湖北省新闻学会创办《新闻前哨》。

1988 年，中国报业协会主办《中国报业》。

1988 年，广东省广播电视学会创办《岭南视听研究》。

1988 年，《出版参考》创刊，由中国版协国际合作出版促进会、中国出版科学研究所共同主办。

1988 年，《中国报业》创刊，由中国报业协会主管、主办。

1989 年，中国科学技术期刊编辑学会创办《编辑学报》。

1989 年，安徽日报社创办《新闻世界》。

1989 年，中国科学技术学会主管、中国科学技术期刊编辑学会主办《编辑学报》，双月刊。

1990 年，《中国科技期刊研究》创刊，由中国科学院主管、中国科学院自然科学期刊编辑研究会主办，双月刊。

1990 年，上海出版印刷高等专科学校主办《出版与印刷》，季刊。

上述新闻学术刊物的创办，在探讨新闻学术问题，辨析新闻学基本概念，抢救新闻史料，交流最新新闻学术成果，开展新闻学术争鸣等方面，做了大量的工作，有效地拓展了新闻学术交流的空间，从而从一个侧面推动了新闻学术研究的开展。

（三）新闻学术会议的召开

学术会议是推动新闻学术研究开展的重要途径。随着新闻教育的发展与新闻学术团体的成立，新闻学讨论会相继召开。

1979 年 6 月 27 日～7 月 9 日，全国新闻理论教学座谈会在复旦大学新闻系召开。会议就新闻事业的性质与任务、党报的党性与人民性、新闻真实性、新闻民主与新闻法等问题展开讨论。

1979 年 10 月 6～13 日，为庆祝建国 30 周年，北京地区社会科学界举办学术研讨会，其中新闻学组的学者针对 30 年来新闻工作的经验教训和新闻工作中的一些理论问题，进行热烈讨论，批驳"新闻无学论"，建议成立新闻学会。

1979 年 11 月 10 日，陕西省新闻研究所主持召开西安地区新闻工作者学术讨论会，40 余人参加会议。①

1980 年 3 月 31 日，北京新闻学会举行刘少奇同志新闻思想学术讨论会。这是学会成立后的第一次新闻学术研究活动。②

1980 年 5 月，《陕西日报》《甘肃日报》《新疆日报》《青海日报》

---

① 参见《西安地区新闻界举行学术讨论会》，《新闻战线》1980 年第 2 期。

② 参见《北京新闻学会举行刘少奇同志新闻理论讨论会》，《新闻战线》1980 年第 4 期。

《宁夏日报》发起举办西北五报新闻学术讨论会。会议就报纸的性质和任务、新闻事业的客观规律、无产阶级报纸的党性和人民性、报纸上开展批评和自我批评、新闻的真实性、报纸的指导性等问题进行探讨。这是"文化大革命"以后第一次举办的大型新闻学术会议,"昭示着我国新闻学研究在经历了严冬之后,走向春天"①。

1981 年 11 月,中国和澳大利亚新闻界人士联合举办的新闻学讨论会在北京召开。"中国和西方国家的同行一起探讨新闻学的问题,这是第一次。"②

1981 年 12 月,全国新闻研究工作座谈会由中国社会科学院新闻研究所举办。③

1982 年 11 月,全国第一次传播学会议在北京举行。

1983 年 3 月,"纪念马克思逝世 100 周年全国新闻学术讨论会"在北京召开,这是我国第一次举办马克思新闻思想学术讨论会。④

1983 年 5 月,第一次全国新闻教育工作座谈会在北京召开,"着重讨论了我国新闻教育的发展规划和改革问题"⑤。

1983 年 12 月 5 ~ 10 日,"为纪念毛泽东同志诞辰九十周年,全国新闻学术讨论会"⑥ 在长沙举行。

1984 年 6 月,新闻真实性全国学术讨论会在太原召开。

1984 年 11 月,华北地区省、市、自治区报纸协作会议在北京召开。这次会议以贯彻党的十二届三中全会精神为中心议题,围绕如何搞好新闻改革和报社内部工作畅所欲言。⑦

1984 年 12 月 26 日,北京市新闻学会召开首届年会。年会从不同角

---

① 参见《西北五报举行新闻学术讨论会》,《新闻战线》1980 年第 6 期。

② 温济泽、赵玉明、谢骏:《中国新闻学研究工作的发展概况》,《学习与思考》1983 年第 6 期。

③ 参见何光先:《交流情况 加强协作 促进科研——全国新闻研究工作座谈会在京召开》,《新闻战线》1982 年第 1 期。

④ 鲍宣:《纪念马克思逝世一百周年新闻学术讨论会在京举行》,《新闻战线》1983 年第 4 期。

⑤ 中国人民大学新闻与社会发展研究中心等:《新时期中国新闻事业改革与发展 30 年大事记》,《新闻学论集》2008 年第 21 辑。

⑥ 《坚持毛泽东同志的新闻理论 努力开创新闻工作的新局面——全国新闻学术讨论会在长沙举行》,《新闻记者》1983 年第 10 期。

⑦ 参见徐文珍:《华北六报第九届协作会在京举行》,《新闻与写作》1985 年第 1 期。

度对报纸、广播、电视新闻业务进行探讨。①

1985 年 5 月，第二次新闻真实性全国学术讨论会在合肥召开。会议集中探讨"新闻真实性的科学含义""新闻失实的主要原因""通过新闻立法保证新闻真实"② 等问题。

1985 年 8 月 12～17 日，由美国加利福尼亚州佩珀代因大学传播学系、澳大利亚堪培拉高等教育学院传播学研究中心及上海外国语学院国际新闻专业共同发起的第一届传播学国际学术讨论会在上海外国语学院召开。③

1985 年 8 月 29～30 日，四川省新闻学会在成都召开新闻学术研究课题选题座谈会。代表结合该省当前新闻界的现状和新闻改革中的问题，提出 106 个学术研究课题。④

1985 年 10 月 11～14 日，纪念抗日战争和世界反法西斯战争胜利四十周年全国学术讨论会在重庆召开。⑤

1986 年 4 月 21～26 日，中国新闻学联合会第一届年会在郑州举行。会议主要讨论如下几个问题：应当把新闻改革当成一个"系统工程"；从总结新闻实践经验入手，探索社会主义新闻规律；评析"语录新闻学"的谬误和危害，认真学习马克思主义新闻理论。⑥

1986 年 5 月，中国首届新闻受众研究学术讨论会在安徽举行。会议总结自 1982 年来开展受众调查的经验，并就学术问题开展讨论，对今后如何进一步开展受众研究提出设想。⑦

1986 年 8 月 9～15 日，中共中央宣传部在哈尔滨市召开了全国省报总编辑座谈会。通过交流，大家进一步解放思想，打开思路，增强搞好

---

① 参见一迅：《进一步开展新闻学术研究活动　北京市新闻学会召开首届年会》，《新闻与写作》1985 年第 1 期。

② 参见童兵：《端正党风　提高素质　新闻真实性学术讨论会综述》，《新闻知识》1985 年第 7 期。

③ 参见于月明：《"第一届传播学国际讨论会"在上海举行》，《外语界》1985 年第 4 期。

④ 参见《四川省新闻学会召开座谈会拟定新闻学术研究的一些课题》，《新闻界》1985 年第 5 期。

⑤ 参见《纪念抗日战争和世界反法西斯战争胜利四十周年全国新闻学术讨论会在重庆举行》，《新闻研究资料》1985 年第 4 期。

⑥ 参见孔祥科：《交流学术思想　探讨新闻规律——记中国新闻学联合会第一届年会》，《新闻爱好者》1986 年第 5 期。

⑦ 参见《新闻受众研究学术会在安徽举行》，《新闻知识》1986 年第 8 期。

全面改革宣传的信心，明确了新闻改革的方向。①

1986 年 8 月 20 日，全国第二次传播学研讨会在黄山召开。

1986 年 9 月，首都新闻学会主持召开"安岗同志从事新闻工作五十年经验交流会"②。

1986 年 10 月，首都新闻学会与中国人民大学新闻系联合举办"新闻学与相邻学科"学术讨论会，"重点讨论加强新闻学与哲学、社会学、社会心理学、伦理学的联系，提高新闻学研究水平问题"③。

1986 年 11 月底 12 月初，为贯彻党的十三大精神，加快新闻改革步伐，新疆新闻学会召开新闻改革座谈会。与会学者就党的十三大后的新形势、新任务，畅谈自己对新闻改革的认识和见解。④

1987 年 11 月 17 日，首都新闻学会举行学术讨论会，探讨党的十三大以后的新闻改革问题。⑤

1987 年 12 月 8 日，首都新闻学会第二次学术年会在北京召开，畅谈党的十三大对新闻改革的鼓舞和推动。⑥

1988 年 3 月，中国新闻学联合会第二届会员代表会暨第二次学术年会在广州举行。这次会议的中心议题是学习、贯彻党的十三大精神，研究社会主义初级阶段新闻学，加快和深化新闻改革。⑦

1988 年 1 月 5 日，首都青年新闻工作者座谈会在新华社召开，主题是探讨十三大以后新闻改革面临的新形势。⑧

1988 年 9 月，中国社会科学院新闻研究所举办建所 10 周年学术讨

---

①　参见《新闻改革要迈出更大的步伐——全国省报总编辑座谈会纪要》，《新闻战线》1986 年第 12 期。

②　参见建新：《首都新闻界集会座谈安岗五十年新闻工作经验》，《新闻战线》1986 年第 10 期。

③　中国人民大学新闻与社会发展研究中心等：《新时期中国新闻事业改革与发展 30 年大事记》，《新闻学论集》2008 年第 21 辑。

④　参见丰汉湘：《贯彻十三大精神加快新闻改革步伐——新疆新闻学会召开新闻改革座谈会》，《新疆新闻界》1987 年第 6 期。

⑤　参见《首都新闻学会举行学术讨论会探讨十三大后的新闻改革问题》，《新闻知识》1988 年第 1 期。

⑥　参见《首都新闻学会举行第二次学术年会　新闻改革成为新闻学术研究的主题》，《新闻记者》1987 年第 12 期。

⑦　参见《中国新闻学会联合会二代会在广州召开——研究社会主义初级阶段新闻学加快和深化新闻改革》，《新闻与写作》1988 年第 4 期。

⑧　参见路元、陆也、文露：《"相击而发灵光"——首都中青年新闻工作者座谈会实况剪辑》，《中国记者》1988 年第 2 期。

论会。

1988 年 10 月，华中理工大学主持召开全国新闻学新学科学术讨论会。来自高等院校的新闻学者探讨了新闻学新学科的现状、前景、意义及方法。[①]

1989 年 12 月，第二届全国体育新闻学术研讨会召开。会上主要讨论体育新闻的社会功能和体育新闻工作者的素质这两个议题。[②]

可见，会议主题的变化反映出中国改革开放事业正在走向深入，中国新闻改革也在走向深入，这为中国新闻学术研究的开展提供了有力保障。中国新闻学术研究传统的恢复与建立，正是得益于此。

三、传播学的传入

党的十一届三中全会以后，新闻学者不再像 20 世纪五六十年代那样，将西方的"传播学"当作资产阶级理论而作为批判的靶子，而是将其作为一种科学的理论引入中国。

在引介过程中，郑北渭、陈韵昭、张隆栋三位学者筚路蓝缕。1978 年 7 月，复旦大学新闻系主办的《外国新闻事业资料》第 1 期，刊载本系教师郑北渭的两篇译文《公共传播学》与《美国资产阶级新闻学：公共传播学》。郑北渭在文中将"Mass Communication"译作"公共传播"，开始公开介绍传播学。1981 年年底，中国社会科学院新闻研究所召开全国新闻学术研讨会，郑北渭教授应邀为大会作学术报告，专门介绍美国的传播学研究，许多学者第一次听到"5W"传播模式。

1981 年，复旦大学新闻系教师陈韵昭在《新闻大学》上开设"传播学讲座"专栏，系统介绍"传"学的意义与发展史、传播的构成要素等传播学基本知识。

在郑北渭、陈韵昭的推动下，1980 年 2 月，复旦大学新闻系为高年级同学开设"西方新闻学说介绍"选修课，包括传播学的内容。1981 年春，课程名称改为"传播学概论"。同年年底，复旦大学新闻系就国外传播学研究情况及该系的研究计划向中央有关部门打报告。1982 年 1 月 13 日，有关部门复函表示支持传播学研究。1981 年 6 月，复旦大学新闻系

---

① 参见时统宇：《融入人类当代文化的洪流——全国首届新闻学新学科学术讨论会评述》，《新闻战线》1989 年第 1 期。

② 参见毕靖：《体育新闻的社会功能与责任——第二届全国体育新闻学术研讨会后记》，《中国记者》1990 年第 2 期。

居延安的硕士论文《美国传播理论研究》通过答辩，这是中国首篇以传播学为内容的硕士论文。

中国人民大学新闻系张隆栋翻译美国传播学者希伯特的《公众通讯的过程、制度和效果》，把"Mass Communication"译为"公众通讯"。该文从 1979 年 5 月的《国际新闻界》第 2 期开始，连载 3 期。

中国内地与国际传播学界的学术交流，推动了传播学的引进。1978 年 10 月，日本东京大学新闻研究所内川芳美教授在中国社会科学院新闻研究所给第一届新闻研究生做报告，由于翻译无法译出专业词句，他直接在黑板上写出"Mass Communication"一词。同年 10 月 21 日，内川芳美到复旦大学新闻系讲学，讲座题目为《日本大众传播研究的历史和现状》。1982 年四五月间，传播学奠基人、美国传播学集大成者威尔伯·施拉姆（Wilbur Schramm）在其弟子余也鲁（香港中文大学新闻与传播系主任）的陪同下来华访问，在北京、上海、广州讲学，系统介绍传播学。北京的《新闻学会通讯》发表施拉姆的《传播学与新闻及其他》、《传播学的发展概况》和余也鲁的《在祖国进行传播学研究的可能性》等文章，"传播学"这一名词开始被国人知晓。1983 年，美国加利福尼亚大学祝基滢教授到中国人民大学新闻系访问，并就大众传播教学问题展开交流。1984 年，美国夏威夷大学新闻系主任约翰·路特（John Luter）教授与美国西雅图华盛顿大学传播系主任爱德斯坦（A. Edelstein）先后到复旦大学讲授传播学。

中国内地学者走出国门，与国际传播学界进行学术交流，也推动了传播学的引介。1982 年，郑北渭应邀到美国夏威夷和日本横滨参加国际传播理论讨论会。1983 年 3 月起，中国社会科学院世界新闻研究室主任张黎在美国进行为期两个月的学术访问。1984 年开始，北京、上海等地一些新闻单位或新闻院系，陆续派人去美国、日本等国留学进修传播学。

翻译传播学名著，是引介传播学的重要手段。其中主要有：联合国教科文组织编写的《多种声音一个世界》（中国对外翻译出版公司 1981 年），〔美〕马格迪坎（B. Bagdikian）著，林珊翻译的《传播媒介的垄断》（新华出版社 1983 年），〔美〕施拉姆、波特（William E. Porter）著，陈亮等翻译的《传播学概论》（新华出版社 1984 年），〔美〕宣韦伯（Wilbur Schramm）著，余也鲁译述的《传媒·信息与人：传学概论》（中国展望出版社 1985 年），〔美〕赛弗林（Werner J. Severin）、坦卡德（James W Tankard, Jr）著，陈韵昭翻译的《传播学的起源、研究与应用》（福建人民出版社 1985 年），〔英〕丹尼尔·麦奎尔（Denis McQuail）与

〔瑞典〕斯文·温德尔（Sven Windahl）著，祝建华与武伟译的《大众传播模式论》（上海译文出版社 1987 年），〔美〕萨姆瓦（Larry A. Samovar）著，陈南等译的《跨文化传播》（三联书店 1988 年），〔美〕德弗勒（Defleur, M. L.）与〔英〕丹尼斯（Dennis E. D.）著，王怡红译的《大众传播通论》（华夏出版社 1989 年），〔美〕库什曼（Donald P. Cushman）、卡恩（Dudley D. Cahn）著，宋晓亮译的《人际沟通论》（上海知识出版社 1989 年），〔美〕阿特休尔（J. Herbert Altsch）著，黄煜与裴志康译的《权力的媒介——新闻媒介在人类事务中的作用》（华夏出版社 1989 年），〔日〕竹内郁郎编，张国良译的《大众传播社会学》（复旦大学出版社 1989 年），〔英〕巴特勒（David Butler）著，赵伯英与孟春译的《媒介社会学》（社会科学文献出版社 1989 年），〔美〕施拉姆著，金燕宁等译的《大众传播媒介与社会发展》（华夏出版社 1990 年），〔美〕梅尔文·德弗勒（Melven L. Defleur）与桑德拉·鲍尔－洛基奇（Sandra J. Ball-Rokeach）著，杜力平译的《大众传播学诸论》（新华出版社 1990 年）等。

同时，中国学者也开始自编自撰传播学著述的过程。中国社会科学院新闻研究所编辑的《传播学（简介）》一书，于 1983 年出版，印行 15000 余册，"由于内容精辟，语言生动，很快销售一空，成为风行一时的普及性读物"①。此后，居延安的《信息·沟通·传播》（1986 年），戴元光、邵培仁、龚炜的《传播学原理与应用》（1988 年），沙莲香主编的《传播学——以人为主体的图像之谜》（1990 年），周晓明的《人类交流与传播》（1990 年），范东生、张雅宾的《传播学原理》（1990 年）等，相继出版。

上述学术活动，推动了信息、把关人、媒介、受众、传播效果等传播学基本概念的引入，为中国新闻学研究注入新鲜血液。

（一）信息

西方语境下的"信息"原本是工程学中的一个概念。1948 年，信息论创始人香农撰写两篇有关"信息"的论文，并于 1949 年与韦弗合著《传播的数学理论》，书中再次提到信息概念。1955 年，在传播学之父施拉姆的热情支持下，数学家韦弗将信息论引入传播学。很快，信息与信

---

① 徐培汀：《中国新闻传播学说史（1949～2005）》，重庆，重庆出版社 2006 年版，第 423 页。

息传播模式从工程技术领域被引入传播学领域。

信息论随着传播学引入中国之初，就引起郑北渭等学者的关注。1984 年，《第三次浪潮》《大趋势》等未来学著作被译介到中国，"不仅在自然科学界同时也在社会科学界掀起了一股关于'信息革命'的讨论热潮"①。陈韵昭曾这样评价"信息热"现象："如果举行一次'1984 年十大流行名词'的投票，'信息'这个词儿十拿九稳可以获选。"② 这一年，李良荣撰文总结"信息热"出现的原因以及该现象对新闻界的影响，并指出"新闻是一种信息的传播"③。这样，"信息"和信息论被正式引入到中国新闻学研究中。

信息的引入具有重要意义，李良荣将其看作是近 30 年以来中国新闻改革第二次跨越的标志："信息概念一进入新闻界，立刻和传统观念发生了猛烈的碰撞"，"信息概念渗透到新闻的方方面面，引起中国新闻界的巨变"④。

1. 新闻定义的新思考

中国近 30 年来出版的新闻学著述，"信息"这个词已成为不可或缺的关键词。通过信息与新闻关系的探讨，来揭示新闻的本质，是 20 世纪80 年代的一个热点话题。

《新闻学基础》指出，信息有两种含义：一是科技领域的信息，二是日常生活中的信息，即新的情况、新的动态、新的知识。"信息是物质的一个组成部分，是事物运动的外化，即人们可以看到、感觉到、可以理解的事物的变动情况。因此，信息一定包含有新的内容，而不是人们所熟知的、司空见惯的东西。这个意义上讲，新闻在本质上是信息。"⑤

《新闻理论简明教程》以一节的篇幅研究"信息和新闻"的关系。在此，信息和新闻被看作既有联系又有区别的两个概念。共同点在于"它们都是客观事物的情况、特征及运动状态的表征及其在人的头脑中的反映"⑥。不同点在于"信息并非全是新闻。信息这个概念的外延比新闻大

---

① 伍静：《从"消息"到"信息"——1980 年代我国新闻学对新闻本质的探寻及其与传播学话语的勾连》，《新闻知识》2007 年第 5 期。

② 陈韵昭：《关于大众传播学》，《复旦学报》（社会科学版）1985 年第 3 期。

③ 李良荣：《"信息热"和新闻改革》，《复旦学报》（社会科学版）1985 年第 3 期。

④ 李良荣：《新闻学概论》，上海，复旦大学出版社 2011 年第 4 版，第 366～367 页。

⑤ 余家宏、宁树藩、叶春华：《新闻学基础》，合肥，安徽人民出版社 1985 年版，第 8 页。

⑥ 成美、童兵：《新闻理论简明教程》，北京，中央广播电视大学出版社 1986 年版，第 23 页。

得多，一切能帮助人们消除不确定性的东西都是信息"①　"至于新闻，是信息的一部分，只有那些新近发生的、具有新意的信息，才是新闻。"②于是，对新闻本质的认识是："新闻是一种信息，它起源于人类社会性的生产劳动实践。"③

《新闻学通论》指出，信息大体可分为自然信息和文化信息两类，所以"信息是一个范围极为广泛的概念，而新闻仅仅是文化信息中的一种。新闻并不是原始自然形态的信息，它属于社会意识形态"④。

《信息论与新闻》不再停留于信息与新闻的关系的辨析，而是将源于工程学的信息传播模式完整地移入新闻学研究，从而深化对新闻本质的认识："（1）新闻作为信息的一种，是具有特殊形态和含义的信息，它是对事物运动的最新状态的及时陈述。（2）由于新闻具备信息属性，它同样可以消除接受者认识上的某种不确定性或改变原来的模糊状态。"⑤

当新闻本质上是一种信息的观点逐渐被多数学者所接受时，必然引起对"新闻的本质是事实"这一传统新闻观念的重新思考。"新闻是一种信息的观念一经树立，就不可避免地引起对新闻定义的新思考。"⑥

宁树藩率先主张运用信息观念来修改传统新闻定义，提出，新闻"是传播新近事实的讯息"⑦。宁树藩充分肯定陆定一的新闻定义（新闻是新近发生事实的报道）的唯物主义学术价值与意义，同时对陆定一的新闻定义进行逻辑学反思："定义通常的公式是：被定义概念 = 种差 + 邻近的属概念。下定义的方法，就是将被定义概念放在另一个更广泛的概念（属概念）里，找出种差来……新闻是某种客观事物，而报道则是人的活动，这两个概念没有类属关系，把报道作新闻的属概念是违反逻辑规则的"⑧。为此，宁树藩主张把新闻的定义修改为："新闻是经传播的新

①　成美、童兵：《新闻理论简明教程》，北京，中央广播电视大学出版社 1986 年版，第 23 页。

②　成美、童兵：《新闻理论简明教程》，北京，中央广播电视大学出版社 1986 年版，第 24 页。

③　成美、童兵：《新闻理论简明教程》，北京，中央广播电视大学出版社 1986 年版，第 24 页。

④　缪雨：《新闻学通论》，北京，新华出版社 1987 年版，第 15 页。

⑤　刘卫东：《信息论与新闻》，北京，北京广播学院出版社 1988 年版，第 58 页。

⑥　宁树藩：《信息观念与新闻学研究》（上），《新闻界》1998 年第 2 期。

⑦　宁树藩：《论新闻的特性》，《新闻大学》1984 年第 2 期。

⑧　宁树藩：《新闻学研究中亟待澄清的几个问题》，《学术界》1986 年第 1 期。

近事实的信息。"① 这是因为："从逻辑上讲，'信息'是和'新闻'相邻近而且更为广泛的概念，把它作'新闻'的属概念，非常恰切。"② 在此基础上，宁树藩又提出一个更合乎逻辑的定义："新闻是经报道（或传播）的新近事实的信息。"③

无独有偶。1986 年，甘惜分出席全国新闻理论教育会议。他在会上公开宣称放弃以前自己提出的新闻定义，"并建议把新闻的属概念定在信息上"④。这一主张得到新闻学术界多数学者的认可，经过充分交流和研讨，"《当代新闻学》这本 20 个院校新闻系（专业）采用的教材，终于提出了崭新的新闻定义"⑤，即"新闻就是及时公开传播的非指令性信息"⑥。"信息"概念在当时新闻界的影响，由此可见一斑。

信息观念的引介，令新闻学者对新闻的定义有了全新的认识，开创了新闻定义的"信息范式"，这是一个重要收获。

2. 新闻的定量研究

"信息"概念的引入，冲击着传统新闻学思维方式，催生"新闻信息量"这一概念。

侯春翔提出，对信息定量与新闻定量进行交叉研究。他结合申农信息量计算公式与相关的几个新闻原理作了说明，得出结论："在新闻信息量度上是可以而且必须考虑的。不然新闻信息量只能流于空泛或不科学。"⑦ 他提出了新闻信息量测定的"模糊测定法"，即以经验判定的方法。

《现代新闻学》一书以一节的篇幅论述"新闻信息量"。"新闻信息量指构成新闻的每一个最小的单一事件信息。一个新闻信息，就是一个客观存在的，有时间、空间和人物（或其他主体）活动组成的独立的事实。"⑧ 书中根据新闻信息量的大小，将新闻分成"单元信息新闻""双元信息新闻""多元信息新闻"三种类型，并通过分析一篇只有 441 个字的短消息的新闻信息量，最后得出结论："新闻信息量的大小与新闻性的

① 宁树藩：《新闻学研究中亟待澄清的几个问题》，《学术界》1986 年第 1 期。
② 宁树藩：《新闻学研究中亟待澄清的几个问题》，《学术界》1986 年第 1 期。
③ 宁树藩：《新闻定义新探》，《复旦学报》（社会科学版）1987 年第 5 期。
④ 《〈当代新闻学〉的新闻定义》，《新闻界》1987 年第 6 期。
⑤ 《〈当代新闻学〉的新闻定义》，《新闻界》1987 年第 6 期。
⑥ 郑旷主编：《当代新闻学》，北京，长征出版社 1987 年版，第 20 页。
⑦ 侯春翔：《信息论与新闻学》，《学习与探索》1987 年第 6 期。
⑧ 何先光：《现代新闻学》，昆明，云南教育出版社 1988 年版，第 304 页。

强弱成正比，新闻的信息含量越大，新闻性就越强，也就越能受到广大受众的欢迎。"[1]

《信息论与新闻》一书也将"信息量"引入新闻学研究，将信息量的计算公式应用于新闻作品的信息量计算，其公式为："新闻作品信息量＝单元新闻信息/信息符号之和"[2]。该书以一章六节的内容专门论述加大新闻信息量的策略，即"扩大信道容量""拓宽报道范围""增加未知因素""学写视觉新闻""浓缩新闻信息""重视美感作用"[3]。

《系统理论新闻学》强调要树立"新闻信息观念"，提出"新闻信息计量观"："以往我们在新闻报道中也计量，那是计算稿件数字的多少"，"但是，以字数论高低、评优劣是不科学的。那么，科学的方法是什么呢？就是要在新闻信息观的指导下，实行新闻稿件的信息计算"[4]。作者主张从新闻内容上计算信息量，强调要考虑到几个问题，即关于新闻信息的计算单位、关于新闻信息的"比较级差"、关于新闻信息的计量模拟。根据分析列出计算公式："新闻信息量＝主信息＋次信息×等级比＋微信息×等级比－多余信息×噪音干扰度"[5]。

佟小庆撰文指出，一般来说，"动态事实的新闻比静态事实的新闻信息量大""整体变化比部分变化的新闻信息量大""深度报道比浅层次报道信息量大"[6]。另外，背景、旧话、空话、套话、失实新闻等情况没有信息量。

可见，"新闻信息量"这一概念的出现，突破了传统新闻学的研究框架。

3. 新闻学研究逻辑起点的认知

这一时期的新闻学研究者，虽然以"新闻事业"为理论重心，但不约而同注重"新闻"概念的辨析，事实上将"新闻"作为"新闻事业"之学的逻辑起点。"信息"概念的引入，引发新闻学者关于新闻学研究逻辑起点问题的思考。

郑旷主编的《当代新闻学》开篇提出："《当代新闻学》运用信息科

---

① 何先光：《现代新闻学》，昆明，云南教育出版社 1988 年版，第 306 页。
② 刘卫东：《信息论与新闻》，北京，北京广播学院出版社 1988 年版，第 117 页。
③ 参见刘卫东：《信息论与新闻》，北京，北京广播学院出版社 1988 年版，第 124、第 129、第 131、第 134、第 148、第 153 页。
④ 王益民：《系统理论新闻学》，武汉，华中理工大学出版社 1989 年版，第 66 页。
⑤ 王益民：《系统理论新闻学》，武汉，华中理工大学出版社 1989 年版，第 70 页。
⑥ 佟小庆：《新闻信息量的经验性判定》，《新闻界》1990 年第 2 期。

学知识认定新闻是一种特殊形态的信息，信息是新闻最基本的本质规定……找到了新闻的本质，找到了新闻学的逻辑起点。"① "《当代新闻学》把信息作为新闻学研究的逻辑起点和历史起点，实行两者的统一。"② 本书之所以命名为《当代新闻学》，"其目的在于与'传统新闻学'相区别"③。这样，"信息"概念成为全书的研究起点，也成为区分"传统新闻学"与"当代新闻学"的重要标志。由此可见，信息概念的引入，不但引起学者对新闻学逻辑起点问题的关注，也引起学者关于新闻学理论体系建构的重新思考。

（二）把关人

"把关人"是传播学的一个重要范畴。在传播学的引进过程中，"把关人"是"属于最早进入我国新闻学界的术语之一，不仅如此，它也是我国学者最早试图结合新闻传播实际加以运用的一个理论"④。

新闻学领域借用的"把关人"概念，有两层含义，一是指记者、编辑个人，二也可以指新闻机构等组织团体。20 世纪 80 年代，有关"把关人"的研究，主要是"个人"层面的研究，而不是组织团体层面的研究。

《新闻学基本知识讲座》第十一讲论述"人民新闻工作者的职业道德"⑤。《新闻理论简明教程》第十一章为"新闻工作者"，从职业特征、职业道德以及新闻工作者修养三方面展开论述⑥。《新闻学通论》设"新闻记者"一章，论述新闻记者地位变迁、工作特点、修养等问题⑦。《现代新闻学》强调，"评价和维护社会伦理道德必须从新闻工作者自身做起"⑧，从而在道德层面对新闻工作者提出要求，并探讨新闻人才的筛选和培养问题。《新闻学基础》第十章为"新闻工作者的全面修养"，并围绕"理论水平与政策观念""思想修养与新闻道德""专业基础与业务素

---

① 郑旷主编：《当代新闻学》，北京，长征出版社 1987 年版，绪论第 1 页。
② 郑旷主编：《当代新闻学》，北京，长征出版社 1987 年版，绪论第 1 页。
③ 郑旷主编：《当代新闻学》，北京，长征出版社 1987 年版，绪论第 1 页。
④ 黄旦：《"把关人"研究及其演变》，《国际新闻界》1996 年第 4 期。
⑤ 参见戴邦、钱辛波、卢惠民：《新闻学基本知识讲座》，北京，人民日报出版社 1984 年版，第 210 页。
⑥ 参见成美、童兵：《新闻理论简明教程》，北京，中央广播电视大学出版社 1986 年版，第 285～299 页。
⑦ 参见缪雨：《新闻学通论》，北京，新华出版社 1987 年版，第 125～135 页。
⑧ 参见何光先：《现代新闻学》，昆明，云南教育出版社 1988 年版，第 631 页。

质""文学修养与表达能力""广博的知识与广泛的兴趣"① 五个方面，研究新闻工作者素质提升问题。《新闻学导论》有一章谈"社会主义新闻工作者的修养"，强调"要做一个合格的社会主义新闻工作者，必须在政治思想、职业道德、文化知识和业务技能等方面加强修养，提高素质"②。

这一时期，已有学者从另一层面来研究把关人。邹高中指出，"'把关人'握有选择信息的权力。新闻信息通过传者到编辑部（'把关人'）那里，经过挑选、过滤、编排，实际上只有部分新闻信息传给受众……报社编辑部，就是一个'把关'的集体。编辑、记者、通联、校对，由于各人的职务不同，他们分别站在不同的'通道口'上把关，总编辑则是总'把关人'"③。在此，"把关人"已经具有"组织层面"的含义。

（三）媒介

"媒介"是传播学的核心概念之一。"媒介"的含义大致可分为两种："第一，它指信息传递的载体、渠道、中介、工具或技术手段；第二，它指从事信息的采集、加工制作和传播的社会组织，即传媒机构。"④

20 世纪 80 年代，"媒介"一词在新闻学界出现。《新闻理论简明教程》提到这一概念："在事实和新闻之间，需要一个媒介，一种导体，英语中称之为 Medium（Media 是它的复数）。Medium 这个词有多种意思：中间、媒介、导体、手段、工具；它又是各种新闻传播工具的总称。报纸、广播、电视，甚至新闻记者都可以称为 Media。"⑤

《新闻学通论》这样描述："只有通过这些物质材料，意识形态的新闻才得以体现出来。它们是新闻的物质承担者和体现者，或者叫做'物质外壳''外衣''载体'，或者叫做'媒介''工具''手段'，层次稍有不同，意思都是一样。"⑥ 该书对"媒介"的界定仍然模糊。

随着"媒介"概念的引入，学界对"新闻事业"功能的认识发生了变化。康泽民指出："把新闻媒介当作向群众灌输某种思想的简单工具。还有一些主管部门的领导违背新闻规律，把新闻媒介看成是'工作简报'

---

① 参见何崇文编著：《新闻学基础》，重庆，西南师范大学出版社 1988 年版，第 372～382 页。

② 郑保卫：《新闻学导论》，北京，新华出版社 1990 年版，第 245 页。

③ 邹高中：《信息传播与把关人》，《新闻大学》1986 年第 13 期。

④ 郭庆光：《传播学教程》，北京，中国人民大学出版社 1999 年版，第 147 页。

⑤ 成美、童兵：《新闻理论简明教程》，北京，中央广播电视大学出版社 1986 年版，第 38 页。

⑥ 缪雨：《新闻学通论》，北京，新华出版社 1987 年版，第 228 页。

和‘补充文件’，致使新闻媒介没有发挥出应发挥的作用。"①"新闻和宣传有一定联系，但又是两种不同的社会现象，有着明显区别"，"过去我国新闻界由于受‘阶级斗争论’观点的影响，一直把新闻媒介当成一般的宣传工具，而忽视了新闻媒介传递信息这一主要特征。时至今日，还有一些行政主管部门受‘新闻就是宣传’观点的影响，这显然是违背新闻规律的行为，今后应改变这种状况"②。作者把"传递信息"作为媒介的最基本功能。

何微强调："新闻媒介是为人民施行舆论监督权利而服务的，是它的重要功能。新闻媒介和人民的关系，从理论上讲从来是明确的。人民是国家主人，也是新闻传播事业的真正主人，为人民服务是天经地义的事。"③

可以说，由于"媒介"概念的引入，新闻学著述中，沟通情况、传递信息，传授知识、传播科学技术，反映舆论、引导舆论，提供娱乐、刊登广告等语汇，日渐替代了阶级斗争工具、党性、指导性、人民性、群众性等说法。新闻观念的变革可见一斑。

（四）受众

传播学中的受众，是对大众媒介信息接受者的总称。受众研究的引入，对中国新闻业界与学界产生了双重影响。

1. 受众调查

在中国新闻业务实践中，长期坚持"我编你读，我播你看"的"传者中心论"，我们对"受众"的作用和地位认识不足，"受众"是被动、消极地接受信息。受众调查的传入，使这一状况得到改变："20世纪80年代受众调查的引入是改革开放以来我国新闻传播界传播观念变化的重要体现，标志着中国媒体开始了从传者本位到受众本位的转变"④。

1982年4月，"北京新闻学会调查组成立"，"调查组成立后，在北京地区开展受众调查。这是中国大陆上第一次采用现代科学的方法和手段进行的一次大规模受众抽样调查"⑤。"由于是第一次抽样问卷调查，一些人不理解，他们以‘新闻研究所有人要搞资产阶级民意调查’为名，

---

① 康泽民：《试论新闻媒介的信息传播及其反馈》，《社联通讯》1988年第6期。
② 康泽民：《试论新闻媒介的信息传播及其反馈》，《社联通讯》1988年第6期。
③ 何微：《论新闻与舆论监督》，《武汉大学学报》（社会科学版）1989年第2期。
④ 甘险峰、刘玉静：《往事有余情　大风歌满楼——新中国60年新闻界60事件回眸》，《编辑之友》2009年第9期。
⑤ 陈崇山：《受众调查研究10年》，《新闻研究资料》1992年第3期。

状告到当时的新闻研究所所长安岗（兼任人民日报社副总编辑）那里。"① 这次调查中，有关问卷设计信任度问题，引起热议。

1984 年，"江苏人民广播电台、河南省广播电视厅分别进行受众调查，对受众的收听情况、收听结构等作了分析"②。

1986 年 1 月，中国社会科学院新闻研究所与首都新闻学会读者调查组进行"全国报纸基本情况调查"。

1986 年 4 月至 7 月，中央电视台总编室委托国家统计局咨询服务中心和国家统计局城市调查队，对全国 28 个城市进行"中央电视台电视观众抽样调查"。

1986 年 5 月 9 日，《经济日报》刊登调查问卷。"经过两个月的调查工作，完成了两个调查行动，一是大面积读者问卷调查；二是全面选点抽样电话调查。"③

1986 年 6 月至 7 月，受北京市委宣传部委托，中国人民大学新闻系部分师生在北京地区进行《北京日报》读者问卷调查。

1986 年 8 月，《人民日报》向全国 18 个省、市、自治区的 30 个市、县开展读者调查。

1987 年 6 月至 1988 年 1 月，中央电视台与全国省、市、自治区电视台（宁夏与陕西未参加）联合进行全国电视观众抽样调查，"调查 24898 人，是受众规模最大的一次受众调查。"④

1988 年四五月间，在中宣部、新闻局、中国记协和"两会"秘书处支持下，中国社会科学院新闻研究所与首都新闻学会受众调查组用统一问卷对全国人大代表和政协委员进行关于新闻改革的整体调查。

1988 年二三月间，受中央人民广播电台委托，中国社会调查所与中国人民大学舆论研究所、国家统计局农村抽样调查总队、中国人民大学计划统计学院、北京广播学院管理系等单位进行首次全国听众的抽样调查。

---

① 徐培汀：《中国新闻传播学说史（1949～2005）》，重庆，重庆出版社 2006 年版，第 422 页。

② 甘险峰、刘玉静：《往事有余情　大风歌满楼——新中国 60 年新闻界 60 事件回眸》，《编辑之友》2009 年第 9 期。

③ 徐培汀：《中国新闻传播学说史（1949～2005）》，重庆，重庆出版社 2006 年版，第 425 页。

④ 徐培汀：《中国新闻传播学说史（1949～2005）》，重庆，重庆出版社 2006 年版，第 425 页。

期间，专门的调查研究机构纷纷成立。1986年，中国第一家专门从事社会调查和民意测验的公益服务型科研机构中国社会调查所成立，具有较强学术性的中国人民大学舆论研究所也成立。1987年中国第一个全国性民意调查研究机构——中国社会调查系统成立。之后，中国社会调查事务所、北京社会经济科学研究所社会调查中心成立。中国的受众调查逐步走向专业化。

总之，受众研究的引入，对中国的新闻学研究作出了贡献："第一，受众研究第一次将定量分析的方法引入到我国新闻研究和传播研究，通过社会调查、计算机统计、数据分析等过程，得出比较科学的结论。定量分析方法的引进，改变了我国传统的单一的定性分析方法。定性分析与定量分析相结合，可以说是我国新闻学研究和传播学研究方法上的一次突破，一次革命。第二，受众研究开辟了我国受众调查的先河，培养和锻炼了一大批专业调查人员，带动了我国上上下下、各行各业的调查研究。"①

2. 受众观念

随着"受众"研究的引入，新闻学术界也逐渐由"传者本位"向"受众本位"观念转化。

《简明新闻学》指出，"新闻是一种社会现象，不仅是指它是社会生活中大量进行的传播事实和信息的方式，也包括它是适应人们的需要、为人们所接受并加以运用的社会行为。研究新闻现象，只讲传播者，忽略接受者，这是不完全的。"② 该书将传播学的受众观与历史唯物主义的观点结合起来进行研究："新闻的接受者并不只是被动地接受新闻，他们不仅能对新闻产生能动的反应，而且从历史唯物主义的观点看，他们的实践活动本身正是新闻的取之不竭、用之不尽的丰富源泉。他们接受了新闻，扩大了对世界的认识，又在新的认识基础上，从事新的创造活动，既是对新闻所报道的事物的延伸和发展，又是对新闻来源的扩大和更新。"③ 由此，该书把"新闻传播"的实际过程归纳为一个公式：事实→传播者→接受者→新的事实→再传播→再接受，重视"传""受"双方与新闻传播的动态过程与发展。该书根据这个公式提出"新闻工作者是为接受者服务"的观点。

---

① 徐耀魁：《我国传播学研究的得与失》，《新闻与传播研究》1998年第4期。
② 张宗厚、陈祖声：《简明新闻学》，北京，人民日报出版社1983年版，第74页。
③ 张宗厚、陈祖声：《简明新闻学》，北京，人民日报出版社1983年版，第75页。

《当代新闻学》以一章的篇幅论述"新闻事业与受众"，阐释"受众在新闻事业中的地位""研究'受众需要'的必要性""受众需要与受众心理""受众的调查工作"①。

《现代新闻学》提出，要把受众问题提到新闻工作的首位："我们的新闻能否受欢迎，关键在于针对性是否强，是否满足受众的需要。要解决针对性的问题，就要对受众进行调查研究"②。我们要对受众进行分层，"要调查研究不同年龄、性别、职业，不同文化教养的受众的一般心理状态和对新闻的不同选择，以求尽量满足不同受众的要求"③。

《系统理论新闻学》提出了"新闻工作的受众兴趣原则"，并强调，"受众兴趣对于新闻工作之不可缺少，早已为新闻学和传播学研究所证实。受众不是传者可以随意射击的'靶子'，他们对传播内容有着强烈的选择性——选择性接受、选择性理解、选择性记忆"④。

曹宏亮提出，"受众"是新闻学的一个基本范畴，并建议把传统新闻研究中常用的"读者"概念换成"受众"。他还主张把"受众"同"人民大众""群众"等政治性话语区分开来，这是因为："受众，是指所有接受新闻者，而'人民大众'一词是一个政治术语，是从政治角度去划分社会阶层的，它本身随着政治形势的变化而改变内容，不依新闻事业的存在而存在……'群众'这个范畴严格说来是属政治学范畴。"⑤

张延扬运用受众观点研究新闻价值问题。"考察某件事实的新闻价值，必须把它同特定的受众联系起来。"⑥ 新闻价值大的新闻有如下特点：新闻事实满足受众需要的人数多、新闻事实的内容与受众的利益一致、新闻事实的内容对受众的实践活动指导作用大、新闻事实与受众接近、新闻事实符合受众的普遍兴趣。

长期以来，中国新闻学研究坚持宣传本位，把受众当作指导对象或教育对象来看待。受众研究的引入，令受众的构成、特点、心理、新闻与受众的关系等问题受到了关注，尊重"受众"，逐渐成为媒介从业人员的基本共识。

---

① 参见郑旷主编：《当代新闻学》，北京，长征出版社1987年版，第121～149页。
② 何光先：《现代新闻学》，昆明，云南教育出版社1988年版，第477页。
③ 何光先：《现代新闻学》，昆明，云南教育出版社1988年版，第478页。
④ 王益民：《系统理论新闻学》，武汉，华中理工大学出版社1989年版，第357页。
⑤ 曹宏亮：《受众——新闻学的基本范畴》，《新闻知识》1986年第10期。
⑥ 张延扬：《试论新闻价值与受众的关系》，《南京政治学院学报》1987年第3期。

（五）传播效果

大众传播研究中，研究历史最长、争议最大、最有现实意义的是效果研究。随着传播学引入中国新闻学界，"传播效果"研究也得到了重视。

沈俊法提出，传播效果是指"新闻传播能使接受者主动、积极、热情愉快地接受由新闻媒介（报纸、电视、广播等）所传播的各种信息，接纳新闻传播者附在新闻上的一些观点和意向，并进而产生积极效果"①。为此，我们必须研究受传者的需要、动机、目的以及认知特点，同时也按照新闻规律办事，以求改变新闻传播效果不佳的问题。他还主张从"信息反馈"的角度来进行研究。

高扶小从收视率的角度来研究新闻传播效果问题："收视率研究是电视传播效果研究的重要组成部分，也是电视台实现管理和决策科学化的有效手段""收视率是检测电视传播效果的数量标志""传播效果的大小，与收视率的高低有直接的联系"②。

林雪蓉揭示信息反馈与新闻传播效果之间的关系："新闻信息反馈的实质是将信息传播后所产生的实际效果，与预定目标相比较，确定偏差程度，分析偏差原因，制定纠偏措施，并对下一步的新闻传播做出更加切合实际的安排……受众需要汇集成了接受者对新闻媒介传播内容和传播效果的制约力，它有力地制约着新闻媒介的再传播内容。"③

总之，西方传播学的传入，给新闻学研究带来诸多影响，主要表现在三个方面："一是引进了一些新的观念""二是提供了新的思维方式""三是推广了定量分析的方法"。正因如此，"传播学对我国的新闻学研究也带来了震荡和革命"④。

---

①　沈俊法：《浅论新闻的传播效果》，《南昌大学学报》（人文社会科学版）1988 年第 2 期。

②　高扶小：《收视率研究与电视的改革》，《中国广播电视学刊》1988 年第 4 期。

③　林雪蓉：《信息反馈与新闻传播效应》，《兰州大学学报》1989 年第 4 期。

④　刘民安：《传播学需要传播——第三次全国传播学研讨会侧记》，《新闻知识》1993 年第 8 期。

第四章　新闻之学：1991～2011 年的新闻学研究

从 20 世纪 90 年代开始，中国的新闻学研究发生重要转向：在理论新闻学领域，新闻学者从不同视角出发，将新闻或新闻传播活动作为构建新闻学理论的逻辑起点与终点。在历史新闻学领域，新闻学者进行多元化理论探索：有学者突出新闻本体，有学者借鉴媒介生态学理论，有学者尝试"新新闻史"学研究方法，有学者运用媒介社会学研究思路。这些研究有一个共同特征，即关注新闻本体。在应用新闻学领域，客观报道、体验式报道、精确报道的理论构思，也呈现出鲜明的"新闻本位"特征。"新闻之学"的理论形态日渐形成。

第一节　理论新闻学建构：传播学化与哲学化

1991～2011 年间，理论新闻学研究沿着两个方向行进：有学者不同程度借鉴传播学理论并从传播学维度进行新闻学理论建构；另有学者提出本义新闻学理论构想，理论新闻学的哲学化研究日渐由理论呼吁走向探索实践。二者有一共同特征，即超越"新闻事业"之学的理论局限，构建新闻本位的理论新闻学体系。

一、传播学维度的理论新闻学建构

20 世纪 90 年代开始，随着传播学的系统传入，新闻学对传播学的借鉴与吸收走向深入。有学者在传统新闻学的理论框架下部分吸收传播学基本理论，尝试建构新的新闻学理论体系，如刘建明的《宏观新闻学》（中国人民大学出版社 1991 年），吴高福的《新闻学基本原理》（武汉大学出版社 1993 年）等。也有学者整体借鉴传播学研究成果，构建"新闻传播学"理论体系，一系列以"新闻传播学"命名的著作相继出现。1994 年，高永振、丁国宁、文言的《新闻传播学》由辽宁大学出版社出版，高宁远的《新闻传播基础理论》由云南大学出版社出版。1995 年，黄旦的《新闻传播学》由杭州大学出版社出版，邵培仁、叶亚东的《新闻传播学》由江苏人民出版社出版。1996 年，徐小鸽的《新闻传播学原理与研究》由广西大学出版社出版。1997 年，胡钰的《新闻传播学导论》由中国广播电视出版社出版，李广增的《新闻传播学》由河北大学出版社出版。1999 年，刘卫东的《新闻传播学概论》与《新闻传播学原理》，分别由天津社会科学出版社、中央广播电视大学出版社出版。2000 年，童兵的《理论新闻传播学导论》由中国人民大学出版社出版，程世寿、刘洁的《现代新闻传播学》由华中理工大学出版社出版。2001 年，李元授、陈扬明的《新闻传播学》由新华出版社出版。2003 年，蔡铭泽的《新闻传播学》由暨南大学出版社出版（2007 年第 2 版）。2011 年，高卫华的《新闻传播学导论》由武汉大学出版社出版。

这些著述有的致力于用新闻传播学取代传统新闻学；有的主张吸收传播学的知识、理念以及体系，从而令传统新闻学获得新生。当然，"给新闻学植入新的基因，注入新的血液，引入新的方法"①，并非一件容易的事情。正如郝雨所评价："通观近年出版的这一类教材，其中往往存在两方面的问题，一种是既讲新闻理论，又要同时介绍传播学理论，这不仅在结构上存在着两层皮的问题，而且，在很大程度上还侵犯了新闻专业的另一门主干课——《传播学》的内容。"②

这种探索虽然存在一定的问题，但不妨碍其本身存在的积极意义。郑保卫认为，传播学的引入，令新闻学扩大研究领域，丰富研究内容，充实研究方法，"这些都对开阔新闻学研究视野，提升新闻学研究水平起到了促进作用"③。具体而言，传播学的借鉴对新闻学理论建构的推动，主要体现在如下几个方面：

（一）逻辑起点与逻辑终点的统一

刘建明在《宏观新闻学》中指出，科学的研究必须确定一个学科的研究起点，必须寻求对象的多样性统一的基础。"传播事实是新闻的起点，整个新闻媒介及报道活动由低级向高级发展，都是从事实传播这一

———————————

① 邵培仁、叶亚东：《新闻传播学》，南京，江苏人民出版社 1995 年版，第 1 页。
② 郝雨：《新闻学："绝望"与"新生"》，《社会科学报》2003 年 7 月 3 日，又载人大复印资料《新闻与传播》2003 年第 9 期。
③ 郑保卫：《迈向辉煌的中国新闻学——与部书锴同志商榷》，《现代传播》2009 年第 6 期。

基本社会现象开始的。"①

一门科学的理论，不是不相关概念的简单堆砌。把事实的传播作为研究起点，可以使新闻学中许多概念的含义明确起来，深刻地表达自己的探索对象。概念的确定性，是把握具体真理的必要条件。如果概念的含义不确定，势必带来理论阐述上的混乱。新闻学研究中出现的许多有争议的观点，往往与概念含义的不确定有关。而概念含义不确定，又和新闻学理论的起点不明确有关。"宏观新闻学以事实传播作为探索起点，可以为新闻研究确立一系列的概念基础，为全部新闻学奠定精确学说术语。"②

一门科学的理论，只有确定逻辑起点，才能在理论上把研究对象的各个方面有机统一起来。"把事实传播作为宏观新闻学的研究起点，有助于建立各个范畴和规律之间的内在联系，把宏观新闻学按照一定的结构组织成严整的体系。"③

刘建明强调："宏观新闻学反映的是新闻传播的特点、性质和规律。"④ 宏观新闻学的研究内容包括两个方面："一是本体研究，即着重于新闻自身及其历史进程本质的研究；另一方面是环境研究，即对新闻传播媒介及其体制自身和社会环境联系的探索，展望与此相关联的社会民主化、社会物质文明与精神文明对报道方式与效果的制约。"⑤ 理论新闻学的研究对象不能界定为"新闻事业"及其工作要求，否则，理论新闻学就会被书写成"新闻事业章程和新闻工作文件汇编"⑥。

《宏观新闻学》通过 12 章 41 节的内容设置，对新闻与社会、新闻的特征、新闻宣传与宣传机制、报道方式系列、传播与宣传工具系统、新闻传播与传播效果、报道与宣传的社会控制、新闻自由论、新闻伦理与新闻道德、新闻法制、记者论等问题进行研究，建立起宏观新闻学的基本理论构架。《宏观新闻学》的理论建构，没有打破传统新闻学的理论框架，但找到一个重要的突破点，即将"事实的传播"作为新闻理论研究的逻辑起点。这使他的理论研究突破了"新闻事业之学"的理论藩篱。在众多学者热衷于"新闻事业之学"的理论体系建构的时候，《宏观新闻

①　刘建明：《宏观新闻学》，北京，中国人民大学出版社 1991 年版，第 6～7 页。
②　刘建明：《宏观新闻学》，北京，中国人民大学出版社 1991 年版，第 7～8 页。
③　刘建明：《宏观新闻学》，北京，中国人民大学出版社 1991 年版，第 8 页。
④　刘建明：《宏观新闻学》，北京，中国人民大学出版社 1991 年版，第 8 页。
⑤　刘建明：《宏观新闻学》，北京，中国人民大学出版社 1991 年版，第 12 页。
⑥　刘建明：《宏观新闻学》，北京，中国人民大学出版社 1991 年版，第 9 页。

学》于 1991 年问世。该书不再以新闻事业、党性、群众性、指导性为关键词，给新闻学理论建构吹来一股清新之风。

当然，《宏观新闻学》也有令人遗憾之处，正如沈莉所分析的，书中主要在"新闻报道"这一层面界定"新闻"这一基本概念，有时还用"事实传播"或者"新闻传播"来代替"新闻"一词，因此，"《宏观新闻学》没有能完成自己所构想的理论体系，没有在新闻和社会的相互关系中找到宏观理论的支点，连作者已经意识到的现有的新闻理论研究存在的弊端也未能很好地克服。有些方面，甚至比以往的研究走得更远。比如，从新闻机构的意识形态属性推导出'新闻是一种意识形态'，从新闻报道的主观性推出'新闻的倾向性'，并进一步从'新闻报道本身的政治性、倾向性和欲扩性'推导出'一切新闻都是宣传'等等"。① 在《宏观新闻学》一书中，我们虽然看不到"新闻事业""新闻工作"等理论话题，但新闻宣传、宣传机制、宣传工具系统、新闻自由、新闻法制、新闻伦理等内容同样不是"新闻"本身推演出来的问题，这些问题归根结底得靠宣传学、政治学、法学、伦理学等其他学科来解决。也就是说，《宏观新闻学》虽然在逻辑起点上具有重要理论突破，以"事实传播"作为理论体系的逻辑起点，但最终没有一致的逻辑终点，也就没能建立起严整的"新闻"本位的理论体系。

这一时期，已经有学者在充分借鉴传播学、社会学研究成果的基础上，以"新闻传播"作为理论体系的逻辑起点，同时作为逻辑终点，尝试建构较为严整的新闻学理论体系。黄旦的《新闻传播学》是典型一例。

黄旦指出："我们一贯主张并坚持劳动生产是新闻传播产生的根本原因。劳动结成了关系，有关系就需要信息，于是出现了新闻传播。正是在这一基点上，劳动—关系—新闻传播的因果关系得以揭示，社会生产力越发达，社会关系就越密切，社会对新闻需求就越大，新闻传播于是就越发展，从而从发生学的角度，为新闻传播的产生和发展，奠定了科学的理论基础。然而，这种视眼是以社会为立足点，把新闻传播首先视之为一种社会交往，重点在于新闻传播与社会的关系，突出其社会性。同时，当我们正确地看到新闻传播与社会发展同进退共存亡时，却没有进一步思考或者说忽视了新闻传播的另一个层面——即它的人际性，因为新闻传播说到底，还是人与人之间的交往，是人与人之间获取并交流

---

① 沈莉：《中国新闻学原理建构的宏观考察》，《新闻与传播研究》1998 年第 1 期。

新情况、新信息的一种活动。"[①] 为此，黄旦强调，对新闻传播的研究，必须坚持"双重视眼"，即新闻传播既具有社会性，也具有人际性。

黄旦的新闻学理论建构，基于新闻传播的双重属性的认知。他的《新闻传播学》一书由此分为上、下两编。上编主要着眼于作为社会交往的新闻传播活动，即"作为社会现象的新闻传播"。上编通过八章的内容设置，研究新闻传播的起源、发展过程与发展规律。对于"新闻传播的新时代——新闻事业"，《新闻传播学》给予相当大的比重，分五章论述新闻事业的产生、基本特征、社会功能以及社会对新闻事业的作用与反作用——"控制"与"新闻自由"问题。下编则着力分析新闻传播过程中的人与人交往的特点及其规律，即"作为传播过程的新闻传播"。下编共分七章，分别研究新闻传播过程、新闻、新闻价值、新闻传播者、互补共存的大众媒介体系、新闻接收者、新闻传播过程规律等内容。这样，《新闻传播学》的"整个建构吸收了传播学理论的成果并消化运用于新闻学，继承了中国新闻学研究传统并试图推陈出新，努力在学理性建构与实践阐释之间找寻平衡"[②]。如此，"新闻传播"就不仅仅是《新闻传播学》的逻辑起点，同时也是《新闻传播学》的逻辑终点，理论体系的严整性得到了有效提升。

由此可见，传播学的传入，令新闻学者对新闻学理论建构的逻辑起点与终点问题进行了深入思考，从而改变了长期以来的从新闻到新闻事业再到新闻工作的理论建构模式。

（二）话语结构回归新闻学本身

在以往的研究中，无论是党报之学，还是新闻事业之学，无产阶级政党学说都是新闻学的重要组成部分，甚至成为理论前提，党性、指导性、群众性、阶级性等，每每成为重要的论述内容。新闻学话语的"非新闻学化"，是一个长期得不到解决的问题。20 世纪 80 年代，新闻学者零星地借鉴传播学的"信息""媒介""受众"等概念。这些概念的引入，使我们长期使用的政党学说体系中的宣传话语日渐淡出，而代之以新闻学自身的话语体系，并且为新闻学研究注入了新鲜元素，但总体而言，仍未能从根本上突破新闻学的话语结构模式，新闻→新闻事业→新闻工作仍是主流理论建构模式。20 世纪 90 年代，新闻学对传播学的借鉴

---

① 黄旦：《新闻传播的二重性》，《现代传播——北京广播学院学报》1995 年第 2 期。
② 沈莉：《中国新闻学原理建构的宏观考察》，《新闻与传播研究》1998 年第 1 期。

与吸收日渐全面与深入，人们才开始尝试整体借鉴传播学话语体系。

针对新闻话语体系非新闻化问题，黄旦在《新闻传播学》一书中进行了分析："在改革开放前，新闻理论基本上是党的新闻机构理论。'文化大革命'结束后，研究视野有所扩展，从机构推移到新闻本身，于是有学者提出，新闻学是事学。由是构成了新闻、新闻事业、新闻工作的基本体例。这样的研究其重要性是不言而喻的，也取得了很大的成果。但是，研究角度的单一，也使新闻学研究的进一步深入受到阻碍，正如我们前面说过的，新闻传播在本质上还是人与人交往活动。因此，人际层面的研究同样是新闻学的重要内容。在这个意义上说，新闻学不仅是机构学，事学，还应是人学。"①

对于"新闻事业之学"每每论及的基本概念，黄旦的《新闻传播学》进行"事学"与"人学"的双重观照。对于"新闻事业之学"的理论建构中新闻学者着力最多的"新闻事业"这一概念，黄旦进行全新表述："新闻事业是一种专门化的新闻传播活动""是一种开放性的新闻传播活动"。② 新闻事业的基本特征要从"组织特征"与"活动特性"两方面进行分析。组织特征如下："从结构上看，新闻事业是一个以传播流程为结构方式的组织"；"从所处的位置看，新闻事业是社会新闻信息流通的中介组织"；"从经营管理上看，是一个按特殊经济规律运行的'精神商品'生产组织"。③ 活动特征则有："现实性——反映社会进步的'秒针'"；"广泛性——无所不在、无所不及的新闻信息流"；"纪实性——社会状况的写真"；"大众性——公众共同参与的事业"。④ 此外，新闻事业的社会功能是沟通与联系。社会对新闻事业的作用是"控制"，包括政治势力的控制与经济集团的控制。

在此，"新闻事业"仍被纳入"新闻之学"的理论体系，但是，我们看到了与"新闻事业之学"根本不同的话语体系，这种话语体系不再是党报话语体系的生搬硬套，而是还新闻学话语以本来的面目，建立起新闻学自身的范畴体系，新闻学的话语结构得以"新闻学"化。

（三）理论框架传播学化

20 世纪 90 年代以来，新闻学者开始对传播学进行整体借鉴。当"把

---

① 黄旦：《新闻传播学》，杭州，杭州大学出版社 1995 年版，前言第 3 页。
② 黄旦：《新闻传播学》，杭州，杭州大学出版社 1995 年版，第 33、第 35 页。
③ 黄旦：《新闻传播学》，杭州，杭州大学出版社 1995 年版，第 50、第 51、第 54 页。
④ 黄旦：《新闻传播学》，杭州，杭州大学出版社 1995 年版，第 58、第 60、第 61、第 63 页。

关人"、"媒介"、"信息"、"受众"、"传播效果"等概念被充分融入到新闻学研究后，研究者便由静态的研究转入动态的分析，即由新闻活动诸要素的研究转向新闻传播活动的研究。这样，传播学的理论框架就被运用到了新闻学理论体系的建构当中。

刘建明的《宏观新闻学》强调，"宏观新闻学的全部内容应当从研究事实传播现象开始，随后推进到新闻传播主体、传播规律、传播对象、传播效果、传播控制等一系列领域的研究。"[①] 刘建明在新闻学理论框架内开始了新闻活动的动态研究。

吴高福的《新闻学基本原理》强调："新闻是不可能离开人类的新闻传播活动的，离开了新闻传播活动，也就没有新闻了。因此，这一探索必然是把新闻放到传播的过程中去加以认识，分析这一过程中的各个组成部分，突出的矛盾和问题，从而寻找它的规律。"[②] 基于这种认识，《新闻学基本原理》共设十一章，第一章研究"新闻本体"，揭示新闻的性质、特征，具有总领的意思。"新闻是人类新闻传播活动的细胞，离开了新闻，也就无所谓新闻传播活动了。"[③] 第二章至第五章分别讨论新闻传播者、新闻受众、新闻媒介、新闻作品，"对新闻传播过程中的各个组成部分的分别研究。这种研究既是静态的，也是动态的"[④]。第六章"新闻传播"以前五章为基础，从新闻传播过程、传者和受众的关系、新闻传播的反馈与效果三个方面展开，"大体说清了新闻是如何由事实变成新闻，最终发挥其社会功能，即产生社会效益这一完整的过程"[⑤]。当然，其目的不仅仅在于阐明这一过程本身，还在于能在动态的过程中认识新闻。加上第十章"新闻源流"，就构成了一个体系框架。

高振永等的《新闻传播学》这样描述新闻传播系统的模式结构："新闻传播系统同其它信息传播系统一样，其构成要素基本相同。国内外传统说法，认为它的构成要素有五个：新闻信息、新闻媒介、新闻传播者、新闻受众、新闻传播效果。"[⑥] 该书第一、三、四、五、九章分别为新闻信息论、媒介论、受众论、传播者论、社会效果论，以5W模式的构成要素贯穿全书。

---

① 刘建明：《宏观新闻学》，北京，中国人民大学出版社1991年版，第7页。
② 吴高福：《新闻学基本原理》，武汉，武汉大学出版社1993年版，前言第1页。
③ 吴高福：《新闻学基本原理》，武汉，武汉大学出版社1993年版，第1页。
④ 吴高福：《新闻学基本原理》，武汉，武汉大学出版社1993年版，前言第2页。
⑤ 吴高福：《新闻学基本原理》，武汉，武汉大学出版社1993年版，前言第1页。
⑥ 高永振、丁国宁、文言：《新闻传播学》，沈阳，辽宁大学出版社1994年版，第3页。

　　李元授的《新闻信息概论》的框架结构受传播学影响较大。该书分为上下两编。上编围绕新闻与信息展开，八章内容都没有离开"新闻"与"信息"这两个关键词。下编围绕新闻信息传播展开，介绍传播过程理论和模式以及完整的新闻信息传播过程，分别研究信源、传播者、信道、信宿及传播效果，沿着新闻传播过程的路线介绍各个组成要素。可以看出，该书的框架完全是以传播学的概念和理论为底色。

　　童兵的《理论新闻传播学导论》，更是系统借鉴拉斯维尔的 5W 模式。童兵坦言："我的使命是沿着这一公式指点的路径，逐一说明新闻传播系统中各个子系统的相应位置、功能及其相互间的有机联系。"[①]"对整个传播现象的研究，自然也应从传播开始，并以此作为理论新闻传播学的逻辑起点。"[②] 遵循这一思路，《理论新闻传播学导论》以 10 章的篇幅研究如下内容："新闻传播行为、新闻传播者、新闻传播内容、新闻传播过程、新闻传播研究、新闻传播媒介、新闻传播事业、新闻传播受众、新闻传播效果、新闻传播调控。"[③] 值得肯定的是，童兵没有机械照搬 5W 模式来构架新闻理论体系，而是结合新闻传播过程进行分析，并且指出，"拉氏模式亦有重大缺陷，它没有把'怎么说'这一重要内容较好地包含在模式之中，而'怎么说'既对'通过什么渠道'有要求，更对'对谁'能够'取得什么效果'有直接影响。"[④]《理论新闻传播学导论》的第四章、第五章对此问题进行深入阐述。可见，《理论新闻传播学导论》一书完全以传播学的框架替代了传统新闻学的理论框架，全书体现的是传播学的结构思维与过程思维。

　　蔡铭泽的《新闻传播学》同样参考拉斯韦尔的 5W 模式，将新闻传播学划分为新闻传播本体研究、客体研究、要素研究、流程研究、效果研究、事业研究、控制研究共七方面的内容。[⑤]

　　由此可见，传播学 5W 模式的引入，令中国新闻学研究由新闻活动要素的静态分析，转为新闻传播动态结构的考察，转为新闻传播活动的整体式研究。

　　新闻学的传播学化已引起学术反思。传统新闻学的理论框架真的一

---

①　杨保军：《简析当前我国新闻理论教材的主要结构模式》，《今传媒》2009 年第 4 期。

②　童兵：《理论新闻传播学导论》，北京，中国人民大学出版社 2000 年版，第 1～2 页。

③　杨保军：《简析当前我国新闻理论教材的主要结构模式》，《今传媒》2009 年第 4 期。

④　杨保军：《理论新闻传播学体系的新构建——读童兵新著〈理论新闻传播学导论〉》，《新闻知识》2000 年第 5 期。

⑤　参见蔡铭泽：《新闻传播学》，广州，暨南大学出版社 2007 年版，第 23～24 页。

无是处么？传播学的理论框架可否取代传统新闻学的理论框架？齐爱军认为，传统的"板块式新闻理论体系建构方式固然有其经验把握的随意性，但作为人类实践经验的提炼升华，自然也有其现实逻辑的依据"①。樊亚平则对黄旦、童兵在新闻学理论体系建构方面所做出的尝试进行剖析："《新闻传播学》一书……实际是将新闻传播放在人类普遍的社会传播坐标中加以关照的，因此已不完全属于新闻理论范畴了……《理论新闻传播学导论》以拉斯韦尔模式为主要依托建构理论体系，因此，该书属于作为新闻学与传播学交叉而成的'新闻传播学'专著，不能算是独立的新闻学专著。"② 如果我们抱着引入传播学理论模式不是为了取代传统新闻学，而是为了发展新闻学这一目的进行学术研究，那么新闻学的理论体系建构如何吸取传播学的新鲜血液，而又同时保留传统新闻学的合理内核，就是一个值得深入思考，也是更有意义的理论话题。正如郝雨、王艳玲所强调，"求得新闻学研究深入发展的真正科学的态度是，把传播学理论全面引入新闻学研究之中，并且把传播学作为新闻学理论体系建设的理论的基石，而且尽量吸收其他的一些哲学理论和研究方法，全面革新和改造新闻学研究，从而建立一套更加科学和更具理论性的新闻学体系"③。新闻学者持有发展新闻学而不是取代新闻学的目的，也就不难树立起科学的研究态度。

二、哲学维度的理论新闻学建构

20 世纪 90 年代，理论新闻学的研究成果不断涌现，如，沈世纬的《新闻理论与新闻改革》（三联书店上海分店 1992 年），成美与童兵的《新闻理论教程》（中国人民大学出版社 1993 年），芮必峰的《新闻学理论基础》（黄山书社 1993 年），李卓钧的《新闻理论纲要》（武汉大学出版社 1995 年），李良荣的《新闻学概论》（修订本，福建人民出版社 1995 年），彭菊华的《新闻学原理》（湖南师范大学出版社 1996 年），雷跃捷的《新闻理论》（中国广播学院出版社 1997 年），林枫的《新闻改革理论探索》（当代中国出版社 1997 年），何梓华主编的《新闻理论教程》（高等教育出版社 1999 年），刘建明的《现代新闻理论》

---

① 齐爱军：《新闻理论体系：问题、反思与建构》，《新闻大学》2006 年第 4 期。
② 樊亚平：《也谈从"保卫新闻学"到"发展新闻学"——新时期新闻学学科地位与学科发展探析》，《新时期中国新闻学学科建设 30 年》，北京，经济日报出版社 2008 年版，第 30 页。
③ 郝雨、王艳玲：《新闻学概论》，上海，上海大学出版社 2003 年版，第 17 页。

（民族出版社 1999 年），梁衡的《新闻原理的思考》（人民出版社 1999
年），等等。

新世纪以来，理论新闻学著述层出不穷，如符建湘、郑柏梁编著的
《理论新闻学》（湖南大学出版社 2000 年），胡正荣的《新闻理论教程》
（中国广播电视出版社 2001 年），丁柏铨的《中国当代理论新闻学》（复
旦大学出版社 2002 年），丁柏铨主编的《中国新闻理论体系研究》（新华
出版社 2002 年），刘建明的《当代新闻学原理》（清华大学出版社 2003
年），郑保卫的《当代新闻理论》（新华出版社 2003 年），郝雨、王艳玲
的《新闻学概论》（上海大学出版社 2003 年），陈作平的《新闻理论新思
路——新闻理论范式的转型与超越》（中国传媒大学出版社 2006 年），刘
九洲的《新闻理论基础》（武汉大学出版社 2006 年），郑保卫的《新闻理
论新编》（中国人民大学出版社 2007 年），陈力丹的《新闻理论十讲》
（复旦大学出版社 2008 年），谢金文的《新闻学导论新编》（北京大学出
版社 2008 年），何梓华主编的《新闻理论教程》（高等教育出版社 2008
年），李良荣的《新闻学概论》（复旦大学出版社 2009 年），郝雨的《新
闻学》（复旦大学出版社 2009 年），杨保军的系列研究成果：《新闻事实
论》（新华出版社 2001 年）以及《新闻价值论》《新闻真实论》《新闻活
动论》《新闻精神论》《新闻本体论》《新闻理论研究引论》《新闻道德
论》（中国人民大学出版社 2003 年、2006 年、2006 年、2007 年、2008
年、2009 年、2010 年），等等。

1991 年至 2011 年间，理论新闻学者在回应传播学带来的外部冲击的
同时，也开始了新闻学自身的内部反省，理论新闻学研究的理论层次与
境界提升问题，日益引起重视。具有理论自觉意识的新闻学者，开始在
理论层面倡导新闻学研究的哲学化，同时也在实践层面尝试理论新闻学
的哲学化书写。

（一）理论新闻学哲学化研究之提倡

20 世纪 90 年代，理论新闻学哲学化研究的探索拉开帷幕。起初，虽
没有明确提出"哲学化"这一概念，但相关表述屡见不鲜，"本义新闻
学"就是具有代表性的一种说法。

宁树藩最早提出"本义新闻学"这一概念。1995 年，宁树藩为黄旦
的《新闻传播学》作序时提出，可以把新闻学分成两类："一是以新闻传
播为研究对象而形成的，这可说是本来意义上的新闻学；一是以报纸等
新闻媒介的活动为研究对象而形成起来的，无以名之，姑称之为广义新

闻学。"① 宁树藩认为，本义新闻学是新闻学的核心与基础，但长期以来不被重视。

1997年，宁树藩在接受芮必峰访谈时，重申了"本义新闻学"的理论构想。"'本义新闻学'研究的逻辑起点和终点都是新闻本体和新闻传播，是一以贯之的。"② "我们能够建立起科学的新闻学理论体系的部分，只能是以新闻以及新闻传播的自身规律为独立研究对象的那一部分。其研究取向应立足于'新闻本位'"③。这一部分"'本来意义上的新闻学'，才是真正的'新闻'之学"④。

宁树藩强调，"本义新闻学"的研究对象，"应是历史与逻辑的抽象意义上的'新闻'和'新闻传播'，而非某一历史时期或某一特定媒介的具体的新闻作品和新闻传播活动"⑤。"所谓历史的抽象指的是从人类社会的种种传播活动中抽象出属于'新闻传播'的那部分活动，即新闻传播区别于人类其他传播（思想、观念、情感、态度等等）活动的质的规定性。所谓逻辑抽象则更多的是指我们研究的理论思维向度，即从人类社会形形色色的新闻传播实践中抽象出新闻本体，这是一种哲学意义上的抽象，是我们进行理论研究的基础"⑥。所谓"本义新闻学"，就是"哲学"抽象意义上的"新闻本体"研究。

21世纪初，新闻学者对传统新闻学研究的反思日渐深入，理论新闻学研究的哲学化问题也就日渐清晰。

郝雨指出，新世纪新闻学的总体发展，有一个至关重要的方面，那就是哲学境界的提升。郝雨强调，对于任何一门学术而言，"如果不能在一种哲学的境界上建设自己的理论体系，或者，如果没有一种特定哲学体系的支撑，那么，归根结底，其学科理论就总是缺乏那种开阔的视野

①　宁树藩：《新闻传播学·序》第1页，黄旦：《新闻传播学》，杭州，杭州大学出版社1995年版。

②　宁树藩、芮必峰、陆晔：《关于新闻学理论研究历史与现状的对话》，《新闻大学》1997年第4期。

③　宁树藩、芮必峰、陆晔：《关于新闻学理论研究历史与现状的对话》，《新闻大学》1997年第4期。

④　宁树藩、芮必峰、陆晔：《关于新闻学理论研究历史与现状的对话》，《新闻大学》1997年第4期。

⑤　宁树藩、芮必峰、陆晔：《关于新闻学理论研究历史与现状的对话》，《新闻大学》1997年第4期。

⑥　宁树藩、芮必峰、陆晔：《关于新闻学理论研究历史与现状的对话》，《新闻大学》1997年第4期。

和博大的精神。而如果一种理论只能从非常具体的层面上告诉人们'做什么'和'怎么做',而不能在更为高度抽象的意义上讲清楚'是什么(本质)'和'为什么(规律)',那样的理论也就只是匍匐在地面上的矮化的理论"①。

当然,我们对于新闻学的哲学化研究,要有个正确的认识。这种研究"并不是简单地套用现成的哲学术语和概念,机械地运用原有哲学理论来解释新闻学问题。而是完全站在哲学的思维境界上,独立开创一种全哲学思路的理论新闻学。而且,这种所谓哲学化的新闻理论体系,也并不是要所有的新闻理论最终统一到某种单一的哲学概念或体系之内,而是要开辟出更多的研究思路和方法,更强调各种思辨研究的科学性"②。理论新闻学研究的哲学化,主要是理论新闻学研究的理论层次提升问题,是思维方式的改变问题。

(二) 理论新闻学之哲学化书写

新闻学者对理论新闻学哲学化研究的必要性进行充分论证的同时,也在实践层面进行理论新闻学的哲学化书写。

1.《新闻理论新思路》的理论建构

理论新闻学研究如何走出一条新路?陈作平指出:"新闻理论研究迫切需要强化对新闻自身规律的研究,传统的新闻理论研究恰恰把重点放在外向型研究上,而对新闻自身的内向型研究重视不够。"③ 新闻学研究由"外"向"内"的转向是一条必由之路。

陈作平在分析新闻理论基本范式存在的问题时指出,首要问题就是新闻"理论内部缺乏逻辑关联":"从新闻理论教程所涉及的范畴来看,研究的内容确实非常丰富……这种看似非常全面的内容设置,一直面临着一个致命的问题:人们在通览新闻理论各项内容之后,很难发现构建整个理论体系的逻辑起点,也看不到进行理论演绎的逻辑性,更无法为新闻事业发展找到一个令人信服的规律性结论"④。而与此相关的另一问题是"理论的有效统摄范围不够",即"新闻理论作为一门学科的基础理论无法统摄古今中外各种形态的新闻事业,无法取得不同社会形态下理

---

①　郝雨:《新闻理论的哲学化研究与体系构建》,《河北学刊》2006 年第 1 期。

②　郝雨:《新闻理论的哲学化研究与体系构建》,《河北学刊》2006 年第 1 期。

③　陈作平:《对新闻学学科体系研究的再认识——兼论关于建立新闻报道认识论的构想》,《现代传播》1999 年第 3 期。

④　陈作平:《当前我国新闻理论研究状况评析》,《现代传播》2004 年第 5 期。

论研究者的共识"①。为此，陈作平将新闻理论的研究目标定为"超越某一历史时期、某一社会或国家的新闻实践活动，探寻古今中外一切新闻事业发展的共同规律"②。

陈作平指出，许多学者都在努力构建新闻理论的逻辑体系，往往通过两种方法寻找理论体系的逻辑起点，一是偏重经验和历史的研究，二是偏重逻辑推演式的研究。在新闻理论研究中，两种倾向是并存的。我们必须认识到，这种研究方式是有问题的："如果以抽象色彩较浓的新闻本体为出发点，很难将'新闻事业'这一范畴纳入自身的逻辑推理体系；而如果从现实中的新闻事业出发，又很难将新闻本体的抽象内涵统摄进来……两个重要范畴在同一理论体系内各行其是，无法融为一体，导致理论内部产生断裂感。"③

如何解决理论内部的断裂问题？陈作平借鉴以"回归事物本身"为宗旨、强调"本质还原"的现象学方法，来寻找与原来的理论研究完全不同的逻辑起点。按照现象学方法，陈作平的《新闻理论新思路》"以寻找一切新闻实践活动的共相为目的，在发现共相以后，将其分解为'新闻理念'、'媒介功能'和'媒体形态'这样三个概念，以这三个基本元素作为理论研究的逻辑起点，就既不是追根溯源式的，也不是单一概念的逻辑演绎式的，而是共时性、构成式的，它可以选择任何时期、任何社会的任意一种新闻实践活动展开研究。这样，新研究的逻辑起点就是能够全面统摄新闻实践活动本质内涵的三个基本元素"④。具体而言，"新闻理念"包括"真实性""新鲜性""公开性"，是对新闻信息本质属性的规定。"媒介功能"包括政治斗争功能、大众信息消费功能、监督社会运行功能、传承文化功能、商业功能等等，即新闻传播活动所具有的一切功能。"媒体形态"包括传播技术、运行流程、内部整体管理、外部社会控制四个方面，是"新闻传播活动的物质生活方式"⑤。

《新闻理论新思路》进行了全新的新闻学理论体系建构：第一部分是对"新闻理念""媒介功能""媒体形态"这三要素进行分析，找到特殊的逻辑起点。第二部分则借鉴西方哲学结构主义理论，研究"新闻实践活动结构"，对新闻理念与媒介功能、媒介功能与媒体形态、新闻理念与

---

① 陈作平：《当前我国新闻理论研究状况评析》，《现代传播》2004 年第 5 期。
② 陈作平：《现象学方法与新闻理论研究的逻辑起点》，《现代传播》2006 年第 2 期。
③ 陈作平：《现象学方法与新闻理论研究的逻辑起点》，《现代传播》2006 年第 2 期。
④ 陈作平：《现象学方法与新闻理论研究的逻辑起点》，《现代传播》2006 年第 2 期。
⑤ 陈作平：《结构主义方法与新闻理论体系的构建》，《现代传播》2005 年第 6 期。

媒体形态进行全面分析。这种分析的意义在于："新闻理念、媒介功能、媒体形态使新闻传播实践形成了一种均衡状态。"① "新闻活动所形成的这种特殊关系是相对的。"② "不同的均衡结构之间存在着一个转换系，转换系推动新闻实践活动不断由低级阶段走向高级阶段。"③ 这样，就有了"新闻理论新体系"的第三部分：新闻实践活动演化分析。可见，《新闻理论新思路》实则是以"新闻实践活动"为核心，通过概念分析、结构分析、演化分析，建立起来的较为完整的理论体系，在新闻理论研究哲学化方面进行了有益尝试。

2.《新闻理论教程（第 2 版）》的理论建构

新世纪以来，研究者的探索实践仍在继续。杨保军指出，新闻理论教材的"理论性"不足问题必须引起重视。"理论是针对一定的对象，运用一套范畴、概念，以命题、判断、推理方式建构的观念体系、解释系统……理论也是一个方法系统。理论对现象进行解释，包括分析、判断、前瞻等，要提供概括，要有一整套论证。"④ 新闻理论教材的首要职责就是围绕新闻理论进行建构。然而，很多新闻理论教材仅仅描述和说明新闻现象，缺乏理论，缺乏理论的严谨性、透彻性、抽象性和普遍的解释力。

杨保军在理论新闻学的书写"实践"中，充分发挥自己的哲学学科背景优势，进行一系列"内向型"理论研究，将新闻学哲学化研究从理论构想落实到实处，也就有了《新闻事实论》《新闻活动论》《新闻精神论》《新闻价值论》《新闻本体论》《新闻真实论》《新闻理论研究引论》《新闻道德论》这一系列著作的问世。该系列著作对新闻自身的基本概念一一进行剖析，研究视角转向"新闻自身"，其研究力度与深度显而易见。新闻价值、新闻真实、新闻活动、新闻本体、新闻道德等等，都是20 世纪中国新闻学术界被一再重复研究过的老话题。但是，"就其中的某一个问题进行单项的解剖研究，运用多种视角对其进行观照，努力揭示每一个问题的内涵、外延、本质及各个构成元素之间的联系，特别是……在动态中考察这些带有基础性的老问题，还很少有人做过"⑤。因

① 陈作平：《结构主义方法与新闻理论体系的构建》，《现代传播》2005 年第 6 期。
② 陈作平：《结构主义方法与新闻理论体系的构建》，《现代传播》2005 年第 6 期。
③ 陈作平：《结构主义方法与新闻理论体系的构建》，《现代传播》2005 年第 6 期。
④ 杨保军、涂凌波：《超越传统思路提升新闻教材理论性》，《当代传播》2012 年第 3 期。
⑤ 杨秀国：《构建理论新闻学体系的厚重之作——评杨保军〈新闻真实论〉》，《新闻战线》2006 年第 8 期。

此，杨保军的系列研究，具有重要的理论奠基意义。

正是有了上述坚实的哲学式思辨研究的理论基础，杨保军的《新闻理论教程（第 2 版）》（中国人民大学出版社 2010 年）自然成为"内向型"哲学化研究的典范。《新闻理论教程（第 2 版）》以新闻本体论、新闻业态论、新闻关系论为基本板块，以新闻精神论为内在红线，建构比较完整的新闻理论体系。第一板块是围绕"新闻是什么"而建构的新闻本体理论。"新闻本体理论，主要以新闻本身为对象，以传收过程中的新闻为对象，重点探求揭示、解释说明新闻的本质和特性、新闻的功能和价值、新闻传收的要素构成、新闻传收的基本结构、新闻传收的基本矛盾、新闻传播的基本观念与方法，直至新闻传播的基本规律等问题。"[1] 第二板块是围绕"新闻业是什么"而建构的新闻业理论。"新闻业理论，是把活动作为社会活动系统的一个子系统，主要以新闻业为对象，探求新闻业产生与发展的过程及规律，分析新闻业的性质特征与功能作用，考察新闻业的管理与控制，揭示新闻业的运行机制与规律等。"[2] 第三板块是围绕"新闻关系"是什么而建构的新闻关系论。"新闻关系论，主要是把新闻活动置于社会环境之中，置于与社会其他系统的关系之中，考察分析新闻、新闻传播、新闻媒介（媒体）、新闻业与社会整体及其各个社会子系统之间的关系。"[3] 由此可见，这是一个完整体系："新闻本体论，即关于新闻本身的理论，就是狭义的新闻理论。新闻本体论是整个新闻理论体系中最为基础的部分，为人们提供了理解新闻及新闻活动的普遍观念框架；新闻业态论是对新闻与新闻活动更为具体的把握，它提供了理解现代活动的基本观念体系；新闻关系论则可以说是整个新闻理论的落脚点，它提供了理解新闻与环境关系的理论视野与方法。"[4]

难能可贵的是，三大板块不是孤立的而是有机的整体，这是因为，"在阐释上述三大板块的诸多问题的过程中，还有贯穿其中的一根红线，这就是新闻精神论，主要由新闻自由论和新闻道德论构成。自由是新闻活动的手段，也是新闻活动的目标；道德是新闻活动的应然诉求，是新闻活动应该追求的境界。自由与道德确立了新闻活动的总体方向。自由

[1]　杨保军：《新闻理论教程（第 2 版）》，北京，中国人民大学出版社 2010 年版，第 6 页。
[2]　杨保军：《新闻理论教程（第 2 版）》，北京，中国人民大学出版社 2010 年版，第 6 页。
[3]　杨保军：《新闻理论教程（第 2 版）》，北京，中国人民大学出版社 2010 年版，第 6 页。
[4]　杨保军：《新闻理论教程（第 2 版）》，北京，中国人民大学出版社 2010 年版，第 7 页。

论、道德论构成了新闻理论的内在灵魂，是新闻理论深层的价值理念"①。这样，新闻本体论、新闻业态论、新闻关系论就由新闻精神论贯穿起来，从而构成严整的理论体系。

对于杨保军的理论探索，有学者指出："这一体系结构有一定的创新性和科学性，但目前只是停留在设想阶段，尚缺乏更深入的论证和体系建构实践的检验。由此看来，新闻理论体系建设今后仍是任重道远。"②杨保军的理论体系建构，仅仅是新闻学理论体系探索的开始，而不是结束。

也有学者针对理论新闻学的哲学化探索进行整体性反思："新闻学研究偏好从'哲学'中寻找学术资源，既好又不好。好只好在它能使论文超越于经验总结的层次，不好在于，将凡属行文皆需的、隐在的基本的哲学立场、哲学思维、哲学方法论拉作了唱戏的虎皮，或只停留在做哲学论证的层次，从而忽视了具体的切人点，少了具体的贡献。特别是少数持学术表演和学术超越化态度的学者，粗糙借用和生搬硬套一些理论，漠视甚至厌倦新闻传播实践，注定其研究是隔膜的，产生不了新理论，总结不出新模式。不管其研究初衷如何，这种'学术普适化'情结，给人印象总是比较美好的，它似乎是在追问理论元问题，似乎是想开掘与丰富人类智慧与思想资源。但是，对于如何实现实践、理论和思想这三者间的相互照亮、相互'发明'，他们之中的多数是还没有摸到新闻学的门径的。"③新闻学是一门实践学科，在此意义上讲，哲学玄思自然有其局限性。但新闻学研究理论性不足，也是不争的事实。理论新闻学哲学化研究带来的争论，也许正是提升新闻学研究理论层次的动力源泉。

第二节　新闻史学建构：凸显本体

1991～2011年间，新闻史研究异彩纷呈。

通史类专著与教材主要有王凤超的《中国报刊史话》（商务印书馆

---

① 杨保军：《新闻理论教程（第2版）》，北京，中国人民大学出版社2010年版，第6页。

② 樊亚平：《也谈从"保卫新闻学"到"发展新闻学"——新时期新闻学学科地位与学科发展探析》，《新时期中国新闻学学科建设30年》，北京，经济日报出版社2008年版，第30页。

③ 肖燕雄、谭笑：《论新闻学的研究话语和研究方法》，《新闻学论集》2010年第24辑。

1991 年），刘亚编著的《中国新闻史教程》（八一出版社 1994 年），刘家林的《中国新闻通史》（武汉大学出版社 1995 年），马艺的《中国新闻报刊史简论》（新华出版社 1995 年），程之行的《新闻传播史》（亚太图书出版社 1995 年），袁军、哈艳秋的《中国新闻事业史教程》（中国广播电视出版社 1996 年第 1 版，2001 年第 2 版），王洪祥主编的《中国现代新闻史》（新华出版社 1997 年），龚德才编著的《中国新闻事业史》（湖南师范大学出版社 1997 年），丁淦林等著的《中国新闻事业史新编》（四川人民出版社 1998 年），白润生编著的《中国新闻通史纲要》（新华出版社 1998 年），谷长岭撰、刘溪梦主编的《中华文化通志（第 8 典）艺文：（78）新闻志》（上海人民出版社 1998 年），方汉奇主编的《中国新闻事业编年史》（福建人民出版社 2000 年），丁淦林主编的《中国新闻事业史》（武汉大学出版社 2000 年），朱锦翔、吕凌柯的《中国报业史话》（大象出版社 2000 年），李仲明的《报刊史话》（社会科学文献出版社 2000 年），黄瑚的《中国新闻事业发展史》（复旦大学出版社 2001 年），张鸿慰的《蕲蔚集：报业史志稿》（广西新闻史志编辑室 2003 年），方汉奇主编的《中国新闻传播史》（中国人民大学出版社 2002 年，2009 年第 2 版），丁淦林主编的《中国新闻事业史》（高等教育出版社 2002 年，2007 年第 2 版），白润生的《中国新闻通史纲要》（中央民族大学出版社 2004 年），方晓红的《中国新闻史》（南京师范大学出版社 2004 年），赵中颉编著的《中国新闻传播事业史纲》（法律出版社 2004 年），刘家林的《中国新闻通史》（武汉大学出版社 2005 年），哈艳秋的《中国新闻传播史研究》（中国广播电视出版社 2005 年），黄瑚、李新丽的《简明中国新闻事业史》（中南大学出版社 2005 年），贾红霞的《中国新闻事业史》（人民日报出版社 2005 年），吴廷俊的《中国新闻传播史稿》（华中科技大学出版社 2007 年），陈昌凤的《中国新闻传播史：媒介社会学的视角》（北京大学出版社 2007 年，清华大学出版社 2009 年），杨师群的《中国新闻传播史》（北京大学出版社 2007 年），吴廷俊的《中国新闻史新修》（复旦大学出版社 2008 年），白润生的《中国新闻传播史新编》（郑州大学出版社 2008 年），许正林的《中国新闻史》（上海交通大学出版社 2008 年），丁淦林等著的《中国新闻事业史新编》（四川人民出版社 2008 年），吴廷俊的《中国新闻事业史》（武汉大学出版社 2009 年），方晓红的《中国新闻史》（南京师范大学出版社 2009 年），黄瑚的《中国新闻事业发展史》（复旦大学出版社 2009 年），王润泽的《中国新闻媒介史（1949 年前）》（北京大学出版社 2011 年），彭红燕主编的《中国新闻事业史》（武汉大学出版社 2011 年），谢金文编著的《中国新闻史纲要》（化学工业出版社 2011 年），等等。

外国新闻史专著与教材主要有李瞻的《世界新闻史》（三民书局 1991 年），张昆编著的《简明世界新闻通史》（武汉大学出版社 1994 年），张允若、高宁远的《外国新闻事业史新编》（四川人民出版社 1996 年），马庆平的《外国广播电视史》（北京广播学院出版社 1997 年），高金萍编著的《外国新闻事业史》（湖南师范大学出版社 1998 年），李磊的《外国新闻史教程》（中国广播电视出版社 2001 年，2008 年第 2 版），郑超然、程曼丽、王泰玄的《外国新闻传播史》（中国人民大学出版社 2000 年），张允若主编的《外国新闻事业史》（武汉大学出版社 2000 年），陈力丹的《世界新闻传播史》（上海交通大学出版社 2002 年，2007 年第 2 版），张允若编著的《外国新闻事业史教程》（高等教育出版社 2003 年），程曼丽的《外国新闻传播史导论》（复旦大学出版社 2004 年，2007 年第 2 版），支庭荣主编的《外国新闻传播史》（暨南大学出版社 2004 年），郭亚夫、殷俊编著的《外国新闻传播史纲》（四川大学出版社 2004 年），李彬的《全球新闻传播史（公元 1500～2000 年）》（清华大学出版社 2005 年，2009 年 2 版），魏明编著的《外国新闻史》（南京师范大学出版社 2005 年），欧阳明的《外国新闻传播业史稿》（武汉大学出版社 2006 年），陈力丹、王辰瑶的《外国新闻传播史纲要》（中国人民大学出版社 2008 年，2014 年第 2 版）等。

此外，还有多本中外新闻事业史专著与教材问世，如蒋含平、谢鼎新编著的《简明中外新闻事业史》（合肥工业大学出版社 2004 年），张昆的《中外新闻传播史》（高等教育出版社 2008 年），刘笑盈的《中外新闻传播史》（中国传媒大学出版社 2007 年），王卫明主编的《中外新闻事业史》（北京师范大学出版社 2010 年）等。

新闻界人物的研究成果主要有姚北桦、王淮冰编的《报人生活杂忆：石西民新闻文集》（重庆出版社 1991 年），方汉奇的《报史与报人》（新华出版社 1991 年），顾执中的《报人生涯：一个新闻工作者的自述》（江苏古籍出版社 1991 年），王泰玄编著的《报坛群星：外国新闻史名人传略》（中国人民大学出版社 1992 年），赵维的《报人例话》（春风文艺出版社 1993 年），王美丽的《报人王惕吾：联合报的故事》（天下文化出版公司 1994 年），姜纬堂等编的《维新志士爱国报人彭翼仲》（大连出版社 1996 年），庞荣棣的《史量才：现代报业巨子》（上海教育出版社 1999 年），朱建华的《中国近代报刊活动家传论》（贵州民族出版社 1998 年），徐铸成的《徐铸成传记三种》（学林出版社 1999 年），徐铸成的《报人六十年》（学林出版社 1999 年），李文绚的《报章血痕：中国新闻史上被残杀的报人》（福建人民出版社 1999 年），赵德新的《半个世纪的报人生涯》（民族出版社 1999 年），郑贞铭的《百年报人（6 卷本）》（远流出版事业公司 2001 年），中国人民政治协商会议天津市委员会文史资料委员会编的《近代天津十二大报人》（天津人民出版社 2001 年），彭明辉的《中文报业王国的兴起：王惕吾与联合报系》（稻乡出版社 2001 年），王芝琛的《百年沧桑：王芸生与大公报》（中国工人出版社 2001 年），卢敦基、周静的《自由报人——曹聚仁传》（浙江人民出版社 2003 年），朱正的《报人浦熙修》（湖北人民出版社 2004 年），李伟的《曹聚仁传》（河南人民出版社 2004 年），刘少文的《大众媒体打造的神话——论张恨水的报人生活与报纸化文本》（中国社会科学出版社 2006 年），狄沙主编的《胡绩伟自选集》（卓越文化出版社 2006 年），王润泽的《张季鸾与〈大公报〉》（中华书局 2008 年），李伟的《报人风骨：徐铸成传》（广西师范大学出版社 2008 年），范苏苏、王大龙主编的《范长江与青记》（北京工艺美术出版社 2008 年），杨雪梅的《陈德铭、邓季惺与〈新民报〉》（中华书局 2008 年），贺家宝、郝志柔的《见证：老报人镜头下的中国进步史》（江西高校出版社 2009 年），吴麟的《常识与洞见：胡适言论自由思想研究》（中国传媒大学出版社 2010 年），李磊的《报人成舍我研究》（中国传媒大学出版社 2011 年），陈志强的《胡政之新闻职业观及其实践研究》（江西人民出版社 2011 年），闻学峰的《胡适办报实践与思想研究》（中国社会科学出版社 2011 年）等。

新闻媒体的个案研究以《大公报》为热点，主要成果有孙昭恺的《旧大公报坐科记》（中国文史出版社 1991 年），周雨编的《大公报忆旧》（中国文史出版社 1991 年），吴廷俊的《新记〈大公报〉史稿》（武汉出版社 1994 年第 1 版，2002 年第 2 版），周雨的《大公报史：1902～1949》（江苏古籍出版社 1993 年），方蒙主编的《〈大公报〉与现代中国：1926～1949 年大事记实录》（重庆出版社 1993 年），高郁雅的《北方报纸舆论对北伐之反应：以天津大公报、北京晨报为代表的探讨》（台湾学生书局 1999 年），王芝琛、刘自立编的《1949 年以前的大公报》（山东画报出版社 2002 年），贾晓慧的《〈大公报〉新论：20 世纪 30 年代〈大公报〉与中国现代化》（天津人民出版社 2002 年），《大公报一百周年报庆丛书》编委会编的《我与大公报》（复旦大学出版社 2002 年），杨祖坤主编的《缤纷上海：〈大公报〉记者写上海》（复旦大学出版社

2003 年)，侯杰的《〈大公报〉与近代中国社会》（南开大学出版社 2006
年)，李秀云的《〈大公报〉专刊研究（1927～1937)》（新华出版社 2007
年)，郭恩强的《重构新闻社群：新记〈大公报〉与中国新闻业》（中国
传媒大学出版社 2011 年)，孙会的《〈大公报〉广告与近代社会（1902～
1936)》（中国传媒大学出版社 2011 年）等。

　　《苏报》及苏报案的研究成为另一热点，主要成果有周佳荣的《苏报
及苏报案：1903 年上海新闻事件》（上海社会科学院出版社 2005 年)，王
敏的《苏报案研究》（上海人民出版社 2010 年)，徐中煜的《清末新闻、
出版案件研究（1900～1911)：以"苏报案"为中心》（上海古籍出版社
2010 年）等。

　　其他新闻媒体的个案研究有《晋绥日报简史》编委会编著的《晋绥
日报简史》（重庆出版社 1992 年)，《忆当年》编辑小组编的《忆当年：
纪念泰国〈全民报〉创刊 50 周年》（中国华侨出版社 1994 年)，中央研
究院近代史研究所编的《前进报》（中央研究院近代史研究所 1996 年)，
宋军的《申报的兴衰》（上海社会科学出版社 1996 年)，晋察冀日报史研
究会编的《晋察冀日报社论选：1937～1948》（河北人民出版社 1997
年)，何扬鸣主编的《老报人忆〈东南日报〉》（《浙江文史资料》第 61
辑，浙江人民出版社 1997 年)，张义德、彭程主编的《名人与光明日报》
（光明日报出版社 1999 年)，梁刚建、喻国英主编的《光明日报新闻内
情》（光明日报出版社 1999 年)，陶铠主编的《光明日报与真理标准讨
论》（光明日报出版社 1999 年)，王淮冰、黄邦和主编的《大刚报史》
（中国文史出版社 1999 年)，马馨麟、马宝珠主编的《光明日报五十年历
程》（光明日报出版社 2000 年)，郭凤岐、陆行素主编的《〈益世报〉天
津资料点校汇编》（天津社会科学院出版社 2001 年)，张云初编的《申报
自由谈：中国大实话》（陕西师范大学出版社 2001 年)，鲁果编的《文化
导报回忆录》（科学技术文献出版社 2001 年)，史建霞主编的《北平〈解
放〉报始末》（中国书店 2001 年)，马国亮的《良友忆旧：一家画报与一
个时代》（三联书店 2002 年)，李磊的《〈述报〉研究——对近代国人第
一批自办报刊的个案研究》（兰州大学出版社 2002 年)，高修一主编的
《茶园春秋——中共韩江地委〈自由韩江〉报的建立发展史》（中国文联
出版社 2003 年)，王伊洛的《〈新新新闻〉报史研究》（巴蜀书社 2008
年)，臧杰的《天下良友——一本画报里的人生"传奇"》（青岛出版社
2009 年)，沈毅的《论政与启蒙：近代同人报刊研究——以〈努力周报〉
为例》（中国传媒大学出版社 2011 年)，李时新的《上海〈立报〉史研

究（1935～1937）》（暨南大学出版社 2012 年）等。

断代史研究的成果主要有张涛的《中华人民共和国新闻史》（经济日报出版社 1992 年），方汉奇、陈业劭主编的《中国当代新闻事业史：1949～1988》（新华出版社 1992 年），童兵的《主体与喉舌：共和国新闻传播轨迹审视》（河南人民出版社 1994 年），王东全编著的《中国近代的报刊》（北京科学技术出版社 1995 年），张金涛译注的《近代报刊文选译》（巴蜀书社 1997 年），周葱秀、涂明的《中国近现代文化期刊史》（山西教育出版社 1999 年），李彬的《唐代文明与新闻传播》（新华出版社 1999 年），许中田总主编的《新中国传媒五十年（1949～1999）》（中国新闻年鉴出版社 2000 年），倪延年的《中国古代报刊发展史》（东南大学出版社 2001 年），方汉奇、陈昌凤主编的《正在发生的历史：中国当代新闻事业》（福建人民出版社 2002 年），金伟的《中国古代报刊概论》（沈阳出版社 2006 年），吴廷俊的《中国新闻传播史：1978～2008》（复旦大学出版社 2011 年）等。

在断代史研究中，清代新闻事业的研究取得可喜成绩，如卓南生的《中国近代报业发展史：1815～1874》（正中书局 1998 年），徐松荣的《维新派与近代报刊》（山西古籍出版社 1998 年），陈玉申的《晚清报业史》（山东画报出版社 2003 年），卓南生的《中国近代报业发展史：1815～1874》（中国社会科学出版社 2002 年），程丽红的《清代报人研究》（社会科学文献出版社 2008 年），史嫒嫒的《清代前中期新闻传播史》（福建人民出版社 2008 年），任云仙的《清末报刊评论与中国外交观念近代化》（人民出版社 2010 年）等。

清末民初的新闻史成为学者关注的热点，成果颇丰，主要有唐海江的《清末政论报刊与民众动员：一种政治文化的视角》（清华大学出版社 2007 年），王天根的系列专著《〈天演论〉传播与清末民初社会动员》（合肥工业大学出版社 2006 年）、《晚清报刊与与维新舆论建构》（合肥工业大学出版社 2008 年）、《清末民初报刊与革命舆论的媒介建构》（合肥工业大学出版社 2010 年）、《近代报刊与辛亥革命的舆论动员》（黄山书社 2011 年），刘兴豪的《报刊舆论与近代中国政治——从维新变法说起》（中央编译出版社 2011 年）等。

民国史研究出现热潮。如穆欣的《抗日烽火中的中国报业》（重庆出版社 1992 年），陈昌凤的《蜂飞蝶舞：旧中国著名报纸副刊》（福建人民出版社 1999 年），胡小平的《民国新闻史》（青海人民出版社 2008 年），王润泽的《北洋政府时期的新闻业及其现代化（1916～1928）》（中国人民大学出版社 2010 年），陈龙的《书生报国——民国那些大记者》（湖北人民出版社 2011 年）等。将民国新闻史研究与地方新闻史研究有机融合，已渐成趋势，如重庆抗战丛书编纂委员会编的《抗战时期重庆的新闻界》（重庆出版社 1995 年），黄九清的《抗战时期四川的新闻界研究》（四川大学出版社 2009 年），张育仁的《重庆抗战新闻与文化传播史》（重庆出版社 2009 年）等。

地方新闻史研究成绩令人瞩目，涉及上海、天津、重庆、西藏、四川、云南、福建、新疆、浙江、甘肃、台湾等省、市、自治区以及武汉、深圳、石家庄、杭州、桂林、厦门、宁波、闽南等城市与地区，主要成果有《解放前郑州报业史料专辑》（《郑州文史资料》第 9 辑，郑州市政协文史资料委员会 1991 年），刘望龄的《黑血·金鼓：辛亥前后湖北报刊史事长编：1866 ~ 1911》（湖北教育出版社 1991 年），曹正文、张国瀛著《旧上海报刊史话》（华东师范大学出版社 1991 年），沧州新闻志编纂委员会编的《沧州新闻史料：1903 ~ 1949》（河北人民出版社 1991 年），吉林省地方志编纂委员会编纂的《吉林省志（卷四十二）新闻事业志：广播电视》（吉林人民出版社 1991 年），广东省政协文史资料研究委员会编的《香港报业春秋》（广东人民出版社 1991 年），李树玫、王志善编的《青海地方史报刊资料索引》（青海人民出版社 1992 年），黄河编著的《北京报刊史话》（文化艺术出版社 1992 年），山东省地方史志编纂委员会编《山东省志第 74 卷：报业志》（山东人民出版社 1993 年），秦绍德的《上海近代报刊史论》（复旦大学出版社 1993 年），倪波、穆纬铭主编的《江苏报刊编辑史》（江苏人民出版社 1993 年），林白等编著的《温州报刊史存》（学林出版社 1993 年），姚国才主编的《常德地区志：报刊志》（中国文史出版社 1993 年），于淮仁主编的《甘肃省志》（甘肃人民出版社 1994 年），班羽斐主编、周连成编撰的《忻州报业史》（山西人民出版社 1994 年），河南省地方史志编纂委员会编纂的《河南省志第五十四卷：新闻报刊志广播电视志》（河南人民出版社 1994 年），刘江、鲁兮主编的《太行新闻史料汇编》（太行新闻史学会 1994 年），杜敬编的《冀中报刊史料集》（河北教育出版社 1995 年），马建国编著的《冀东书报刊史料》（河北人民出版社 1995 年），张鸿懋的《八桂报史文存》（广西民族出版社 1995 年），颜义先主编的《四川省志：报业志》（四川人民出版社 1996 年），四川省报业志编辑部编的《四川报业大事记：1897 ~ 1995》（四川人民出版社 1996 年），马光仁主编的《上海新闻史：1850 ~ 1949》（复旦大学出版社 1996 年），海南省地方史志办公室编的《海南省志第十

一卷：报业志》（南海出版公司 1997 年），陈昌凤的《香港报业纵横》
（法律出版社 1997 年），广西政协文史资料委员等编的《桂系报业史》
（广西新闻史志编辑室 1997 年），高纪明主编的《青岛市志：新闻出版
志·档案志》（新华出版社 1997 年），大连市史志办公室编的《大连市
志：报业志》（大连出版社 1998 年），邓毅、李祖勃编著的《岭南近代报
刊史》（广东人民出版社 1998 年），彭继良的《广西新闻事业史：1897～
1949》（广西人民出版社 1998 年），温幸、康溥泉主编的《山西通志第四
十三卷：新闻出版志·报业篇》（中华书局 1999 年），胡福明总纂的《江
苏省志（80）：报业志》（江苏古籍出版社 1999 年），刘燕南的《台湾报
业争战纵横》（九洲图书出版社 1999 年），《安徽省志·新闻志》编委会
办公室编的《安徽新闻百年大事（1898～1988）》（黄山书社 1999 年），
谢佐总编的《青海省志（六十四）：报业志》（青海民族出版社 1999
年），特古斯朝克图、王秀兰编著的《蒙古文报刊简史》（内蒙古大学出
版社 1999 年），陶厚敏主编的《太原新闻史》（山西人民出版社 2000
年），杨兆麟、赵玉明的《人民大众的号角——延安（陕北）广播史话
（增订本）》（中国广播电视出版社 2000 年），中国广播电视学会史学研究
委员会编选《延安（陕北）新华广播电台回忆录新编》（中国广播电视
出版社 2000 年），李谷城的《香港报业百年沧桑》（明报出版社 2000
年），王醒的《山西新闻史：新闻传播与陕西社会发展》（山西人民出版
社 2001 年），马光仁主编的《上海当代新闻史》（复旦大学出版社 2001
年），叶文益的《广东革命报刊史：1919～1949》（中共党史出版社 2001
年），冯并的《中国文艺副刊史》（华文出版社 2001 年），林昶的《中国
的日本研究杂志史》（世界知识出版社 2001 年），黑龙江日报社新闻志编
辑室编著的《东北新闻史》（黑龙江人民出版社 2001 年），陈扬明、陈飞
宝、吴永长的《台湾新闻事业史》（中国财政经济出版社 2002 年），徐丽
华编著的《藏学报刊汇志》（中国藏学出版社 2003 年），王天滨的《台湾
报业史》（亚太图书出版社 2003 年），马艺主编的《天津新闻传播史纲
要》（新华出版社 2005 年），周德仓的《西藏新闻传播史》（中央民族大
学出版社 2005 年），王绿萍的《四川近代新闻史》（四川大学出版社
2007 年），王作舟的《云南新闻史话》（云南大学出版社 2008 年），许清
茂、林念生主编的《闽南新闻事业》（福建人民出版社 2008 年），《武汉
新闻史》丛书（武汉出版社 2008 年），徐明新编著的《福建新闻史：
1645～1949》（海峡文艺出版社 2009 年），帕哈尔丁的《新疆新闻事业史
研究》（新疆人民出版社 2009 年），吴予敏主编的《深圳传媒三十年》

（商务印书馆 2010 年），王文科、张扣林主编的《浙江新闻史》（浙江大学出版社 2010 年），苏连春主编的《石家庄新闻史》（河北人民出版社 2010 年），洪卜仁的《厦门旧报寻踪》（厦门大学出版社 2010 年），李长森的《近代澳门外报史稿》（广东人民出版社 2010 年），张梦新等著的《杭州新闻史》（中国社会科学出版社 2011 年），李文的《甘肃新闻事业的历史与现状研究》（中国社会科学出版社 2011 年）等。

专门史研究成果丰富，涉及新闻思想史、新闻学术史、新闻教育史、少数民族新闻史、外人在华新闻事业史、新闻事业图史、新闻文学史、新闻制度史、报刊发行史、媒体经营管理史、体育新闻史、经济新闻史、石油新闻史以租界新闻事业史等诸多领域与方面。

新闻思想史研究成果主要有：张昆的《传播观念的历时考察》（武汉大学出版社 1997 年），张昆的《中外新闻传播思想史导论》（复旦大学出版社 2006 年），唐海江的《西方自由主义新闻思潮新论》（湖南大学出版社 2006 年），李秀云的《中国现代新闻思想史》（中国社会科学出版社 2007），吴高福等的《西方新闻思潮简论》（湖南大学出版社 2008 年），徐新平的《维新派新闻思想研究》（湖南人民出版社 2010 年）等。

新闻学术史研究取得系列成果，主要有徐培汀、裘正义的《中国新闻传播学说史（1949～2005）》（重庆出版社 1994 年），童兵、林涵的《20 世纪中国新闻学与传播学·理论新闻学卷》（复旦大学出版社 2001 年），单波的《20 世纪中国新闻学与传播学·应用新闻学卷》（复旦大学出版社 2001 年），徐培汀的《20 世纪中国新闻学与传播学·新闻史学史卷》（复旦大学出版社 2001 年），李秀云的《中国新闻学术史（1838～1949）》（新华出版社 2004 年），徐培汀的《中国新闻传播学说史（1949～2005）》（重庆出版社 2006 年），谢鼎新的《中国当代新闻学研究的演变——学术环境与思路的考察》（中国传媒大学出版社 2007 年），唐远清的《对"新闻无学论"的辨析与反思——兼论新闻学学科体系建构和学科发展》（中国广播电视出版社 2008 年），张振亭的《中国新时期新闻传播学术史研究》（江西人民出版社 2009 年）等。

新闻教育史研究成果主要有王洪钧的《40 年新闻教育之回顾：我笃信新闻教育》（正中书局 1993 年），李建新的《中国新闻教育史论》（新华出版社 2003 年），陈昌凤的《中美新闻教育传承与流变》（中国广播电视出版社 2006 年）等。

少数民族新闻史研究稳步前行。主要成果有：白润生编著的《中国少数民族文字报刊史纲》（中央民族大学出版社 1994 年），白润生的《民族报刊研究文集》（中国物价出版社 1996 年），林青主编的《中国少数民族广播电视发展史》（北京广播学院出版社 2000 年），白润生主编的《中国少数民族新闻传播史》（民族出版社 2008 年），白润生的《中国少数民族新闻传播通史》（中央民族大学出版社 2008 年），金星华、张晓明、兰智奇主编的《中国少数民族文化发展报告》（民族出版社 2009 年），周德仓的《中国藏文报刊发展史》（中国社会科学出版社 2010 年），白润生主编的《当代中国少数民族新闻事业调查报告》（中央民族大学出版社 2010 年），王正儒、雷晓静主编的《回族历史报刊文选》（宁夏人民出版社 2012 年），等等。

广播电视史研究取得进展，主要成果有赵玉明编的《中国现代广播简史（1923～1949）》（中国广播电视出版社 1995 年第 1 版，2001 年第 2 版），郭镇之的《电视传播史》（北京师范大学出版社 2000 年），杨波主编的《中国人民广播电台简史》（北京广播学院出版社 2000 年），赵玉明主编的《中国广播电视通史》（北京广播学院出版社 2000 年），艾红红的《中国广播电视史初论》（山东大学出版社 2002 年）等。

其他专门史研究成果有胡太春的《中国报业经营管理史》（山西教育出版社 1998 年），张赫玲主编的《中国地市报报业史志汇编》（新华出版社 1999 年），吴廷俊主编的《科技发展与传播革命》（华中科技大学出版社 2001 年），丁淦林主编的《中国新闻图史》（南方日报出版社 2002 年），刘海贵的《中国当代新闻业务史导论》（复旦大学出版社 2002 年），李白坚的《中国新闻文学史》（上海大学出版社 2004 年），方汉奇、史媛媛主编的《中国新闻事业图史》（福建人民出版社 2006 年），赵永华的《在华俄文新闻传播活动史（1898～1956）》（中国人民大学出版社 2006 年），沈毅主编的《中国经济新闻史》（北京大学出版社 2008 年），关晓红主编的《中国石油新闻史》（石油工业出版社 2009 年），薛文婷的《中国近代体育新闻传播史论：1840～1949》（北京体育大学出版社 2010 年），赵晓兰、吴潮的《传教士中文报刊史》（复旦大学出版社 2011 年），王亚敏的《中国报业集团法人制度变迁研究》（中国传媒大学出版社 2011 年），王晓岚的《中国共产党发行史》（中国社会科学出版社 2011 年），武志勇的《中国报刊发行体制变迁研究》（中国社会科学出版社 2011 年）等。

上述研究成果，尤其是在教材建设方面，虽然存在重复著述的现象，但也呈现出一个鲜明的特点，即借鉴诸多学科的理论，尝试跨学科的研究方法，在历史新闻学领域建构"新闻"之学。

一、新闻本体视角

中华人民共和国成立以来，中国新闻史研究因长期受苏共模式的影响而成为政治史、革命史的依附品，从而缺少独立性。对这一现象，新闻史学者很早就进行反思。这一反思过程就是新闻史研究本体意识的形成过程。

最早进行反思的是王中。1956 年春天，复旦大学新闻系认真讨论和学习马列学院新闻班编写的《中国报刊史教学大纲（草稿）》。当大家纷纷认同把新闻史看作政治史、思想史时，王中却独树一帜，强调"从新闻事业本身发展规律来看"[1]。

王中在《新闻学原理大纲》中指出，"资产阶级新闻学理论是综合性的、业务性的"[2]，"无产阶级新闻学是富有强烈的战斗性和正确性的。但由于发展较迟及对象是党的机关、党员和党报工作人员，所以多为工作指示、决定、论文以及工作总结，还没有系统地、完整地涉及各方面的新闻学"[3]，"苏共报刊史着重讲到和政治的关系，政治性强，缺乏业务性，难提供理论"[4]。王中是在强调，新闻史研究不能忽视业务规律。反右派斗争开始后，王中受到了不公正的批判，但没有改变他的学术理念，他反而将其贯彻到报刊史研究中。1962～1963 年间，王中写作《〈民呼日报〉、〈民吁日报〉和〈民立报〉》一文，指出，研究资产阶级革命派报纸，"不仅要注意他们的政治纲领，而且还必须注意他们用什么思想作为武器进行斗争，如何宣传，亦即他们的宣传思想和办报思想"[5]。在此，王中已尝试把"如何宣传"这一业务规律纳入革命报刊的研究。1963 年王中完成论文《〈民立报〉等报的"迂回宣传"》的写作，其用意有两点："一是在试图突破那种把报刊史写成政治史、思想史的苏联模式，寻找按照报刊史本身的特点进行研究的道路；另外，也想对过去很少注意的革命党人的宣传策略问题试作探索。"[6] 王中所说的"报刊史本身的特点"，就是新闻本体问题。遗憾的是，"文化大革命"十年中断

---

① 宁树藩：《关于中国新闻史研究中强化"本体意识"的历史回顾》，《新闻大学》2007年第 4 期。

② 《王中文集》，上海，复旦大学出版社 2004 年版，第 39 页。

③ 《王中文集》，上海，复旦大学出版社 2004 年版，第 40 页。

④ 《王中文集》，上海，复旦大学出版社 2004 年版，第 39 页。

⑤ 《王中文集》，上海，复旦大学出版社 2004 年版，第 132 页。

⑥ 《王中文集》，上海，复旦大学出版社 2004 年版，第 189 页。

了一代学人的正常学术研究，新闻史研究关于新闻本体的追寻也随之停止。

宁树藩是另一倡导新闻史研究注重"新闻本体"的学者。宁树藩曾坦言，有关"新闻本体"观念的形成，深受王中的影响。1962～1963 年，王中有关《民呼日报》《民吁日报》和《民立报》的研究所呈现的"全新的视角"，"对我很有触动，但我还没有从体现新闻史的特点来领会"。"十年动乱的经历，却成了引发科学反思的巨大推动力。"[①] 1979 年年初，王中与宁树藩经常针对清除中国新闻史研究中的"左"倾思想影响问题展开讨论。在王中的鼓励下，宁树藩写作《中国新闻史研究方法的若干问题》一文，指出，把中国新闻史写成中国政治史、思想史或中共党史是错误的，并首次提出"把握新闻史的自身特性问题"。[②]

改革开放后，学术氛围的改变，激活学者沉埋在心底的学术自觉。1981 年 7 月，中国社会科学院和北京新闻学会主办中国新闻史研究座谈会，苏共报刊史模式的束缚成为反思的焦点。宁树藩宣读《中国新闻史研究方法的若干问题》一文，强调新闻史研究要把握自身特性。

会上，方汉奇"提交的发言稿，题目明白标着《消除新闻史工作中"左"的影响》，其中一个重要问题就是'如何突出报刊史特点'问题，强调'报刊的发展是有它本身的规律的'"[③]。戴邦在发言中，"反对'把新闻史写成政治思想史、阶级斗争史'……认为'新闻业史首先是要研究新闻业务本身的各种业务的发生，发展及其规律性的历史'"[④]。方蒙也认为，"在报刊史的研究中，必须清除'左'的思想，认为解放后这一研究的缺点，主要是脱离报纸本身的特点，去片面摘寻它的言论字句"[⑤]。可见，当时学者已经关注新闻史研究应该突破苏共报刊史模式的问题。

---

① 宁树藩：《关于中国新闻史研究中强化"本体意识"的历史回顾》，《新闻大学》2007 年第 4 期。

② 宁树藩：《关于中国新闻史研究中强化"本体意识"的历史回顾》，《新闻大学》2007 年第 4 期。

③ 宁树藩：《关于中国新闻史研究中强化"本体意识"的历史回顾》，《新闻大学》2007 年第 4 期。

④ 宁树藩：《关于中国新闻史研究中强化"本体意识"的历史回顾》，《新闻大学》2007 年第 4 期。

⑤ 宁树藩：《关于中国新闻史研究中强化"本体意识"的历史回顾》，《新闻大学》2007 年第 4 期。

从此以后，"认清中国新闻史的自身特性，树立本体意识"① 成为众多学者长期的努力方向和学术追求。

1992 年 6 月，中国新闻史学会成立暨第一届学术研讨会在北京召开，宁树藩指出："我们还受到许多束缚，这主要不是政治方面的，而是我们自己思想认识方面的。"② 1998 年 5 月，中国新闻史学会在上海召开换届会议。宁树藩在闭幕式上以"新闻史研究的前瞻"为题作了精彩发言，将其 6 年前提出的思想认识方面的问题，明确表述为新闻史学研究的"本体意识"："长期以来，我们碰到一个严重问题，就是研究中抛开本学科的特性，使中国新闻史完全依附于中国政治史、思想史。"③ "我们许多新闻史论著中关于 20 世纪初中国新闻史的撰述，基本上是跟着中国近代史和思想史走，没能抓住这一时期中国新闻史自身发展的特点，并把它凸现出来。"④ 会后，中国新闻史学会常务理事曾建雄博士专访宁树藩，从学科发展角度，细致阐述新闻史研究的"本体意识"问题。⑤

20 世纪 90 年代，新闻史学者在新闻史书写中尝试突出新闻本体，方汉奇、宁树藩、陈业劭主编的三卷本《中国新闻事业通史》（中国人民大学出版社 1996～1999 年）是典型的一例。该书的三位主编中，方汉奇与宁树藩早在 1981 年就发出新闻史研究要关注新闻本体的呼吁，皇皇巨著的编写，自然体现两位主编的新闻史观。然而，在最能体现新闻本位新闻史观的历史分期方面，《中国新闻事业通史》没能取得突破，三卷二十五章的研究内容如下：中国古代的新闻事业、外国人在华早期办报活动、中国人自办报刊历史的开端、维新运动时期的新闻事业、民主革命时期的新闻事业、辛亥革命前后的新闻事业、民国初期的新闻事业、五四时期的新闻事业、中国共产党成立和大革命时期的新闻事业、十年内战时期中国共产党的新闻事业、十年内战时期的国民党新闻事业、十年内战时期的私营新闻事业、反文化"围剿"中的革命报刊和抗日救亡运动中

---

① 宁树藩：《关于中国新闻史研究中强化"本体意识"的历史回顾》，《新闻大学》2007 年第 4 期。

② 蔡铭泽：《解放思想拓展研究领域——中国新闻史学会首届学术研讨会综述》，《新闻实践》1992 年第 8 期。

③ 宁树藩、曾建雄：《强化本体意识，探求自身规律——新闻史研究的反思与前瞻》，《新闻记者》1998 年第 9 期。

④ 宁树藩、曾建雄：《强化本体意识，探求自身规律——新闻史研究的反思与前瞻》，《新闻记者》1998 年第 9 期。

⑤ 参见宁树藩、曾建雄：《强化本体意识，探求自身规律——新闻史研究的反思与前瞻》，《新闻记者》1998 年第 9 期。

的新闻事业、抗日战争时期国民党统治区的新闻事业、抗日战争时期抗日根据地的新闻事业、抗日战争时期沦陷区的新闻事业和上海"孤岛"的新闻事业、香港的抗日新闻事业和海外华侨抗日报刊、解放战争时期国民党统治区的新闻事业、解放战争时期的解放区新闻事业、中国新闻事业的大变革、新中国成立到基本完成社会主义改造时期的新闻事业、全面建设社会主义时期的新闻事业、"文化大革命"时期的新闻事业、社会主义现代化建设新时期的新闻事业、1949 年以来的台湾、香港、澳门新闻事业。

可见，《中国新闻事业通史》的历史分期依然延续革命史、政治史的分期来进行，并没有突破"革命史"范式的新闻史书写方式。但与"革命史范式"书写不同的是，《中国新闻事业通史》既系统评述新闻宣传在社会发展中的作用，又总结新闻工作的历史经验，论述新闻工作的优良传统与新闻业务发展的自身规律。也就是说，该书虽然在写作框架上没有实现根本突破，但在具体人物与事件评说方面，已经在努力探寻中国新闻事业自身发展的内在规律。对于 20 世纪中后期的中国新闻史书写而言，《中国新闻事业通史》无疑在向"新闻本体"回归方面做出了尝试与努力。

新世纪以来，新闻史研究要树立本体意识的观点，得到更多学者的认同。2002 年，"中国新闻改革学术研讨会暨中国新闻史学会年会"在广州召开。会上，吴文虎提出："长期以来在中国新闻史的研究上出现了本体论的缺失。也就是说，缺乏从本体论的角度深入探索中国新闻业的根本性质和自身的特殊规律。在强调历史共性的同时，却产生了历史个性的迷失。"①

2007 年，《新闻大学》杂志开设"中国新闻史研究现状笔谈"栏目，新闻史学者再次不约而同将目光集中在"新闻本体"问题上。

丁淦林从 1956 年的教学大纲草稿说起，强调"中国新闻史研究需要创新"，而"创新"必须改变的就是"中国新闻史，是党报史，是革命报刊史"②的状况。

吴文虎强调："中国新闻史无论在史观、整体思路、历史分期、人物

---

① 吴文虎：《从本体论角度研究中国新闻史》，《新闻春秋》2003 年 6 月。
② 丁淦林：《中国新闻史研究需要创新——从 1956 年的教学大纲草稿说起》，《新闻大学》2007 年第 1 期。

评说等方面，都存在着以革命史为蓝本，依葫芦画瓢的状况。"① "这种革命史化的必然结果，就是新闻史研究中的意识形态化，出现了以阶级分析方法统领新闻史研究的总体趋向。阶级分析往往成为新闻史研究中的唯一方法；对政治立场的过分关注，妨碍了对新闻事业自身规律的认识；有些可以超越政治派别与立场的有益的经验，却因政治原因被忽视或被挡在门外。"② 进而，吴文虎提出，要从"历史本体论"出发，来研究中国新闻史，也就是说，"要十分重视以新闻业和新闻思想为主体的新闻史的发展状况和规律"③。

黄旦则区分了"报刊的历史"与"历史的报刊"两个不同的概念，并强调："以报刊为合法性主体的历史，才是真正称得上报刊史。所谓主体，就是以报刊为中心和视野，并以此展开史实，分析报刊与社会关系，以及揭示评价其意义和价值……当下我国报刊史研究的问题，乃在于忽视了主体性问题，从而报刊的历史成了历史的报刊。"④ "报刊的历史"的书写，同样要求关注"新闻本体"。

新世纪以来，有学者开始进行新闻史的"新闻本体"化书写，其中以黄瑚的《中国新闻事业发展史》（复旦大学出版社 2001 年）为代表。新闻史的历史分期如何跳出政治史、革命史分期的窠臼？《中国新闻事业发展史》做出了有益尝试。黄瑚主张，"以新闻事业发展的自身规律与社会发展的历史诉求相结合为研究视角，将中国新闻事业发展的历史过程划分为四个历史阶段：第一阶段为近代报刊的诞生与初步发展阶段（1815～1895 年），第二阶段为以民办报刊为主体的民族报业的日趋兴旺与新闻事业的全面发展阶段（1895～1927 年），第三阶段为两极新闻事业的出现与发展阶段（1927～1949 年），第四阶段为社会主义新闻事业的建立与发展阶段（1949 至今）。"⑤ 黄瑚将这一主张贯彻到中国新闻史的书写中，他的《中国新闻事业发展史》再现了中国新闻事业自身发展的历史脉络，揭示了中国新闻事业发展自身规律。在《中国新闻事业发展史》

---

① 吴文虎：《本体迷失和边缘越位——试论中国新闻史研究的误区》，《新闻大学》2007 年第 1 期。

② 吴文虎：《本体迷失和边缘越位——试论中国新闻史研究的误区》，《新闻大学》2007 年第 1 期。

③ 吴文虎：《本体迷失和边缘越位——试论中国新闻史研究的误区》，《新闻大学》2007 年第 1 期。

④ 黄旦：《报刊的历史与历史的报刊》，《新闻大学》2007 年第 1 期。

⑤ 黄瑚：《论中国近代新闻事业发展的三个历史阶段》，《新闻大学》2007 年第 1 期。

中，新闻史就是新闻史，而不是别的什么史，如阶级斗争史、政党斗争史，从而把握了新闻史的自身特性。

二、媒介生态学视角

新世纪以来，新闻史学界日趋活跃，新闻史研究的创新呼声也越来越高。在诸多的研究成果中，吴廷俊的《中国新闻史新修》（复旦大学出版社 2008 年第 1 版）最富有创新性，该书以媒介生态学视角，对中国新闻史的发展进行全新诠释。

"媒介生态"理论是指"援用生物学中'生态''生态系统'等概念建构出的一种新闻媒介研究理论。生物学中的'生态'，表述的是生物的生存状态以及它们与周围环境之间的关系；'生态系统'是指生物群落及其与生存环境共同组成的一个动态平衡系统。将'媒介生态'理论作为新闻史研究的理论视角，主要就是研究媒介群落之间、媒介个体之间的竞合以及与生存环境之间如何保持动态平衡。这里说的媒介是既包括外部形态又包括内部运作的具有生命的有机体、即新闻事业"①。全新的理论视角，带来的是令人耳目一新的新闻史书写。

关于新闻史的历史分期，《中国新闻史新修》实现了理论创新。一部中国新闻史分成"帝国晚期""民国时期""共和国时代"三个历史阶段，三个阶段的核心特征分别是"八面来风""五方杂处"与"定于一尊"。"其中'帝国晚期'部分，以回溯的方式追记了'集权制度下的古代报纸'，即把古代报纸历史的那一部分也囊括在内。这种大的区分格局，完全打破了传统的按古代史、近代史、新旧民主主义革命史和社会主义革命和建设史写新闻事业史的模式，既符合中国新闻事业发展历史的实际，又颇具匠心，颇有新意。"②

媒介及其生态环境之间的动态平衡是贯穿全书的线索。在这一理论视角下，该书也就得出了不同于"政治史"与"革命史"视角的一系列研究结论：中国媒介的生存环境决定了中国媒介类型，具体包括中央集权制下的"喉舌媒介"、帝制传统下的"官营媒介"、内忧外患下的"利器媒介"。"虽然中国新闻史上也出现过营利媒介、民营媒介和信息媒介，但是它们始终没有能发展成主流，主流一直都是喉舌媒介、官营媒介和

---

① 吴廷俊：《中国新闻史新修·绪论》，上海，复旦大学出版社 2008 年版，第 2 页。
② 方汉奇：《中国新闻史新修·序》，吴廷俊：《中国新闻史新修》，上海，复旦大学出版社 2008 年版。

利器媒介"①。综观中国新闻事业发展历史，中国媒介与西方媒介的生长状态明显不同："西方媒介的发展主要由于经济推动"，"中国媒介生长动力机制主要是政治需要，即媒介主要由政治需要产生，在政治斗争中发挥政治宣传作用，随政治的风云变幻而起伏消长。"②"由于'政治推进'媒介生长，所以，中国新闻事业在自己的发展进程中形成了两个明显的传统：论政传统和政治家办报的传统。"③中国的媒介"缺乏独立性，或者说根本就不是一个独立体，不能自立生存、自主运作和自由发展"④，是"依附生存"。"与西方媒介'突进型'发展不同，中国媒介发展沿革明显呈现'承袭型'，就是后一个时期的媒介承袭了前一个时期媒介的特征而发展起来。纵观中国新闻发展史，其主流报纸一直都是沿着政府、政党机关报轨迹发展起来的，本来有几个时期可以'突进'的而没有突进。"⑤

在这一理论框架下的具体研究，更是新意迭出，"中国近代报纸不是在外报的根基上产生和发展起来的，而是中国原有的'报'在近现代环境下借'西国之报章形式'生长起来的"⑥；民国时期中国新闻事业呈现"营政""论政""营利"三种类型；"政治家办报"概念的提出，源于毛泽东对1956年新闻改革的否定，具有特定含义的"政治家办报"概念的提出，已经为更大灾难的发生埋下隐患。诸如上述富有新意的见解在《中国新闻史新修》中随处可见。

新闻史研究如何创新？独特的理论视角是创新的首要因素，《中国新闻史新修》的成功撰写，为中国新闻史研究树立了理论创新的一个典范。

三、"新新闻史"视角

李彬是长期致力于新闻史研究范式创新的又一学者。李彬提出，运用借鉴"新史学"的研究方法，就可以探寻一种"新新闻史"："立足当下，面向历史，以社会史的范式和叙事学的方法，综合考察并书写新闻

---

① 吴廷俊：《中国新闻史新修·绪论》，上海，复旦大学出版社2008年版，第11页。
② 吴廷俊：《中国新闻史新修·绪论》，上海，复旦大学出版社2008年版，第11页。
③ 吴廷俊：《中国新闻史新修·绪论》，上海，复旦大学出版社2008年版，第13页。
④ 吴廷俊：《中国新闻史新修·绪论》，上海，复旦大学出版社2008年版，第15页。
⑤ 吴廷俊：《中国新闻史新修·绪论》，上海，复旦大学出版社2008年版，第18页。
⑥ 黄旦：《"报纸"的迷思——功能主义路径中的中国报刊史书写之反思》，《新闻大学》2012年第2期。

传播的历史衍变与现实关联，使新闻史研究的轴心从思古幽情的畴昔转向生机盎然的当下"①。也就是说，"一切历史都是当代史"②。

所谓社会史范式，是针对"那种一报、一刊、一社、一台的考据式研究"③ 而言，"是将新闻传播作为社会运动的一个有机环节，既关注新闻本体的内在关系，也探究新闻与社会的外在关联……不是就新闻谈新闻，就媒体谈媒体，就人物谈人物"④。叙事学方法，则针对新闻史研究的另一顽症而言："新闻史研究缺乏叙事，少情寡趣。"⑤ "一部新闻史差不多等于一份报刊出版流水账，里面难以见到鲜活的人物、鲜活的故事、鲜活的作品，满目多是枯涩的、干巴巴的、死气沉沉的'货物清单'。"⑥ 若想解决这一问题，必须增强新闻史研究的"生动有趣的叙事"，而一改"干巴枯索的说教"。因此，"一切历史都是文学史"⑦。

难能可贵的是，李彬运用"新新闻史"研究方法，书写了《中国新闻社会史（1815～2005）》。该书于 2007 年由上海交通大学出版，之后又进行反复调整、补充和增删，又有了 2008 年和 2009 年清华版的两个修订本。

《中国新闻社会史》充分运用社会史研究范式，将新闻现象置于整个中国社会的大背景来考察，"关注新闻传播与社会变迁的大关节、大问题"⑧。同时，又不单纯热衷于政治、外交、军事等领域的宏大叙事，而是把聚集的目光投向普通百姓的日常生活。李彬强调，"政治史在绝大多数情景中依然是基本的、核心的叙事方式……离开这个基本判断和把握，历史就难免沦为家长里短的碎嘴婆子。"⑨ 这样，普通百姓的"私人叙事"又与政治史的宏大叙事结合起来。《中国新闻社会史》实际上是从底层社会的视角出发，透视上层精英的政策与思想，从而"打通大的政治史和小的个人生活史之间的隔阂，为小的'社会生活史'赋予政治史宏

① 李彬：《"新新闻史"：关于新闻史研究的一点设想》，《新闻大学》2007 年第 1 期。
② 李彬：《"新新闻史"：关于新闻史研究的一点设想》，《新闻大学》2007 年第 1 期。
③ 李彬：《"新新闻史"：关于新闻史研究的一点设想》，《新闻大学》2007 年第 1 期。
④ 李彬：《"新新闻史"：关于新闻史研究的一点设想》，《新闻大学》2007 年第 1 期。
⑤ 李彬：《"新新闻史"：关于新闻史研究的一点设想》，《新闻大学》2007 年第 1 期。
⑥ 李彬：《"新新闻史"：关于新闻史研究的一点设想》，《新闻大学》2007 年第 1 期。
⑦ 李彬：《"新新闻史"：关于新闻史研究的一点设想》，《新闻大学》2007 年第 1 期。
⑧ 涂鸣华：《新闻史研究的反思——以〈中国新闻社会史（二版）〉为例》，《山西大学学报》（哲学社会科学版）2011 年第 1 期。
⑨ 涂鸣华：《新闻史研究的反思——以〈中国新闻社会史（二版）〉为例》，《山西大学学报》（哲学社会科学版）2011 年第 1 期。

大叙事背景，把大的政治史落入实地"①。可见，《中国新闻社会史》对新闻事业史既进行了全景式把握，又不排斥微观的、具体的历史研究，而是以微观的、具体的研究作为载体，将宏观历史研究与微观历史研究有机结合起来。

《中国新闻社会史》的另一大特色是对于叙事艺术的充分关注。《中国新闻社会史（二版）》（清华大学出版社 2009 年）将中国新闻史的发展归纳为如下章节：

第一讲　远古回声　青灯残卷话新闻

　　　　漫谈历史与新闻

　　　　邸报话题

　　　　古代报纸的两条脉络

第二讲　西风东渐　新闻传播发新枝（1815～1895）

　　　　外报：近代报刊的先导

　　　　"自强"与国人自办报刊

　　　　王韬及其《循环日报》

第三讲　天崩地坼清末民初涌高潮（1895～1919）

　　　　戊戌变法：第一次办报高潮

　　　　辛亥革命：第二次办报高潮

　　　　五四运动：第三次办报高潮

第四讲　风雨苍黄（上）独立自由求解放（1919～1949）：革命报业

第五讲　风雨苍黄（中）无可奈何花落去（1919～1949）："党国"报业

第六讲　风雨苍黄（下）说项依刘我大难（1919～1949）：民间报业

第七讲　红日初升（上）民族国家谱新章（1949～2009）

第八讲　红日初升（中）新闻社会奏交响（1949～2009）

第九讲　红日初升（下）改革开放话今朝（1978～2009）

如此的章节安排，既能看出研究者的精心构思，又能让人感受到研究者对叙事艺术的追求。加之全书的诸多内容，本是研究者在清华大学的授课实录，注重口语化与流畅性，读者阅读过程中，很容易感受到研究者的浓浓诗性与才情。

有学者客观评述《中国新闻社会史（二版）》，强调要一分为二地看

---

① 涂鸣华：《新闻史研究的反思——以〈中国新闻社会史（二版）〉为例》，《山西大学学报》（哲学社会科学版）2011 年第 1 期。

待将历史写作等同于文本的问题："从好的方面来说，突破了单纯历史事实考辨的真和伪，而将历史写作的主体，作者和他的作品都纳入权力关系的分析框架之内，丰富了对历史的认识，但从坏的一方而言，历史写作就绝不能和作家的作品一视同仁，历史学家所该具有的客观性和道德感不能被'文本'这样后现代的学术游戏所轻易消解。"[①] "在逻辑上，从历史作品是文本也无法得出历史作品就是文学作品，或者就该具有文学性这样的前后关系。"[②] "从美学价值来看，作者过于强调历史学著作应当有人文之美，艺术之美，而一定程度忽略了历史学科所应当有的理性之美，思辨之美，科学之美。"[③] 可见，《中国新闻社会史》的写作，并非尽善尽美，但其带来的新史学与旧史学研究方法的思考，对于中国新闻史的研究来讲，很富有启发意义。

"新新闻史"研究对"新史学"的借鉴，引发学界对新闻史研究方法的探讨。程曼丽指出，关于"一切历史都是当代史"的命题，"如果仅仅是指把历史作为现实的过去看待并理解的话，没有什么问题；如果是指……每个人都按照自己的兴趣和需要去书写和诠释历史，那么历史不就成为可以任人随意揉捏的面团了？"所谓"一切历史都是文学史"的命题，如果旨在提倡采取多样、生动、活泼的形式记载历史，也没有问题。如果"意在强调文学、历史形同一体，可以用写小说的方法来编纂的话，问题就出现了……历史研究则来不得半点虚构和夸张"[④]。新闻史研究可以借鉴西方的"新史学"，但以何种方式在何种程度上借鉴？这是"新新闻史"研究带给我们的更值得深入探讨的理论话题。

四、媒介社会学视角

将社会学研究成果应用到新闻史学研究，是新闻史学界做出的另一有益尝试，以陈昌凤的《中国新闻传播史：传播社会学的视角》（北京大学出版社 2007 年）为代表。

陈昌凤以莫特（F. L. Mott）的《美国新闻史》、爱默里（E.

---

① 涂鸣华：《新闻史研究的反思——以〈中国新闻社会史（二版）〉为例》，《山西大学学报》（哲学社会科学版）2011 年第 1 期。

② 涂鸣华：《新闻史研究的反思——以〈中国新闻社会史（二版）〉为例》，《山西大学学报》（哲学社会科学版）2011 年第 1 期。

③ 涂鸣华：《新闻史研究的反思——以〈中国新闻社会史（二版）〉为例》，《山西大学学报》（哲学社会科学版）2011 年第 1 期。

④ 程曼丽：《也谈新闻史学：关于新闻史研究的若干思考》，《新闻大学》2007 年第 3 期。

Emery）的《报刊与美国：大众传媒解释史》、夏德森（Michael Schudson）的《挖掘新闻——美国报业的社会史》等经典著作为例，研究美国新闻史的书写历程，指出，美国新闻史研究经历了一个从描述历史、解释历史，到运用社会学视角来书写新闻史的过程。陈昌凤充分肯定《挖掘新闻——美国报业的社会史》的研究，认为"这部著作为我们提供了社会学视角的美国新闻业变迁史，其理论框架与研究方法对传统新闻史都有突破"①，同时主张将这种"媒介社会学"的研究方法应用到中国新闻史的书写中。在这一总体思路下，全书的理论框架如下：

第一章　绪　论
第二章　新闻传播活动与古代中国社会
第三章　西学东渐的产物：中国近代新闻业的发端
第四章　近代化图景中的国人报刊
第五章　五四时期：报刊与文化现代化
第六章　商业报刊及其资本主义企业化运营

陈昌凤指出："媒介社会学只是大致界定了一个研究范畴，并未具体到研究范式和视角。因此，本书依此范畴确定了一个总体思路，主要是从传媒的社会功能的视角，来考察中国新闻传播媒介的发展与变迁。"②针对这种状况，有学者指出："拿不成熟的国外理论研究中国新闻史，对于根基略显单薄的中国新闻史学来说显得不够审慎。"③

其实，无论是媒介生态学视角还是新新闻史视角、媒介社会学视角，都是以西方理论为参照系的。外来理论的引介与嫁接过程中，必然会产生一些问题。这从一个侧面反映新视角的使用还有待新闻史书写实践的考验，新视角的完善也有待于新闻史研究与书写实践的不断开展与进行。这需要时日，更需要更多学者加入到研究队伍中，而不能仅仅靠一人一时的努力。

---

① 陈昌凤：《中国新闻传播史：媒介社会学的视角》，北京，北京大学出版社 2007 年版，第 3 页。

② 陈昌凤：《中国新闻传播史：媒介社会学的视角》，北京，北京大学出版社 2007 年版，第 4 页。

③ 谭泽明：《试论中国新闻史研究方法的创新路径》，《浙江传媒学院学报》2011 年第 6 期。

第三节　应用新闻学建构：新闻本位

1991～2011 年，新闻采访学和新闻写作学的著述呈激增之势。据不完全统计，这 20 年间出版的新闻采访学和新闻写作学著述多达 200 余本。其中版次较多、影响较大的主要有：刘海贵、尹德刚的《新闻采访写作新编》（复旦大学出版社 1991 年，1997 年第 2 版，2004 年新 1 版），周胜林的《高级新闻写作》（复旦大学出版社 1993 年，1997 年第 2 版，2006 年第 3 版），艾丰的《新闻写作方法论》（人民日报出版社 1996 年第 3 版，2010 年第 4 版），刘海贵的《当代新闻采访》（复旦大学出版社 1997 年，2003 年第 2 版），蓝鸿文的《新闻采访学》（中国人民大学出版社 2000 年第 2 版，2011 年"十一五"规划教材版），罗以澄的《新闻采访学新论》（武汉大学出版社 2000 年，2002 年修订版），刘海贵的《新闻采访教程》（复旦大学出版社 2002 年，2011 年第 2 版），胡欣的《新闻写作学》（武汉大学出版社 1998 年，2003 年修订版，2006 年第 3 版），欧阳明的《深度报道写作原理》（武汉大学出版社 2004 年，2006 年第 2 版），丁柏铨的《新闻采访与写作》（高等教育出版社 2004 年，2009 年第 2 版），何志武的《新闻采访》（武汉大学出版社 2004 年，2006 年第 2 版，2011 年第 3 版），孙发友的《新闻报道写作通论》（人民出版社 2005 年，2007 年第 2 版），刘海贵的《中国新闻采访写作教程》（复旦大学出版社 2008 年，2011 新修版为《新闻采访写作学》），等等。

此外还有，1990 年出版的李景亮、杨全玲的《新闻采访漫谈》（新华出版社），张德宝的《采访与写作》（上海人民出版社），崔素兰的《新闻采访与写作》（青岛海洋大学出版社），朱正元、周爱忠、罗时嘉的《新闻采访》（中国矿业大学出版社），刘炳文、张骏德的《新闻写作创新与技巧》（上海人民出版社），王菘的《新闻采访与写作——兼论对外传播》（光明日报出版社），林永年的《新闻写作百例谈》（福建人民出版社）等。

1991 年出版的聂勋材的《新闻写作启示录》（江苏人民出版社），新华社新闻研究所、新华社黑龙江分社编的《短新闻写作经验谈》（新华出版社），吴功学、芮德法主编的《新闻写作指南》（南京大学出版社），王晶编的《法治新闻写作》（西南师范大学出版社），张颂甲的《经济新闻写作浅说》（经济日报出版社）等。

1992 年出版的苏若舟的《新闻采编与思维方法》（山西人民出版社），何国璋的《新闻采访原理与方法》（暨南大学出版社），沈征郎的《实用新闻编采写作》（联经出版事业公司），黄长江的《写作构思与技巧》（北京经济学院出版社），彭朝丞的《现场短新闻写作概要》（人民日报出版社），杨善清的《新闻背景与新闻写作》（新华出版社），宁业龙的《新闻与写作》（南京大学出版社），黄家雄的《新闻写作结构与技巧》（新华出版社），欧阳宏生的《新闻写作学概论》（中国国际广播出版社），邱沛篁的《新闻写作艺术》（四川人民出版社），吴培恭的《人物报道写作》（复旦大学出版社）等。

1993 年出版的刘明华的《西方新闻采访与写作》（中国人民大学出版社），范愉曾的《新闻采访写作》（学林出版社），邱沛篁主编的《新闻采写手册》（四川辞书出版社），吴晓编著的《新闻写作实用手册》（安徽人民出版社），孙世恺的《新闻写作系列谈》（北京出版社），阎光照、王茜编著的《新闻写作问题分析》（新疆大学出版社）等。

1995 年出版的常秀英的《消息写作教程》（中国广播电视出版社），曹璐、吴缦的《新闻撰稿教程》（中国广播电视出版社）等。

1996 年出版的沈爱国的《消息写作学》（杭州大学出版社），刘海贵的《现代新闻采访学》（四川人民出版社）等。

1997 年出版的尹德刚、周胜的《当代新闻写作》（复旦大学出版社），陈荣华的《好新闻写作》（浙江人民出版社），梁衡的《新闻绿叶的脉络》（人民出版社），施大鹏编著的《新闻写作浅论》（中国人民大学出版社）等。

1998 年出版的邝云妙的《当代新闻采访学》（暨南大学出版社），高宁远、郭建斌、罗大眉编著的《现代新闻采访写作教程》（新华出版社），韩建立、韩丽艳的《现代新闻写作》（蓝天出版社），严介生、郭毅青的《消息写作入门》（山东教育出版社）等。

1999 年出版的申凡的《当代新闻采访学》（华中理工大学出版社），袁蓉芳、周胜林的《新闻采访写作学》（厦门大学出版社），王春泉编著的《现代新闻写作》（西安出版社），程天敏的《新闻写作学》（陕西教育出版社）等。

2000 年出版的熊高的《采访行为学概论》（人民出版社），谢志礼、蔡智敏、王黎静的《当代新闻写作学》（中央编译出版社），杜骏飞的《深度报道写作》（中国广播电视出版社）等。

2001 年出版的王春泉的《新闻采访技巧：理论与实践》（西安出版

社），邱沛篁主编的《新闻采访论》（四川大学出版社），梁一高的《现代新闻采访学教程》（中国广播电视出版社），王文科、张默编著的《新闻采写基础》（浙江大学出版社），刘善兴的《新闻采访 36 式》（作家出版社），苑立新的《现代经济新闻教程》（中国广播电视出版社），王春泉的《武装的眼睛：现代新闻报道形式及写作》（西安出版社），韩景洪编著的《新闻采写技巧》（山东人民出版社），周立方的《金玉良言：新闻写作弊病剖析》（新华出版社）等。

2002 年出版的陶瑞兴的《怎样采写新闻》（浙江大学出版社），沈爱国的《新闻采访学》（浙江大学出版社），宋兆宽的《新闻采写研究》（中国广播电视出版社），顾理平的《社会新闻采写艺术》（中国广播电视出版社），姚里军的《中西新闻写作比较》（中国广播电视出版社），黄晓钟的《新闻写作思考与训练》（四川大学出版社），孙世恺的《细说消息写作及其他》（北京出版社），孙春旻的《传媒写作》（西北大学出版社），刘义忠编著的《网络时代新闻写作》（湖北科学技术出版社），张家恕的《颠覆与建构——新闻写作原理探究》（云南人民出版社），张岱庆、白宇编著的《即景新闻》（中国广播电视出版社），陶瑞兴的《怎样采写新闻》（浙江大学出版社），刘乃仲、刘连峰编著的《体验式新闻》（复旦大学出版社），刘明华、徐泓、张征著的《新闻写作教程》（中国人民大学出版社），孙发友的《当代新闻写作学》（华中科技大学出版社），胡端宁的《新闻写作学》（新华出版社）等。

2003 年出版的徐迅的《暗访与偷拍：记者就在你身边》（中国广播电视出版社），聂中林的《新闻采写艺术》（军事科学出版社），周海燕的《调查性报道采访与写作》（新华出版社），王华庆编著的《经济新闻采访与写作》（中国广播电视出版社）等。

2004 年出版的靖鸣的《新闻意识与消息采写》（广西师范大学出版社），王中义、史梁的《当代新闻采访教程》（合肥工业大学出版社），林如鹏的《新闻采访学》（暨南大学出版社），陈斌的《网络新闻采编评》（福建人民出版社），戚鸣的《实用新闻采访》（新华出版社），顾理平的《隐性采访论》（新华出版社），戴振雯的《当代新闻写作教程》（合肥工业大学出版社），王金星的《新闻写作学》（四川大学出版社），宋春阳、孟德东、张志攀的《实用新闻写作概论》（复旦大学出版社），周胜林、尹德刚、梅懿的《当代新闻写作》（复旦大学出版社），程道才的《新闻写作基础》（南方日报出版社），陈炳坤的《谈新闻和新闻写作》（红旗出版社），廖永亮的《消息写作创新》（新华出版社），董广安的《现代新闻写作教程》（郑州大学出版社，2010年第2版），程道才编著的《西方新闻写作概论》（新华出版社），马胜荣、薛群的《描述世界：国际新闻采访与写作》（新华出版社）等。

2005年出版的黄炜的《新闻采访写作》（上海大学出版社），靖鸣的《采访对象主体论》（人民出版社），罗以澄、吴玉兰的《新闻采访》（中南大学出版社），骆汉城的《行走在火上——隐性采访法律思考》（中国经济出版社），刘志宣的《新闻写作技艺：新思维·新方法》（复旦大学出版社），薛国林的《当代新闻写作》（暨南大学出版社），李法宝的《新闻写作的艺术与技巧》（中南大学出版社），荣乐娟主编的《新闻写作概论》（中国政法大学出版社），丁晓萍、戴永明主编的《新闻采访与写作》（上海人民出版社），高钢的《新闻写作精要》（首都经贸大学出版社），方延明主编的《新闻写作教程》（高等教育出版社），曾庆香的《新闻叙事学》（中国广播电视出版社），巨浪的《新编新闻写作》（浙江大学出版社）等。

2006年出版的熊高的《新闻采访》（中国传媒大学出版社），刘勇的《深度报道采访与写作》（合肥工业大学出版社），余志海的《记者心理与采访行为研究》（中国社会科学出版社），张少科的《暗访调查实务》（中国传媒大学出版社），张征的《新闻发现论纲》（中国人民大学出版社），戚鸣的《新闻写作》（中南大学出版社），张晋升、麦尚文、陈娟的《实用新闻写作》（中山大学出版社），王中义的《新闻写作技法》（合肥工业大学出版社），焦垣生、杨琳、黄蓉的《新闻采访写作教程》（西安交通大学出版社），札巴的《新闻写作教程》（中央民族大学出版社），徐国源的《当代新闻采访写作》（苏州大学出版社），何纯的《新闻叙事学》（岳麓书社），郭光华的《新闻写作》（中国传媒大学出版社）等。

2007年出版的姚广宜的《法制新闻采访教程》（北京大学出版社），龙耘的《访谈的艺术》（复旦大学出版社），董小玉的《新闻采访理论与实践》（西南师范大学出版社），田志友、王薇薇的《采写编实训教程》（清华大学出版社），蔡雯主编的《新闻发现、采集与表达》（中国人民大学出版社），杨秀国的《新闻采访学通论》（人民出版社），黎明洁的《新闻写作与新闻叙述：视角·主题·结构》（复旦大学出版社），严三九等编著的《经济新闻写作教程》（北京大学出版社）等。

2008年出版的张征的《新闻采访教程》（中国人民大学出版社），张骏德的《新闻报道改革与创新》（中山大学出版社），李凌凌的《新闻采访学教程》（郑州大学出版社），黄康生的《新闻眼》（暨南大学出版社），季宗绍的《新闻采访学》（南京师范大学出版社），李建新的《采访述要》（上海交通大学出版社），张举玺编著的《新闻写作新编》（河南大学出版社），石坚的《新闻写作学》（南京师范大学出版社），董广安主编的《新闻写作学教程》（郑州大学出版社），何纯编著的《当代传媒新闻写作教程》（湖南人民出版社），王春泉的《现代新闻写作：框架与修辞》（安徽人民出版社）等。

2009 年出版的吴玉兰的《经济新闻报道》（武汉大学出版社），赵全章的《新闻采访实务》（中国人民大学出版社），陈红梅的《新闻采访》（华东师范大学出版社），梁衡的《记者札记》（中国人民大学出版社），张福民的《新闻采访新编》（河南大学出版社），范敏的《新闻采访实务》（北京交通大学出版社），费伟伟的《新闻采编评析》（知识产权出版社），欧阳霞的《新闻发现与表达》（北京大学出版社），方琦编著的《经济新闻实务》（西南财经大学出版社），李俊群的《新闻的俗话应用》（华中师范大学出版社），郭建斌编著的《新闻采访写作基础》（云南大学出版社），林盛山的《新闻发现与写作》（南开大学出版社），周雷的《深度写作：新闻叙事修辞学例话》（福建人民出版社）等。

2010 年出版的李增生的《报纸采编考评研究》（河南人民出版社），曾祥敏的《电视采访》（中国传媒大学出版社），马胜荣、苟世祥、陶楠的《国际新闻采编实务》（北京师范大学出版社），薛中军的《新闻采写研究》（上海交通大学出版社），郭光华的《新闻写作新编》（暨南大学出版社），操慧等的《新闻采写教程》（四川大学出版社），张从明主编的《全媒体新闻采写教程》（北京大学出版社），张举玺编著的《新闻采访与写作新编》（河南大学出版社），高宁远、蔡罕主编的《新编现代新闻采访写作教程》（浙江大学出版社），宋晓秋、白宇著的《人物新闻的采写与解读》（中国广播电视出版社），林玉树的《新闻有常，俯仰百变：新闻采访与写作技巧谈》（中国传媒大学出版社），高钢的《新闻报道教程：新闻采访写作的方法与技术》（高等教育出版社）等。

2011 年出版的江爱民、吴敏苏主编的《国际新闻报道》（中国传媒大学出版社），靖鸣等著的《社会问题新闻采访与报道》（航空工业出版社），石坚的《新闻写作新视角》（南京师范大学出版社），和家胜的《新闻写作与编辑》（云南大学出版社），欧阳明的《深度报道采写概论》（清华大学出版社），刘洪妹、孟伟主编的《媒体写作与语言艺术》（中国广播电视出版社），曹林的《时评写作十讲》（复旦大学出版社），姚里军的《更上层楼：媒体写作与古典诗词》（广东教育出版社），刘冰的《新闻报道写作：理论、方法与技术》（南方日报出版社），白薇、丁楠的《灾难新闻的采写与解读》（中国广播电视出版社），等等。

1991～2011 年这 20 年间，新闻本位观点越来越得到新闻业界与学界的认可。这一时期的应用新闻学著述，围绕如何进行客观报道、体验式报道、精确报道，进行了理论阐释与建构。

一、客观报道

客观报道是中国新闻界较为普遍采用的报道理念和原则，即强调新闻报道要客观、公正、全面采写新闻事实。客观报道具有两层含义：一是客观精神，一是客观笔法。

（一）客观精神

1. 正确看待客观主义

"客观报道"源于外国新闻学理论，而西方的客观报道思想的实质是客观主义。中国学者在提倡客观报道思想时，却对客观主义持批判态度。

周胜林指出，西方的客观报道是在客观主义新闻思想的指导下形成的追求绝对客观、不偏不倚的新闻报道，记者在新闻报道中要达到"无我"的境界，不带有任何政治性和倾向性。客观报道与客观主义不能等同："客观报道是有选择地报道事实；客观主义是对任何事实的'有闻必录'。"① 因此，周胜林强调，夹杂着政治、政策和经验等内容的新闻报道是做不到完全"纯客观"的，中国新闻界进行客观报道必须摒弃客观主义。

艾丰强调："客观主义是一种虚伪的理论。在现实生活中，客观主义所描述的情况是根本不存在的。""如果把'客观'理解为记者对事实应该采取'客观态度'，即从事实出发，尊重事实，那么，'客观性'就是必不可少的重要原则。"② 我们应当摒弃客观主义，但是不应该完全抛弃客观报道。

徐亚平、丁小燕则认为，新闻采访中"客观报道"与"客观主义"有明确界限。客观主义并非一无是处，而是有可取之处的。"'客观主义'要求记者在采访报道的时候，尊重客观事实，忠于客观事实，这一点是

---

① 周胜林：《高级新闻采访与写作》，上海，复旦大学出版社 2006 年第 3 版，第 202 页。
② 艾丰：《新闻采访方法论》，北京，人民日报出版社 2007 年第 2 版，第 144 页。

符合新闻传播规律的，是值得我们借鉴的。"① 但是，记者的采访报道无法摆脱阶级性和新闻记者主观的介入，因此，客观主义强调的"纯客观"是无法达到的。

徐国源指出："客观主义理论作为世界新闻发展史上的一次重要思潮，首次正式把'客观性'定为新闻传播原则，它标志着'客观性'作为一个重要新闻观念的问世。"②

高钢则否定纯客观的新闻报道。"'有闻必录'式的'纯客观'报道手法，往往不能真实地反映客观环境的变动状态，不能向公众提供能够让他们为自身利益作出明智抉择的可靠信息。"③

由此可见，中国学者已经跳出狭隘的客观主义视野，对客观主义持批判态度，正如张惠仁所言，如今的客观报道"既区别于'自然主义''印象主义'，也有别于'纯客观'与'客观主义'"④。

2. "用事实说话"

新闻学者在解读客观报道理念时，坚持"用事实说话"。这是"对新闻的客观性、客观报道的朴素理解，具有中国特色"⑤。

徐国源认为，"'用事实说话'，就是承认事实是新闻的本源，新闻必须忠实地报道事实、如实地反映实际，并依靠事实的逻辑力量实现新闻传播的目的。当然，'用事实说话'包含着记者对新闻事实的认识和评价，因此又必须发挥记者的全部实践能力和认识能力，在复杂的现象中正确认识事实，恰如其分地报道事实；记者在新闻报道中表达自己的态度，也要遵循客观性原则"⑥。可见，"用事实说话"允许记者表达观点，但要尽量做到客观公正。

有学者分析"事实"和"说话"二者之间的关系。艾丰认为："从总体来看，任何新闻作品都是要'说话'的，即总要体现和宣传一定的观点。从存在的形态看，事实是客观的，观点是主观的。这就构成了事实和说话之间的客观和主观的矛盾。"⑦ "一般来说，事实总是一个'点'，而说话总是面对一个'面'。用点上的事实对面上的问题说话，这

① 徐亚平、丁小燕编著：《新闻采访》，北京，新华出版社2005年版，第67页。
② 徐国源：《当代新闻采访写作》，苏州，苏州大学出版社2006年版，第32页。
③ 高钢：《新闻写作精要》，北京，首都经济贸易大学出版社2005年版，第83页。
④ 张惠仁：《现代新闻写作学》，成都，四川人民出版社2001年版，第82页。
⑤ 徐国源：《当代新闻采访写作》，苏州，苏州大学出版社2006年版，第32页。
⑥ 徐国源：《当代新闻采访写作》，苏州，苏州大学出版社2006年版，第33页。
⑦ 艾丰：《新闻写作方法论》，北京，人民日报出版社1993年版，第89页。

就是新闻写作的'诀窍'。"①"有一些新闻报道中的'用事实说话'主要是用现象说话，或仅仅用现象说话"②，"从最根本上说，新闻报道的用事实说话，还是通过揭示事物的本质或者提供揭示本质的重要现象来实现的，就这种意义上说，用事实说话是用事物的本质说话"③。

孙发友认为，新闻报道具有倾向性，在报道中作者的立场、观点和态度等主观倾向都能得到体现，这就为新闻"说话"提供了依据。西方新闻报道虽然标榜客观，但依旧会"说话"。在中国，新闻报道"说话"体现的是一种思想性。这种思想性体现在报道中，就是"必须宣传党的路线、方针、政策，必须维护国家、民族和人民的利益，必须宣扬真、善、美，批判假、恶、丑"④。而事实则是新闻报道"说话"的方式。记者在报道中"说话"要以客观事实而非报道为依据。

柳邦坤也指出，用事实说话的含义就是"通过报道事实向人们表明思想观点和意见。也就是把记者的观点和意见寓于事实的叙述中，让受众从事实中作出判断，得出结论"⑤。

（二）客观笔法

新闻学者不仅在理论上肯定客观报道的存在价值，还在实践中探索客观报道的具体方式。

周胜林认为，新闻媒体应当坚持"不带倾向性的客观报道，即摒弃客观主义报道""有倾向性的客观报道"与"留有余地的客观报道"⑥。不带倾向性的客观报道要求"我们的新闻报道要坚持党性原则，坚持四项基本原则，坚持社会主义物质文明、政治文明、精神文明建设的原则"⑦。有倾向性的客观报道要求记者在新闻报道中不明确发表个人见解和意见，而要把自己的观点隐藏在对报道内容的选择和报道时机的把握上，让读者在阅读中潜移默化地感受记者的倾向性。留有余地的客观报道要求新闻记者在报道事实的基础上给读者留下思考的空间。

张惠仁认为："客观报道方法的基本精神是：尽量摒弃主观议论，让客观事实通过自身的客观蕴涵及力量，吸引与影响受众。也就是通常所

①　艾丰：《新闻写作方法论》，北京，人民日报出版社1993年版，第97页。
②　艾丰：《新闻写作方法论》，北京，人民日报出版社1993年版，第107页。
③　艾丰：《新闻写作方法论》，北京，人民日报出版社1993年版，第110页。
④　孙发友：《新闻报道写作通论》，北京，人民出版社2007年版，第74页。
⑤　柳邦坤：《当代新闻采访与写作教程》，武汉，武汉大学出版社2012年版，第8页。
⑥　周胜林：《高级新闻采访与写作》，上海，复旦大学出版社2006年版，第202~203页。
⑦　周胜林：《高级新闻采访与写作》，上海，复旦大学出版社2006年版，第203页。

说的：一切让事实说话。"①张惠仁的关注重心在"事实"。新闻写作首先要占有与选择最具有雄辩力、显示性强的事实，并集中突出显示性强的事实，让重要的重要起来；在推出雄辩性事实的同时，必须给读者留下自我判断、自我分析、自我想象的空间，只有如此，才能充分发挥客观事实的作用；要学会用事实解释事实，用事实突出事实；要客观地出示"当事人"的自我展示；运用中性思维方式、使用中性词汇、使用中性报道体裁客观地再现事实②。

二、体验式报道

体验式报道是以体验式采访为基础，通过记者的亲身体验和感受落实到文字、画面、图片等载体上的体验再现的一种报道形式。20 世纪 90 年代以来，体验式报道日益受到新闻界的重视，成为新闻采访学与新闻写作学的重要内容。

（一）"体验式"报道的优势

体验式报道最大的特点是变传统新闻报道的"你做我写"为"我做我写"，使新闻报道中记者的角色发生变化。体验式报道的核心是"亲历"与"融入"。正如杨秀国所指出："'亲历'和'融入'，是体验式采访的两个基本条件。没有'亲历'，谈不上'融入'。"③记者不是百科全书，要想获得某一新闻的真实情况，唯有亲身经历、亲自体会才是最好的办法。记者只有放下架子，与采访对象进行"融合"，转化自身角色意识，才能深入了解采访对象的全貌，获得真实可信的第一手资料，才能更好更公正地介绍整个事件，才能更加深刻、真实地反映事物。在体验式报道中，由于记者的亲身体验，报道更加具有权威性、可信性；由于记者真实的感触而变得生动、鲜活，具有可读性或趣味性；也由于记者用心体验，看到了被体验者对象的生存状况，扩大了新闻报道的深度与广度。

体验式报道建立在新闻记者的亲身体验和感受之上，因此可以最大限度的使新闻报道贴近实际，贴近生活，贴近群众。正如杨秀国指出的，体验式报道"可以在一定程度上改变记者的'老爷'作风和媒体的'衙

---

① 张惠仁：《现代新闻写作学》，成都，四川人民出版社 2001 年版，第 93 页。
② 参见张惠仁：《现代新闻写作学》，成都，四川人民出版社 2001 年版，第 93~100 页。
③ 杨秀国：《新闻采访学通论》，北京，人民出版社 2007 年版，第 357 页。

门'作风，使媒体与记者更深地扎根于实际、生活和群众之中"①。体验式报道要求记者在采访中放下架子弯下腰，深入生活，深入群众，在酸甜苦辣的百态生活中寻找新闻的不竭源泉，在小人小事中以小见大发现新闻素材，用自己最真实的感受去反映最广大人民切实关心的新闻事件。

（二）如何做好体验式报道

1. 正确认知"体验"

体验式报道重在"体验"，对"体验"必须有正确的认知。艾丰指出，"听过不如见过，见过不如亲自干过。听过，可以说'知道'，见过可以说'了解'，亲自干过才能有深切的'感受'。记者写一般的新闻报道，也许并不需要多少亲身感受，但是，他若想写出打动人心的东西，那是非有自己强烈的感受不可的。自己没有感动的东西是决计不会感动别人的。而亲身的感受，与亲身体验密切相关"②。因此，体验的过程是感性的过程。另一方面，体验式报道最终目的是"反映"，不仅仅单纯反映看得见的事物，更要对深层本质有所反映，还要秉持社会责任和职业操守，对体验的对象进行理性分析，深入研究。因此，体验式报道是从感性认识上升为理性认识的过程。罗以澄和吴玉兰也强调，亲身体验不仅仅是告知公众事实"是什么"，更应该对"为什么"进行探究，以此尽到一个新闻工作者的职业责任和社会责任。体验式报道"不能浅尝辄止，在亲历现场走进事件后，还要研究分析，做一些理性的探索，通过思考后的眼光、视角，探索现象和问题后面隐藏的本质"③。

2. 正确定位记者角色

传统的采访报道过程中，记者的身份是单一的，即"新闻记者"，负责收集新闻线索，并依据收获的信息报道新闻。在体验式报道过程中，记者的职业身份弱化，融入被体验角色之中，记者对角色的把握自然也发生变化。

熊高指出，"在体验式采访中，记者的身份是'复合'的，具有双重性。一是采访者的'职业身份'。这是记者履行采访职责的'凭证'；二是记者的'生活身份'，即记者本人在生活中同时也是乘客、病人、顾客、消费者等"④。记者身份的弱化并不等于消失，在体验式报道中尤其

---

① 杨秀国：《新闻采访学通论》，北京，人民出版社2007年版，第362页。
② 艾丰：《新闻采访方法论》，北京，人民日报出版社2007年版，第275页。
③ 罗以澄、吴玉兰：《新闻采访》，长沙，中南大学出版社2005年版，第126页。
④ 熊高：《新闻采访》，北京，中国传媒大学出版社2006年版，第166页。

是采访过程中新闻记者要牢记自己的职业使命，防止角色混乱。熊高强调，在体验式新闻采访中，记者的"职业身份"应该占主导地位，而"生活身份"是获取新闻材料的手段，应当处于从属地位。因此，记者在体验式报道中必须把握好自己的角色定位。也就是说，"记者在体验式采访中不因角色的双重性，发生'职业身份'与'生活身份'的位置颠倒。从采访的本质上说，记者是以局外人的身份和眼光观察事物、发现新闻。在体验式采访中，记者的'生活身份'是受'职业身份'支配的，是通过'生活身份'来接近新闻源，藉以达到认识事物的"①。

罗以澄和吴玉兰也强调记者要正确定位自己的角色。"体验的过程中，记者的身份变了，但职业角色不能变，使命不能忘。不能被具体的人和事'牵着鼻子走'，从而陷入'当局者迷'的境地，甚至参与到一些违法犯罪活动中去。"② 新闻记者要钻进去还要跳得出。记者要想把握好自己的角色，必须做到如下几点：首先，"要以真诚的态度融进采访对象的角色中，把自己当成这一真实的角色，以与对象同一的角色生活、工作、表达。"③ 其次，记者应当牢记，"体验的目的是为了发现问题，真实地反映实际问题"④。第三，"亲历体验固然是为了向公众告知事实'是什么'，但不能仅仅停留于此，还要做理性的思考，探究事实'为什么'的问题"⑤。

杨秀国则认为，"记者既要融入角色，又要与角色保持适当距离"。"记者的身份在暂时被搁置、被隐没之后，还要加以'还原'，还要以记者的眼光，对自己所体验的角色进行审视。"⑥

3. 恰当把握参与程度

记者的体验过程，也是参与新闻事件的过程。参与程度的把握，关系到体验式报道能否顺利进行。周胜林认为，"记者有时可以参与、介入新闻事件，推动事件的发展。特别是一些牵线搭桥、为民办好事方面，大有发挥作用之处。这些参与和介入……应当有个规范，有个'度'，而不是为所欲为"⑦。杨秀国认为，体验式采访中记者可以介入，"却不能因

① 熊高：《新闻采访》，北京，中国传媒大学出版社2006年版，第173～174页。
② 罗以澄、吴玉兰：《新闻采访》，长沙，中南大学出版社2005年版，第126页。
③ 罗以澄、吴玉兰：《新闻采访》，长沙，中南大学出版社2005年版，第125页。
④ 罗以澄、吴玉兰：《新闻采访》，长沙，中南大学出版社2005年版，第126页。
⑤ 罗以澄、吴玉兰：《新闻采访》，长沙，中南大学出版社2005年版，第126页。
⑥ 杨秀国：《新闻采访学通论》，北京，人民出版社2007年版，第369～370页。
⑦ 周胜林：《论"体验式采访"》，《新闻大学》1996年第3期。

为这种'介入'而改变了事物的性质，影响和妨碍了事物的进程"①。记者只有正确把握参与程度，才能避免"制造新闻"现象的出现。

综上所述，体验式报道融合了新闻与文学的要素，但又与更加突出文学性的报告文学相区别。尽管体验式报道仍然存在界定不清等问题，但因其真实的体验，全面的感受而更加具有新闻特性，从而成为各大媒体争相运用的新闻报道形式。

三、精确报道

《北京青年报》是国内最早使用"精确新闻"一词的报纸。1996年1月3日，《北京青年报》在《公众调查》专版上设置《精确新闻》栏目，并刊载《1995年，北京人你过得还好吗?》一文，"从此拉开了我国新闻界科学、规范的精确新闻报道的序幕"②。随后，《中国青年报》《文汇报》《南方周末》等报纸也开始出现定期或不定期的精确新闻报道。1997年8月16日，中央电视台《中国财经报道》栏目推出《每周检查》，"首开我国电视媒体精确新闻报道的先河"③。之后，中央电视台《经济半小时》栏目推出《数字新闻》子栏目，成为当时电视精确新闻的代表。业界的这一探索，得到了学界的回应。

（一）精确新闻报道的特性

精确新闻报道是传统新闻报道与社会科学研究方法融合的产物，精确新闻报道的产生必须经过一系列严格的精确新闻采制方法。孙发友认为，精确新闻报道要按照一定的采制程序进行，需要"产生念头→提出假设→选取方法→收集资料→处理资料→写出报道"④ 六个具体步骤。每一步的进行都有严格的方式方法，可以做到严谨、具体和精确。欧阳明强调，"精确新闻报道将科学精神系于量化的系统观察，因此只要严格按着精确性报道的原理、规则操作，那么，精确性报道就可以在相当的范围内保证所报道的新闻事实的真实性。"⑤ 刘海贵指出，精确新闻报道必须掌握科学的抽样方法："其所分析的材料是依据科学的抽样方法从客体

---

① 杨秀国：《新闻采访学通论》，北京，人民出版社2007年版，第369页。
② 杜晋华：《以〈中国青年报〉为案例研究精确新闻报道的产生与发展》，西北大学硕士论文2009年6月，第11页。
③ 杜晋华：《以〈中国青年报〉为案例研究精确新闻报道的产生与发展》，西北大学硕士论文2009年6月，第11页。
④ 孙发友：《新闻报道写作通论》，北京，人民出版社2007年版，第275页。
⑤ 欧阳明：《深度报道作品评析原理》，北京，北京交通大学出版社2008年版，第237页。

的全部内容中抽选出来，能够代表客体的'样本'，结论一般也是正确的，能反映客观事实。"① 杜骏飞、胡翼青也认为："就报道方法而言，精确新闻报道比客观报道强调科学精神。"② 因此，精确新闻报道首先具备极强的科学性，可以真实地反映现实，同时也继承了客观报道的客观性特征。刘坚指出，"精确新闻报道强调，用数字内容表现事物的性质，用数字差别表现事物的特点，用数字变化表现事物的运动"③。"只要获取数字的调查方法是科学的，对调查结果的表述是准确的，就可以保证报道的客观性"④。

精确新闻报道虽然排斥人为的主观介入，但并不完全否定主观因素的存在。刘坚指出："真正意义上的精确新闻报道，既坚持用数字表述事实的客观性，又坚持用数字表述观点的客观性。"⑤ 也就是说，精确新闻报道可以做到新闻事实的客观，但是精确新闻报道的目的在于通过数字反映事物的本质属性和深层含义，不仅仅是客观的陈述数字事实而已。因此，记者通过数字阐发观点，其观点的表达便是一种主观思想的陈述。陈发友从报道起源切入，剖析精确新闻报道的主观性："精确新闻报道的源起不是刚刚发生的事实，而是自己的'念头'（当然，这个念头也是关注社会问题的结果）。而'念头'的主观色彩就较浓，表现在：为什么要选这个问题研究？为什么此时此刻研究这个问题？研究的内容（包括问卷设计的问题、类目的建构等）为什么是这些而不是其他？"⑥ 也就是说，在精确报道的采制过程中，话题的提出、内容和设计等都是需要精确新闻报道采制者自己制定。精确新闻报道夹杂着适当的主观色彩。精确新闻报道是融合了主观要素与客观要素的报道形式，两者各有分工，在"适度"的原则下，使新闻报道精确、科学。

（二）精确新闻报道要合理使用图表与数字

孙发友提出，精确新闻报道不等于图表新闻。"所谓图表新闻，就是记者、编辑运用图形和表格的形式对新闻事实所作的报道。"⑦ 20 世纪 90 年代，图表新闻以其生动、形象、可视化的报道形式受到读者的认可和

① 刘保全：《我国"精确新闻报道"发展综述》，《当代传播》2004 年第 3 期。
② 杜骏飞、胡翼青：《深度报道原理》，北京，新华出版社 2001 年版，第 61 页。
③ 刘坚：《新闻报道现代方法》，长春，吉林大学出版社 2009 年版，第 156～157 页。
④ 刘坚：《精确新闻报道的采写特征》，《写作》2001 年第 5 期。
⑤ 刘坚：《精确新闻报道的采写特征》，《写作》2001 年第 5 期。
⑥ 孙发友：《新闻报道写作通论》，北京，人民出版社 2007 年版，第 278 页。
⑦ 孙发友：《新闻报道写作通论》，北京，人民出版社 2007 年版，第 198 页。

关注，成为新闻报道发展的重要趋势之一。图表新闻在形式上脱胎于精确新闻报道的图表化表达，但是绝对不等同于精确新闻报道。一方面，精确新闻报道除了图表之外，还使用文字加以阐述分析，是"图表＋文字"的表达形式。而图表新闻只是单纯图片化表达，一切内容和信息均反映在一张图表之中。另一方面，精确新闻报道是深度报道的重要组成部分，图表和文字表达呈现系列化，而图表新闻只用一张图表提纲挈领进行表达，是人们进行浅阅读的消费品，是读图时代来临的产物。

周胜林等指出，精确新闻报道也不等于数字新闻。"数字新闻是一种比较简单的新闻，主要特点是以数字为主体构成新闻，不作详尽的描述和解释。摆出数字，一目了然，舍去前因后果、目的意义、发展趋向等等。"① "数字新闻中的数字可以直接成为新闻的主体部分，甚至可以没有什么'导语''背景''结尾'而独立成篇。"② 因此，数字新闻重视数字，强调一切用数字说话，数字成为贯穿新闻报道的核心和主要内容。精确新闻报道中的数字，只是一种表达手段，在整篇报道中起到理论依据的作用，并不是报道的核心内容。数字新闻与精确新闻虽然都是新闻报道的形式，但一个是短平快的消息，一个是深度报道的长新闻。数字新闻更加突出对数字的客观罗列，很少或根本不夹杂个人的主观因素；精确新闻报道则更加强调对过程的分析和对结果的深化。"数字新闻注重事物变动的结果，精确新闻注重事物变动的过程；数字新闻较简单，追求一目了然；精确新闻较复杂，追求细微差别和精确结论。"③

第四节　新闻之学的主要特征

1991～2011 年间，中国新闻学者建构了"新闻之学"的理论形态，具体而言，具有如下特征：

一、理论建构回归新闻本体

"新闻之学"的重要特征是理论建构回归新闻本体。

宁树藩提出的"本义新闻学"理论设想，实际上是在提倡理论新闻学

---

① 周胜林：《精确新闻与数字新闻》，《新闻传播》2002 年第 9 期。
② 周胜林：《精确新闻与数字新闻》，《新闻传播》2002 年第 9 期。
③ 周胜林：《精确新闻与数字新闻》，《新闻传播》2002 年第 9 期。

研究回归"新闻"本体。宁树藩的理论呼吁，得到理论新闻学界的认同。陈作平对"新闻实践活动"的概念分析、结构分析、演化分析，杨保军构建的新闻本体论、新闻业态论、新闻关系论三大板块理论，都在向"新闻"本身回归。随着对传播学借鉴的日趋全面与深入，宁树藩所剖析的"广义新闻学"研究存在研究对象复杂，理论体系结构松散等问题，在"新闻传播学"的理论建构中得到不同程度纠正。"新闻传播学"无论是以"新闻"还是以"传播活动"为研究对象，都可以做到逻辑起点与逻辑终点的统一，从而保证理论体系的严整性，进而提升理论体系的建构水准。

在历史新闻学领域，无论是按照传统方式撰写的新闻史著作，还是借鉴媒介生态学、新史学、媒介社会学书写的新闻史著作，相对于"新闻事业"之学的理论建构而言，都在淡化政治史、革命史、苏共模式的特征，都开始注重新闻媒体自身发展规律的探寻。较之20世纪80年代的《中国近代报刊史》《中国近代新闻思想史》《中国新闻事业史稿》等著作，新闻学术话语日渐替代革命话语、政治话语。人物评述、事件陈述等诸多方面都更关注新闻业务本身，而不是革命报刊的宣传内容及其作用。这些无疑使"新闻本体"特色日渐凸显。

在应用新闻学领域，无论是客观报道、体验式报道，还是精确新闻报道的理论建构，都围绕如何报道"新闻"而展开，新闻本位特征更加鲜明。

二、理论研究呈融合态势

无论是理论新闻学、历史新闻学，还是应用新闻学的理论建构，都呈现出多元化发展趋势，并在多元的基础上，呈现出融合态势。这种态势首先体现在理论新闻学、新闻史学、应用新闻学各分支学科之内各种理论与方法的融合。在理论新闻学研究中，新闻学者系统引入西方传播学方法与理论，构建"新闻传播学"。此外，马克思主义哲学、现象学、结构主义与功能主义，也得到有益借鉴与应用。在历史新闻学领域，媒介生态学、新史学理论、媒体社会学理论被充分借鉴。在应用新闻学领域，新闻专业主义、新新闻学、精确新闻学等西方新闻理论的引入，对新闻业务理论建构产生了重要影响。多学科方法整合的结果，是三个分支学科的研究，共同回归"新闻"本体，从而推动新闻学研究整体水平的提升。

这种整合态势，还体现在各分支学科之间的融合。媒介生态学理论、媒介社会学的传入，是不同分支学科整合的典型。本属于传播学的理论分支的媒介生态学理论，传入不久，就被应用到了历史新闻学的研究中。吴廷俊开展了媒介生态学视域下的新闻史书写，2008年《中国新闻事业史新修》的问世，以厚重的理论成果开拓了新闻史学研究的新范式。媒介社会学理论本身就是传播学与社会学的交叉融合，又被新闻史学者引用到中国新闻史研究领域，从而有了陈昌凤的《中国新闻传播史：传播社会学的视角》的写作。再如，新闻专业主义的传入，不仅引发了新闻学界对客观报道的关注与研究，还为新闻史学研究打开一扇窗。诸多学者运用新闻专业主义理论研究中国近代新闻事业。具体而言，研究者对邵飘萍、民国报界"四大名旦"①、成舍我、张季鸾、胡政之、汪康年、赵敏恒、史量才等杰出报人的新闻专业主义精神进行探讨，还对《大公报》《申报》等最有影响的大报的新闻专业主义理念进行剖析，拓展新闻史研究新领域，开辟新闻史研究新路径。

三、从学术自觉到理论自觉

这一时期的新闻学术研究，不仅仅注重基本概念的辨析，更注重理论体系的建构，这是理论自觉的重要体现。

改革开放以来，新闻学研究者为恢复新闻学术传统做出种种努力。童兵曾回顾"新闻学术语建设"的艰苦过程："这20年中，我们只能从最基本的术语界定入手，一块砖一片瓦地从事最基础性的工作。就是这些起码的术语界定，也常常一波三折，前面棒喝，后面兵压。如果不健忘的话，80年代中期，当'传媒''媒介''大众传播''受众'这些传播学和新闻学的属于逻辑起点层次的术语开始在社会流传的时候，我们应该记得它们曾经受到某些人怎样的议论与抨击。'大众传播学'，被明明确确地注上是'资产阶级的学说'。一个时期，类似'传播'的词语被写入党政文件的草稿，学者们便奔走相告，庆幸万分，而后由于某些人的一再反对而令这些词语从文件消失，一股懊恼之情又弥漫开来……回眸人们是在这样的科研氛围中一个一个地界定新闻学术语，并进而构筑新闻学理论体系的，当更加珍惜今天中国新闻学学科进步的可贵。"② 经过20多年的艰苦努力，新闻学者完成最基础性的概念界定工作，从而为较为深入的新闻学术研究奠定基础。

随着改革开放事业的深入开展，新闻学术研究的氛围日渐宽松，新闻学者的学术视野日益开阔，新闻学术研究的自主性日益提升。活跃于

---

① "四大名旦"是指浦熙修、彭子冈、杨刚和戈扬四位著名女报人。
② 童兵：《从界定每一个新闻学术语做起——兼论改造新闻学研究的学风》，《新闻界》1998年第3期。

新闻学术界的学者，不再是宣传部门的领导，也不是一线的新闻工作者。他们大多以新闻教育与新闻学术研究为职志。特别是"1991 年之后，原来以教学为中心的高校新闻专业教师开始更多地转向学术研究"[①]。他们不再热衷于政策的诠释与实践经验的总结。"为学问而学问"成为这一代新闻学者的职业信念与理想。也就是说，新闻学者经历了充分的学术积累与学术训练，开始走向"自觉"。"学术自觉是指学者对自身学术研究的理念、方法及问题进行积极的反思，产生独立思考的能动性和探索精神。"[②] 当新闻学科的基础概念得到确认，学术研究的前提得到保障，"新闻学者开始把理性的目光投向新闻学术活动本身，力求建树新闻理论体系的科学形态，从而出现了鲜明的学术自觉意识"[③]。

学术自觉进一步发展，就会上升到"理论自觉"。"理论自觉是对理论自身的内部结构、逻辑演绎以及理论语境产生强烈的建构意识，以保持理论的纯洁性和有效性。"[④] "新闻之学"的理论建构者，在反思"新闻事业之学"时，以海纳百川的心态，积极吸取如新闻专业主义、新新闻学、精确新闻学等西方新闻学理论，深化新闻学研究；同时汲取传播学、哲学、新史学、媒介生态学等诸多学科的研究成果，进行跨学科研究。开放的学术心态，浑厚的理论积淀，宏阔的理论视野，为理论抽象奠定了基石。新闻学者"坚守理论抽象的深度探索，出现了新闻理论的'哲理化范式'"[⑤]。其实，无论是哲学化的理论探索，还是传播学化的理论建构，抑或是媒介生态学、新史学的借鉴，这一时期的新闻学术研究，相对于"新闻事业"之学的理论建构而言，都坚守了理论抽象，是从学术自觉上升到理论自觉的重要表现。

第五节 新闻之学的成因

一、新媒体的迅猛发展

20 世纪 80 年代，以甘惜分、余家宏、宁树藩、叶春华、郑旷、何光

---

① 张振亭：《中国新闻传播学术研究 30 年》，《今传媒》2008 年第 12 期。
② 纪忠慧：《新闻理论体系建构的三个十年》，《国际新闻界》2008 年第 12 期。
③ 纪忠慧：《新闻理论体系建构的三个十年》，《国际新闻界》2008 年第 12 期。
④ 纪忠慧：《新闻理论体系建构的三个十年》，《国际新闻界》2008 年第 12 期。
⑤ 纪忠慧：《新闻理论体系建构的三个十年》，《国际新闻界》2008 年第 12 期。

先、王益民、郑保卫、成美、童兵等为代表的新闻学者构成学术共同体，构建了"新闻事业"之学。"新闻事业"成为最流行的新闻学术话语。关于什么是"新闻事业"，基本达成共识，正如《中国大百科全书》所界定，新闻事业是"新闻机构及其各项业务活动的总称"①。当然，也有学者反对这个定义，何光先就指出："有人认为'报纸、通讯社、广播、电视，在新闻学上总称为新闻事业'。这显然把单一的新闻机构当成了新闻事业。还有的给新闻事业定义为：'新闻事业是采集和发布新闻的媒介、人员和机构的总称。'这同上一种说法虽然不同，但同样存在着片面性。……新闻事业是人类经常采集、发布新闻的活动和规模以及系统传播新闻的各种行为方式的总和"②。何光先能从"人类社会活动"角度来界定新闻事业，的确有其理论创见，但在当时并未成为主流。

20世纪90年代，由于传播学的传入，"媒体"概念被广为接受与使用，引起新闻学者重新审视"新闻事业"这一流行术语。更主要的是，网络、手机等新媒体的出现与迅猛发展，强烈冲击着传统"新闻事业"的定义，令研究者将关注的目光逐步由"新闻事业"转向"新闻"，也就出现了理论范式的再一次转换。

1994年，中国全面接入互联网。20年来，中国互联网发展迅猛。根据中国互联网信息中心（CNNIC）发布的《2014年第34次中国互联网络发展状况统计报告》，截至2014年6月，中国网民规模达6.32亿人，互联网普及率达46.9%。③

中国传统媒体在新媒体的冲击下开始探寻发展之路。1995年1月，《神州学人》杂志进入互联网发行，中国媒体走进新时代。当时，还只是把报刊的内容照搬上网，电台、电视台也只是把网络作为节目预告与介绍的平台。这种局面很快得到改观，1999年以后，媒体网站内容丰富，手段多元，功能强大起来。如今，"网络媒体形成了多元化、多层次格局：中央新闻单位网站，中央国家机关各部门新闻单位网站，各省、自治区、直辖市新闻单位网站，综合性非新闻单位网站，各类报刊网络版及电台、电视台的网站"④。此外，还有媒体联合成立网站、商业网站与

---

① 《中国大百科全书》（新闻出版卷），北京，中国大百科全书出版社1990年版，第408页。

② 何光先：《现代新闻学》，昆明，云南教育出版社1988年版，第64页。

③ 参见 http://www.cnnic.net.cn/gywm/xwzx/rdxw/2014/201407/t20140721_47439.htm。

④ 参见吴廷俊主编：《中国新闻传播史（1978～2008）》，上海，复旦大学出版社2011年版，第389页。

传统媒体合作等形式。

专业网络媒体实现了传播方式的重大变革："信息传播突破地域限制；信息传播的时效性不断增强；信息存储与检索方式发生本质变化；信息传播手段实现多样化；受众参与的广度与深度大大提高；传播者与受众的界限日益模糊。"① 网络媒体的迅速发展，提升与改进了信息传播方式，影响了民众的生活，自然也引起新闻学者的理论思索，在理论建构中，他们越来越关注信息传播方式本身，而不是传统的"新闻机构"。

手机媒体的发展，拓展了信息交流途径。2000 年以后，手机迅速在中国普及使用。据中国行业咨询网（www. china-consulting. cn）的《全国手机用户统计》，截至 2012 年 7 月底，全国移动电话用户增至 10. 62 亿户②。尤其是智能手机的出现，大大增强了普通用户参与信息传播的可能性。智能手机具有摄影、录音、摄像等多种功能，方便用户进行信息采集。手机和网络的整合，更增强了用户参与信息发布的能力。根据中国互联网信息中心（CNNIC）发布的《2014 年第 34 次中国互联网络发展状况统计报告》，截至 2014 年 6 月，中国手机网民规模达 5. 27 亿人，手机上网的网民比例已达 83. 4%。③ 信息发布与传播方式的变化与进步，也令新闻学者不断修正传统意义上的以"新闻机构"为核心的"新闻事业"概念。

如今，各种媒体已经出现多功能、一体化发展趋势，即媒体融合的发展趋向。媒体的网络化、数字化与移动化，模糊了各媒体之间的界限，令各媒体的功能日渐交叉，也令媒介新产品不断涌现，如新一代数字报纸、手机报纸、多媒体互动杂志、网络电视、手机广播电视等，这些具有整合性的新媒体产品的出现，早已突破传统意义上的以"新闻机构"为核心的"新闻事业"内涵。如何在更广泛意义上探讨以信息传播为核心内容的"媒体"发展，成为新闻学者关注的对象。在理论新闻学的体系建构中，新闻学者不同程度回到"新闻"这一信息传播的逻辑起点，并尝试构建以"新闻"为逻辑终点的理论体系。在历史新闻学建构中，新闻学者也纷纷把新媒体纳入新闻史教材与著述的书写当中。

---

① 吴廷俊主编：《中国新闻传播史（1978～2008）》，上海，复旦大学出版社 2011 年版，第 389 页。

② 参见 http：//www. china-consulting. cn/data/20120925/d5834. html。

③ 参见 http：//www. cnnic. net. cn/gywm/xwzx/rdxw/2014/201407/t20140721_ 47439. html。

二、新闻学术的繁荣

（一）新闻教育的繁荣

新闻教育是开展新闻学术研究的重要推动力量。1989 年的政治风波一度影响新闻教育的发展，有的学校减少招生人数，有的学校停止招生。从 1992 年开始，政治形势的变化，令中国新闻教育再次迅猛发展。

首先是办学规模的扩大。据不完全统计，1997 年，全国有新闻学类专业教学点 120 多个。到 2008 年年底，全国高等学校设立的新闻传播学专业点达到了 877 个[①]。这些专业点分布在全国 300 多家高校中。

其次，办学层次的快速提升。截至 2008 年，全国设有新闻传播学博士点一级点 6 个（中国人民大学、中国传媒大学、清华大学、复旦大学、武汉大学、华中科技大学），新闻学博士二级点 5 个（南京师范大学、暨南大学、四川大学、中国社会科学院、南京政治学院），传播学博士二级点 4 个（北京大学、上海大学、浙江大学、厦门大学）。新闻传播学硕士点一级点 28 个。[②]截至 2011 年年底，全国设有新闻传播学博士点一级点 15 个，一级学科硕士点 91 个。

新闻学教育的迅速发展，不仅为新闻业界输送大批人才，更为新闻学术界培养后备力量。自 20 世纪 90 年代以来，尤其是新世纪以来，活跃于新闻学术界的学者，大多是十一届三中全会以后中国新闻教育恢复发展过程中培养起来的。他们受过系统、正规的新闻学教育，具有深厚的新闻学养，掌握科学的研究方法，秉持为研究而研究的纯粹态度，这为新闻学理论范式的转换奠定了重要的人才基础。

（二）新闻学术期刊的创办

自 20 世纪 90 年代以来，一系列新闻学术期刊相继创办，成为新闻学术发展的助推力量。

1991 年，河北日报总编室主办内部业务交流探讨刊物《采·写·编》。现更名为《采写编》，由河北日报报业集团及河北省新闻工作者协会主办，双月刊。

1992 年，陕西人民出版社主办《报刊之友》，2004 年起更名为《今

---

① 参见吴廷俊主编：《中国新闻传播史（1978～2008）》，上海，复旦大学出版社 2011 年版，第 577 页。

② 参见吴廷俊主编：《中国新闻传播史（1978～2008）》，上海，复旦大学出版社 2011 年版，第 577 页。

传媒》。

1992 年，山西省新闻出版局主办《新闻出版交流》，双月刊，2004年停刊。

1993 年，《中国新闻科技》创刊，由新华通讯社主管，中国新闻技术工作者联合会主办，现更名为《中国传媒科技》，半月刊。

1993 年，国家广播电影电视总局主管，中央人民广播电台主办的综合性学术期刊《中国广播》创刊，月刊。

1993 年，《出版科学》创刊，它是经国家新闻出版总署批准，由湖北省新闻出版局主管，湖北省编辑学会主办，武汉大学信息管理学院承办的一份面向全国出版的专业学术期刊。

1993 年，华东地区高等院校自然科学学报编辑协会主办《学报编辑论丛》，年刊。

1994 年 1 月，《广播电视信息》创刊，由国家广播电影电视总局主管，曾用名《广播电视信息（上半月刊）》。

1994 年，中国社会科学院新闻与传播研究所创办《新闻与传播研究》，双月刊。

1994 年，浙江传媒学院主办《浙江广播电视高等专科学校学报》。2005 年第 1 期更名为《浙江传媒学院学报》，双月刊。

1994 年，中国对外传播领域的国家级专业刊物《对外大传播》创办，由中国外交局对外传播研究中心主办，中国外文出版发行事业局主管，国务院新闻办公室支持，月刊。

1994 年，中国大学出版社协会、中国传媒大学出版社、中国传媒大学编辑出版研究中心主办《大学出版》。2010 年 9 月更名为《现代出版》。

1995 年，广西出版杂志社主办《出版广角》，月刊。

1995 年，中国出版工作者协会年鉴研究会主办《年鉴信息与研究》，双月刊。

1996 年 9 月，《南方电视学刊》创刊，由广东电视台和广东省文化馆共同主办，双月刊。

1996 年，《中国电子与网络出版》创刊，主办单位为中国出版工作者协会，月刊。2005 年停刊。

1999 年，《传媒》创刊。中国出版科学研究所主办，新闻出版总署总管，月刊。曾用名《报刊管理》。

1999 年，中国出版对外贸易总公司主办《出版经济》，月刊。

2001 年，湖南大众传媒职业技术学院主办《湖南大众传媒职业技术学院学报》，双月刊。

2001 年，湖南省新闻工作者协会、湖南日报、湖南广播电视局联合主办《新闻天地》，综合性新闻期刊，半月刊。

2001 年，武汉大学新闻与传播学院主办《新闻与传播评论》，年刊。

2001 年，新闻业务刊物《城市党报研究》创刊，由中国报业协会城市党报分会和无锡日报社主办，双月刊。后改为财经杂志《今商圈》。

2003 年 1 月，《中国编辑》正式创刊，由河北教育出版社承办，双月刊。2006 年 1 月 1 日起改由中国编辑学会与高等教育出版社共同主办。

2002 年，江苏广播电视总台主办《广告大观》，是国内唯一以旬刊出版的广告类专业期刊，按上中下旬分别出版《广告大观（综合版）》（上旬刊）、《广告大观（理论版）》（中旬刊，与北京大学合办，即《广告研究》）、《广告大观（媒介版）》（下旬刊，与中国传媒大学合办，即《媒介》）。

2003 年下半年，《新疆新闻出版》创刊，由新疆维吾尔自治区书报刊发展中心主办，双月刊。

2004 年，福建省广播影视集团主管主办《东南传播》杂志，该杂志由东南传播理事会成员单位协办。

2006 年 9 月，广西人民广播电台及广西电视台主办《视听》杂志。

2009 年 1 月，由重庆日报报业集团主管主办的《新闻研究导刊》创刊，是重庆市第一本新闻专业期刊。

2009 年，《科技传播》杂志创刊，由中国科学技术协会主管、中国科技新闻学会主办，半月刊。

2013 年，广西新闻出版局主管，广西出版杂志社、广西期刊协会主办的《传播与版权》创刊。

三、西方人文社会科学理论的引入

（一）传播学本土化致思路径

20 世纪 90 年代，理论新闻学研究中，一系列以"新闻传播学"命名的著述问世，与传播学本土化致思路径紧密相关。

面对外来之学，研究者都无法回避态度与立场问题。传播学的本土化，可称作"传播学的中国化"，也可称作"中国特色传播学"，就是中国新闻学者面对"传播学"这一外来之学所持有的立场与态度。

对于传播学的本土化，学界大致形成两种主张："一种意见认为，研究传播学不要硬贴中国的标签，不宜过分强调中国特色。中国特色应在研究传播学过程中自然而然地产生……另一种意见认为，研究西方传播学应当开宗明义，鲜明地突出中国特色。"① 究其实质，这种理论分歧源于对传播学本土化方式的不同选择。

1982 年召开的第一次全国传播学研讨会提出"要结合中国实际，建立起符合中国国情的、有中国特点的新闻学或传播学"，并提出"系统了解，分析研究，批判吸收，自主创造"的"十六字方针"②。"十六字方针""基本奠定了后来近 30 年中国传播研究发展的基调"③。此后，也有学者提出新"十六字方针"，如 1999 年有学者提出"系统了解，博采众长，以我为主，超越创新"④。2008 年又有学者提出"独立思考，批判精神，创新愿望，务实态度"⑤。可见，30 多年来，对待传播学的基调没变，那就是不能照搬西方传播学理论，要有创新意识。

从第一次全国传播学研讨会召开后，传播学会议，尤其是全国性传播学会议，就成为传播学本土化研究的主阵地。

1986 年在黄山召开的第二次全国传播学研讨会提出："'兼收并蓄，为我所用'，应是我们对待西方传播学不同学派的基本态度；从我国的传播实践出发，逐步形成一套具有中国特色的传播学理论和方法，则是我国传播学研究者当前的主要任务。"⑥ 这样，会议明确了"建立有中国特色的传播学"的目标，"并明确把新闻传播作为今后传播学研究的主攻方向，决定集中人力撰写适合中国国情的新闻传播学"⑦。"黄山会议标志着我国传播学研究，真正从介绍引进走向尝试建立有中国特色的社会主义传播学。"⑧

1993 年 5 月 25~30 日，由中国社会科学院与厦门大学联合主办的全

---

① 刘民安：《传播学需要传播——第三次全国传播学研讨会侧记》，《新闻知识》1993 年第 8 期。

② 邵培仁：《传播学本土化研究的回顾与前瞻》，《杭州师范学院学报》1999 年第 4 期。

③ 姜飞：《中国传播研究的三次浪潮——纪念施拉姆访华 30 周年暨后施拉姆时代中国的传播研究》，《新闻与传播研究》2012 年第 4 期。

④ 邵培仁：《论中国的当代传播学研究》，《杭州师范学院学报》1999 年第 4 期。

⑤ 熊澄宇：《一段史实三点思考——兼论中国传播学的形态、业态与生态》，《新闻大学》2008 年第 2 期。

⑥ 邵培仁：《传播学本土化研究的回顾与前瞻》，《杭州师范学院学报》1999 年第 4 期。

⑦ 廖圣清：《我国 20 年来传播学研究的回顾》，《新闻大学》1998 年第 4 期。

⑧ 徐培汀：《中国新闻传播学说史（1949~2005）》，重庆，重庆出版社 2006 年版，第 425 页。

国第三次传播学研讨会在厦门召开。会议"着重讨论了如何建立具有中国特色的传播理论体系"①。

1993 年 5 月，厦门大学召开"首届海峡两岸中国传统文化中传的探索座谈会"②。中国内地、台湾、香港的学者聚集一堂，明确提出"传播学本土化"问题。会后成立"中国传统文化中的传播研究"课题组。

1995 年 6 月 26～30 日，由中国社会科学院新闻研究所、四川广播电视厅和四川省社会科学院联合主办的第四次全国传播学研讨会在成都召开。会上"有学者对'传播研究本土化（中国化）'提出反思和非议，又理所当然地遭到与会者的驳斥。"③

1997 年 4 月 21～25 日，由中国社会科学院和杭州大学联合主办的第五次全国传播学研讨会在杭州大学举行。"此次会议一个显著的特点，就是注重传播理论与中国国情相结合，注重研究传播学在建设有中国特色社会主义市场经济过程中遇到的理论与实践问题。"本次会议被誉为"在传播学研究'中国化'方面迈出了重要的一步"④。会议提出，"要对中国一百年来的新闻与传播研究进行一次全面回顾与总结，为建立有中国特色的新闻学与传播学打下坚实基础"。⑤

1999 年 11 月 7～9 日，由中国社会科学院与复旦大学联合主办的第六届全国传播学研讨会在复旦大学举行。会议的主题是"面向 21 世纪的信息与传播：中国与世界"。传播学在中国的普及与发展是一个重要议题。

此外，2000 年复旦大学新闻学院建立了国家级传播学研究基地——复旦大学信息与传播研究中心。从 2001 年开始，该研究中心创办了以高校为主的"中国传播学论坛"，每年召开一次。

在传播学本土化致思路径下，一系列传播学著作问世。如吴予敏的《无形的网络：从传播学的角度看中国的传统文化》（国际文化出版公司1988 年），沙莲香主编的《传播学——以人为主体的图像世界之谜》（中国人民大学出版社1990 年），徐培汀与裘正义合著的《中国新闻传播学

① 刘民安：《传播学需要传播——第三次全国传播学研讨会侧记》，《新闻知识》1993 年第 8 期。

② 黄星民：《华夏传播研究刍议》，《新闻与传播研究》2002 年第 4 期。

③ 邵培仁：《传播学本土化研究的回顾与前瞻》，《杭州师范学院学报》1999 年第 4 期。

④ 沈爱国：《"传播学中国化"迈出坚实的一步——第五次全国传播学研讨会综述》，《新闻记者》1997 年第 6 期。

⑤ 邵培仁：《传播学本土化研究的回顾与前瞻》，《杭州师范学院学报》1999 年第 4 期。

说史》（重庆出版社 1994 年），李敬一的《中国传播史（先秦两汉卷）》（武汉大学出版 1996 年），孙旭培主编的《华夏传播论》（人民出版社 1997 年）等。尤其是孙旭培主编的《华夏传播论》，"是一部本土化研究成果的代表作，既有中国特色，又有传播原理"①。该书由"中国传统文化中的传播研究"课题组完成，是海峡两岸 30 多位学者的首次合作，是"传播学研究中国化、本土化的一个硕果"②。全书共分 6 编，研究洞穴文化揭示传播的悠久历史、古代文化中的传播概念、中国传统文化中传播的若干特性；语言浓缩与传播、文字与传播、非语文传播、环境与传播、社会环境与传播；政治传播、文化传播、教育传播、科学传播、经济传播、军事传播；中国人际传播的特点、说服传播、民间传播、群体传播和组织传播；信息的贮存，信息的传递，传播的控制；丝绸之路上的文化大传播，郑和下西洋与政治传播，宗教传播，玄奘西游与鉴真东渡。

新世纪以来，中国传播学的发展成为重要的理论课题。两岸三地学者共同完成的"华夏传播研究丛书"，分《传在史中》《说服君主》《汉字解析与信息传播》三卷出版（文化艺术出版社 2001 年）。戴元光著的《20 世纪中国新闻学与传播学·传播学卷》（复旦大学出版社 2001 年），胡翼青的《传播学：学科危机与范式革命》（首都师范大学出版社 2004 年），徐培汀的《中国新闻传播学说史（1949～2005）》（重庆出版社 2006 年）等也相继问世。

传播学本土化研究成果，在传统文化的理论资源挖掘方面，着力颇多，而在"中国特色传播学"理论体系建构方面，仍显薄弱。但这些本土化的研究成果，足以证明中国传播学在发展，正如有学者所概括，"大陆的传播学研究已经基本上完成了从引进到发展的初期过渡，并进入把传播理论和社会实践相结合的深化、丰富与力求创新的阶段"③。

综上所述，从 20 世纪 80 年代初传播学作为一种科学理论传入中国之时起，新闻学者就有一个挥之不去的一个理论话题，那就是传播学的本土化。理论新闻学者自然会受到传播学本土化致思路径的影响，纷纷努

---

① 徐培汀：《中国新闻传播学说史（1949～2005》，重庆，重庆出版社 2006 年版，第 433 页。

② 徐培汀：《中国新闻传播学说史（1949～2005》，重庆，重庆出版社 2006 年版，第 429 页。

③ 张健：《中国传播学：一个概念的生长简史与意涵说明》，《徐州师范大学学报》（哲学社会科学版）2008 年第 3 期。

力把西方的传播学理论引入新闻学研究，于是就有了20世纪90年代中期开始出现的系列"新闻传播学"著述。"新闻传播学"著述的出现，在某种意义上讲，也是传播学本土化致思路径在理论新闻学领域的具体应用与体现。

（二）西方新闻学理论的传入

在应用新闻学的理论建构中，之所以出现客观报道、体验式报道、精确报道的理论建构，与西方新闻专业主义、新新闻学、精确新闻学的传入紧密相关。

1. 新闻专业主义

新闻专业主义（Journalistic Professionalism）是中国研究最深入，成果最丰富，应用最广泛的西方新闻理论之一。

新闻专业主义于19世纪末20世纪初逐步形成。"1947年以哈钦斯为首的出版自由委员会报告《一个自由和负责的报业》正式提倡媒介专业化，新闻专业主义成为成熟的话语实践，引导着新闻事业的未来发展。"[①]传播学家施拉姆在1975年撰写的《大众传播的责任》一书中对"专业"概念进行介绍，新闻专业主义开始成为新闻学研究的重要课题。20世纪90年代以后，新闻专业主义成为西方新闻学研究的核心概念之一，并随着新媒体和新技术的应用一直处于理论的不断构建、消解与重构之中。

中国对新闻专业主义的研究始于20世纪90年代中期。改革开放进程中，市场化浪潮下，公益与利益的冲突令新闻媒体的社会服务等职能逐渐削弱，公信力和影响力逐渐下降，黄色新闻和新闻娱乐化泛滥。于是，新闻学界开始出现呼唤新闻专业主义的声音。之后，一批赴美留学归来的学者，开始系统引入新闻专业主义理念。

（1）概念界定

关于新闻专业主义概念，学界没有统一的定义。陆晔和潘忠党的观点得到中国学者的普遍认同，他们从五个方面揭示新闻专业主义的内涵："其一，传媒具有社会公器的职能，新闻工作必须服务于公众利益，而不仅限于服务政治或经济利益集团；其二，新闻从业者是社会观察者、事实的报道者，而不是某一利益集团的宣传员，或政治、经济冲突的参与者或鼓动者；其三，新闻从业者是资讯流通的'把关人'，采纳的基本准则是中产阶级为主体的主流社会价值观念，而不是任何需要向社会主流

---

① 赵沐阳：《浅析新闻专业主义的形成》，《新闻传播》2013年第5期。

灌输的意识形态；其四，以实证科学的理性标准评判事实的真假观念，服从于事实这一最高权威，而不是臣服于任何政治权力或经济势力；其五，受制于建立在上述原则上的专业规范，接受专业组织的自律，而不接受在此之外的任何权力或权威的控制。"①

黄旦也从五个方面阐述新闻专业主义："第一，报刊的主要功能是传播新闻，同时还要干预和推动社会；第二，在性质上，报刊是一个独立的专业，因此，它必须是自主的，尤其在政治上不依赖任何派别，更不做政府的喉舌（所谓的新闻自由，实际上就是政府不能干涉报纸）；第三，报纸的目的是为公众服务，并反映民意；第四，报纸的运转是靠自己的有效经营，尤其是广告收入；第五，报纸的约束机制是法律和职业道德自律，尤其是后者。"②

李良荣提出："新闻自由和客观性原则"是"新闻专业主义的核心理念"，"前者指向新闻业的'自治'状态，后者指向新闻业特有的一套知识和技能。"③

吴飞则主张，新闻专业主义是"客观性理念、自由与责任的观念、服务公众的意识以及自律与他律的原则体系"④。

（2）新闻专业主义的本土化

中国新闻学者没有照搬西方的新闻专业主义，而是结合中国当下新闻体制，结合中国新闻事业发展实际，进行有益探索。

陆晔、潘忠党强调："专业主义是一套论述新闻实践和新闻体制的话语，它又是一种意识形态，它还是一种社会控制的模式。"⑤ 因此，"专业主义的话语在中国新闻改革过程中具有解放的作用，预示着更加深层的变革"⑥。

侯迎忠、赵志明认为："中国新闻专业主义的规定性应当在始终坚持社会效益第一的原则下，涵盖这些方面的内容：以公共利益为中心；专

---

① 陆晔、潘忠党：《成名的想象：中国社会转型过程中新闻从业者的专业主义话语建构》，《新闻学研究（台北）》2002 年第 71 期。

② 黄旦：《传者图像：新闻专业主义的建构与消解》，上海，复旦大学出版社 2005 年版，第 32 页。

③ 李良荣：《当代西方新闻媒体》，上海，复旦大学出版社 2003 年版，第 121 页。

④ 吴飞：《新闻专业主义研究》，北京，中国人民大学出版社 2009 年版，第 29 页。

⑤ 陆晔、潘忠党：《成名的想象：中国社会转型过程中新闻从业者的专业主义话语建构》，《新闻学研究（台北）》2002 年第 71 期。

⑥ 陆晔、潘忠党：《成名的想象：中国社会转型过程中新闻从业者的专业主义话语建构》，《新闻学研究（台北）》2002 年第 71 期。

业的操作和行为准则；客观、真实、准确、及时、公正的报道手法；强烈的社会责任感等。"①

吴飞强调，回顾新闻专业主义在西方产生和传播的过程，目的是帮助我们理解和践行中国"新闻专业主义的困惑和坚守"。"如果要将作为舶来品的新闻专业主义理念付诸中国新闻改革的实践，就必须对其进行本土化改造。"②

樊昌志和童兵主张从结构功能主义和社会建构主义的视角研究新闻专业主义："中国并不需要完全西方化的新闻专业主义，需要的是紧密结合中国传媒实践的新闻专业主义。它是在宣传体制和市场体制并存的传播体制内的新闻专业主义。迅速超越既有的传播体制，只会使得新闻专业主义成为空中楼阁。也许在未来，当传播体制衍变为真正的新闻传播体制的时候，它会建构为一种不同的样式。"③

胡智锋将新闻专业主义本土化研究重点放在个案研究上，希望通过典型案例的剖析，以点带面研究新闻专业主义的本土化问题。他认为，《新闻调查》的成功在于能够"理性、客观地认识自身所处的媒介现实"④，既借鉴西方同行的专业技能和制作理念，又"对具体业务层面之上的形而上的价值观念加以本土化改造，从而创造出一套新的话语体系和影像形态，在政治、经济和社会三者的博弈中生存下来。因此，《新闻调查》的实践可以视作中国特色的'新闻专业主义'"⑤。

还有学者从新媒体切入进行研究。新媒体的迅速发展改变了传统的新闻生产传播过程，使得非专业新闻大量出现，在一定程度上解构了西方传统的新闻专业主义。但新闻专业主义并未消亡，而是在不断的解构中实现重构，更加符合中国国情。正如吴飞所言："新媒体的出现，社交网络的发达，不但不是新闻专业主义的终结者，而且是更有力的维护者，只要人类对新闻需求的目标没有根本性的改变……新闻专业主义仍然是一种不可或缺的理论资源与实践纲领，我们不能因为中国特色的宣传导

---

① 侯迎忠、赵志明：《西方新闻专业主义初探》，《当代传播》2003 年第 4 期。
② 邰书锴：《新闻专业主义的"本土"主张——兼评吴飞教授的新作〈新闻专业主义研究〉》，《新闻记者》2010 年第 10 期。
③ 樊昌志、童兵：《社会结构中的大众传媒：身份认同与新闻专业主义之构建》，《新闻大学》2009 年第 3 期。
④ 胡智锋：《"新闻专业主义"的"本土化"途径——写在央视〈新闻调查〉十周年之际》，《广告大观》（媒介版）2006 年第 4 期。
⑤ 胡智锋：《"新闻专业主义"的"本土化"途径——写在央视〈新闻调查〉十周年之际》，《广告大观》（媒介版）2006 年第 4 期。

向型的'新闻宣传传播'活动与西方新闻传播活动存在根本的差异，而宣称发端于西方的新闻专业主义思想完全不适用于中国。"①

可见，中国新闻学者将新闻专业主义的本土化看作是一条可行之路。

（3）新闻专业主义的引入对客观报道的影响

客观性是新闻专业主义理论最主要特征之一。新闻专业主义的传入，丰富了中国新闻界对新闻客观性的认知。

20 世纪 80 年代，中国新闻改革拉开帷幕。但由于思维惯性的影响与现实条件的限制，建国以来长期形成的"宣传本位"思想，很难彻底转向"新闻本位"。此时学界也探讨客观报道与新闻的客观性，但强调，"无产阶级新闻事业必须忠实地向读者报道客观事物，敢于说真话，不说假话"②。可见，新闻学者依旧从党性、阶级性视角来分析客观报道。新闻的客观性是建立在党性原则基础之上的客观，是"宣传本位"下的客观。

20 世纪 90 年代，新闻专业主义传入中国。这时的新闻界不再盲目排斥西方新闻理论。新闻专业主义传入之初，学者就将研究重点放在新闻专业主义的客观性特征上。"在西方社会，它指的是事实与评论的截然分离，报道尽量做到公平公正，不偏不倚。"③ 而在中国，新闻学者将新闻专业主义进行本土化改造，将新闻专业主义的客观特性定义为"用事实说话"。"用事实说话"强调，新闻工作者本着对事实的负责态度进行新闻报道，一切向"事实"看齐，把阐述事实报道真相作为新闻业的最高标准。"用事实说话"是一种以事实为依据，以社会公益为准绳，并依托专业而负责的职业道德和信仰而进行的客观报道。中国新闻学者将客观报道与"用事实说话"相联系，既超越了西方的客观主义，也有别于传统党性原则基础上的客观报道。

在业界，客观报道不再拘泥于传统的"新华体"和短消息，不再将稿件简单划分为表扬稿与批评稿，新闻报道范围扩大，稿件内容丰富多样。新闻报道坚持"用事实说话"，秉持中立、如实报道原则，从而纠正片面主义、主观主义甚至煽情主义的影响，做到主观与客观的协调统一。由于新闻专业主义的传入，我们对新闻客观性有了新认知，从而带来中

---

① 吴飞：《新媒体革了新闻专业主义的命？——公民新闻运动与专业新闻人的责任》，《新闻记者》2013 年第 3 期。

② 刘建明：《甘惜分：我国党报新闻学的奠基者》，《新闻爱好者》2006 年第 11 期。

③ 李金铨：《香港媒介专业主义与政治过渡》，《新闻与传播研究》1997 年第 2 期。

国新闻报道话语体系的一次重构，新闻报道由宣传工具变成了信息传播。新闻专业主义对于中国长期形成的宣传体制而言，具有一定的思想解放作用。

2. 新新闻学

新新闻学（New Journalism），又称为"新新闻主义""新集纳主义""新新闻体""文学性新闻"或"非虚构报告文学"，是一种融入小说写作技巧的新闻写作理论。20 世纪 60 年代，美国社会陷入道德缺失和信任危机，新闻客观性原则遭受质疑与挑战。在这种情况下，融入小说写作元素的新新闻学作为一种全新的报道思潮开始出现，成为 20 世纪六七十年代美国重要的新闻报道手法。

改革开放以后，新新闻学理论作为一种新思潮传入中国。

（1）新新闻学的传入。美国学者埃默里父子认为，新新闻学是指"利用感知和采访技巧获取对某一事件的内部观点，而不是依靠一般采集信息和提出老一套问题的手法。它还要求利用写小说的技巧，把重点放在新闻写作风格和描写方面"[1]。中国学者首先在新闻写作层面，引入新新闻学概念。

罗文辉指出，"新新闻主义，是指用小说的笔法来写新闻故事。这种报道方式融合小说的创造力想象力及新闻记者的采访技巧，一反新闻界过分依赖新闻来源提供消息的传统，由记者到现场对一件事深入观察，并做详尽分析。新新闻主义强调的是写作的风格及描述的品质。"[2]

王雄提出，新新闻学"就是指记者们借用小说家的诸多手法，以更为丰富和更具想象力的方式进行新闻报道和写作"[3]。

程道才认为，"新新闻主义报道是综合运用报道、自传、小说等多种文体的写作方法进行写作与创作，从而既具有报道性、又具有文学性，既具有实用性、又具有审美性的一种新型文体"[4]。

由此可见，学界对新新闻学的界定基本上根据它的采写技巧和报道特点进行的。新新闻学作为报道方式，基本包含两方面内容：理论上强调记者的主观介入；手法上运用小说手法和文学语言。

---

① 〔美〕迈克尔·埃默里、埃德温·埃默里等：《美国新闻史》，北京，中国人民大学出版社 2004 年版，第 535 页。

② 罗文辉：《精确新闻报道》，台北，台湾中正书局 1991 年版，第 27 页。

③ 王雄：《倾斜的新闻学——"新新闻学"和"精确新闻学"述评》，《江苏社会科学》1996 年第 6 期。

④ 程道才：《西方新新闻主义理论的兴起与实践意义》，《当代传播》2004 年第 2 期。

中国学者对新新闻学的写作特点进行概括与介绍。

1982 年，《新闻大学》载文最早介绍新新闻学的写作方法："一、用生动的形象描写场景，像戏剧一样，一个场景紧接一个场景，并采用各种象征手法，使一篇新闻报道小说化、故事化，引起读者兴趣。""二、运用'第三者观点'，观察人物的思想感情深入人物的内心世界，跟人物一样体验当时当地的真实感情，作者不仅要细细观察行为，还要解释动机。""三、打破传统五个 W 程式，'不能跟着事实跑'，而是整个场面和长篇对话。""四、细节描写。""五、虽是真人真事，但可将几个角色的特性拼合。"①

程道才将新新闻学的写作特点概括为四个方面："不是纯客观地观察与报道新闻事实，而是注重记者的参与，把记者的活动也溶入报道中"；"摈弃单一的按时间顺序交代新闻事实的写法，采取多场景、多画面巧妙组合的结构方法来安排与组织材料"；"大量运用小说、自传体文学作品表现手法进行写作，力求把报道写得绘声绘色，生动有趣"；"采用合成任务的方法报道现实生活中的人"。②

芮必峰从六个方面描述新新闻学的写作技法："采用一幕幕场景与画面组合的结构来描写事件，尽量避免历史叙述的方式"；"通过一个事件亲历者的所见所想来表现场景"；"大量运用人物间的对话"；"具有象征作用的细节描写"；"大量的人物心理描写，包括内心独白"；"合成人物。"③

（2）新新闻学的传入提升新闻客观性的认知水平。新新闻学"新"在何处？中国学者对这一问题的思考，带来了新闻报道观念的变革。

陈力菲认为，"新新闻报道是对客观风格的反抗。新新闻学在否定客观报道的同时，又肯定着另一种客观概念，那就是，只有向公众提供事件的充分报道，才有可能有效地抓住时代变革的脉搏和生活方式变化的实质"④。新新闻报道融入了主观性元素，但并没有摒弃新闻客观性。新新闻学强调记者介入，并如实采写反映记者所看到的事实。而这种事实就是一种描述性的客观。可以说，新新闻学并没有拘泥于新闻客观性的传统表现形式，而是抓住了客观性的本质。

---

① 《什么是"New Journalism"》，《新闻大学》1982 年第 5 期。
② 程道才：《西方新新闻主义理论的兴起与实践意义》，《当代传播》2004 年第 2 期。
③ 芮必峰：《论新新闻学》，《潍坊学院学报》2002 年第 1 期。
④ 陈力菲：《新新闻报道：一种实事求是的主观方式——对美国一种新闻思潮的思考》，《宝鸡师院学报》（哲学社会科学版）1993 年第 2 期。

　　芮必峰认为，新新闻学的外在特征是"新闻写作技巧的小说化"；内在特征是"新闻报道观念的转变"①。"新新闻学无论是内在观念上，还是外在写作技法上，都表现出自己强烈的反传统色彩。"② 在新新闻学的理论视野下，"那些传统新闻业所认定的'客观事实'……只是一些并不能充分反映社会生活本质的浮华表象。而新新闻学所关注的题材，则会更加全面、更加深刻地凸现社会生活的本真，倘能充分地报道这些事实，新闻记者的立场便可称得上真正的'客观'"③。

　　周大勇、黄也平认为，新新闻主义"是报道原则，'新新闻'打破了客观性报道的'一级模式'，在此之后，又多了'另一级模式'——主观性报道"④。

　　罗以澄、胡亚认为，新新闻学虽然带有浓厚的主观性色彩，但并不妨碍它体现新闻的真实性。"新新闻主义有一个响亮的口号：'见之而写之'（tell it as you see it），并公然提出：主观性就是真理，现实存在离开了人就毫无意义，人类心理活动同样是真实的客观实在。"⑤ 叙事才能带来真实，体验才能带来真实。记者的主观介入，利用"饱和采访"收集信息碎片，为读者呈现出最原汁原味的场景、动作、语言、细节，让读者身临其境，在字里行间体味真实。

　　可见，新新闻学的引入，令新闻学者从"主观性"这一"客观性"对立面切入，重新理解"客观性"，对"客观性"的认知，也就更加辩证。

　　（3）新新闻学对体验式报道的影响。在中国体验式报道可以追溯到郭超人与中国运动员一起攀登珠穆朗玛峰而进行的报道。新新闻学的传入，令体验式报道在中国焕发生机。新新闻学提倡记者主观介入，要求记者身临其境，感受新闻事件的来龙去脉，采写具有真实体验感受的新闻报道。这为体验式报道提供了理论支持。体验式报道因此在范围和方式上都有所延伸。

　　新新闻学引入之前，新闻从业者"共享同一个定义的新闻意识形态，

---

① 芮必峰：《论新新闻学》，《潍坊学院学报》2002 年第 1 期。
② 芮必峰：《论新新闻学》，《潍坊学院学报》2002 年第 1 期。
③ 芮必峰：《论新新闻学》，《潍坊学院学报》2002 年第 1 期。
④ 周大勇、黄也平：《"新新闻"之回归与启示》，《文艺争鸣》2012 年第 5 期。
⑤ 罗以澄、胡亚：《挑战现实理性构建浪漫真实——解读新新闻主义的产生及其叙事结构》，《现代传播》2004 年第 2 期。

遵循同一个新闻实践模式，服膺于相近的新闻伦理和评判标准"①。新新闻学传入中国后，体验式新闻报道开始得到广泛运用，使中国新闻报道理念不再一味向政治看齐，而是在"体验"中关注小人物小角色，报道理念向服务社会服务大众的方向转变。

难能可贵的是，中国新闻学者还发展了新新闻学理论，当新新闻学的叙事方式被置于新闻学理论框架中，虚构与合成人物等违背新闻真实性、客观性的行为得到了有效规避。一部分记者虽然坚持新新闻主义理念，"但逐步放弃了激进的思想，叙述者身份从公开转向隐蔽，叙述态度变得客观而冷静。这也是新新闻主义在中国的一个独特表现"②。

3. 精确新闻学

精确新闻学（Precision Journalism），也称精确新闻报道、精确报道。它发端于美国，是与新新闻主义并存的两个重要流派。1967 年美国底特律黑人暴乱，菲利普·迈耶（Philip Meyer）和两位社会学家通过调查数据进行分析，写出了《十二街那边的人们》，发表在《底特律自由报》上，该报因此获得了 1968 年普利策奖。由此，精确新闻声名鹊起。1973 年迈耶出版了具有里程碑意义的《精确新闻学——一个记者关于社会方法的介绍》一书，成为精确新闻学的开山之作，精确新闻学由实践上升为理论，并逐渐系统化。

精确新闻学的引入可以追溯到 20 世纪 80 年代，1984 年《新闻记者》刊载丁凯的《精确新闻学》，是中国第一篇介绍西方精确新闻学的文章。从 1993 年开始，新闻界论述精确新闻学的论文相继出现。2002 年肖明和丁迈合著的《精确新闻学》（中国广播电视出版社 2002 年）成为大陆第一本研究精确新闻学的专著。

（1）精确新闻学的传入。按照菲利普·迈耶的界定，精确新闻报道是一种"侧重采用抽样检测、数据分析等手段，对社会现象进行精密的分析、加工，使公众从一般事件中看出其潜在意义"③ 的报道方式。20 世纪 90 年代开始，新闻学者陆续从报道方式角度引入精确新闻学。

王雄认为，精确新闻学是指"记者在报道中使用社会科学（主要是统计学和社会学）的方法和信息，使报道变得更为科学、准确和具有更

① 李璐：《新新闻主义中国化发展研究》，西南政法大学硕士论文 2010 年 3 月，第 2 页。
② 李璐：《新新闻主义中国化发展研究》，西南政法大学硕士论文 2010 年 3 月，第 19 页。
③ 王春泉：《现代新闻写作（下）》，西安，西安出版社 2009 年版，第 370～371 页。

大的‘信度’”①。程兆民、熊海钧指出，"精确新闻报道，是指记者在采访新闻时，运用调查、实验和内容分析等社会科学研究方法，来搜集资料，验证事实以进行新闻报道的一种报道形式"②。肖明、丁迈指出，精确新闻学，也称精确新闻报道、精确报道，"是指记者在采访新闻时，运用调查、实验和内容分析等社会科学研究方法，来收集资料、查证事实，从而报道新闻。"③ 喻国明提出："精确新闻报道是一种运用民意测验方法进行新闻素材的收集、整理、分析和报道的一种新闻报道样式。"④ 刘海贵认为，所谓精确性报道，"指将社会科学的研究方法与传统新闻报道方法融为一体的报道形式。泛指以各种问卷调查结果组合为新闻的报道形式。"⑤ 这些定义都认为精确新闻学是建立在数字统计和调查之上的报道方式。

新闻学者一再分析精确新闻学的优势，论证中国引入精确新闻学的必要性。

"精确新闻报道用通过科学方法得来的‘硬数据’作为新闻报道的内容，强化了新闻的客观性。"⑥ 精确新闻是运用现代科学技术和社会研究方法（如数理统计、民意测验等）进行调查研究，对数据加以综合、归纳、比较、分析，突出事物量的变化，从而增强人们认识的准确度和科学性⑦。

精确新闻报道在报道内容上"重视用统计数字说话，因而显得更加全面、公正、客观"⑧，在报道取向上"十分重视民情、民意，从而体现出强烈的民主意识"⑨。

精确新闻报道不受新闻来源的制约，真正反映群众的意愿，利于舆论监督的落实⑩。

---

① 王雄：《倾斜的新闻学——"新新闻学"和"精确新闻学"述评》，《江苏社会科学》1996 年第 6 期。

② 程兆民、熊海钧：《市场调查与精确新闻报道》，《新闻大学》1996 年第 2 期。

③ 肖明、丁迈：《精确新闻学》，北京，中国广播电视出版社 2002 年版，第 2 页。

④ 喻国明：《解构民意》，北京，华夏出版社 2001 年版，第 38 页。

⑤ 刘海贵：《论精确性报道》，《新闻爱好者》2002 年第 1 期。

⑥ 章永宏：《重建客观：中国大陆精确新闻报道研究》，复旦大学博士论文 2012 年 4 月，第 26 页。

⑦ 参见周胜林：《精确新闻与数字新闻》，《新闻传播》2002 年第 9 期。

⑧ 芮必峰、姜红：《新闻报道方式论》，合肥，安徽大学出版社 2001 年版，第 260 页。

⑨ 芮必峰、姜红：《新闻报道方式论》，合肥，安徽大学出版社 2001 年版，第 262 页。

⑩ 参见刘海贵：《新闻采访教程》，上海，复旦大学出版社 2002 年版，第 256～257 页。

精确新闻报道"融合了客观报道的客观、公正、冷静和深度报道的主动、理性、深刻"①，因此，新闻界普遍将精确新闻报道纳入深度报道的大范畴中。精确新闻报道为解释性报道、调查性报道提供了新思路，反映出现代新闻写作的一种发展趋势和方向。

精确新闻报道的运用还可以促进中国对外传播的发展。"如果我们在对外传播中多进行精确新闻报道，不仅可以淡化我国媒体的'官方代言人'形象，而且还比较适应西方受众的新闻接受思维，对传播效果的改进必有所帮助。"②

精确新闻报道不应当只应用于报纸杂志，还可以应用到电视节目的制作中。"我们知道目前大规模地推行电视'精确新闻'的报道还不具备成熟的条件，但是通过加强新闻记者的选题和策划能力，在相关的新闻节目中，适当加强其有'精确新闻'特色的报道会取得比较好的效果。"③

精确新闻报道的出现让记者不再只是新闻的追逐者："精确新闻报道方法的出现，使记者能采用系统性的科学方法，主动搜集新闻资料，进而挖掘隐藏的真实，无形中改变了记者被动报道的工作习惯，也促使学者们重新思考新闻的定义——'新闻'不再只是对'新闻事件'的被动的报道与解释，更包括了对新闻问题的主动采访与分析。"④

"由于精确新闻报道运作方式的特殊性和科学性，更适用于对重大新闻事件或是缓慢变化的社会现象的采写报道，以及一些预测性新闻的分析。"⑤

（2）精确新闻学的引入催生中国精确新闻报道。精确新闻学既不同于新闻专业主义所强调的专业性，也不同于新新闻学所注重的文学性，而是更加重视新闻的科学性，主张采用科学的数据采集和抽样等社会科学研究方法进行新闻报道，使新闻表达方式更加准确。数据抽样、调查和对比分析等环节的正确运用，也突出了新闻报道的前瞻性。精确新闻学本身具有这些优势，加之在改革开放、中国新闻改革的背景下传入中

---

① 孙发友：《新闻报道写作通论》，北京，人民出版社 2007 年版，第 284 页。

② 何振波、丁晓兵、王乐现：《报道精确新闻，促进对外传播》，《时代文学》（双月版）2007 年第 1 期。

③ 杨华、张爱凤：《如何推进电视"精确新闻"报道》，《现代视听》2008 年第 4 期。

④ 梁舞：《论精确新闻报道——一种值得提倡的新闻报道方法》，《东南传播》2005 年第 12 期。

⑤ 余芳：《精确新闻学在中国（上）》，《当代传播》1999 年第 5 期。

国，很快催生了中国精确新闻报道，并发展起来。

精确新闻学的引入，令中国新闻界改变了长期以来形成的大量堆砌政治观点和发表议论的报道模式，转而对事实进行科学严谨的定量分析，从客观数据中发现有价值的线索和新闻，从而实现了新闻报道方式的变革。

精确新闻学是一门交叉学科，是社会学与新闻学相结合的产物。精确新闻学的引入，令中国新闻界接受并广泛使用图表新闻、数字新闻，丰富了中国新闻报道形式，为深度报道和解释性报道提供了更专业更科学也更加客观的表现方式。

（三）媒介生态学的引入

西方的 Media Ecology，作为传播学的重要流派，在 20 世纪 90 年代开始传入中国，并被很快应用到新闻史学的研究中，开创了新闻史学研究新范式。

1996 年，尹鸿撰文介绍："媒介生态学关注的则是与人的生存相关的动态的变化的媒介环境，媒介对于人的作用、作用过程、方式，特别是人类如何限制、控制、修正对媒介的使用，以维护、保持一种健康的平衡的媒介环境，使人与媒介、媒介与人之间保持一种和谐互动的良性关系。"① 20 世纪 90 年代，"媒介生态学"的引入没有产生太大的反响。

新世纪以来，媒介生态学日益引起广泛关注，邵培仁就是大力推介媒介生态学的一位学者。2001 年，邵培仁运用传播学和生态学的基本知识，提出媒介的五种生态规律，也是媒介生存策略："传播生态位规律""传播食物链规律""传播生物钟规律""传播最少量规律""传播适度性规律"②。邵培仁继而强调树立起媒介生态"整体观""互动观""平衡观""循环观""资源观"五大观念，以求"化解媒介生态危机""建立可持续发展的媒介经济"③。

2006 年，单波、王冰在充分肯定西方媒介生态学的理论价值的同时，揭示西方媒介生态学存在的问题："媒介生态学从生态想象介入传播研究，在复杂的社会生态体系内，透视人、媒介和社会各种力量的共栖关系，以期望达到生态平衡，具有批判的意义和反思的力量。它开辟了在

---

① 尹鸿：《电视媒介：被忽略的生态环境——谈文化媒介生态意识》，《电视研究》1996 年第 5 期。

② 邵培仁：《传播生态规律与媒介生存策略》，《新闻界》2001 年第 5 期。

③ 邵培仁：《论媒介生态的五大观念》，《新闻大学》2001 年第 4 期。

结构和互动关系中考察媒介的视野，是一种动态的研究方式，意味着方法论上的突破。然而思想根源的矛盾和逻辑推导的漏洞，带来了理论的迷途；科技话语的过多呈现掩盖了社会政治经济因素的分析，缺乏对本土特殊因素的考虑，使理论出现失衡，并导致了其诠释现实时的乌托邦色彩。"[1]

2008 年是媒介生态学研究火热的一年，邵培仁发表 5 篇学术论文，除了一篇介绍北美媒介生态学研究[2]，其他 4 篇都在强调多侧面全方位研究媒介生态学，建构中国特色的媒介生态学。邵培仁主张"将媒介作为绿色生态"进行研究，"建立科学的符合中国国情、结合中国实际、告别西方研究范式的绿色媒介生态理论体系"[3]。邵培仁提出建设"媒介生态城堡"的构想[4]。邵培仁阐述媒介生态学研究的基本原则，即"整体优化原则、互动共进原则、差异多样原则、平衡和谐原则、良性循环原则、适度调适原则"[5]。邵培仁还对媒介生态系统的构成、规划与管理进行分析[6]。

在传播学与西方新闻学的传入过程中，本土化问题都是学者的重要议题。媒介生态学的传入却不同，学者没有针对"本土化"的必要性、可能性及具体方法进行深入分析。这是因为，有学者坚信，"媒介生态学"就是中国人的原创。崔保国在三届传播学国际学术会议发表论文，三篇论文的共同关注点就是"媒介生态学"不是"西学东渐"的结果。崔保国认为，"媒介生态学研究在我国的展开，来自于我国传播学者的自觉，不同于传播学研究那样是从海外引进。尽管美国学者开展媒介生态研究和日本学者开展媒介环境研究要比我们早很多年，但我经过研究发现似乎国内的媒介生态研究最初的展开与他们并没有什么渊源关系。因此，可以说中国学者的媒介生态研究意识是原发的，而不是引进的，并且，从一开始起国内学者的关注点就和国外学者不一样，侧重在媒介的

---

① 单波、王冰：《西方媒介生态理论的发展及其理论价值与问题》，《新闻与传播研究》2006 年第 3 期。

② 参见邵培仁、廖卫民：《思想·理论·趋势：对北美媒介生态学研究的一种历史考察》，《浙江大学学报》（人文社会科学版）2008 年第 3 期。

③ 邵培仁：《媒介生态学研究的新视野——媒介作为绿色生态的研究》，《徐州师范大学学报》（哲学社会科学版）2008 年第 1 期。

④ 邵培仁：《媒介生态城堡的构想与建设》，《当代传播》2008 年第 1 期。

⑤ 邵培仁：《媒介生态学研究的基本原则》，《新闻与写作》2008 年第 1 期。

⑥ 参见邵培仁：《论媒介生态系统的构成、规划与管理》，《浙江师范大学学报》（社会科学版）2008 年第 2 期。

发展生存环境研究方面。国内传播学界的有识之士似乎具有不谋而合的共识"①。

崔保国的观点，得到其他学者的呼应。吴廷俊、阳海洪除了表示赞同，还对崔保国的观点做了进一步理论求证。2007 年，吴廷俊与何道宽一起讨论中国和北美在"媒介生态学"研究中所呈现出的不同思路。何道宽指出，"这是翻译界的责任，应该把北美的将'媒介作为人生存环境'的研究取向的'media ecology'意译成'媒介环境学'；中国学者笔下的'media ecology'才是真正意义的'媒介生态学'。据何介绍，美国媒介环境学会副会长林文刚博士也有同样的观点，林还主张：'为了维持理念上的一致和清晰度，我建议把迄今为止我的一切中文著作里 media ecology 的译名从媒介生态学一词更名为媒介环境学"②。

更难能可贵的是，吴廷俊、阳海洪还将中国化的"媒介生态理论"应用到了新闻史学的研究中。2008 年，在吴廷俊指导下，阳海洪完成博士论文《探索中国新闻史研究新范式——基于媒介生态的视角》。该论文主张，引入中国媒介生态学理论，开创中国新闻史书写的新范式：新闻史是媒介生存的历史。③ 同时，吴廷俊还带领他的研究团队，很快将这一理论应用到了中国新闻史的书写中，2008 年出版的《中国新闻史新修》，就是运用媒介生态学理论书写中国新闻史的一部厚重之作。

---

① 崔保国：《理解媒介生态——媒介生态学教学与研究的展开》，《全球化信息时代的华人传播研究：力量汇聚与学术创新——2003 中国传播学论坛暨 CAC/CCA 中华传播学术研讨会论文集》（中国会议），2004 年，第 258 页；《媒介生态分析的理论框架》，《2005 东北亚传播学国际研讨会——东北亚的文化交流论文或提要集》（国际会议），2005 年，第 89~90 页；《加入 WTO 的中国媒介生态分析》，《媒介产业全球化·多样性·认同——第七届世界传媒经济学术会议论文集》（国际会议），2006 年，第 29~30 页。
② 吴廷俊、阳海洪：《新闻史研究者要加强史学修养——论中国新闻史研究如何走出"学术内卷化"状态》，《新闻大学》2007 年第 3 期。
③ 参见阳海洪：《探索中国新闻史研究新范式——基于媒介生态的视角》，华中科技大学博士论文 2008 年 5 月，第 59 页。

第五章　中国当代新闻学术的发展路向

纵观中国当代新闻学研究范式，历经党报之学、政治运动之学、新闻事业之学与新闻之学的转变。

这一变化过程是中国新闻学术研究日渐由政治本位走向学科本位，由自发走向自觉，由感性走向理性的过程。这一过程中，中国的新闻学术研究日渐保持它对政治权势的相对独立性；由被动的政策注释到主动的理论阐释；由情感诉诸转为学理思辨。这是中国新闻学术发展的重要进步，也是中国新闻学术发展的未来路向。

第一节　新闻学术研究由政治本位走向学科本位

述学与论政，是人文社会科学研究无法回避的一个理论话题。新闻的意识形态属性，决定新闻学是一门政治性很强的学科，因此，在新闻学研究过程中，述学与论政的关系也就更难把握。长期以来，新闻学者未能很好地处理二者的关系。建国初期至文化大革命，政治对新闻学术研究的冲击越来越大，甚至由政治运动取代正常的学术研究。20 世纪 80 年代，新闻学的学术传统日渐建立。但由于思维惯性的影响，新闻事业之学的研究者，在反复论证新闻事业的党性、群众性、指导性、阶级性的过程中，要么以大量篇幅阐释无产阶级党报理论，要么以大量精力为现实政治与政策作注释。这种状况到了 20 世纪 90 年代，才逐渐得以改观，新闻学术研究日渐回归新闻学术本身。这一过程，也是新闻学学科地位的确立与捍卫过程。

一、新闻学科地位的确立与维护

中华人民共和国成立初期，新闻学作为一门独立学科，屡受政治运动的冲击，"新闻无学论"由来已久，新闻学的合法性遭遇危机。20 世纪

80 年代开始，新闻学人通过多种形式批驳"新闻无学论"。可以说，新闻学科的发展是从驳斥"新闻无学论"开始的。这种批驳为新闻学科的发展清除许多理论障碍，并在一定程度上提升了新闻学研究的科学性。这样，新闻学的科学性论证也就成为新闻学发展的一项重要内容。

早在 1981 年，甘惜分就指出："新闻学在现时还是一门新兴科学，它还处于幼年时代，甚至可以说还在襁褓之中。"① 新闻学很年轻，是"因为它所研究的对象——新闻事业本身还很年轻"②。那种"认为新闻学不是一门独立的科学"的看法，"一方面反映了新闻学本身尚处于幼稚阶段，反映了它还有待于建设自己的科学体系；另一方面也反映了新闻学与它的许多邻居的亲密关系，反映了新闻学是在许多学科之间的一门新兴的科学"③。

《简明新闻学》在批判"新闻无学"的基础上，论证"新闻有学"。"新闻无学论"大致有如下三种观点：第一，新闻学不像其他社会现象，如法律、经济、文艺等，有比较专门的活动领域。因此，它难以成为一门科学。第二，新闻就是政治，新闻工作就是政治工作，新闻事业是阶级斗争或政治斗争的工具。在资本主义国家，它听命于资产阶级意志。在社会主义国家，它按党的要求办事，党叫干什么就干什么，因此，不是一门有规律性可循的科学。第三，新闻工作就是实践，主要是工作技巧，怎样宣传有效就怎样宣传，这是实践、技巧和经验积累问题，谈不上有什么学问。为此，《简明新闻学》特别指出，我们研究新闻学，首先要确立这门科学在社会科学中的地位："新闻学有自己特有的研究范围和对象，而且这种范围和对象——人们的新闻活动和社会生活中的新闻现象——是社会生活的一个重要方面。新闻活动有它自己的规律，新闻现象有它自己的特征和因果法则。"④ 新闻学是"有章可循""有法可度"的。新闻不等于政治，新闻工作不等于政治工作本身，新闻事业也不单单是政治斗争的工具。新闻和政治是既有区别又有联系的两种社会现象。作为反映客观事物和社会意识的新闻传播，从其实践中概括出来的理论体系，是独成门类的社会科学的一部分。至于实践和新闻学的关系，实践性强固然是新闻学的一个明显特征，但实践并不能代替理论。新闻学

---

① 甘惜分：《论新闻学》，《青海社会科学》1981 年第 3 期。
② 甘惜分：《论新闻学》，《青海社会科学》1981 年第 3 期。
③ 甘惜分：《论新闻学》，《青海社会科学》1981 年第 3 期。
④ 张宗厚、陈祖声：《简明新闻学》，北京，人民日报出版社 1983 年版，第 20 页。

"是研究新闻活动的历史、现状，新闻现象中的本质联系，新闻事业的性质、任务和作用，以及新闻工作的原则和方法的科学"①。

新闻学者的多方呼吁未能很快改变"新闻无学"观念。"1984年年初全国新闻职称评定时，当时职称评定委员会的一位副主任还主张'新闻无学'，不必给新闻工作者评定职称，使得'新闻有学还是无学'之争再度成为学界焦点，在全国范围掀起了一场大讨论。"② 对于当时已经燃起学术激情的新闻学者来说，摘去"无学"的帽子似乎成为学术生活的重要组成部分。此后出现的新闻学著作，都反复论证"新闻有学"。

《新闻学概论》强调："任何一门学科都以客观世界（包括人类社会和自然界）的某一特定现象作为自己的研究对象。新闻学是以人类社会客观存在的新闻现象作为自己的研究对象。"③

《现代新闻学》指出，"所谓'学'，就是研究事物发展的内在规律的科学。新闻学，就是研究人类新闻现象和新闻活动规律的科学；或者说是研究新闻和新闻事业性质、任务、作用、发展规律的科学。否定新闻学，就是否定新闻和新闻事业自身所具有的客观规律性"④。新闻学是否是一门科学，不是以谁的个人意志为转移的，而是以新闻和新闻事业自身客观发展的必然性和规律性为依据的。"由于人类社会生产、生活、交流的需要才有了新闻活动，更由于人类社会生产的发展、生活水平的提高、交流的扩大才有了现代报刊、通讯社、广播、电视的相继出现，产生了现代新闻事业，形成了新闻学这门科学。"⑤ "新闻学之所以被确立为一门科学，首先在于被研究对象——人类新闻现象和新闻活动具有不以人们意志为转移的客观规律性；第二，新闻学已具有独立的反映研究对象客观规律性的知识体系；第三，这些客观规律性在人们的长期实践中已被反复证实。"⑥

《新闻学基础》认为，"有了新闻现象就有新闻活动。新闻的发展便形成了新闻事业。而它们又都是有一定规律可循的，研究这种规律，就

① 张宗厚、陈祖声：《简明新闻学》，北京，人民日报出版社1983年版，第7页。

② 唐远清：《中国新闻理论研究30年的发展历程及成就》，郑保卫主编：《新时期中国新闻学学科建设30年》，北京，经济日报出版社2008年版，第84页。

③ 复旦大学新闻系新闻理论教研室：《新闻学概论》，福州，福建人民出版社1985年版，第4页。

④ 何光先：《现代新闻学》，昆明，云南教育出版社1988年版，第4页。

⑤ 何光先：《现代新闻学》，昆明，云南教育出版社1988年版，第5页。

⑥ 何光先：《现代新闻学》，昆明，云南教育出版社1988年版，第19页。

产生了新闻学科。"①

《系统理论新闻学》强调，每一门科学，"都有自己的特定研究对象作为学科领域。这是一门科学能否成立的首先条件"②。"一门科学的科学性，更要体现在能否反映对象的特有规律上。特有规律不是人为的、凭空制造的，而是由科学对象的特性所决定的。新闻学的主要研究对象——新闻事业的特性，最终取决于它的组成细胞——新闻的特性。"③"新闻、新闻事业和新闻工作的特有规律被揭示的过程，必然会反映到人们的头脑中来，形成特定的概念或范畴。概念起区别作用，范畴起归纳作用。如真实性、时效性、新闻价值、新闻规律等等，是新闻理论范畴中的一些概念；报社、通讯社、广播电台、电视台、社长、经理等等，是新闻事业范畴中的一些概念；采访准备、个别访问、新闻体裁、现场报道等等，是采写活动范畴中的一些概念；选稿、改稿、审稿、做题、画版等等，是编辑工作范畴中的一些概念。新闻学就是以自己这样一些特定的概念和范畴组成了独立的知识体系。"④

新闻学者维护新闻学科地位的途径是多样的。1987年吴玉章人文社科奖首次颁奖，两部新闻学著作获奖。甘惜分认为，"这是对新闻学独立学科地位的很好证明，于是他写了一篇《新闻学术著作获吴玉章奖金后赘言》，对否认新闻学地位的观点进行了批驳，同时对新闻学的独立学科地位又一次进行了强调。"⑤

20世纪90年代中期以来，新闻学作为一门独立学科，一方面得到社会的认可，另一方面受到传播学的冲击也是显而易见，"取代论"⑥的呼声出现。捍卫新闻学科的合法地位，自然成为新闻学者的一项重要使命。

在新闻学领域辛勤耕耘近30年的郑保卫教授，"以教育部新闻学科教学指导委员会委员、中国新闻教育学会理事、教育部社会科学委员会学部委员和全国新闻学研究会会长的身份，利用讲课和参加各种会议的机会，为维护新闻学的学科地位，促进新闻学的学科发展大声疾呼……

---

① 何崇文编著：《新闻学基础》，重庆，西南师范大学出版社1988年版，第4页。

② 王益民：《系统理论新闻学》，武汉，华中理工大学出版社1989年版，第2页。

③ 王益民：《系统理论新闻学》，武汉，华中理工大学出版社1989年版，第3页。

④ 王益民：《系统理论新闻学》，武汉，华中理工大学出版社1989年版，第4页。

⑤ 樊亚平：《也谈从"保卫新闻学"到"发展新闻学"——新时期新闻学学科地位与学科发展探析》，《新时期中国新闻学学科建设30年》，北京，经济日报出版社2008年版，第27页。

⑥ "取代论"主要有"用传播学取代新闻学""用新闻传播学替代传统新闻学""把新闻学归入传播学"等几种形式。

在全国新闻学术圈内获得了'保卫新闻学'的美誉"①。

　　早在 1990 年，郑保卫在《新闻学导论》中指出，新闻学已完全具备成为一门独立学科的条件：首先，"新闻学不但有自己形成和发展的历史过程，还有自己独特的研究对象，有自己特殊的矛盾规律"②；其次，"它已基本形成了较为系统的理论体系"③；再次，"在一百多年的研究过程中，新闻学已硕果累累，并且已经得到了社会的承认"④。此后，郑保卫更是撰文多篇，如《不是"独头蒜"是"并蒂莲"——对新闻学与传播学关系的思考》（2001 年）、《试论我国新闻学的学科地位及学科发展》（2005 年）、《对当前新闻学研究中几个认识问题的思考》（2006 年）、《新中国 60 年：新闻学研究发展经验思考》（2009 年）等等，坚决反对"用传播学取代新闻学"和"用新闻传播学替代新闻学"。2010 年，中国传媒大学出版郑保卫的《论新闻学学科地位及发展》一书，上述论文都被收录。该书第一编就是"新闻学学科建设"。

　　新世纪以来，冠以"新闻传播学"的著述渐少，"现代新闻学"一类的著述增多，"取代论"的呼声式微。2007 年春，一向以"保卫新闻学"为己任的郑保卫，发表文章《从"保卫新闻学"到"发展新闻学"——当前我国新闻学学科建设之我见》。郑保卫曾坦言："当时写作该文的基本思想是想说明，在我国，新闻学的学科地位问题已经基本解决，'保卫新闻学'的历史任务已经基本完成，因此，今后的主要任务应当是'发展新闻学'。"⑤

　　2009 年 6 月，《现代传播》第 3 期刊发郜书锴的论文《走入黄昏的中国新闻学——30 年中国新闻学的回望与反思》。该文通过"新闻学核心的偏差""新闻学本位的模糊""传播学布下的陷阱"三个方面的分析，得出"中国新闻学经过 30 年的建设非但没有发展，反而是日薄西山，走入了黄昏"⑥ 的结论。

　　郑保卫看到郜书锴的文章后，"不得不对我国新闻学的学科发展又生

---

　　① 樊亚平：《"保卫新闻学"与"经世致用"之诉求——评〈论新闻学学科地位及发展〉》，《新闻战线》2011 年第 2 期。

　　② 郑保卫：《新闻学导论》，北京，新华出版社 1990 年版，第 3~4 页。

　　③ 郑保卫：《新闻学导论》，北京，新华出版社 1990 年版，第 4 页。

　　④ 郑保卫：《新闻学导论》，北京，新华出版社 1990 年版，第 4 页。

　　⑤ 郑保卫：《迈向辉煌的中国新闻学——与郜书锴同志商榷》，《现代传播》2009 年第 6 期。

　　⑥ 郜书锴：《走入黄昏的中国新闻学——30 年中国新闻学的回望与反思》，《现代传播》2009 年第 3 期。

出一分担忧"①，"对新闻学的发展前景，看来我们还不能过于乐观，'保卫新闻学'的任务依然繁重，还需要大家继续努力"②。为此，郑保卫写作《迈向辉煌的中国新闻学——与郗书锴同志商榷》一文，2009年12月，《现代传播》第6期予以刊载。郑保卫认为，郗书锴的"黄昏之说"，不符合新闻学科发展的实际状况。郑保卫希望通过发表自己的文章，能够消除郗文的一些不利影响，还新闻学一个较为公正的评价。

综观郑保卫为捍卫新闻学科地位所做出的努力，他的理论基点是理性看待由来已久的"新闻无学论"："'新闻无学论'的要害是无视新闻学作为一门独立的社会科学学科的现实存在，否认新闻学的理论价值和学术地位。"③"新闻无学论"的论点五花八门，但实事求是地讲，"不能说都没有道理，有些的确反映了新闻学研究和学科发展中的一些问题……而且从某种意义上说，其中一些观点的存在对促进新闻学研究的深入和学科建设的发展还具有一定积极意义。但是要看到，这些论点的存在和蔓延，对新闻学的学科地位和学科发展的确带来了一定的冲击，造成了一些消极的影响……我们应当对这些论点进行研究和分析，吸收其合理的、积极的成分，弄清其不合理的、欠科学的成分，消除其消极的影响，从而为确立和巩固新闻学的学科地位，促进新闻学的进一步繁荣和发展扫清障碍"④。

更难能可贵的是，郑保卫带动自己的学生，一起维护新闻学科的地位。郑保卫指导的唐远清的博士论文《对"新闻无学论"的辨析与反思——兼论新闻学学科体系建构和学科发展》，2008年由中国广播电视出版社出版。该书将"新闻无学论"概括为"'非科学论''非理论科学论''无学问论''不独立论''传播学化论''无用学问论''浅学论'和'失范论'"⑤共8种，在善意解读"新闻无学论"的基础上，辨析新闻学的学科地位与属性，有力维护了新闻学的学科地位。

当然，新闻学学科地位的确立，是众多学者共同努力的结果。方汉奇通过回顾新闻学在五届国务院学位委员会学科评议组的发展过程，来

① 郑保卫：《迈向辉煌的中国新闻学——与郗书锴同志商榷》，《现代传播》2009年第6期。
② 郑保卫：《迈向辉煌的中国新闻学——与郗书锴同志商榷》，《现代传播》2009年第6期。
③ 郑保卫：《对当前新闻学研究中几个认识问题的思考》，《国际新闻界》2006年第9期。
④ 郑保卫：《对当前新闻学研究中几个认识问题的思考》，《国际新闻界》2006年第9期。
⑤ 郑保卫：《对当前新闻学研究中几个认识问题的思考》，《国际新闻界》2006年第9期。

证明新闻学科地位已经得到确立。20 世纪 80 年代，组建第一届国务院学位委员会学科评议组的时候，新闻学还是不被承认的学科。第二届学科评议组组建时，新闻学被承认，列在文学门的中国语言文学一级学科内。王中成为新闻学科评议组员。第三届评议组建立时，方汉奇担任评议组成员，那时，新闻学仍是二级学科，"必须靠游说别的二级学科的支持来为本学科争地位，但已开始感觉到自己说话有了分量，评议组内的其他学科也开始刮目相看了"①。当第四届评议组组建时，新闻传播学已被升格为一级学科，方汉奇、丁淦林、赵玉明成为评议组成员，有了自己单独的学科评议组。第五届评议组组建时，已有 5 个评议组成员，"和一些老的一级学科已经可以平起平坐了"②。

二、新闻学科发展路径探寻

新闻学人在捍卫新闻学科发展地位的同时，也在寻求新闻学的发展路径。

对于新闻学的发展原则，郑保卫提出，"在继承传统的基础上发展""在学习借鉴的基础上发展""在理论创新中发展""在科学与人文精神关照下发展""在马克思主义新闻观指导下发展"③。郑保卫还提出新闻学持续发展的对策："强化马克思主义新闻观的指导地位""遵循学科发展的科学规律""正视'新闻无学论'的消极影响""警惕'左'右两种思想倾向的冲击""构建中国特色社会主义新闻学科的理论体系"④。

刘洁认为，学科融合是新闻学科发展的必然之路。"兼具人文科学和社会科学两大类别的特质，使得新闻学具有极大的包容性和开放性。"⑤新闻学研究对象的多样与复杂，给其他学科提供了丰厚的研究土壤，因此，新闻学能成为差异非常大的多个学科的栖息地。中国新闻学和其他学科的融合历程可分为两个阶段：第一阶段是 20 世纪 80 年代出现的学科大类的融合，"主要表现在几大主要学科门类和新闻学的融合，如新闻心

① 方汉奇：《新闻学学科建设的回顾与前瞻》，《新时期中国新闻学学科建设 30 年》，北京，经济日报出版社 2008 年版，第 5~6 页。

② 方汉奇：《新闻学学科建设的回顾与前瞻》，《新时期中国新闻学学科建设 30 年》，北京，经济日报出版社 2008 年版，第 5~6 页。

③ 郑保卫：《从"保卫新闻学"到"发展新闻学"——当前我国新闻学学科建设之我见》，《现代传播》2007 年第 1 期。

④ 郑保卫：《当前我国新闻学学科发展状况分析》，《当代传播》2009 年第 6 期。

⑤ 刘洁：《新闻学学科定位解析》，《新时期中国新闻学学科建设 30 年》，北京，经济日报出版社 2008 年版，第 37 页。

理学、新闻事业管理学（媒介管理学）、传媒经济学、新闻伦理学、新闻社会学、新闻哲学等"①；第二阶段是 20 世纪 90 年代出现的"研究对象细分后的学科融合，如政府新闻学、环境新闻学"②，等等，刘洁强调，无论是"学科大类的融合"还是"研究对象细分后的学科融合"，都是非常困难的一件事情，都会因为学科会合而出现"理论缝隙"，不伦不类的现象时有发生。"本来'先天不足'的新闻学，又需承载其他相对成熟得多的学科的介入，在享用其他学科滋养的同时，很容易迷失自我。"③ 因此，我们要警惕学科融合带来的新闻学学科边界模糊的问题。同时，我们也要看到，这也是"学科发展的正常状态"④。

蔡尚伟、刘锐指出，"新闻学科需要以实实在在的学术底蕴来建立学科尊严"，"对于一个学科而言，有无经典是一个学科是否成熟的重要尺度，新闻经典研究是事关新闻学科建设的一个基础命题"⑤。建构"新闻经典"，可以"凸显新闻学科的学术地位，打通新闻史、新闻理论、新闻业务界限，起到反哺西方新闻传播学和其他学科的作用"⑥。"'新闻经典'的建构是事关新闻学科能否与其他学科展开平等对话的基础性问题。"⑦ 因此，"新闻经典"的研究理应引起足够重视。

第二节　新闻学术研究由自发走向自觉

中国当代新闻学术研究因长期依附于政治而缺乏其应有的自主性。对政治权力的无意识认同成为新闻学发展的一大阻碍。20 世纪 80 年代以

---

① 刘洁：《新闻学学科定位解析》，《新时期中国新闻学学科建设 30 年》，北京，经济日报出版社 2008 年版，第 37 页。

② 刘洁：《新闻学学科定位解析》，《新时期中国新闻学学科建设 30 年》，北京，经济日报出版社 2008 年版，第 37 页。

③ 刘洁：《新闻学学科定位解析》，《新时期中国新闻学学科建设 30 年》，北京，经济日报出版社 2008 年版，第 38 页。

④ 刘洁：《新闻学学科定位解析》，《新时期中国新闻学学科建设 30 年》，北京，经济日报出版社 2008 年版，第 37 页。

⑤ 蔡尚伟、刘锐：《新闻经典：事关新闻学科建设的基础命题》，《新闻研究导刊》2010 年第 2 期。

⑥ 蔡尚伟、刘锐：《新闻经典：事关新闻学科建设的基础命题》，《新闻研究导刊》2010 年第 2 期。

⑦ 蔡尚伟、刘锐：《新闻经典在中国的建构》《西南民族大学学报》（人文社科版）2008 年第 7 期。

来，有学者开展切切实实的学术史研究，并形成中国新闻学术史观；也有学者及时总结并深刻反思新闻学研究现状。新闻学研究由自发走向自觉。

一、新闻学术总结常态化

（一）研究综述的涌现

从 20 世纪 80 年代初期开始，随着学术研究的恢复，新闻学研究者的学术自觉也逐渐被唤起，一系列综述类论文相继出现，主要有：钱辛波的《新闻学研究与新闻改革》（《新闻记者》1983 年第 3 期），温济泽、赵玉明、谢骏的《中国新闻学研究工作的发展概况》（《学习与思考》1983 年第 6 期），徐培汀的《我国新闻学研究的沿革与趋向》（《复旦学报（社会科学版）》1984 年第 5 期），钱辛波的《中国新闻学发展的五个历史阶段》（《新闻学刊》1985 年创刊号），何光先的《我国新闻学研究的现状及其发展趋势》（《新闻与写作》1989 年第 1 期、第 4 期、第 6 期），陈力丹的《我国新闻学的过去、现在和将来》（《新闻传播》1988 年春季号）与《成果丰硕任重道远——我国新闻理论研究十年回顾》（《新闻大学》1991 年第 2 期），张之华的《建国初期新闻教育与新闻学研究概述》（《新闻研究资料》1992 年第 2 期），白继红的《我国新闻学理论研究综述》（《高校社科信息》1995 年第 Z1 期），沈莉的《〈新闻大学〉上的新闻学理论研究——对改革开放以来（1981～1996）中国新闻学理论研究的梳理和评估》（《新闻大学》1997 年第 1 期），文有仁的《我国新闻学术研究五年回眸》（《新闻与写作》1998 年第 3 期），童兵的《向新闻学术的自由王国飞跃——谈谈新时期新闻学研究的若干成就》（《新闻界》1998 年第 5 期），甘险峰的《近二十年新闻理论研究综述》（《新闻采编》1999 年第 3、第 4 期），徐培汀的《新闻传播学研究 50 年》（《新闻窗》1999 年第 5 期）等等。

新世纪以来，综述文章写作向着即时化、常态化方向发展。陈力丹对于新闻学术总结着力最多，独立撰写的文章主要有：《世纪之初对我国新闻理论研究的展望》（《新闻与传播研究》2000 年第 1 期）、《近十年中国新闻传播研究的基本情况》（《中国青年政治学院学报》2001 年第 1 期）、《2000 年中国新闻学研究概述》（《新闻界》2001 年第 3 期）、《2001 年中国新闻传播学研究概述》（《新闻界》2002 年第 2 期）、《去年以来我国新闻理论研究概述》（《湖南大众传媒职业技术学院学报》2002

年第 2 期）、《最近我国新闻传播学研究的四个热门话题》（《新闻实践》2002 年第 6 期）、《2002 年中国传播学研究概述》（《新闻界》2003 年第 3 期）、《当前我国新闻学研究的两个热门话题》（《传媒观察》2003 年第 6 期）、《传媒实践推动新闻学术研究——2003 年中国新闻传播学研究回顾》（《新闻界》2004 年第 1 期）、《近年来我国新闻传播学研究概述》（《中国青年政治学院学报》2004 年第 3 期）、《对目前新闻理论研究的几点看法》（《新闻传播》2004 年第 7 期）、《2004 年新闻学研究的十二个新鲜话题》（《新闻界》2005 年第 1 期）、《2005 年我国新闻传播学研究的 12 个新鲜话题》（《新闻界》2006 年第 1 期；《新闻传播》2006 年第 3 期）、《新闻理论研究的回顾与展望》（《国际新闻界》2004 年第 3 期）、《2008 年我国的新闻传播学研究》（《国际新闻界》2009 年第 1 期）、《2009 年中国的新闻传播学研究》（《国际新闻界》2010 年第 1 期）、《2010 年中国的新闻传播学研究》（《国际新闻界》2011 年第 1 期），等等。

陈力丹还与他人合作撰写文章多篇，主要有：陈力丹、朱至刚的《新闻传播学研究稳步发展的一年——2004 年中国新闻传播学研究综述》（《现代传播》2005 年第 1 期），陈力丹、王辰瑶的《2005 年新闻传播学研究综述》（《国际新闻界》2006 年第 1 期），陈力丹、王辰瑶的《2005 年新闻传播学研究十大热门话题——2005 年新闻传播学研究综述》（《新闻三昧》2006 年第 Z1 期），陈力丹、汪露的《2006 年我国新闻传播学研究综述》（《国际新闻界》2007 年第 1 期），陈力丹、汪露的《2006 年我国新闻传播学研究的十二个新鲜话题》（《新闻界》2007 年第 1 期），陈力丹、陈秀云的《2007 年我国的新闻传播学研究》（《国际新闻界》2008 年第 1 期），陈力丹、孙江波的《2008 年新闻传播学研究的新鲜话题》（《新闻界》2009 年第 1 期），陈力丹、王晶的《2009 年新闻传播学研究的新鲜话题》（《新闻界》2010 年第 1 期），陈力丹、董晨宇的《2010 年我国新闻传播学研究的新鲜话题》（《当代传播》2011 年第 2 期），陈力丹、张勇锋的《2011 年我国新闻传播学的 12 个新鲜话题》（《当代传播》2012 年第 1 期），陈力丹、孙江波的《2011 年中国的新闻传播学研究》（《国际新闻界》2012 年第 1 期），陈力丹、毛湛文的《2012 年中国的新闻传播学研究》（《国际新闻界》2013 年第 1 期），陈力丹、李志敏的《2012 年中国新闻传播学研究的 10 个新鲜话题》（《当代传播》2013 年第 1 期）等。

李良荣也长期关注新闻学术研究动态。在李良荣的主持下，复旦大学信息与传播研究中心撰写《2001 年中国新闻学研究的回顾》（《新闻大学》2002 年第 2 期）。此外还有李良荣、张健的《2002 年中国新闻学研究回顾》（《新闻大学》2003 年第 2 期），李良荣、王晓梅的《2003 年中国新闻学研究回顾》（《新闻大学》2004 年第 2 期），李良荣、张宁的《2004 年中国新闻学研究回顾》（《新闻大学》2005 年第 2 期），李良荣、赵智敏的《2006 年中国新闻学研究回顾》（《新闻大学》2007 年第 1 期），李良荣、李彩霞的《2007 年中国新闻学研究回顾》（《新闻大学》2008 年第 3 期），李良荣、周晓红的《2008 年中国新闻学研究回顾》（《新闻大学》2009 年第 2 期），李良荣、杨梅的《2009 年中国新闻学研究回顾》（《新闻大学》2010 年第 1 期），等等。

　　吴飞对新闻学术动态也给予关注，在他主持下，浙江大学新闻传媒与社会发展研究所撰写的文章有：《2002 ~ 2004 年新闻学研究综述（上）（下）》（《当代传播》2005 年第 3 期、第 4 期）、《2005 年 ~ 2006 年新闻学研究综述（上）（下）》（《当代传播》2007 年第 3 期、第 4 期）。吴飞、吴妍还撰写了《中国新闻学十年研究综述（2001 ~ 2010）》（《杭州师范大学学报》（社会科学版）2011 年第 5 期）。

　　此外，还有童兵、林涵的《中国理论新闻传播学研究百年回顾》（《新闻与传播研究》2001 年第 1 期），郑保卫、李刚存的《2012 年中国新闻学与传播学研究热点综述》（《编辑之友》2013 年第 2 期），陈天白、黄强强的《新闻学研究的微观走向——2005 年我国新闻学研究综述》（《上海大学学报》（社会科学版）2006 年第 6 期》），董缓缓的《新闻实务研究的创新点——2006 年应用新闻学研究综述》（《新闻爱好者（理论版）》2007 年第 5 期），段京肃的《中国新闻学与传播学研究概况分析——基于 CSSCI 分析》（《重庆大学学报》（社会科学版）2008 年第 5 期），赵玉明、庞亮的《从新闻学到新闻传播学的跨越——近十年来中国新闻传播学教育和研究新进展评述》（《现代传播》2008 年第 5 期），庞亮、赵玉明的《从新闻学到新闻传播学的跨越——近十年来中国新闻传播学教育和研究新进展评述（续）》（《现代传播》2008 年第 6 期），童兵、陈杰的《围绕"五论"的六十年争论——新中国成立以来新闻学理论研究管窥》（《中国地质大学学报》（社会科学版）2009 年第 6 期），郑保卫的《新中国 60 年：新闻学研究发展历程回望》（《新闻与写作》2009 年第 10 期）与《新中国 60 年：新闻学研究发展经验思考》（《新闻与写作》2009 年第 11 期），王海龙、沈翠婷的《中国新闻学与传播学 10 年研究回顾——基于 2000 ~ 2009 年国家社科基金项目的统计分析》（《东南传播》2010 年第 6 期），刘自雄的《2012 年度我国新闻传播学研究综述——基于 9 种 CSSCI 期刊的分析》（《现代传播》2013 年第 3 期），谢太平、杨珊、蒋晓丽的《反思中前行的中国新闻传播学研究——四川 9 本学术期刊近五年新闻传播学研究热点综述》（《当代文坛》2013 年第 5 期）等，也对新闻学研究现状与动态进行总结。

上述综述文章虽有重复发表，罗列成果等问题存在。但从研究主体来看，陈力丹、李良荣、吴飞等新闻学者，每年定期撰写综述文章，学术总结俨然成为他们的研究习惯。从研究内容来看，有的及时总结新闻学术热点话题，有的概括新闻学术研究所取得的成绩，有的揭示新闻学发展历程与趋势，有的剖析新闻学术研究存在的问题。尤其值得注意的是，每年年末都有学者撰写综述文章，学术总结已向常态化方向发展。这是新闻学术研究由自发走向自觉的一个重要标志。

在纪念改革开放 30 周年之际，新闻学者对新中国 30 年新闻学的发展进行分析。《国际新闻界》（2008 年第 12 期）刊载陈力丹的《回归新闻学本体——改革开放 30 年来我国新闻理论教材结构的变化》、郑保卫的《关于新闻理论框架建构的回顾与思考》、刘建明的《学派、理论化与新闻理论研究的障碍》、纪忠慧的《新闻理论体系建构的三个十年》，以"新闻理论 30 年"为题，展开讨论。

2008 年，郑保卫主编的"全国新闻学研究会首届中国新闻学学术年会论文集"《新时期中国新闻学学科发展 30 年》出版。该书第一部分"新闻学学科建设 30 年：回顾与展望"，收录方汉奇、甘惜分、丁淦林、何梓华、董天策、刘洁、樊亚平等人的论文；第二部分"新闻学研究 30 年：成绩与问题"，收录梁衡、蓝鸿文、白润生、刘卫东、唐远清等人的论文，对改革开放 30 年新闻学发展进行系统总结。

此外还有雷跃捷、李滨的《改革开放 30 年：中国社会主义新闻学的进展与不足》（《新闻与写作》2008 年第 8 期），李良荣的《新闻改革 30 年：三次学术讨论引发三次思想解放》（《新闻大学》2008 年第 4 期），邵培仁、廖卫民的《中国新闻传播学 30 年学术论争的文献统计分析》（《当代传播》2009 年第 1 期），陈力丹、江凌的《改革开放 30 年来记者角色认知的变迁》（《当代传播》2008 年第 6 期），等等。

相对于年度综述文章而言，有关新中国 30 年新闻学研究的梳理，更为全面、系统、深入，在关注研究现状的同时，更注重学理反思，揭示问题，寻求对策。新闻学者的学术自觉上升到新的层次。

（二）新闻学术史研究的开展

重视新闻学术研究的发展，并揭示新闻学研究自身发展的历史，是新闻学术自觉的一个重要标志。

1. 新闻学术史研究的倡导

对中国新闻学术史发展有开拓之功的是徐培汀。1989 年，徐培汀提出要加强中国新闻学术发展史的研究。新闻学是一门科学，有它本身的发展史。任何一门学科理论的建立，除了对现状与实践经验进行研究外，还必须占有已往学术资料。新闻学作为一门发展过程中的科学，"它虽已建立，但其理论体系目前还不够成熟，原因之一，正是由于新闻界对自己的成果还停留在经验描述阶段，缺乏对新闻学术本身历史的研究"①。

徐培汀将新闻学术史等同于"新闻学史"，指出，"新闻学史是学术史，它以新闻思想、新闻学术发展为主线，以学者为主体，以学说、学者、学刊、学会、学派为具体内容。"②"新闻学史的研究，要包括新闻传播思想（古、近代）和新闻学术思想（现、当代）。"③ 1994 年，徐培汀、裘正义在《中国新闻传播学说史》中，重申这一研究思路。该书的前两编分别论述中国古代与中国近代新闻传播思想，其中第二编第七章论述中国新闻学术思想萌芽期的基本特点。该书指出，"从先秦到清末，是中国新闻学术的孕育期"④，"1915 年《新青年》的问世与 1919 年'五四'运动的爆发，给中国人民带来第一次思想解放运动。新闻学作为一门新学科，在中国这块古老的土地上生根、开花、结果"⑤。该书第三编现代部分共设 6 章 33 节，专门论述中国新闻学术思想的发展、变化，其内容分别是：西方新闻学的演变及其对中国的影响、马克思主义新闻学的诞生及其对中国的影响、五四运动前后的新闻学术研究、30 年代新闻学术思想的演变、40 年代新闻学术思想的发展、中国新闻学术思想的形成。可以看出，徐培汀的研究没有严格区分"新闻思想"与"新闻学术"两个概念，也没有严格区分传统新闻学意义上的"新闻传播活动"与传播学意义上的古代"传播观念"，这种研究难免有其局限。但徐培汀大力倡导新闻学术史研究，并推出一部学说史，对中国新闻学术史的研究与发展具有开拓性贡献。

李彬是倡导学术史研究的另一位学者。1997 年，李彬指出："在我国，新闻学几乎是与 20 世纪同时起步的。此后，历经风风雨雨，起起落

---

① 徐培汀：《重视中国新闻学术发展史的研究》，《新闻大学》1989 年第 3 期。

② 徐培汀：《重视中国新闻学术发展史的研究》，《新闻大学》1989 年第 3 期。

③ 徐培汀：《重视中国新闻学术发展史的研究》，《新闻大学》1989 年第 3 期。

④ 徐培汀、裘正义：《中国新闻传播学说史》，重庆，重庆出版社 1994 年版，第 6 页。

⑤ 徐培汀、裘正义：《中国新闻传播学说史》，重庆，重庆出版社 1994 年版，第 410 页。

落，百年耕耘，渐成气象。如今，新的 21 世纪又在步步逼近，面临世纪之交，学术界自然纷纷检视 20 世纪中国学术的遗产，考量其未来的走向。当此之际，久被忽略的新闻学术史便刻不容缓地被提到议事日程中。"① 李彬这样界定"新闻学术史"："新闻学术史就是关于新闻学学术研究活动自身的历史……就研究内容而言，新闻学术史似应以客观的求实精神，考察这门学科的起源与发展，凸现其中的流派与人物，厘清他们的思想源流，揭示其传承关系，同时也不能不探究科技进步、社会变迁、思潮嬗替等因素，对新闻学内在理路的深层制约。"② 李彬是在新闻学科的范畴下界定新闻学术史。新闻学术史不仅仅研究新闻学术发展的内在理路，还要探究其变化的外在动因。

值得注意的是，李彬还将学术史与思想史作了区分："思想史致力于揭示观念形态（其中主要是新闻理论）的演化，及其与社会变革的关系；学术史则致力于缕析研究内容（包括新闻传播的各个方面）的承袭，以及同各种学术活动的关联。学术史所展示的是一行学者的历史画廊，思想史所呈现的则是一脉哲人的精神律动。"③ 区分学术史与思想史两个概念，令新闻学术史的研究对象更加明确。

2. 新闻学术史系统研究成果的出现

20 世纪 90 年代以来，关于中国新闻学术发展历史的系统研究著作与博士论文相继出版，这是新闻学术走向自觉的重要表现。

徐培汀、裘正义的《中国新闻传播学说史》（重庆出版社 1994 年），是中国新闻学术史系统研究的开始。难能可贵的是，徐培汀长期致力于新闻学术史研究。2006 年出版了《中国新闻传播学说史（1949～2005）》（重庆出版社），该书在勾勒 1949～2005 年间中国新闻研究发展历程（新中国成立初期、新闻改革时期、十年"文化大革命"及拨乱反正、社会主义建设新时期）的基础上，通过对王中、邓拓、甘惜分、方汉奇、童兵、陈力丹等数十个新闻学研究者及其研究著述的介绍，剖析中国新闻学者在理论新闻学、历史新闻学、实用新闻学、边缘新闻学、广播电视新闻学、新闻人才培养与新闻教育改革、传播学等领域所取得的学术

---

① 李彬：《承前方启后继往始开来——试论开展新闻学术史的研究》，《新闻大学》1997 年第 2 期。

② 李彬：《承前方启后继往始开来——试论开展新闻学术史的研究》，《新闻大学》1997 年第 2 期。

③ 李彬：《承前方启后继往始开来——试论开展新闻学术史的研究》，《新闻大学》1997 年第 2 期。

成就。

李秀云的博士论文《中国新闻学术史（1834～1949）》（新华出版社2004年），对中国新闻学建立与初步发展过程中新闻学理论形态的变迁、新闻学术交流平台的建构、新闻学者的群体特征与个体特点进行全面研究，以新闻学特有范畴的变化为标志，再现新闻学发展的自身内在规律，从而将新闻学术史从新闻思想史、新闻事业史的研究中独立出来。

谢鼎新的博士论文《中国当代新闻学研究的演变——学术环境与思路的考察》（中国传媒大学出版社2007年）考察新闻学术环境变迁，分析中国新闻学研究的学术资源及其研究特点，探讨新闻学研究演变的内部路径与外部路径。

唐远清的博士论文《对"新闻无学论"的辨析与反思——兼论新闻学学科体系建构和学科发展》（中国广播电视出版社2008年），详细考察1834至2006年间"新闻无学论"的形成与种种表现，在对新闻学定义与研究对象、新闻学研究种类进行历史与现实纵横交错的理论探究的基础上，辨析新闻学科属性与地位，探求新闻学发展之路。该书从新闻"有学"与"无学"之争切入，用扎实的史料与严谨的逻辑证明新闻"有学"，是从新闻学学科发展角度研究中国新闻学术发展史的力作。

张振亭的博士论文《中国新时期新闻传播学术史研究》（江西人民出版社2009年）"把学术研究视为一种传播活动，引入'5W'传播模式作为分析架构，既描述学术研究的构成及其发展历程，又揭示它们之间的关系，以及学术研究与其他社会子系统的交互作用，从静态构成和动态变化两个维度叙说新时期我国新闻传播学术发展的历史"[1]，从而突破新闻学术史的研究模式。

在《20世纪中国新闻学与传播学》系列丛书中，童兵、林涵的"理论新闻学卷"，单波的"应用新闻学卷"，徐培汀的"新闻史学史卷"，分别研究理论新闻学、应用新闻学、新闻史学的发展历史，从三个侧面论及1949年至2000年间中国新闻学术研究的内容。此外，丁淦林、商娜红主编的《聚焦与扫描：20世纪中国新闻学与传播学研究》重在新闻学术人物相关资料的整理。

多篇尚未出版的博士论文与硕士论文，展现出中国新闻学术史研究的不同视野。如沈莉的《中国新闻学学科理论建构的反思：改革开放十

---

[1]　吴廷俊：《敲门砖与试金石》，《中国新闻时期新闻传播学术史研究·序》，南昌，江西人民出版社2009年版。

八年（1979.1~1996.12）新闻理论专著与教材的宏观考察》（复旦大学博士学位论文1997年），阳海洪的《探索中国新闻史研究新范式》（华中科技大学博士论文2008年），赵智敏的《改革开放30年中国新闻学之演进（1978~2008）》（复旦大学博士论文2009年），柴菊的《当代中国新闻学范式研究》（南京大学硕士论文2013年）等等，从不同角度或侧面再现中国新闻学术的发生发展过程。

3. 新闻学术史观的形成

新闻学术史研究的一项重要内容就是对新闻学研究历程进行总结与回顾，形成新闻学术史观。

钱辛波介绍三次新闻改革过程中出现的三次新闻学研究高潮。第一次新闻改革和新闻学研究高潮出现在"五四"运动前后，代表人物徐宝璜、邵飘萍、戈公振、黄天鹏等，全面引进西方资产阶级的新闻理论和办报经验。第二次新闻改革和新闻学研究高潮出现在延安整风运动期间，陆定一、胡乔木、博古等撰写的文章与《解放日报》刊载的社论，批判资产阶级的新闻观点，阐明党的新闻工作的基本方针和原则，为无产阶级新闻学奠定了基础。第三次新闻改革与新闻学研究高潮是在经历十年浩劫之后，新闻学研究重点是"具有中国特点的社会主义新闻事业应该怎样办"[1]。

徐培汀认为，中国无产阶级新闻学研究有三次高潮，即1942年延安新闻界整风时期、1956年的报纸改革与新闻研究、1978年党的十一届三中全会以来的新闻学研究。[2]

钱辛波概括中国新闻学研究的五个发展阶段：第一，1833~1894年，中国新闻学的准备时期，即从国内出现第一张近代报纸到甲午战争前夕，漫长的新闻学准备期。第二，1895~1917年，中国新闻学的萌芽期。在这个时期，外国人侵入中国办报，打破了中国封建统治把民间出版报纸视为非法的禁令，也为成长中的中国民族资产阶级提供了吐诉政见的阵地。第三，1918~1941年，中国资产阶级新闻学的建立，即徐宝璜的《新闻学纲要》、邵飘萍的《实际应用新闻学》等著作问世，标志着新闻学在中国开始成为一门独立的科学。第四，1942~1976年，中国无产阶级新闻学建立。中国共产党的新闻学观点已经系统建立起来。第五，1977~1985年，建立具有中国特色的社会主义新闻学。钱辛波认为，中

---

① 钱辛波：《新闻学研究与新闻改革》，《新闻记者》1983年第3期。
② 徐培汀：《我国新闻学研究的沿革与趋向》，《复旦学报》（社会科学版）1984年第5期。

国无产阶级新闻学是在革命战争中创立和发展起来的，不可避免地带有与战争环境相适应的特点。进入社会主义建设时期后，应建立起全新的、成体系的社会主义的新闻学①。

白继红将中国新闻学研究分成五个历史阶段：第一，起步阶段（1873～1920），"进步人士提出新闻主张"，"创立新闻研究会""出版了新闻学著作"②。第二，初步发展阶段（1921～1949），"创办了一些新闻学刊物""新闻学论文、论著逐渐增多""新闻学研究领域有所拓宽""新闻学研究出现了重大分化"，"出现了一批研究新闻学的团体"③，中国共产党领导下的新闻学研究取得了可喜的成绩。第三，进一步发展阶段（1949～1966），"新闻研究的思想和内容继承了建国前中国共产党的新闻思想"④，"学习苏联新闻工作的理论与经验，翻译出版苏联新闻学著作"⑤，召开新闻工作座谈会。新闻学研究日趋活跃，有了更大规模的开展。第四，受阻阶段（1966～1976），新闻学研究受到极左思潮的严重损害。第五，蓬勃发展阶段（1977～1995），"新闻学研究摆脱了过去'左'的错误思想的严重束缚，学术空气空前活跃"⑥。"成立了学术团体和研究机构，不少高校设置新闻院、系及专业，新闻理论研究队伍初具规模"⑦。新闻专业刊物增多，出版了大量的新闻学理论著作。马克思主义新闻理论研究成果丰硕。"学科研究领域有所拓宽，理论研究向纵深度方面发展"⑧。

徐培汀认为，新中国新闻学研究的50年历程可分为四个历史阶段：第一，探索期（1949年10月至1956年12月）。这一时期，新闻界与新闻学界主要学习延安老区办报经验与传统，学习苏联新闻工作经验。1956年王中的《新闻学原理大纲》，富有新意，引起新闻界关注。第二，曲折期（1957～1978）。反右派、大跃进、反右倾，新闻界首当其冲。"文化大革命"十年，新闻学研究，动辄得其咎；学术讨论，噤若寒蝉。第三，拨乱反正期（1979～1982），"新闻界从恢复新闻固有特性入手，

① 参见钱辛波：《中国新闻学发展的五个历史阶段》，《新闻学刊》1985年创刊号。
② 白继红：《我国新闻学理论研究综述》，《高校社科信息》1995年第Z1期。
③ 白继红：《我国新闻学理论研究综述》，《高校社科信息》1995年第Z1期。
④ 白继红：《我国新闻学理论研究综述》，《高校社科信息》1995年第Z1期。
⑤ 白继红：《我国新闻学理论研究综述》，《高校社科信息》1995年第Z1期。
⑥ 白继红：《我国新闻学理论研究综述》，《高校社科信息》1995年第Z1期。
⑦ 白继红：《我国新闻学理论研究综述》，《高校社科信息》1995年第Z1期。
⑧ 白继红：《我国新闻学理论研究综述》，《高校社科信息》1995年第Z1期。

以报纸应以发表新闻为主，新闻要短、快、新，用事实说话，新闻要讲究五个 W，为新闻的知识性、趣味性恢复名誉"①。第四，开拓繁荣期（1983～1999）。这一时期，新闻教育有长足进步；新闻事业发展；学术争鸣活跃；"新闻传播研究领域拓宽，研究方法更新"②；"传播学研究逐步开展。新闻研究队伍日益扩大"③。

李秀云以学科发展为视角，描述 1949 年以前中国新闻学发展的四个历史阶段：前新闻学时期（1834～1917）、中国新闻学建立时期（1918～1935）、战时新闻学时期（1936～1945）、纯粹新闻学与大众新闻学的分野时期（1946～1949）④。

谢鼎新将中国当代新闻学研究的演变分成三个时期：新闻学体制化研究的建立与变异期（1949～1976）、新闻学研究的反思与自觉期（1977～1991）、新闻学研究的多元与繁荣期（1992～2007）⑤。

郑保卫将新中国 60 年发展历程分成六个时期：第一，蹒跚起步（1949～1956），新中国成立后，新闻学研究"逐渐统一到中国共产党的政治思想路线和政策、体制之下"⑥。新闻学研究的重点是全面学习苏联经验。第二，经历曲折（1957～1965）。由于"左"的路线的影响，新闻学研究几乎陷入停顿状态。第三，遭受劫难（1966～1976）。新闻学研究受到严重摧残和破坏。第四，拨乱反正（1976～1978）。新闻学迎来发展的春天，并"回归新闻学的本体地位"⑦。第五，改革创新（1978～1991）。"新闻学研究开始逐渐回归到对'新闻学本身'和新闻媒体自身实践问题的研究上来"⑧。第六，繁荣发展（1992～2009）。新闻学研究开始进入繁荣发展阶段。

纪忠慧从新闻理论体系建构角度切入，勾勒中国新闻学研究的 30 年历程：20 世纪 80 年代，打破"语录新闻学"的历史诟病，新闻理论研究进入体系探求阶段，开始了一场新闻学启蒙运动。90 年代，学者把目光

---

①　徐培汀：《新闻传播学研究 50 年》，《新闻窗》1999 年第 5 期。

②　徐培汀：《新闻传播学研究 50 年》，《新闻窗》1999 年第 5 期。

③　参见徐培汀：《新闻传播学研究 50 年》，《新闻窗》1999 年第 5 期。

④　参见李秀云：《中国新闻学术史（1834～1949）》，北京，新华出版社 2004 年版，第 76、第 176、第 212 页。

⑤　参见谢鼎新：《中国当代新闻学研究的演变——学术环境与思路的考察》，北京，中国传媒大学出版社 2007 年版，第 19、第 28、第 39 页。

⑥　郑保卫：《新中国 60 年：新闻学研究发展历程回望》，《新闻与写作》2009 年第 10 期。

⑦　郑保卫：《新中国 60 年：新闻学研究发展历程回望》，《新闻与写作》2009 年第 10 期。

⑧　郑保卫：《新中国 60 年：新闻学研究发展历程回望》，《新闻与写作》2009 年第 10 期。

投向学术本身，开始寻求理论体系的科学形态；一些学者力图借用传播学改造新闻学，传播学转向一度成为热点，理论追求呈现多元化。进入新世纪，某些学者坚守理论抽象的深度探索，出现了新闻理论的"哲理化范式"。①

唐远清从辨析"新闻无学论"切入，将中国新闻学术史分作六个时期：萌芽时期（1834～1917）："新闻无学"，无争议的事实；建立时期（1918～1935）：积极倡导"新闻有学"，承认"新闻学幼稚"；初步发展时期（1936～1956）："浅学论"成主导，"无学论"难消，新闻学研究走向分化；发展停滞时期（1957～1976）：特殊历史条件下事实上的"新闻无学"；恢复发展时期（1977～1997）：新闻学研究全面恢复，"新闻有学"渐获认可，新闻学"幼稚"现象有所改观；兴盛时期（1998年至今）：学科地位获确认，"有学"成事实，"无学"论转入民间语境，新闻学与传播学关系之争凸显。②

二、新闻学术反思日渐深入

（一）理论新闻学研究反思

学术反思是学术理性的重要表现。随着新闻学术传统的日渐恢复，越来越多的新闻学者针对新闻学研究方法、内容、特点、理论体系建构、学术规范等方面存在的问题，进行深刻反思，成为推动中国新闻学术发展的重要力量。

1. 基本概念需要厘清

在清理学术术语与概念方面，宁树藩为我们树立了典范。早在1986年，宁树藩就指出："新闻学界长期存在着某些概念与观念的混乱状态"，"如果这种混乱得不到澄清，科学的新闻学体系就很难建立起来。"③

宁树藩主张，必须澄清一词多义的"新闻"这一概念："人们常说，新闻必须完全真实，而文学可以虚构，其实这里讲的是新闻作品与文学作品的区别。就本质论，新闻是一种事物的信息，而文学则是一种艺术，二者属不同范畴，不能作上述比较。至于真实，是新闻的前提，不是它的属性。人们拿新闻和历史作比较时，总爱说'今天的新闻是明天的历

---

① 纪忠慧：《新闻理论体系建构的三个十年》，《国际新闻界》2008年第12期。

② 参见唐远清：《对"新闻无学论"的辨析及反思——兼论新闻学学科体系建构和学科发展》，北京，中国广播电视出版社2008年版，第35、第36、第42、第45、第47、第74页。

③ 宁树藩：《新闻学研究中亟待澄清的几个问题》，《学术界》1986年第1期。

史'，其实讲的是，今天的新闻作品是明天的历史材料，而不是新闻和历史的本质上的区别与联系。历史本质上是一个'过程'，而新闻本质上是一种'信息'，属不同范畴，也不能作上述比较。"① 宁树藩强调："概念准确是科学研究的起码要求，作为最基本的逻辑起点的概念混乱，必然导致理论上的混乱。在没弄清楚什么是新闻的情况下，新闻学的学科大厦是无处立足的。"②

宁树藩还提倡厘清"新闻学"这一基本概念。1994 年，宁树藩在给黄旦的《新闻传播学》写序时就意识到"新闻学"的名实不符的问题："新闻学是应以新闻为研究对象的，但我们现在研究的是报学，新闻只是其中的一部分，这就产生了名实不符的矛盾。"③ 1997 年，宁树藩接受芮必峰访谈时，再次探讨新闻学研究"名""实"不符问题。报学的"研究重点是如何办报，其立足点是新闻作品而非新闻本体，因而从根本上就无法回答新闻的本质是什么的问题，因此新闻学研究从一开始就注定了将丧失自身的理论基础"④。

2007 年 12 月，在"中国新闻史学会第三次地方新闻史志研讨会暨中国新闻史学会第三届理事会第二次会议"开幕式上，宁树藩又一次提出有关"新闻学"概念名实不符的问题，引起反响。会后，王晓梅专门就此问题进行访谈，宁树藩痛陈利弊："一个学科如果可以承认、容忍错误概念，这门学科的科学性在哪里？"⑤ 他进而分析概念混乱造成的后果：第一，由于概念模糊，现行的新闻论著和教材结构混乱，自作主张、各行其是。第二，新闻学涵盖评论、报业管理等多元松散的、没有内在的逻辑，不能构成理论体系，只能是知识体系。第三，"新闻学"研究的对象只是依附于报纸上的新闻作品，对新闻本质是什么，没有认真思考。第四，在"新闻学"这个符号里，没有人花时间深入研究报业及其结构。

① 宁树藩、芮必峰、陆晔：《关于新闻学理论研究历史与现状的对话》，《新闻大学》1997 年第 4 期。

② 宁树藩、芮必峰、陆晔：《关于新闻学理论研究历史与现状的对话》，《新闻大学》1997 年第 4 期。

③ 王晓梅：《清理百年"新闻学"概念——访复旦大学新闻学院教授宁树藩先生》，《新闻与写作》2008 年第 1 期。

④ 宁树藩、芮必峰、陆晔：《关于新闻学理论研究历史与现状的对话》，《新闻大学》1997 年第 4 期。

⑤ 王晓梅：《清理百年"新闻学"概念——访复旦大学新闻学院教授宁树藩先生》，《新闻与写作》2008 年第 1 期。

第五，学风上的影响是对模糊概念的宽容。第六，滋长了脱离实际的倾向。①

　　宁树藩的主张，引起共鸣。童兵也强调，若想提升新闻学术水平，要"从界定每一个新闻学术语做起"②。

　　2. 学术规范有待强化

　　与概念界定紧密相关的一个问题，是学术规范问题。《新闻大学》1998 年第 3 期刊登喻权域的《对新闻学中一些基本问题的看法》，并且在第 4 期刊载续篇。他认为"新闻学界争论的问题中，相当一部分是由于概念不清、逻辑混乱造成的"③。他从新闻的定义、新闻学的定义、新闻工作的基本使命等共 11 项基本概念和问题的分析入手，提出看法。文章在学界引起很大争论，姚福申、孙旭培、李位三、张允若等人参与其中，进行针锋相对的辩论。论争持续了一年的时间，到 1999 年秋才告一段落。

　　期间，孙旭培撰写的《学术规范与新闻学研究的深化——兼与喻权域先生商榷》一文，把论争转向对学术规范的呼吁。孙旭培提出新闻学术研究从总体上来说，深度不够、质量不高。原因是多方面的，重要原因之一，就是新闻学界对学术规范不够重视，具体而言，有八方面表现："大而不新"；"没有定义、随感式地表达对研究对象的认识"；"用权威法代替旁征博引的研究"；"不充分占有资料，而断然下结论"；"轻视采用新的研究方法"；"粗疏浮躁"；"不核对原始资料，以讹传讹"；"不重视引证注释"。同一年，孙旭培又撰文指出，要推动新闻学研究的深入，建议采用一些符合学术规范的做法，以抵制相应的不规范的现象："提倡题小文深，不要大而不新；提倡博采百家，不用权威法代替旁征博引；要充分占有学术信息，不可大胆立论疏于求证；要甘于坐冷板凳，切忌粗疏浮躁；核对原始资料，不能以讹传讹；重视引证注释，不侵占别人知识产权。"④

　　唐远清指出，学术失范现象在新闻学术界可谓司空见惯。经过详细考察，他将新闻失范现象概括为 9 种情况：重复发表；剽窃抄袭；忽视

---

　　① 参见王晓梅：《清理百年"新闻学"概念——访复旦大学新闻学院教授宁树藩先生》，《新闻与写作》2008 年第 1 期。

　　② 童兵：《从界定每一个新闻学术语做起——兼论改造新闻学研究的学风》，《新闻界》1998 年第 3 期。

　　③ 喻权域：《对新闻学中一些基本问题的看法》，《新闻大学》1998 年第 3 期。

　　④ 孙旭培：《新闻学要讲究规范与方法》，《淮北煤师院学报》（哲学社会科学版）1999 年第 2 期。

学术积累；引文失范；注释失范；伪引伪注；学术评价失范；学术批评缺失；遵循学术规范的新闻专业期刊的欠缺。①

郑保卫也是新闻学术规范的倡导者。为了对新闻学术规范问题进行有计划、有组织的系统研究，中国人民大学新闻与社会发展研究中心将新闻学术规范研究作为教育部重点研究基地的一个重大课题立项。在郑保卫的主持下，该课题组已不局限于新闻学术失范的现象批评，而重在新闻学术规范建设，对新闻学术规范存在的理论和现实依据、新闻学术规范研究中存在的问题进行分析，呼吁建立结构严密的新闻学术规范体系是促进学科发展的重要路径。② 由"破"到"立"的转向，表明学术规范的研究开始走向深入。

3. 理论层次有待提升

新闻学研究的理论层次问题，成为众多学者关注的话题。

孙振斌指出，新闻学研究"实用主义色彩较浓"："要么不管理论思维的要求和新闻学自身的规律，专事在经典作家的片言只语上任意发挥；要么排斥其他学科和同学科其他学派的成果、方法，一味在几个僵硬的概念窠臼里繁琐考证。这就使得新闻学研究长时期停滞在经验的实证分析阶段，无法获得理论上的重大突破。"③

甘惜分指出，"我们要警惕经验主义"，"新闻学不是新闻工作实际经验的简单归纳或总结，而是对实际经验的概括、升华。"④

刘建明指出，从某种意义上说，由于缺乏宏观系统的高度概括与发掘，许多普遍规律被忽视，特殊规律也揭示得不具体、不稳妥，"新闻学因为失去对本质规律的把握，而变成寿命极短的时令性小册子"⑤。

陈力丹认为，新闻学研究有一个令人担忧的问题："不少工作经验、对新闻政策的解释、体会文章都被视为新闻理论文章，这就在很大程度上造成一种错觉，似乎这就是新闻理论研究，无形中降低了对理论的质量要求。"⑥

---

① 参见唐远清：《对"新闻无学论"的辨析及反思——兼论新闻学学科体系建构和学科发展》，北京，中国广播电视出版社 2008 年版，第 263～275 页。

② 参见郑保卫、郭平：《试论新闻学术规范研究的依据与路径》，《新闻与写作》2009 年第 6 期。

③ 孙振斌：《方法论与新闻学研究》，《现代传播》1983 年第 3 期。

④ 甘惜分：《提高新闻学研究的理论水平》，《新闻与写作》1985 年第 2 期。

⑤ 刘建明：《宏观新闻学》，北京，中国人民大学出版社 1991 年版，第 2 页。

⑥ 陈力丹：《成果丰硕任重道远——我国新闻理论研究十年回顾》，《新闻大学》1991 年第 2 期。

黄旦认为，"记者式"的研究框式是"只述不作，有'理'无'论'，在众多的文章中，除少数外，大多都是就事论事，即兴发挥，充其量不过是某一文件、政策的论释、注解和说明"。①

陈亦骏强调，中国新闻学"经验层面的研究发达于理论层面，并且相互疏离。诚然经验层面研究无疑为新闻学术理论的完善和成熟提供了基础，但毕竟代替不了理论层面的研究，更代表不了新闻学研究的深度水准"②。

何光先指出，全国虽然出版了一定数量的新闻学著作，并有近百种新闻专业刊物，但总的印象是踏步不前："经验总结性的著作、文章多于理论开拓""重'术'轻'学'的现象是普遍存在的。"③

童兵指出，新闻学研究随意从其他学科搬用术语、范畴、原理、原则，而丧失了自己的独特个性。新闻学研究对基础性问题没有热情，而对时令性题目蜂拥而上。如果不及时纠正这种现状，"新闻学研究便只能跟风转，打快拳，而无法取得学科建设的突破和总体研究水准的提升"④。

葛昀指出，新闻学研究缺乏科学的态度。在很多学科中，方法是服务于理论研究的，而在新闻学领域，很少有人专门地"深入探讨研究方法""系统地传授研究方法""完整地运用研究方法"⑤。

陈作平指出，新闻理论研究缺少创新和突破，而是在前人搭好的框架中徘徊。"由于框架缺少一个科学的研究起点，造成学科内部理论部分与专业部分互相脱节。新闻理论偏重于各种枯燥的说教，新闻业务又成了各种局部技巧的总汇。"⑥"传统的新闻理论研究恰恰把重点放在外向型研究上，而对新闻自身的内向研究重视不够。"⑦

逻辑思维是关系新闻学发展的一个重要问题。王亦高以20世纪80年代出版的《新闻学论集》《新闻学刊》《新闻学会通讯》为例，分析中国

---

① 黄旦：《突破"记者式"研究的框式——对新闻理论研究现状的思考》，《杭州大学学报》（哲学社会科学版）1994年第2期。

② 陈亦骏：《国内新闻学研究的现状与学科体系构建》，《高校社科情报》1994年第4期。

③ 何光先：《新闻学研究亟待深化》，《新疆新闻界》1996年第1期。

④ 童兵：《从界定每一个新闻学术语做起——兼论改造新闻学研究的学风》，《新闻界》1998年第3期。

⑤ 葛昀：《新闻传播学研究方法初探》，《新闻大学》1998年第4期。

⑥ 陈作平：《对新闻学学科体系研究的再认识——兼论关于建立新闻报道认识论的构想》，《现代传播》1999年第3期。

⑦ 陈作平：《对新闻学学科体系研究的再认识——兼论关于建立新闻报道认识论的构想》，《现代传播》1999年第3期。

新闻学研究中逻辑思维缺失的状况，并号召："重视逻辑思维，深刻反省中国新闻学研究中逻辑思维缺失的原因，进而强化新闻学研究中以分析理性为基础的科学方法研究，应当得到当代中国新闻学者的特别关注。"①

可见，新闻学者对理论层次及研究方法的反思是自觉的、深刻的，但新闻学研究的理论性问题并没有得到解决，正如刘建明所指出："最近几年，新闻学界普遍存在忽视新闻理论的倾向，有人竟提出，学习和掌握那些'臭理论'有什么用?"② 可见，这个问题的解决任重而道远。

（二）历史新闻学研究反思

多年来，有关新闻史研究的反思一直在进行中。2007 年春，《新闻大学》开设"中国新闻史研究现状笔谈"专栏，将历史新闻学研究的反思推向高峰。较之新闻学的其他领域，历史新闻学关于研究方法与现状的反思，更为深刻。

1. "学术内卷化"

20 世纪八九十年代，与理论新闻学领域相似，历史新闻学写作，也存在重复出版、缺乏新意的状况，这一现象引起学者的忧思。

吴廷俊、阳海洪指出，"学术内卷化"是指"学术研究不能提供新的知识，无法产生新的边际效应，学术研究只是在不断重复自己和别人，缺乏史家通过研究成果所表现出来的真知灼见"③。根据丁淦林的初步统计，已出版的中国新闻史教材以及与之配套的"大纲""文选"等，已接近 60 种，"其中有不少属于低水平的重复，没有太多的学术价值"④。可见，中国新闻史研究已经出现了"学术内卷化"现象。

涂鸣华则用"熟悉化"来揭示新闻史研究出现的问题："不少研究者已经形成了得心应手的认知体系，逻辑严谨，条理分明，犹如一个大的文件夹，每个隔层上都贴着表示某种性质的标签，如革命、反革命、资产阶级、无产阶级、进步、落后等。研究者依靠这个体系，能迅速将纷繁芜杂的历史事实条理化、理性化，给出有解释力的结论。但同时也可

---

① 王亦高：《试论上世纪 80 年代我国新闻学研究中逻辑思维的缺失》，《国际新闻界》2008 年第 3 期。

② 刘建明：《学派、理论化与新闻理论研究的障碍》，《国际新闻界》2008 年第 12 期。

③ 吴廷俊、阳海洪：《新闻史研究者要加强史学修养——论中国新闻史研究如何走出"学术内卷化"状态》，《新闻大学》2007 年第 3 期。

④ 吴廷俊、阳海洪：《新闻史研究者要加强史学修养——论中国新闻史研究如何走出"学术内卷化"状态》，《新闻大学》2007 年第 3 期。

能将复杂、丰富、多元而又充满张力的历史给简单化、脸谱化。"① 涂鸣华认为，若想"去熟悉化"，第一要努力回到"无知之幕"："研究者应当设想与当事人一样处在对未来一无所知的位置，复原他的历史体验，而非刻意总结印证日后结果的历史规律。"② 第二要具有"情境意识"："设想到所研究的历史对象并非处在空空之阵，而是面对各种竞争性的对手，历史人物所做的举动。需要反观其对手是谁，其对话的对象是谁，才能切实明白历史举动的真正用意。"③ 第三则要避免用关键词检索替代整体研究。

2. 考证范式有待突破

李彬直接拷问新闻史的研究根基。戈公振的《中国报学史》所确立的考证"范型"，沿袭已久，之后的新闻史研究，大体一脉相承。戈氏"范型"奠基新闻史学，也制约了新闻史学的总体思路与格局。戈氏范型，深受近世科学理性支配，以"积累准确的知识"为唯一目标，在细目上务使详备，在微观事态的考证方面一丝不苟，"但在总体上往往忽略深层的透视、宏观的把握和有机的联系"。戈氏范型深受"史官文化"影响，"力求以史料勾勒一事一物的原貌，再现客观的历史事实，甚至于不惮其烦地追索万千报刊的起止日期，堆砌云遮雾绕的如山史料，却忽略了所有历史事件与文献背后立体、鲜活、主体的人"，"历史哲学上的根底尚欠坚实，致使许多探讨实际上都基于看似不证自明实则大可究诘的前提"④。

李磊对新闻史研究的考证范式提出批评：学者"或专注于某个特定新闻从业者的生平、作品、历史贡献的单线考证，或固囿于对一地一报的专项概述，或对某个错综复杂历史时期的新闻事业以我划线，左中右固定化排队。这种研究范式比较典型地表现为一种时间上的纵向分析梳理和互不往来，分散布点的空间随意摆列及固定从政治系统出发，单角度进行研究等特点。精深有余，宽博不足，视野狭小，识见不宏，缺乏一种整体性历史大空间的把握和多角度、参照化深入透视"⑤。

3. 研究思路仍须拓展

在新闻史领域，学者以较强的创新意识，借鉴媒介生态学、新史

---

①　涂鸣华：《"去熟悉化"：中国新闻史研究方法论的探讨》，《新闻大学》2012 年第 1 期。
②　涂鸣华：《"去熟悉化"：中国新闻史研究方法论的探讨》，《新闻大学》2012 年第 1 期。
③　涂鸣华：《"去熟悉化"：中国新闻史研究方法论的探讨》，《新闻大学》2012 年第 1 期。
④　李彬：《对新闻史研究方法的思考与建议》，《新闻大学》1996 年第 4 期。
⑤　李磊：《比较新闻史学刍议》，《兰州大学学报》（社会科学版）1999 年第 1 期。

学、媒介社会学等学科的理论与方法，在中国新闻史的书写实践中大胆尝试。学者并没有满足于此，还在理论层面就研究方法问题进行深入探讨。

（1）加强个案研究。1992 年 6 月，首届中国新闻史学研讨会召开，方汉奇作了题为《中国新闻史研究的历史与现状》的报告，对今后中国新闻史研究提出三点建议，第一点就是要加强个案研究。[①] 2007 年，方汉奇在接受曹立新访谈时表示："希望大家多花一点力气改做基础性的工作，多打深井，多做个案研究。打深井，意味着开掘要深，要达到前人没有达到的深度，要有重要的新的发现和新的突破。多做个案研究，指的是要重视报刊原件、新解密的档案资料和口述历史的搜集整理工作，加强历史上有重大影响的报刊的报人的个案研究。"[②]

王润泽也提出，"个案的研究是历史研究的核心之一"，"个案的研究将拓展新闻史研究的深度，丰富新闻史研究的内容，能夯实新闻史学科基础，为增强学科实力提供一点一滴的积累"[③]。个案研究应当注意：要有研究主题，不能堆积和罗列资料；研究方法与研究主题要匹配；要重视第一手资料的考证。

（2）超越"社会进化论"。姜红认为，进化论"支撑着几代中国新闻人和新闻学者的信念与梦想"。"作为一种意识形态或进步信仰，社会进化论有其历史合理性，但作为一种思想观点和历史观"[④]，进化论却应当被反思。"'进化'观念的背后是进步主义的价值预设与价值取向"[⑤]。在新闻史研究中，"持进化论立场的研究者普遍相信：新闻业的价值取向首先要合乎进化之'道'，研究的根本目的在于推动新闻事业的进步和社会的发展"[⑥]。这种研究取向没有意识到社会发展是以人的全面发展为目的。姜红指出，"推进社会的进化"其实是新闻学研究的工具理性，而非终极关怀。新闻史学者却误将其"当作

①　参见方汉奇：《中国新闻史研究的历史与现状》，《新闻与传播研究》1992 年第 4 期。

②　方汉奇、曹立新：《多打深井多作个案研究——与方汉奇教授谈新闻史研究》，《新闻大学》2007 年第 3 期。

③　王润泽：《离得近，看得细，多研究些问题——中国当代新闻史研究的一种建议》，《国际新闻界》2010 年第 3 期。

④　姜红：《进化论与现代中国新闻史书写》，《新闻与传播研究》2008 年第 5 期。

⑤　姜红：《进化论与现代中国新闻史书写》，《新闻与传播研究》2008 年第 5 期。

⑥　姜红：《进化论与现代中国新闻史书写》，《新闻与传播研究》2008 年第 5 期。

价值理性、终极关怀"①，认为"只要目的正确，手段自然合法"②。在今天的新闻史书写中，应当超越进化论。

如何超越进化论？李彬在《中国新闻史研究的一点再反思》一文中，对这个问题进行了理论回答。新闻史书写有两种基本思路。"一种可以概括为'传统与现代'，亦即进化论的思路。按照这种思路，中国在遭遇西方冲击前，长期处于封闭、保守、停滞的状态……而以西方为代表的现代历史，则体现着文明、进步、开放。所以，中国无论救亡图存，还是走向世界，都必须实现从传统到现代的转型。"③ 这里隐含的前提是："古代野蛮而现代文明，中国落伍而西方先进。"④ 相对于"传统与现代"的另一种思路为"文明与现代"。也就是说，"古代中国属于一种文明体系，不同于以现代西方为典范的民族国家体系"⑤。"古今中西乃属不同的文明体系及其话语，不存在一条自西徂东、一路上升的历史直线，总体上也不存在先进与落后、文明与野蛮之别。"⑥ "尽管现代文明多以西方为先导，甚至为样板，但'现代'并非单数的概念，而是复线的进程。换句话说，现代化不是只有西方一种固定模式，而是由多种多样的路径所构成的多元化图景。"⑦ 李彬主张，"文明与现代"才是"中国现代新闻史的内在逻辑"，中国新闻史研究，应当超越"传统与现代"思路，开拓"文明与现代"的思路。

（3）中国本位。中国新闻史的书写，如何处理好民族性与世界性的辩证关系，是新闻史学者重点思考的一个问题。

阳海洪指出，无论戈公振的《中国报学史》所代表的范式，还是李龙牧的《中国新闻事业史稿》所代表的范式，都有缺陷："中国缺位"，即在历史叙述中，没有彰显中国的地域色彩与独特性。戈公振"把西方

---

① 姜红：《进化论与现代中国新闻史书写》，《新闻与传播研究》2008 年第 5 期。
② 姜红：《进化论与现代中国新闻史书写》，《新闻与传播研究》2008 年第 5 期。
③ 李彬：《中国新闻史研究的一点再反思》，《山西大学学报》（哲学社会科学版）2012 年第 3 期。
④ 李彬：《中国新闻史研究的一点再反思》，《山西大学学报》（哲学社会科学版）2012 年第 3 期。
⑤ 李彬：《中国新闻史研究的一点再反思》，《山西大学学报》（哲学社会科学版）2012 年第 3 期。
⑥ 李彬：《中国新闻史研究的一点再反思》，《山西大学学报》（哲学社会科学版）2012 年第 3 期。
⑦ 李彬：《中国新闻史研究的一点再反思》，《山西大学学报》（哲学社会科学版）2012 年第 3 期。

自由新闻理论作为具有普遍意义的解释框架"①，把中国新闻史的发展轨迹描述成"从封建官报→在华外报→政党报纸→商业化报纸"②的演进过程；李龙牧把无产阶级新闻理论作为普遍性的解释框架，"认为世界上各民族的新闻事业像人类社会一样，经历一个由低到高的发展过程"③。这两种研究范式都是"普世叙事"的话语框架，"'中国'作为一个独特'区域'本身所具有的意义被这种普同性的话语建构所抹杀了，有意无意地遮蔽了中国问题"④。阳海洪主张，中国新闻史的研究应"放弃普世话语的冲动，解构中心主义的历史话语，视新闻史为一分支进程，回到中国新闻史的感性经验，在中国发现新闻史，建构中国新闻史的主体性话语，在全球化背景下，参与文化对话"⑤。

（4）比较研究。程旭兰提倡用比较方法研究新闻史，认为"比较新闻史学的研究对象应该包括中外新闻事业发展史上所有的现象"，如传播工具、事业发展阶段、从业人员、管理方式的比较等等。比较可以是横向的，也可以是纵向的。比较新闻史学是超越国家和各地区的。通过比较研究，可以"初步把握一国新闻事业在整个世界历史中的地位"，也可以"把握各国新闻业相互作用的情况和世界新闻业发展的结果"⑥。

程曼丽指出，横向比较是中国新闻史研究的新思路。横向比较"有助于研究者拓展思路、扩大视野""有助于消除认识上的偏差""有助于增加研究深度"⑦。新闻史学的比较研究可以从以下几个方面展开："新闻传播发展进程的比较"⑧　"新闻传播思想的比较"⑨　"新闻控制形式的

---

① 阳海洪：《建构中国新闻史主体性话语的方法论思考》，《湖南冶金职业技术学院学报》2009 年第 3 期。

② 阳海洪：《建构中国新闻史主体性话语的方法论思考》，《湖南冶金职业技术学院学报》2009 年第 3 期。

③ 阳海洪：《建构中国新闻史主体性话语的方法论思考》，《湖南冶金职业技术学院学报》2009 年第 3 期。

④ 阳海洪：《建构中国新闻史主体性话语的方法论思考》，《湖南冶金职业技术学院学报》2009 年第 3 期。

⑤ 阳海洪：《建构中国新闻史主体性话语的方法论思考》，《湖南冶金职业技术学院学报》2009 年第 3 期。

⑥ 程旭兰：《对比较新闻史学研究对象和方法的探索》，《宁夏大学学报》（社会科学版）1992 年第 2 期。

⑦ 程曼丽：《横向比较：中国新闻史研究的新思路》，《新闻大学》1997 年第 1 期。

⑧ 程曼丽：《横向比较：中国新闻史研究的新思路》，《新闻大学》1997 年第 1 期。

⑨ 程曼丽：《横向比较：中国新闻史研究的新思路》，《新闻大学》1997 年第 1 期。

比较"①。

李磊也指出，由于各种学科的加速度分化组合，边缘交叉学科不断出现，各种学科间的联系日益密切，一门具体的社会科学研究领域很难仅仅依赖自身就能阐述本门学科的复杂现象和深刻规律。新闻史学也是如此。新闻史学必须从更为广阔的空间，更为迫切的高度来进行研究，一种行之有效的研究方法是比较新闻史研究方法。②

张昆指出，"新闻历史也是纵向发展与横向发展两种力量共同作用的结果。关于新闻历史的纵向发展，历来是学界探究的重点……但是关于新闻历史的横向发展，学界同仁却着力不深"③。在新闻历史研究中，"要注意树立横向的历史发展观"，处理好"新闻系统中不同媒介之间的互动关系、媒介系统与社会系统的互动关系以及新闻系统跨地域的互动关系"④。

第三节 新闻学术研究由感性走向理性

学术论争，是学科发展过程中无法回避的学术现象，是推动学术发展的重要力量。新中国成立初期，由于极左思潮的影响，学术论争很难以正常方式进行，打棍子、扣帽子代替了说理，从而严重影响学术研究的正常开展。随着改革开放事业的开展与深入，新闻学领域也必然存在新旧观念的冲突，各种学术论争相继出现。20 世纪 80 年代，新闻学者就报纸是不是阶级斗争的工具、新闻定义、新闻真实性、新闻与宣传的关系、舆论监督、新闻立法、党性原则等一系列问题展开论争。20 世纪 90 年代以来，新闻学者就新闻学与传播学的关系、新闻策划、媒介公信力与媒介形象、新闻学发展前景、新闻史学研究方法等问题展开讨论。这些论争的开展过程，正是中国新闻学术研究逐渐恢复学术理性的过程。

在诸多的论争中，有关新闻商品性与范长江西北采访的论争最具有特色。通过学术论争典型案例的分析，我们可以从一个侧面透视中国当代新闻学研究由感性走向理性的发展脉络。

---

① 程曼丽：《横向比较：中国新闻史研究的新思路》，《新闻大学》1997 年第 1 期。
② 参见李磊：《比较新闻史学刍议》，《兰州大学学报》（社会科学版）1999 年第 1 期。
③ 张昆：《横向发展——新闻史研究的新维度》，《新闻与传播研究》2004 年第 4 期。
④ 张昆：《横向发展——新闻史研究的新维度》，《新闻与传播研究》2004 年第 4 期。

一、关于新闻商品性的论争

在理论新闻学领域，有关新闻商品性的论争最具典型意义。新中国成立以来，学者围绕新闻商品性问题，一而再再而三地展开争论，出现三次论争高潮。

（一）20 世纪 50 年代的论争

1956～1957 年间，在新闻改革的背景下，在党的开门整风运动中，新闻学者提出了"报纸是商品"的观点。随之而来的反右派斗争，将新闻学者卷入大批判的政治旋涡中。

1. 关于"报纸是商品"的论述

王中因为授课需要而开始编写《新闻学原理大纲》，并应解放日报社、上海人民广播电台等多家单位的邀请进行学术演讲。王中的新闻学术观点在新闻学界、业界中广为流传，"报纸是商品"就是一个重要理论创新点。

1956 年 8 月 4 日，王中在南京新华日报社以《办报人要有读者观念》为题进行演讲时，多次提到报纸是商品的观点。"报纸是宣传工具，但它也是商品，需要读者花五分钱买它，这就得考虑读者的需要了。"[①] "离开了读者的需要，只把报纸当作党的宣传武器，不把它当成读者要花 5 分钱购买的一种商品，报纸必然不会受读者欢迎的。"[②] "报纸是办给读者看的，人们要花 5 分钱才能看到报纸，人们出钱买的是商品，商品就应该为人民服务，但我们往往对读者群众的意见不够重视。"[③]

1957 年，王中在解放日报社发表演讲时强调："报纸有两重性：一重是宣传工具，一重是商品，而且要在商品性的基础上发挥宣传工具的作用。商品就是要使人买后有用，改进报纸工作，主要是解决如何把报纸变成为群众所需要的东西。"[④]

1957 年，王中到上海人民广播电台讲课，他特别强调，报纸的服务方式"就是通过商品的形式。也就是说，我制造一种商品让你自觉地买，你买了以后，你就受我的影响，那我就来服务。"[⑤] 针对有人反对"报纸

① 《王中文集》，上海，复旦大学出版社 2004 年版，第 4 页。
② 《王中文集》，上海，复旦大学出版社 2004 年版，第 4 页。
③ 《王中文集》，上海，复旦大学出版社 2004 年版，第 6 页。
④ 《王中文集》，上海，复旦大学出版社 2004 年版，第 16 页。
⑤ 《王中文集》，上海，复旦大学出版社 2004 年版，第 90～91 页。

是商品"这个问题，王中反驳道："报纸是商品是个事实，你反对也好，你不反对也好，它就是个商品嘛！它就是嘛！为什么它就是商品呢？你要钱嘛。"① 并且，报纸的商品性不能用赚钱不赚钱来作为标志。"不赚钱赔本还是商品""商品的特点是社会性的消费，要规定代价购买""商品就是商品，它是通过这么一种流通的方法到达读者手里。"②

王中在上海人民广播电台讲课时，还针对报纸有两重性问题做了重要声明："我讲报纸是有两重性，一种是政党拿来做宣传工具，还有一种是老百姓花 5 分钱买的一个商品，你不能强迫……结果新华日报给我印出来就是报纸两重性，一重是工具性，一重是商品性。在解放日报就用嘴讲也是这么讲，今天要印我不这么印……这个问题，我还没想明白……我对自己'修正'主义啦。"③ "报纸的另外一重性就是社会借以获得新闻的一种商品，不是'商品性'。"④ "报纸总是想通过这么一种方式——一种商品的形式（我不说'商品性'了，我改了），来传到读者手里，来影响人；要影响人就要按照自己的意图来影响。能不能影响？就看它能流通不能流通。我也不把它叫做商品性，这样讲法有毛病，有很多缺点，会发生误会。但商品还是商品，这是没有问题的。"⑤ 可见，王中持有的观点是：报纸是一种商品，而不是报纸具有"商品性"。"商品"与"商品性"是有区别的。

王中的观点得到了新闻学者的认同，中国人民大学新闻系教师莫如俭强调，"资产阶级的报纸已经解决了他们报纸的矛盾问题。他们的报纸是商品，叫人看起来舒服，还告诉读者一些奇怪的东西，满足了人们的好奇心，增加了知识。""报纸一方面应有政治性、思想性，一方面还应有商品性、舒服性。"⑥

2. 对"报纸是商品"观点的批判

反右派斗争开始后，"报纸是商品"的观点受到了批判。

方晨从所谓的"历史唯物主义"角度进行批判："报纸属于上层建筑的范畴，它要为不同的阶级所建立的不同的社会制度的经济基础服务的，他有着强烈的阶级性，那里是什么'商品'？"王中的"目的和资产阶级

① 《王中文集》，上海，复旦大学出版社 2004 年版，第 91 页。
② 《王中文集》，上海，复旦大学出版社 2004 年版，第 91 页。
③ 《王中文集》，上海，复旦大学出版社 2004 年版，第 80 页。
④ 《王中文集》，上海，复旦大学出版社 2004 年版，第 92 页。
⑤ 《王中文集》，上海，复旦大学出版社 2004 年版，第 93～94 页。
⑥ 《北京新闻界"鸣"起来了》，《人民日报》1957 年 5 月 17 日第 1 版。

一样，就在于取消报纸具有阶级性这一马列主义的基本原则"，"他的反对核心"之一，就在于"以'商品性'来否定宣传工具的作用"，"所有无产阶级新闻学的重要特点，全部被他用资产阶级的新闻理论代替了"①。

甘惜分把王中的"报纸是在商品性的基础上发挥工具的作用"的观点理解为报纸的商品性是第一位的，而政治性是第二位的。甘惜分指出："王中在这方面倒是很显出一付商人本性……王中这个'报纸是商品'的腐朽理论当然是经不起推敲的。""商品性不能说明报纸的任何问题"②，"要研究报纸的性质、作用和职能，只能从作为社会意识的一种特殊表现形式的报纸本身来探索"③。甘惜分认为王中的报纸"商品性"理论"反党、反党报、反党性"④。

思慕通过追溯报纸的发展历史来批判王中："15～16 世纪，当封建社会向资本主义社会过渡的时期，在欧洲的意大利、德国出现报纸'手抄新闻'和威尼斯的称为'一文钱'的报纸。王中认为这些报纸是纯粹商业性的，登载的是船只来往的消息，和阶级斗争无关。但事实并非如此。"⑤"根据准尔的《日报期刊史》的记述，留存下来的 15 世纪的意大利印刷报纸所刊载的并不是船期表一类的东西，或单纯商业新闻，而是和意大利新兴资产阶级的商业利益有密切关系的土耳其战争一类的消息。"⑥ 思慕由此断言，王中的观点是没有根据的。

李龙牧批判说，报纸的"商品性"理论是王中的反动新闻学理论的中心。"他用这种观点来反对报纸的党性和阶级性，要求按照他的资产阶级利益改造党报。"⑦ 王中"摆出了一副学者架子"，一些青年人正是被他"这种貌似博学的吹嘘"所俘虏。"这是他的反动新闻学理论的主要理论部分，也是他用来迷惑人的主要迷阵。"⑧

（二）20 世纪 80 年代的论争

20 世纪 80 年代有关新闻商品性讨论以 1986 年为转折点。1986 年之

---

① 方晨：《在报纸的"商品性"的外衣下——斥王中的反动的资产阶级新闻理论》，《新闻业务》1957 年第 8 期。
② 甘惜分：《略论王中的反党思想》，《新闻业务》1957 年第 9 期。
③ 甘惜分：《略论王中的反党思想》，《新闻业务》1957 年第 9 期。
④ 甘惜分：《略论王中的反党思想》，《新闻业务》1957 年第 9 期。
⑤ 思慕：《批判王中的"报纸是社会产物"的谬论》，《新闻业务》1957 年第 12 期。
⑥ 思慕：《批判王中的"报纸是社会产物"的谬论》，《新闻业务》1957 年第 12 期。
⑦ 李龙牧：《斥所谓"社会需要论"》，《新闻战线》1958 年第 7 期。
⑧ 李龙牧：《斥所谓"社会需要论"》，《新闻战线》1958 年第 7 期。

前，相关学术论文较少，观点也较零散。1981 年，安岗在北京新闻学会召开的报纸经营管理座谈会中提到"报纸具有商品性"的问题①。他的谈话内容整理成文章并发表，但一时无人回应。1982～1984 年，《新闻学会通讯》刊载 5 篇关于"商品性"问题的文章，形成了一次小规模的讨论。然而，"由于全国新闻媒介的经济体制改革没有提上日程，这场讨论真的成了文人之间的笔墨官司，对社会影响很小"②。1986 年以后，中国步入"商品经济时代"。针对"广告新闻"现象，有学者提出"新闻属于意识形态，而不是商品"③。由此，有关新闻商品性的讨论日渐增多，直至"1988 年 3 月，《新闻界》编者发表综述《一次有意义的新闻理论探讨》，结束了这次讨论"④。

1. 论争焦点

（1）新闻的商品性能否成为新闻学议题。辛砚文、甘惜分等人拒绝把"商品性"作为新闻学研究议题。辛砚文指出，"新闻产生与商品生产的规律完全不同。新闻不能预先制造的。新闻报道通过它的载体（报刊、广播、电视等）以商品形式进行流通，是群众为了迅速了解社会上已经发生的新的事实所付给这些事实的信息载体的代价，而不是新闻报道本身像商品一样规定有'市场价格'"⑤。"'商品化'同'商品形式流通'是两回事，不能因为新闻传播媒介以商品形式出现，就说它所刊载的新闻有'商品性'而当成一个学术概念"⑥。甘惜分也提出，"新闻是商品，这虽然是无可否认的客观存在，但新闻的商品性不是新闻学研究的主要问题"⑦。

陈力丹则认为，新闻商品化能成为新闻学的研究课题。以往提及新闻生产问题，人们"极力从精神产品的阶级性和倾向性上去说明与一般物质产品的区别，从而证明精神产品不能商品化，同时强调新闻学研究

---

① 安冈：《我们能不能建立一门新闻经济学?》，《新闻战线》1981 年第 3 期。
② 陈力丹：《从三次新闻商品性的讨论看中国的新闻学研究》，《西南民族大学学报》（人文社会科学版）2013 年第 8 期。
③ 杨飚：《我国新闻不是商品》，《新闻界》1986 年第 5 期。
④ 陈力丹：《从三次新闻商品性的讨论看中国的新闻学研究》，《西南民族大学学报》（人文社会科学版）2013 年第 8 期。
⑤ 辛砚文：《不要把商品性引进新闻学》，《新闻界》1987 年第 3 期。
⑥ 《一次有意义的新闻理论理论探讨——关于"我国新闻是不是商品"的讨论综述》，《新闻界》1988 年第 2 期。原载辛砚文：《不要把商品性引进新闻学》，《新闻界》1987 年第 3 期。
⑦ 刘保全：《关于新闻商品性问题的讨论综述》，《新闻学刊》1988 年第 5 期；原载甘惜分：《精神产品不能提倡商品化》，《新闻界》1988 年第 1 期。

新闻商品有失身份"①。如今，"改革使我们在长期封闭之后跨入世界交往体系，人们开始学会如何生活在'一个世界中'，如果我们的新闻还停留在'产品'而不是'商品'上"②，则无法与国际接轨。因此，"如果我们的新闻学研究循着与此相反的道路，拒绝研究新闻商品，是没有出路的"③。

（2）报纸上的新闻是不是商品。陈力丹指出："由于社会主义社会的广播、电视新闻同它们的听众、观众不存在商品交换关系，通讯社的新闻稿也较少和广大群众发生直接的商品交换的联系，所以，在承认社会主义新闻具有某些商品属性的前提下，还是讲报纸是商品，不讲新闻是商品为妥。"④ 两年后，陈力丹在另一篇文章中，又修正了自己的观点，指出"在我国的商品经济下，新闻应当是商品"。⑤

甘惜分则从经济学角度进行分析："新闻是商品只能限于一定范围，即新闻机构发表的新闻；读者买到报纸，也就买到新闻——新闻是报纸上的重要组成部分。同时报纸编辑部为了收集新闻也得支付稿酬，这也属于货币交换关系。"⑥ "凡是从市场上可以买到的东西都是商品。在资本主义社会是这样，在社会主义社会也是这样。因此，不但报纸是商品，报纸上的新闻也是商品。"⑦

2. 理论共识

在这场论争中，新闻学者也就一些理论问题达成共识。

（1）反对新闻的商品化。李湛军指出，"商品概念不是'洪水猛兽'"，但要"反对资本主义国家的新闻商品化"⑧。"社会主义的新闻具有商品性，它的前提是马克思主义的指导思想和为社会主义事业服务。这是它与资本主义新闻商品化最本质的区别。"⑨ 总之，"要反对的是那种不顾社会效果，只顾赢利赚钱的完全商品化的错误倾向，而不是要反对

---

① 陈力丹：《新闻商品化是历史的进步》，《新闻学刊》1988 年第 5 期。

② 陈力丹：《新闻商品化是历史的进步》，《新闻学刊》1988 年第 5 期。

③ 陈力丹：《新闻商品化是历史的进步》，《新闻学刊》1988 年第 5 期。

④ 刘保全：《关于新闻商品性问题的讨论综述》，《新闻学刊》1988 年第 5 期；原载陈力丹：《关于新闻商品性讨论的几点意见》，《新闻学会通讯》1984 年第 7 期。

⑤ 刘保全：《关于新闻商品性问题的讨论综述》，《新闻学刊》1988 年第 5 期；原载陈力丹：《新闻是一种特殊的商品》，《新闻界》1986 年第 6 期。

⑥ 甘惜分：《精神产品不能提倡商品化》，《新闻界》1988 年第 1 期。

⑦ 甘惜分：《精神产品不能提倡商品化》，《新闻界》1988 年第 1 期。

⑧ 李湛军：《再谈新闻的商品性》，《新闻学会通讯》1984 年第 7 期。

⑨ 李湛军：《再谈新闻的商品性》，《新闻学会通讯》1984 年第 7 期。

以商品形式来传播信息，传播真理的社会主义精神产品"①。

陈国亮、曾宪柱认为，新闻"除上述三性（新鲜性、真实性、公开性）外，它还有政治性、知识性等其他属性，商品性也是其中之一"②。新闻既有一般商品的共同点，又区别于一般商品，区别有四：新闻是"无形商品"；"产品与生产行为不能分离"；"生产、交换、消费三个过程是分离的"；新闻"在许多情况下都只能一次交换，无法转卖转让，也不能退货换货"③。但是，在肯定新闻商品性的同时，也应杜绝新闻商品化。作者抨击一些社会现实："当前在某些地方泛滥起来的'广告新闻''有偿新闻'，是对社会主义新闻的亵渎，为严肃的新闻工作者所不齿。"④

甘惜分提出："承认新闻是商品，只不过是承认新闻这种精神产品也是通过市场经济到达读者手中这一最简单的客观事实，而不是提倡新闻的生产要商品化。"⑤

（2）新闻的商品性问题具有现实意义。李湛军指出，"新闻产品的生产受到商品价值规律的制约和影响"，新闻生产部门也存在着价值、价格、工资、资金、利润等等一系列经济范畴，"这种现状的存在，就使得新闻的生产部门不得不考虑新闻价值的市场实现问题"。并且，"正确运用商品关系能抵制办报的主观主义和官僚主义"，"人们可以通过另一角度——市场因素来考察新闻的使用价值，并根据社会主义读者市场的需要来调整新闻使用价值的效用，提高新闻产品的质量，是新闻'适销对路'"⑥。

陈国亮、曾宪柱承认社会主义新闻的商品性关系着新闻改革实践，其意义有三：其一，"纠正把新闻报道劳动当成非生产性劳动、把新闻部门当成消费性部门的片面看法，认识到新闻工作者也是创造价值的劳动者"；其二，有利于"促使国家和新闻部门自觉依据和运用价值规律，按照价值规律的要求改革不适应新情况的新闻事业管理体制和经营机制"；其三，有利于"辩证地认识和处理新闻工作中社会效益和经济效益的关系，提高经济效益，节约人力、财力、物力"；其四，有利于"增强新闻

---

① 李湛军：《再谈新闻的商品性》，《新闻学会通讯》1984 年第 7 期。
② 陈国亮、曾宪柱：《新闻商品性论纲》，《新闻学刊》1987 年第 4 期。
③ 陈国亮、曾宪柱：《新闻商品性论纲》，《新闻学刊》1987 年第 4 期。
④ 陈国亮、曾宪柱：《新闻商品性论纲》，《新闻学刊》1987 年第 4 期。
⑤ 甘惜分：《精神产品不能提倡商品化》，《新闻界》1988 年第 1 期。
⑥ 李湛军：《再谈新闻的商品性》，《新闻学会通讯》1984 年第 7 期。

工作者的读者观点和竞争观念"①。

（三）20 世纪 90 年代的论争

20 世纪 90 年代，"随着新闻媒体的一些商业性行为逐步得到认可，关于新闻具有商品性的观点再次'热门'。而关于该问题的论争在 1993 年 6 月中共中央和国务院正式将报刊列入第三产业后急剧升温"②。思想的解放令新闻学术界的理论探讨活跃起来，新闻商品性问题再次回到学者的理论视野。

1. 报纸的商品属性

对于"报纸具有商品性"这一从 20 世纪 50 年代就提出来的理论话题，这一时期的学者基本达成共识：报纸等新闻传播媒介具有商品属性。但它们与一般的商品不同，是特殊商品。王双在文章中把"报纸的商品性"直接作为一个结论来使用："邓小平同志 1992 年南巡谈话后，报纸的商品性也得到了新闻界的承认，人们敢于堂堂正正地讲报纸有商品性了。"③ 童兵谈到了同样的问题："在中国，经过近 40 年的几次大的讨论，比如 1956 年前后、80 年代初和 1993 年前后，人们对于报纸的商品性几已赞同并形成基本共识。"④

关于报纸是商品，而且是一种特殊商品的原因，学者从不同角度进行论述。齐凯英阐释到："我们的报纸一期期在商品生产的渠道中问世，通过交换到达读者手中。它是一种特殊的商品。"⑤ "报纸的商品性影响到报纸生产的全过程，直接关系到报纸的工具性和作用的发挥。从经济性角度来看报纸是一种特殊的商品，有其特有的规律。"⑥ 张铭清认为："报纸是用来交换的劳动产品，具备价值和使用价值，决定了它是具有商品属性的特殊商品，应当承认报纸的商品属性。"⑦ "报纸又是一种精神产品，是一种不同于一般商品的特殊商品"⑧，即报纸市场有社会效益。孙超从经典作家那里寻找理论依据："报纸的商品性是马克思论证的。马克

---

① 陈国亮、曾宪柱：《新闻商品性论纲》，《新闻学刊》1987 年第 4 期。
② 童兵、陈杰：《围绕"五论"的六十年争论——新中国成立以来新闻学理论研究管窥》，《中国地质大学学报》（社会科学版）2009 年第 6 期。
③ 王双：《认清报纸的商品性与新闻的非商品性》，《新疆新闻界》1993 年第 3 期。
④ 童兵：《新闻商品性辩正》，《新疆新闻界》1994 年第 2 期。
⑤ 齐凯英：《报纸商品性初探》，《新闻知识》1993 年第 8 期。
⑥ 齐凯英：《报纸商品性初探》，《新闻知识》1993 年第 8 期。
⑦ 张铭清：《报纸的商品属性与新闻的非商品属性》，《新闻与写作》1994 年第 8 期。
⑧ 张铭清：《报纸的商品属性与新闻的非商品属性》，《新闻与写作》1994 年第 8 期。

思在谈到英国工人用工资购买生活资料时，把报刊与面包、牛奶、啤酒等相提并论。他把报刊视为工人日常生活中的必需品，是可以用货币购买的一种商品。"① 盛沛林提到："报纸除了具有交换价值的商品因素外，同时还存在着超越价值交换规律之上的宣传品因素……因此报纸不纯粹是商品。"②

2. 新闻的商品属性

（1）新闻与新闻传播媒介不同，不具有商品属性。王双着力于辨析报纸的商品性与新闻的非商品性："虽然有商品性的报纸是新闻的载体，但是新闻应该有相对的独立性。"③ 在社会主义中国，为社会主义服务、为人民服务是新闻工作的崇高方针。"报纸、广播、电视向公众提供的新闻信息应该是新鲜而又客观、公正、真实、准确、负责的，而不是谁给的钱多就替谁吹。"④ 因此，新闻没有商品性，新闻不是商品。

何光先认为，通过新闻载体所传播的新闻，"由于随着载体参与了社会交换的过程，好像是具有一定的商品性的，尤其在报纸的交换形式上会给人以这样的感觉。但这种'一定的商品性'，是某些'专家'感觉的错位，是被载体的商品性带来的幻觉，而并不是新闻自身有什么商品的属性"⑤。因此，他不主张把新闻也推向市场。

戴邦认为："如果把新闻当作商品，就要按照市场经济规律办事，就会按新闻的市场需求生产和交换，就会有新闻的市场价格，就会有买卖新闻商品的商人，就会按市场价格大小的标准来挑选新闻。"⑥ 如果按一系列市场准则筛选新闻，就会破坏新闻的真实性原则。

有学者从商品交换价值的角度讨论新闻的商品性问题。张铭清认为，"报纸的商品属性是由其物质产品的性质决定的，而新闻则是报纸精神产品性质的承担者"⑦。"新闻作为精神产品，其价值比物质产品是难以确定和计量的，甚至是无法量化其价值的。"⑧ "就商品的交换价值无法实现而言，新闻是不能买卖的，这就很难说新闻是具有商品属性的。"⑨ 沈世纬

① 孙超：《新闻·商品·责任》，《新闻出版交流》1996 年第 1 期。
② 盛沛林：《关于新闻的商品性问题》，《南京政治学院学报》1999 年第 1 期。
③ 王双：《认清报纸的商品性与新闻的非商品性》，《新疆新闻界》1993 年第 3 期。
④ 王双：《认清报纸的商品性与新闻的非商品性》，《新疆新闻界》1993 年第 3 期。
⑤ 何光先：《新闻·载体·商品及其它》，《新闻与写作》1993 年第 7 期。
⑥ 戴邦：《新闻不是商品记者不是商人》，《新闻与写作》1993 年第 8 期。
⑦ 张铭清：《报纸的商品属性与新闻的非商品属性》，《新闻与写作》1994 年第 8 期。
⑧ 张铭清：《报纸的商品属性与新闻的非商品属性》，《新闻与写作》1994 年第 8 期。
⑨ 张铭清：《报纸的商品属性与新闻的非商品属性》，《新闻与写作》1994 年第 8 期。

主张，新闻不能用货币形态来计量。"报纸是一种传播媒体，读者花钱，是同传播载体进行商品交换，并不是同新闻进行商品交换"①，报纸的价格不是新闻的价格，新闻不能买卖。

（2）新闻是商品或特殊商品。童兵认为新闻是一种商品，具有使用价值、交换价值等一般商品的特性，但"新闻又是一种特殊的商品，它呈现不同于一般商品的独特的商品价值形态和生产、流通、消费机制"②，表现为："新闻是以意识形态为主呈现的商品"③"新闻是以智力劳动为主生产的商品"④，"新闻是以信息服务为功能的商品"⑤"新闻使用价值的实现有着特殊的作用机制"⑥。

秦德成指出，"新闻从采集到传播各环节凝结着人们大量劳动，有价提供给广大受众，满足受众对信息等方面的需要。它体现了使用价值与价值的统一，因而具有商品属性"⑦。

蔡雯从新闻的使用价值方面，将新闻与一般商品区分开来。新闻这种商品的特殊性主要表现在新闻具有与一般商品不同的使用价值。新闻的使用价值是通过其特有的宣传指导功能、信息服务功能、舆论监督功能、文化娱乐功能等来实现的。"这也就使新闻具备了一般商品所没有的思想、道德的力量。"⑧

张允若认为新闻的商品属性是一种客观存在，因为"报纸的使用价值和交换价值不只是、而且主要不是在'变成铅字'的过程中创造的，主要的还是在新闻的采集、制作、传递的过程中创造的。不登新闻的'报纸'，在新闻市场上是毫无价值的，不能转化为商品的。所以，只承认报纸的商品性不承认新闻的商品性，倒真是既不符合客观实际，又在

---

① 沈世纬：《关于新闻商品性问题的质疑》，《中国记者》1994 年第 7 期。
② 童兵：《呼唤发育健全的新闻市场——兼议新闻商品性及其特点》，《新闻记者》1993 年第 7 期。
③ 童兵：《呼唤发育健全的新闻市场——兼议新闻商品性及其特点》，《新闻记者》1993 年第 7 期。
④ 童兵：《呼唤发育健全的新闻市场——兼议新闻商品性及其特点》，《新闻记者》1993 年第 7 期。
⑤ 童兵：《呼唤发育健全的新闻市场——兼议新闻商品性及其特点》，《新闻记者》1993 年第 7 期。
⑥ 童兵：《呼唤发育健全的新闻市场——兼议新闻商品性及其特点》，《新闻记者》1993 年第 7 期。
⑦ 秦德成：《新闻的商品性与党报的喉舌作用》，《新闻记者》1993 年第 7 期。
⑧ 蔡雯：《新闻的商品属性与"有偿新闻"现象辨》，《中国记者》1993 年第 9 期。

理论上'不够科学'的"①。"商品性不仅属于报纸，而且也属于新闻本身。""肯定新闻在市场条件下具有商品性，并不等于说商品性是新闻所固有的、具有本质意义的属性。""新闻的特殊性在于它是精神产品，它的使用价值同物质是很不相同的。""就新闻来说，使用价值主要在于它的认识价值，在于它能满足人们及时地不断了解环境，认识世界的需要。"②

李位三承认新闻的商品性，并且将其与党性原则联系起来。"新闻成为商品是一件好事，这迫使我们必须改革新闻写作的旧模式，按照新闻规律写新闻，以便更好地宣传党的方针政策。""而写得及时、信息量大、形式活泼的新闻，不论是报道新闻政策的出台，还是报道重要会议、领导人讲话，都会实现它们的商品价值，并达到预期的宣传目的。"③

孙茗认为，尽管学界对"新闻商品性"的提法有不同意见，但多数人能够接受，"是因为新闻具有商品性，不但在全世界的新闻实践中显而易见，而且在我国社会主义新闻实践中也越来越明显"。当然，"新闻是商品"的提法应有前提条件。"不加任何前提地说'新闻是商品'，容易导致对新闻的政治意义和社会价值的削弱和忽视，才是问题的症结所在。"④

（四）论争特点与启示

1. 由政治批判到学术研究

20世纪50年代有关报纸是商品的讨论，没有严格区分学术问题与政治问题的界线，以"声讨"来代替"学术探讨"。批判者认为王中提出的报纸是商品的问题不是学术观点，而只是些"骗人的理论"，是他反动的核心内容之一，是"向无产阶级的办报路线进行挑战"⑤，是一个"向党报进攻"⑥的由头。这种大批判无限上纲上线，违背了具体问题具体分析的原则。

---

① 张允若：《新闻的商品属性是一种客观存在——同持反对意见的朋友商榷》，《新闻与传播研究》1994年第2期。

② 张允若：《关于新闻商品性的几个认识问题》，《新闻记者》1994年第3期。

③ 李位三：《关于新闻商品性讨论的几点意见》，《新闻界》1995年第1期。

④ 孙茗：《新闻的商品性、商品和商品化辨析》，《新闻记者》1999年第8期。

⑤ 方晨：《在报纸的"商品性"的外衣下——斥王中的反动的资产阶级新闻理论》，《新闻业务》1957年第8期。

⑥ 甘惜分：《略论王中的反党思想》，《新闻业务》1957年第9期。

20 世纪 80 年代有关商品性的讨论中，学者开始心平气和地阐述自己的主张，能够指出其他学者观点的不足，较为客观。如陈力丹在《新闻是一种特殊的商品》一文开篇指出，杨飚在《我国新闻不是商品》中提供的种种依据，如"新闻与商品的根本性质不同""新闻与商品的客观形态不同""新闻与商品的表现形态不同""新闻与商品的价值尺度不同"等等，与马克思主义政治经济学的基本理论相违背，并在文中具体分析了马克思对"商品"概念使用的三种情况。这是一种正常的理性的学术探讨。

20 世纪 90 年代有关"商品性"问题的讨论，学术氛围更加浓厚，出现许多商榷、回应类的文章。如，1994 年张允若发表了《新闻的商品属性是一种客观存在——同持反对意见的朋友商榷》。1995 年李位三在文章开头就做了说明："我偶然读到一本《新闻界》杂志（1994 年第 2 期）上关于新闻商品性讨论的综述。由于原来作过新闻工作，现在又研究经济学，所以看了几行便进入了'情况'，想在这里谈几点意见"[1]；1996 年，郑保卫受到徐永恒《试论新闻的商品性》一文的启发，发表了《也谈新闻的商品性——兼答徐永恒同志》。这种回应旨在进行学理的探讨，而不在给对方扣上政治帽子。

2. 概念辨析由笼统到细致

20 世纪 50 年代的论争，不注意概念辨析。20 世纪 80 年代开始，一些学者通过揭示概念本质的方式来分析"商品性"问题，如李湛军的《再谈新闻的商品性》梳理了商品概念的实质，并且区分了"新闻"与"新闻信息"的不同。

20 世纪 90 年代更加重视概念辨析，寻根究底。有学者在词源学的意义上，对一些概念的内涵进行梳理。如 1993 年，何光先对新闻、载体、商品的概念分别进行详细论述，并得出结论："新闻、载体、商品这三者的属性、概念完全不同。尽管载体是一种商品，但新闻是不是商品那也只有将新闻同新闻的载体报纸、电台加起来并予以交换，才能考察它是否具有商品的属性或者哪一部分是商品。"[2] 这样就纠正了学界把新闻、载体、商品三者混为一谈的现象。

3. 理论层次由低到高

20 世纪 50 年代的论争，虽然也运用一些马克思主义基本理论，但为

---

① 李位三：《关于新闻商品性讨论的几点意见》，《新闻界》1995 年第 1 期。
② 何光先：《新闻·载体·商品及其它》，《新闻与写作》1993 年第 7 期。

了满足大批判的需要，是断章取义式的曲解马克思主义。20 世纪 80 年代，研究"商品性"问题时开始注重寻找理论依据，具体表现在两个方面：一是从马列经典著作中找依据。如陈力丹的《关于新闻商品性讨论的几点意见》与《新闻是一种特殊的商品》，均提到马克思在《资本论》中对"商品"这一概念使用的三种情况；李湛军在《再谈新闻的商品性》中也是通过分析《资本论》中的概念来明确商品概念的实质；陈国亮、曾宪柱以《马克思恩格斯全集》中《德意志意识形态》的一段话为依据："所谓精神生产……用马克思恩格斯的话来说，就是'思想、观念、意识的生产'以及'表现在某一民族的政治、法律、道德、宗教、形而上学等的语言中的精神生产。'"① 二是从西方历史的角度探究新闻商品化的进程。如陈力丹的《新闻商品化是历史的进步》一文指出，新闻事业的发展与商品交换几乎同步。

20 世纪 90 年代，学者的理论视野更加宏阔，并且注重深入探寻理论根源。童兵运用马克思的商品价值学说揭示新闻与一般商品的共同特点②。张允若则呼吁"从经济学的角度去思考和研究新闻传播行为，也已无可回避地提到了我国新闻理论界的面前。"③ 张允若还就"大众传播中的新闻是劳动产品""新闻产品和商品交换""新闻产品的使用价值和价值""新闻产品和经济规律"④ 等基本政治经济学问题提出见解。

4. 学术研究须有宽松的政治气氛

通过对中国新闻学术界有关"新闻商品性"争辩过程及特点的梳理与分析，可以看出，在当代中国，"新闻学研究学术热点的转移和学术探索的深入，在整体上与中国政治、经济、文化发展的进程保持了同步性"："政治气氛宽松，则新闻事业繁荣，学术争论自由活跃，成为一次次思想解放运动的'旗手'；极"左"思潮泛滥、政治运动干扰，则新闻事业停滞甚至萧条，学术争论'万马齐喑'，真实表达意见常常招致打击报复或错误批判。"⑤ 中国新闻学术的未来发展，必须谨记于此。

---

① 陈国亮、曾宪柱：《新闻商品性论纲》，《新闻学刊》1987 年第 4 期。

② 童兵：《呼唤发育健全的新闻市场——兼议新闻商品性及其特点》，《新闻记者》1993 年第 7 期。

③ 张允若：《关于新闻产品的几个经济学问题》，《中国广播电视学刊》1995 年第 2 期。

④ 张允若：《关于新闻产品的几个经济学问题》，《中国广播电视学刊》1995 年第 2 期。

⑤ 童兵、陈杰：《围绕"五论"的六十年争论——新中国成立以来新闻学理论研究管窥》，《中国地质大学学报》（社会科学版）2009 年第 6 期。

二、关于范长江西北采访的论争

20 世纪 80 年代至 21 世纪初，在关于范长江西北采访的某些问题上，新闻学界进行了激烈论争。论争中，不同意见相互碰撞，让我们看到了新闻学术的开放和自由，同时也看到了学术争鸣的某些不足与非理性。

（一）论争缘起与经过

1986 年，尹韵公针对范长江 1961 年在《记者工作随想》中谈到的当年西北采访怀着两个目的之说法，提出质疑。他在《新闻学论集》发表文章指出，范长江此次西北采访只为考察西部情况，而"研究红军北上后的中国动向"并非其目的①。文章一经发表，就在新闻史学界引起广泛论争。

1. 蓝鸿文与尹韵公之间的论争

最引人注目的是尹韵公与他的研究生导师、范长江的资深研究者蓝鸿文教授之间的争论。《范长江与红军长征》发表后，蓝鸿文撰写并发表《范长江报道红军长征的七篇佚文》（《新闻实践》1986 年第 10 期）、《从一篇通讯看范长江惊人的分析和判断能力》（《新闻知识》1986 第 10 期）、《五十年前范长江笔下的红军长征》（《新闻与写作》1986 年第 11 期）、《惊人的分析和判断——五十年前范长江笔下的红军长征（二）》（《新闻与写作》1986 年第 12 期）、《既敢写"国军"的失败又敢写红军的胜利——五十年前范长江笔下的红军长征（三）》（《新闻与写作》1987 年第 2 期）、《敏锐的洞察力——五十年前范长江笔下的红军长征（五）》（《新闻与写作》1987 年第 7 期）、《两次写红军长征的全过程——五十年前范长江笔下的红军长征（六）》（《新闻与写作》1987 年第 11 期）、《应该怎样还历史的本来面目？——〈对范长江与红军长征〉一文的意见》（《新闻学论集（第 12 辑）》1987 年）等系列关于范长江西北采访的文章，阐述自己的观点。

1988 年至 1992 年间，尹韵公陆续发表《历史地品评范长江的西北采访——再论范长江与红军长征兼答诸同志》（《新闻学刊》1988 年第 5 期）、《再论范长江与红军长征——与蓝鸿文老师商榷》（《新闻学论集（第 14 辑）》1990 年）、《范长江的预断与周恩来的评价——三论范长江

---

① 尹韵公：《范长江与红军长征——兼论范长江的世界观转变》，《新闻学论集》1986 年第 10 辑。

与红军长征》（《昨天与今天：历史学新闻学论文集》，成都出版社 1992年）。三篇文章都对蓝鸿文的观点提出质疑和反驳。蓝鸿文并没有立刻撰文回复尹韵公。

2008 年，黄春平发表文章①提及这场争论，蓝鸿文发表《我的声明》（《新闻大学》2009 年第 1 期），针对这场争论再次表达自己的见解。尹韵公又以《论范长江"研究红军北上以后中国的动向"的目的之不能成立》（《新闻与传播研究》2009 年第 3 期）一文予以回应，继续与蓝鸿文进行争鸣。2010 年 6 月，蓝鸿文发表《关于我与尹韵公在范长江去西北采访"两个目的"问题上争论的由来》（《新闻学论集（第 24 辑）》2010 年），阐述他与尹韵公争论的过程，继续反驳尹韵公的观点。蓝鸿文的文章发表未及一月，尹韵公便以《关于范长江与〈中国西北角〉之余论》（《安徽大学学报》（哲学社会科学版）2010 年第 4 期）一文继续阐述自己的观点。这篇文章的发表，结束了蓝鸿文与尹韵公之间的争论。

2. 方蒙与尹韵公之间的争论

《新观察》1986 年第 11～13 期连续刊登方蒙的《范长江的记者生涯》。方蒙给《中国的西北角》以极高的评价，认为范长江的通讯如实记录了西北地区与红军长征的情况，是准确而珍贵的史料。尹韵公则发表《关于范长江与〈中国的西北角〉——与方蒙同志商榷》（《新观察》1986 年第 23 期）一文，对方蒙的观点提出质疑。方蒙又发表《如何评价范长江的西北之行及其通讯——简复尹韵公"商榷"一文》（《新观察》1987 年第 2 期）作为答复。尹韵公又发表《历史地品评范长江的西北采访——再论范长江与红军长征兼答诸同志》（《新闻学刊》1988 年第 5期），结束他与方蒙之间的争论。

3. 范长江亲属与尹韵公之间的论争

范长江的胞弟范长城和范长江的儿子范东升也对尹韵公的观点提出反驳。1987 年《新闻学刊》第 5、第 6 期合刊全文转载尹韵公对方蒙的《范长江记者生涯》一文的商榷文章以及方蒙的答复文章，同时发表范长城的商榷文章《范长江报道红军长征不是"热点"吗？——与尹韵公同志商榷》，并刊发编者按。范长城对尹韵公在《关于范长江与〈中国的西北角〉——与方蒙同志商榷》（《新观察》1986 年第 23 期）一文中提出

①　黄春平：《历史需要宽容还是真实？——关于范长江"新说法"争论的思考》，《新闻大学》2008 年第 1 期。

的"范长江西北采访的目的只有了解西北现状"一观点提出异议。1988
年,尹韵公撰写答复文章《历史地品评范长江的西北采访——再论范长
江与红军长征兼答诸同志》,回复范长城的质疑。范长城与尹韵公之间的
争鸣以范长城发表的《范长江报道红军长征之我见》(《新闻学论集(第
16辑)》1992年)作为结束,文章论述"研究红军北上以后中国的动向"
是范长江西北采访的目的之一。

1986年尹韵公曾发表《范长江前的几位西北考察者》,指出范长江不
是"中国第一位进入西北进行考察的记者"。2003年,尹韵公又在《为
什么不是范长江》中列举大量史料,推翻西北采访是"第一次公开如实
地报道了工农红军的二万五千里长征"①的说法。针对尹韵公的质疑,范
长江之子范东升在中华传媒学术网上连续发表三篇文章②,努力澄清围绕
范长江西北考察产生的极具争议的问题。

(二) 论争焦点

1. "目的"之争

范长江西北采访究竟怀着"两个目的"还是"一个目的",是这场论
争的焦点。

尹韵公不同意范长江西北采访的主要目的是"研究红军北上以后中
国的动向"的说法,认为范长江此行的目的只有一个:研究西北的历史
和现状③。争论之初,尹韵公从四个方面论证:第一,行踪上,范长江跟
在红四方面军长征路线后的路程"不到一千里,占红军二万五千里长征
的二十五分之一"④。第二,字数上,"《中国的西北角》全书有十七万
字,描写红军的却不到四千字,占全书总字数的四十分之一"⑤。第三,
时间上,范长江是先于红军到达长征的某些地方。第四,当时的历史背

---

① 尹韵公:《为什么不是范长江?》,《新闻与传播研究》2003年第2期。
② 参见《关于我父亲范长江先生生平的几桩公案》http://academic. mediachina. net/arti-
cle. php? id=5338,2007年5月22日;《〈中国的西北角〉究竟是怎样一本书——关于我的父亲
范长江先生生平的几桩公案 (之二)》. http://academic. mediachina. net/article. php? id=5339,
2007年5月22日;《请给历史多一点宽容——关于我父亲范长江先生生平的几桩公案 (之三)》
http://academic. mediachina. net/article. php? id=5340,2007年5月22日。
③ 尹韵公:《范长江与红军长征——兼论范长江的世界观转变》,《新闻学论集》1986年
第10辑。
④ 尹韵公:《范长江与红军长征——兼论范长江的世界观转变》,《新闻学论集》1986年
第10辑。
⑤ 尹韵公:《范长江与红军长征——兼论范长江的世界观转变》,《新闻学论集》1986年
第10辑。

景和社会舆论是研究西北、了解西北。范长江受到当时大环境的影响进行西北考察，"红军问题并不是他西北采访的热点，而仅仅是一般旅途的所见所闻而已"①。

随着"两个目的"之争的深入，尹韵公提出更加确凿的史料来论证他的观点，围绕"红军""北上""以后"三个关键词而展开：

关于"红军"。"研究红军北上以后中国的动向"中的红军是指哪路红军，范长江没有说明。长征途中至少有 5 路不同的红军先后北上。直到后来，他在《我的自述》中才说明，这路红军指的是中央红军。

关于"北上"。范长江所说的"北上"是一种战术行为，而党中央的"北上"在大多数情况下表达的是战略行为。范长江说"红军北上"中的"红军"是指中央红军。但是在同一时空中，红四方面军正在南下，试图与中央红军会合。

关于"以后"。尹韵公并不否认范长江确实研究过红军动向，但范长江离开成都北上的时间（1935 年 7 月 14 日）早于红军北上战略开始的时间（1935 年 8 月 20 日）。他当时并不是一名共产党员，不可能与红军进行联络，更不可能了解到红军内部关于长征路线的规划。北上的事实并未发生，范长江并不可能研究一个尚未存在的事实发生后的状态。

范长江对于红军报道失实也是西北采访只有"一个目的"说的论据。尹韵公列举《中国的西北角》中的一些句子，来说明范长江对于红军的描写大多是负面的消极的，口吻也多带嘲讽。当时的范长江"还未能成长为一名共产主义者，只能是一个激进的资产阶级民主主义者"②，不能主动地求实地报道红军长征。当时的范长江对于红军的了解还不够深入，他并未跟随红军，完全是因为他此次西北之行有自己的行程规划，着眼于西北全局而不在红军。

综上所述，尹韵公认为范长江的红军采访只是西北采访过程中的产物，范长江"研究红军北上以后中国的动向"的说法是经不起推敲的。

蓝鸿文、方蒙、范长城、范东升均不同意尹韵公的意见，认为范长江在西北采访时，是怀着"两个目的"进行的。

---

① 尹韵公：《关于范长江与〈中国的西北角〉——与方蒙同志商榷》，《新观察》1986 年第 23 期。

② 尹韵公：《范长江与红军长征——兼论范长江的世界观转变》，《新闻学论集》1986 年第 10 辑。

　　蓝鸿文针对尹韵公提出的四个论据，进行反驳：第一，从行踪上看，除江油、平武、松潘一线外，范长江还去过两次陇东，一次陇中。第二，从字数上看，除《中国的西北角》一书外，范长江还有 7 篇报道红军长征的通讯未被收录，这些文章约为 2 万字。第三，从时间上看，范长江先于红军到达长征的某些地方是事实，但范长江实际上起到了先探路、先调查的作用。第四，研究西北问题和研究红军长征北上以后中国的动向并无矛盾，甚至关系密切。当时国人关心红军的程度大大超过开发西北热，尹文却没有提到这点。此外，蓝鸿文认为，范长江这次西北之行的第一篇通讯——《岷山南北剿匪军事之现势》（以下简称《岷》）就是描写红军长征的，在完成《岷》和《成兰纪行》后，连续撰写 6 篇关于红军长征的通讯。范长江西北采访前后十月余，前 5 个月都将精力都放在了采访和报道红军长征上。①

　　针对尹韵公提出的"区分'研究红军动向'和'研究红军北上以后的动向'这两个概念"，蓝鸿文指出，他与尹韵公之间的争论并非概念之争，而是以范长江去西北采访到底是怀着一个目的还是两个目的为核心的，"概念之争，是尹韵公杜撰出来的，是无的放矢"②。

　　针对尹韵公所说的范长江在西北采访时"还未能成长为一名共产主义者，只能是一个激进的资产阶级民主主义者"③ 的观点，蓝鸿文认为其有逻辑问题。世界观的不同，不会成为阻挡研究的绊脚石，斯诺和哈里森也曾写出关于红军长征的文章。尹韵公没有结合当时的历史环境和历史问题，没有做到具体问题具体分析。红军长征时，外有国民党的"围剿"，内有长征路线的斗争，环境十分复杂，斗争十分尖锐。④

　　蓝鸿文不反对向名人挑战，但强调要尊重名人隐私。在他看来，关于西北采访究竟是怀着一个目的还是两个目的的问题，应该尊重范长江本人的说法。"长江没有必要在文章中说违心话，长江襟怀坦荡，也不是说违心话的人。"⑤ 尹韵公不是在探讨范长江研究红军北上以后中国的动

---

　　①　参见蓝鸿文：《应该怎样还历史的本来面目？——〈对范长江与红军长征〉一文的意见》，《新闻学论集》1987 年第 12 辑。

　　②　参见蓝鸿文：《我的声明》，《新闻大学》2009 年第 1 期。

　　③　尹韵公：《范长江与红军长征——兼论范长江的世界观转变》，《新闻学论集》1986 年第 10 辑。

　　④　参见蓝鸿文：《应该怎样还历史的本来面目？——〈对范长江与红军长征〉一文的意见》，《新闻学论集》1987 年第 12 辑。

　　⑤　蓝鸿文：《应该怎样还历史的本来面目？——〈对范长江与红军长征〉一文的意见》，《新闻学论集》1987 年第 12 辑。

向这个问题到底成立不成立的问题，而是在对范长江进行人身攻击。

方蒙则强调，范长江本人已说明自己西北采访是怀着两个目的，那么"是以长江所说的为准，还是以尹文所说的为准呢"①？方蒙认为个人回忆也许不完全准确，但亦有事实可以证明。范长江到兰州后，正值红军突破岷山向陇东而去，他紧随其后进行连续报道，前后约一两月之久，期间完成大小通讯十篇，其中五篇收入《中国的西北角》，另有五篇并未收入。方蒙不同意尹韵公关于"范长江的西北采访被人为拔高"的说法。他承认范长江的通讯确实存在一些局限性和不足，但不能因此否定范长江西北采访的贡献。他认为刘少奇对于范长江的评价最准确："长江同志是全国有名的记者，写过很多很好的通讯，广大读者都尊敬他，都喜欢读他的作品。但长江同志写的东西，并不是每篇都是好的，也有些写的不好或者不那么好的。可是要知道，那时长江同志是在国民党统治区工作，有国民党统治派压迫控制，有百分之六十、七十的马列主义都是很宝贵的。"②

范长城针对尹韵公的说法，指出，早在1934年范长江就曾秘密到达南昌，偷偷看过一二百种有关共产党和红军的文件、传单等。那时的范长江就对红军很感兴趣，很想研究红军，但苦于没有机会。而且，在范长江在完成《岷》和《成兰纪行》后，在9月下旬至12月上旬的两个多月中，共撰写通讯两万五千余字，其中直接报道红军的有两万两千多字，"占全部通讯的90%"③。针对"红军南下"一说，范长城指出："红军从金沙江的皎平渡到德昌，从西昌到冕宁，从安顺场到泸定，翻夹金山至丹巴，越刷金寺到毛儿盖，这绵延约1000公里的遥远行程，只要翻开地图，划上一条红线，从川南到川北，哪怕是低年级的小学生，可能都会说出，这决不是南下，而是北上。"④

范长城提出，正确地评价范长江的西北采访，不能脱离当时蒋介石要全力消灭红军的历史情况。在当时的条件下，范长江不可能表明支持红军，只能采取表面拥护蒋介石，骨子里宣传红军的办法，明贬实褒。

① 方蒙：《如何评价范长江的西北之行及其通讯——简复尹韵公"商榷"一文》，《新观察》1987年第2期。
② 方蒙：《如何评价范长江的西北之行及其通讯——简复尹韵公"商榷"一文》，《新观察》1987年第2期。
③ 长城：《范长江报道红军长征不是"热点"吗？——与尹韵公同志商榷》，《新闻学刊》1987年5~6期合刊。
④ 范长城：《范长江报道红军长征之我见》，《新闻学论集》1992年第16辑。

在范长江的西北通讯中，既有对红军的质疑，又有对红军的赞扬。这并不是范长江觉悟突然提高了，只是他坚持记者应有的素质，真实地记录红军长征。同时，在分析史料时，应着眼全文，不能断章取义。范长江确实歌颂过胡宗南，但是在歌颂后又描写胡宗南的彻底失败。尹韵公的文章只引用了歌颂部分，断章取义，实不可取。强烈的爱国主义不仅是范长江通讯的脊梁，而且是促使范长江去研究红军、报道红军的动力源泉。尹韵公极力否定这点。尹韵公所说的范长江所说的"两个目的"是违心话的说法，只是推测，没有建立在科学周密的调查研究基础上，太过主观、不负责任。

2."两个第一"之争

尹韵公认为范长江的西北采访享有的两个"第一"都是后人"强加"给他的。在《范长江前的几位西北采访者》中，尹韵公指出，曾有七位爱国人士早于范长江进入西北进行考察，证明范长江不是"中国第一位进入西北角考察"的记者。之后，他又论证"范长江第一次公开如实地报道了工农红军的二万五千里长征"[①] 的说法缺乏说服力。

针对范长城曾说范长江写于 1935 年 7 月 14 日的《岷》是"最早公开报道红军长征的篇章"，尹韵公表示怀疑："《大公报》在 1935 年 7 月的 31 天中，有 24 天发表了关于红军的报道，另有 7 天空白。"[②]《大公报》的报道涉及多路红军，不仅内容丰富而且形式多样。如果《岷》算是公开的报道，那么《大公报》这些文章也应该是公开的。

尹韵公指出，范长江的红军报道并不"如实"，他的很多说法与当时国民党官方的言论基本一致。例如，"国民党官方经常攻击红军杀人放火，抢劫粮食，范长江人云亦云，有之"[③]。又如，《大公报》曾称红军为"霉老二"，范长江在《中国的西北角》中也有同样的描述。国民党官方关注红军动态，经常做出分析和预测，范长江亦如此。

尹韵公经查阅史料最后得出结论：陈云是最早向世界正面报道和宣传红军长征的第一人。1936 年春，共产党领导人之一的陈云化名为"史平"，在《共产国际》杂志（中文版）第一二期合刊上发表《英勇的西征》。同年，他又完成了《随军西行见闻录》，第一次向世人真实、生动地展示了红军长征的过程。

---

① 尹韵公：《为什么不是范长江?》，《新闻与传播研究》2003 年第 2 期。
② 尹韵公：《为什么不是范长江?》，《新闻与传播研究》2003 年第 2 期。
③ 尹韵公：《为什么不是范长江?》，《新闻与传播研究》2003 年第 2 期。

对此，范东升指出，尹韵公在《为什么不是范长江?》一文中列举的《大公报》的报道不能算是真正意义上的"新闻报道"，应该叫做"宣传"。范长江是第一个公开将"赤匪"改称为"中国共产党""中国红军""朱毛主力"等称呼的人。虽然他的文章存在"一定的缺陷"，"但是，正是从《中国的西北角》开始，以我父亲为主要代表的报界人士才开始突破'剿匪'宣传的陈词滥调，而转向采取更为符合新闻客观原则的报道方式"①。

（三）论争意义与启示

1. 客观地评价历史人物，既不能求全责备，也不应刻意拔高

这场围绕"范长江西北采访目的与评价"的争论持续时间长达 24 年。通过争鸣，让我们对范长江这个人物有了更加全面的了解，他的形象更加丰富和饱满，范长江并非完人。尹韵公认为，范长江 1935 年西北采访的实际目的与他 1961 年所说的有所出入，是因为当时的政治高压和极"左"思潮的影响。范长江在大环境的影响下说出的违心话，这是时代的错误，不是个人的错误。这一评价还是客观的。学术争论应该以史料为准，只有提出了可靠的史料来说明问题，才能使人信服。历史人物的自述、日记和论者的猜测、推断不能在没有其他史料佐证的情况下而成为立论的重要甚至唯一的依据。如果刻意修饰，看起来是在维护范长江的形象，实际上却违背实事求是的原则。我们应当正视历史人物的思想弱点，而不能刻意拔高。只有忠于历史、还原历史的本来面目，才会让后人更加深刻地认识历史人物、把握历史人物、合理解释历史人物。

这场争论虽然是围绕范长江去西北采访目的问题而展开的，但争鸣的实质是如何评价一个历史人物。虽然关于范长江西北采访的两个"第一"的评价都是后人强加的，但是我们也不能否定范长江西北采访的意义。正如范东升所强调，记者是一个高危职业，在承担服务公众，服务社会，客观全面公正地传递信息的同时，会受到多方面的压力，例如"时间高度紧迫、资源相当有限、舆论充满分歧、时局猛烈变动"② 等等。在战争、社会动荡时期更甚。评价范长江这样的历史人物，"最基本的研

① 范东升：《〈中国的西北角〉究竟是怎样一本书?——关于我的父亲范长江先生生平的几桩公案（之二）》，中华传媒学术网，http：//academic. mediachina. net/article. php? id＝5339，2007 年 5 月 22 日。

② 范东升：《请给历史多一点宽容——关于我的父亲范长江先生生平的几桩公案（之三）》，中华传媒学术网，http：//academic. mediachina. net/article. php? id＝5340，2007 年 5 月 22 日。

究尺度，就是看他在他所生活的那个时代是否认真履行其职业使命，是否真诚奉行其职业准则，是否具备良好的敬业精神，是否对当时的新闻事业以及社会的发展积极推动有所贡献。能这样做的，就值得加以肯定，可以算得上是个好记者，好报人了"①。对于历史人物，不应求全责备，应将他们还原到当时的时代去评价他们的行为，而不能抓住一点过错，就否定他们的全部贡献。

2. 理性地进行学术争鸣，不应意气用事

"学术探讨是通过论争明辨是非，希望双方都有充分说理的机会，目的是通过科学思辨使整个学术界的认识更接近真理。这种认识上的进步，正是论辩双方的共同贡献。"② 争论的最初，尹韵公抱着严谨求真的态度提出了自己的质疑，这无可厚非。他的论证有理有据，其他学者的反驳也提出各自的观点，营造了一个较好的争鸣氛围。但随着争论话题的深入，争论时间的推移，这场争论出现了诸多不理性的言论。

蓝鸿文是范长江的资深研究者，在漫长的研究过程中深刻地感受到范长江的人格魅力。但在学术研究中，不应以范长江在特殊时代的言论作为评价范长江的重要论据。有关"范长江本人最清楚，其他人说三道四，都是多余的"③ 等说法，带有强烈的主观色彩，有违史学研究的实事求是原则。

争论的双方只有在平和的态度下进行理性思考，学术论争才有益于发现问题、解决问题。但在这场争论的后期，蓝鸿文、尹韵公都有些意气用事。尹韵公在行文中流露出嘲讽的语气，有失学术争鸣应有的平和。例如，"我们有的所谓'研究'者不愿花功夫，不肯做哪怕是不费劲的举手之劳，去翻翻当年的旧报……如果连最基本的事实都故意视而不见，对起码的逻辑常识都装作无知愚昧，还配做学问吗？"④ 而蓝鸿文也还以相应的态度，也无利于问题的解决。例如，"我注意到，尹韵公后来在别的文章中提了跟踪采访事，是在堵漏洞，还是怕别人抓住自己的把柄做

---

① 范东升：《请给历史多一点宽容——关于我的父亲范长江先生生平的几桩公案（之三）》，中华传媒学术网，http：//academic. mediachina. net/article. php？id=5340，2007 年 5 月 22 日。

② 姚福申：《学术争论是为了使认识更接近真理——简复喻权域先生》，《新闻大学》1999年第 3 期。

③ 蓝鸿文：《关于我与尹韵公在范长江去西北采访"两个目的"问题上争论的由来》，《新闻学论集》2010 年第 24 辑。

④ 尹韵公：《关于范长江与〈中国的西北角〉之余论》，《安徽大学学报》（哲学社会科学版）2010 年第 4 期。

文章？不管什么情况，改了就好。不过，我总感到遮遮掩掩、羞羞答答地改正错误，不如公开作点自我批评，来得痛快。"① 当这种话语在论文中多次出现时，无疑会影响论争的效果。

　　良性的学术争鸣，不应当指责一个研究者提出问题的初衷。咄咄逼人、互相嘲讽、含沙射影，都不是学术探讨应有的态度。反观范东升，尹韵公虽对范长江提出质疑，但他依旧称尹韵公为"尹所长""学友尹先生"。他在进行反驳时不急不躁，虽然并没有挖掘出新的史料支撑自己的观点，但争鸣态度，无疑是值得肯定的。

　　学术论争不仅要追求学术规范，同时要追求"道义价值"和"伦理要求"，正如邵培仁、廖卫民所指出的："学术论争不是政治的较量，不是学术话语的权力争夺，也不是智力的竞赛，不在于争名争气，不在于说服对方，也不在于统一思想，其基本的逻辑根植于对学术本身的敬畏，对论者人格的尊重，对论者说话权利的捍卫。即便在论争中出现了误解曲解和情绪化语言乃至口角争执或其他让人不愉快的情形，论者都需要保持克制，遵守伦理规范，这实际上比学术规范更为根本。"② 这也是有关范长江西北采访之争，给我们留下的深刻启示。

---

　　① 蓝鸿文：《关于我与尹韵公在范长江去西北采访"两个目的"问题上争论的由来》，《新闻学论集》2010 年第 24 辑。

　　② 邵培仁、廖卫民：《中国新闻与传播研究 30 年学术论争的历史考察（1978～2008）》，《中国传媒报告》2008 年第 1 期。

主要参考文献

1942 年

《致读者》,《解放日报》1942 年 4 月 1 日。

《报纸和新的文风》,《解放日报》1942 年 8 月 4 日。

《展开通讯员工作》,《解放日报》1942 年 8 月 25 日。

1943 年

志勇:《把组织通讯员的工作办好》,《解放日报》1943 年 4 月 8 日。

采访通讯部:《对于县委领导通讯工作的意见》,《解放日报》1943 年 7 月 23 日。

陆定一:《我们对于新闻学的基本观点》,《解放日报》1943 年 9 月 1 日。

史坚:《半年来延川的通讯工作》,《解放日报》1943 年 11 月 18 日。

《延县区乡干部投稿积极　区长区书每月写稿两篇》,《解放日报》1943 年 11 月 18 日。

1944 年

穆青:《农村通讯小组的方向》,《解放日报》1944 年 9 月 1 日。

郝玉山:《定边县组织通讯工作的经验》,《解放日报》1944 年 9 月 1 日。

1945 年

《提高一步》,《解放日报》1945 年 5 月 16 日。

1947 年

恽逸群:《新闻学讲话》,河间,冀中新华书店 1947 年版。

1948 年

宫达非:《大众化编写工作》,哈尔滨,东北书店 1948 年版。

1950 年

〔苏〕彼得库尔科夫等著,蒋齐生等译:《怎样领导党报》,上海,三联书店 1950

年版。

《读者的话》，《人民日报》1950 年 1 月 4 日。

〔苏〕L. K. 布朗特曼：《论报纸上的消息》，《人民日报》1950 年 1 月 18 日。

〔苏〕L. K. 布朗特曼：《论报纸上的消息》，《人民日报》1950 年 2 月 1 日。

〔苏〕葛烈勃涅夫：《论报刊述评》，《人民日报》1950 年 3 月 1 日。

编者：《缺乏真实性的报道举例》，《人民日报》1950 年 3 月 1 日。

〔苏〕D. 别卡索夫：《报纸编辑部怎样处理劳动者的来信?》，《人民日报》1950 年 3
月 15 日。

〔苏〕D. 别卡索夫：《报纸编辑部怎样处理劳动者的来信?》，《人民日报》1950 年 3
月 29 日。

《贯彻正确的批评和自我批评》，《人民日报》1950 年 4 月 7 日。

〔苏〕波得库雨科夫：《省级报纸编辑部工作的组织》，《人民日报》1950 年 4 月
12 日。

《慎重对待劳动者的来信——四月十八日真理报社论》，《人民日报》1950 年 5 月
10 日。

《论会议新闻的报道》，《人民日报》1950 年 5 月 24 日。

《论读者来信版和以读者来信为主要内容的副刊》，《人民日报》1950 年 8 月 2 日。

新闻总署研究室：《报纸上的批评和自我批评》，《人民日报》1950 年 8 月 2 日。

〔苏〕查斯拉夫斯基：《怎样写小品文》，《人民日报》1950 年 11 月 6 日。

《处理读者来信工作的缺点——辽西日报编辑部对群众园地组九月份稿件检查小结》，
《人民日报》1950 年 11 月 22 日。

1954 年

《学习“真理报”的经验》，北京，人民出版社 1954 年版。

《联共（布）中央直属高级党校新闻班讲义汇编》，北京，人民出版社 1954 年版。

1955 年

〔苏〕凌俊、伍福强、郑兴东合译：《党和苏维埃报刊的理论和实践教学大纲》，北
京，中国人民大学 1955 年出版。

《苏联共产党中央直属高级党校新闻班讲义汇编》第二辑，北京，人民出版社 1955
年版。

〔苏〕尼·格·帕尔古诺夫著，达力译：《塔斯社和它的作用》，北京，时代出版社
1955 年版。

《关于胡风反革命集团的材料》，北京，人民出版社 1955 年版。

1956 年

〔苏〕伊·尼·斯洛保加纽克：《党和苏维埃报刊理论与实践的几个问题》（内部教

材），北京，中共中央高级党校 1956 年出版。

〔苏〕伊·尼·斯洛保加纽克：《苏共报刊史概要》（内部教材），北京，中共中央高
　　级党校 1956 年出版。

1957 年

方晨：《在报纸的"商品性"的外衣下——斥王中的反动的资产阶级新闻理论》，《新
　　闻业务》1957 年第 8 期。

甘惜分：《略论王中的反党思想》，《新闻业务》1957 年第 9 期。

席与铃：《复旦大学新闻系开设"新闻学专题讲座"》，《新闻业务》1957 年第 11 期。

思慕：《批判王中的"报纸是社会产物"的谬论》，《新闻业务》1957 年第 12 期。

《北京新闻界"鸣"起来了》，《人民日报》1967 年 5 月 17 日。

《"三大主义"阻碍新闻事业的发展——首都举行的新闻工作座谈会初试"鸣"
　　"放"》，《光明日报》1957 年 5 月 17 日。

《报纸应该对谁负责？中国新协等单位在北京集会讨论》，《文汇报》1957 年 5 月
　　17 日。

《鸣放的空气浓厚，老报人慷慨陈词》，《光明日报》1957 年 5 月 18 日。

《新闻工作者座谈会继续举行，老报人批评现在报纸的缺点》，《人民日报》1957 年 5
　　月 18 日。

《首都新闻工作者座谈会结束，提出许多新闻理论和实际工作中的问题》，《人民日
　　报》1957 年 5 月 19 日。

张友鸾：《是蜜蜂，不是苍蝇》，《光明日报》1957 年 5 月 28 日。

《北京上海等地新闻界人士座谈，揭露右派篡夺报纸领导权活动》，《文汇报》1957 年
　　6 月 25 日。

《首都新闻界人士昨日举行座谈会，揭露右派分子篡夺报纸的活动》，《光明日报》
　　1957 年 6 月 25 日。

《只有在党的领导下，人民报纸才能办好——新闻界座谈会继续批驳资产阶级办报思
　　想》，《文汇报》1957 年 6 月 26 日。

《六项政治标准也就是我们办报标准——新闻界人士继续揭露右派活动驳斥资产阶级
　　新闻观点》，《光明日报》1957 年 6 月 26 日。

《新闻工作座谈会继续举行，批判反社会主义新闻观点》，《文汇报》1957 年 6 月
　　28 日。

《文汇报的资产阶级方向应当批判》，《人民日报》1957 年 7 月 1 日。

《必须解决办报的路线问题》，《人民日报》1957 年 7 月 14 日。

黄卓明：《张友鸾的文章是"苍蝇"，不是"蜜蜂"——评张友鸾的"是蜜蜂，不是
　　苍蝇"》，《光明日报》1957 年 7 月 26 日。

《想在南方新闻界树立势力范围，王中的卑鄙意图受到驳斥》，《文汇报》1957 年 7 月
　　26 日。

《有纲领有计划地篡改新闻事业的政治方向，王中蜕化为资产阶级右派的代理人》，
　　《光明日报》1957年8月2日。
《有纲领有计划篡改新闻事业政治方向，王中是不折不扣的右派分子》，《文汇报》
　　1957年8月2日。
《复旦新闻系全体师生集会，揭发王中篡改新闻系政治方向》，《文汇报》1957年8月
　　4日。
《全国新闻界反右派斗争声势浩大》，《光明日报》1957年8月24日。

1958 年

《批判王中反动的新闻理论》，上海，上海人民出版社1958年版。
《中国现代报刊史讲义初稿》（第一章），油印本，1958年出版。
《中国现代报刊史讲义初稿》（第三章），油印本，1958年出版。
蒋文杰：《从报纸的起源驳王中的"社会需要"论》，《新闻战线》1958年第6期。
李龙牧：《斥所谓"社会需要论"》，《新闻战线》1958年第7期。
陶鲁笳：《党委要把机关报紧紧地掌握在自己的手里》，《新闻战线》1958年第7期。
《北大新闻专业并到人大新闻系》，《新闻战线》1958年第7期。
邓拓：《新闻工作者红专的道路》，《新闻战线》1958年第8期。
丁希凌：《坚持报纸工作的两条路线斗争》，《新闻战线》1958年第10期。
刘建勋：《认真执行毛主席关于报纸工作的指示》，《新闻战线》1958年第13期。
陕西日报办公室：《什么是全党办报的"纲"——略谈把一部分版面交出去的问题》，
　　《新闻战线》1958年第13期。
《办报一定要走群众路线》，《新闻战线》1958年第13期。

1959 年

广西日报群众工作部：《依靠各级党委是实行全党办报的关键》，《新闻战线》1959年
　　第2期。
中国人民大学新闻系福建日报实习组：《"全党办报"的几种新形式》，《新闻战线》
　　1959年第8期。
王任重：《加强党报的战斗性——为纪念湖北日报创刊十周年而作》，《新闻战线》
　　1959年第13期。

1960 年

〔美〕卡斯柏·约斯特：《新闻学原理》（批判资产阶级新闻学资料一），北京，中国
　　人民大学新闻系1960年出版。
〔美〕纳尔逊·安特宁·克劳福德：《新闻伦理学》（批判资产阶级新闻学资料二），
　　北京，中国人民大学新闻系1960年出版。
〔日〕小野秀雄：《新闻学原理》（批判资产阶级新闻学资料四），北京，中国人民大

学新闻系 1960 年出版。

〔美〕威士里·C. 克拉尔克主编：《明日新闻事业》（批判资产阶级新闻学资料五），北京，中国人民大学新闻系 1960 年出版。

〔法〕杰克·凯塞尔：《一种自由的死亡》（批判资产阶级新闻学资料六），北京，中国人民大学新闻系 1960 年出版。

孙泽夫：《全党办报的新阶段》，《新闻战线》1960 年第 5 期。

福建日报总编室：《党委报道组的任务》，《新闻战线》1960 年第 5 期。

河南日报编委会：《河南全党办报的新形势》，《新闻战线》1960 年第 5 期。

《报纸工作要适应全党办报的新形势》，《新闻战线》1960 年第 7 期。

河南日报总编室：《全党办报是根本解决报道地区平衡问题的关键》，《新闻战线》1960 年第 8 期。

乌兰夫：《做毛主席的好学生当好新闻战线的尖兵》，《新闻战线》1960 年第 8 期。

吕梁：《贯彻执行全党办报方针的几个具体做法》，《新闻战线》1960 年第 9 期。

程少康：《加强对全党办报工作的具体领导》，《新闻战线》1960 年第 11 期。

仲冲：《全党办报是报纸工作的根本方针》，《新闻战线》1960 年第 12 期。

向青：《我系是怎样开展新闻学学术批判运动的》，《教学与研究》1960 年第 Z1 期。

1961 年

刘建邦、卢克：《谈通讯员在全党办报运动中的作用》，《新闻业务》1961 年第 12 期。

1962 年

李龙牧：《加强新闻学的理论建设》，《新闻业务》1962 年第 6 期。

黄文俞：《坚持办报的群众路线》，《新闻业务》1962 年第 6 期。

1963 年

沈育：《马克思主义新闻学的基本观点》，《江淮学刊》1963 年第 4 期。

司群：《解放军报是怎样贯彻全党办报方针的》，《新闻业务》1963 年第 8 期。

1965 年

孙轶青：《学会用毛泽东思想办报》，《新闻业务》1965 年第 4 期。

1967 年

新华社驻西宁记者：《把报纸办成宣传毛泽东思想的坚强阵地》，《光明日报》1967 年 6 月 12 日。

1968 年

姚文元：《工人阶级必须占领上层建筑的各个领域》，《红旗》1968 年第 2 期。

《人民日报》《红旗》杂志《解放军报》编辑部：《把新闻战线的大革命进行到底——批判中国赫鲁晓夫反革命修正主义的新闻路线》，《人民日报》1968 年 9 月 1 日。

中国人民解放军政治学院：《社会主义新闻事业是无产阶级专政的工具——彻底批判中国赫鲁晓夫的反革命修正主义新闻观点》，《光明日报》1968 年 9 月 4 日。

人民日报工人通讯员：《无产阶级报纸必须为工农兵服务》，《人民日报》1968 年 9 月 5 日。

人民日报工人通讯员：《工农兵是新闻战线上的主力军》，《人民日报》1968 年 9 月 5 日。

1969 年

吉扬文：《革命舆论的战斗力量》，《红旗》1969 年第 2 期。

安学江：《用革命舆论粉碎反革命舆论》，《人民日报》1969 年 6 月 19 日。

1970 年

安江：《思想战线上的新事物》，《红旗》1970 年第 7 期。

1971 年

江虹：《加强新闻报道队伍的思想建设》，《红旗》1971 年第 2 期。

1973 年

丁望编：《中国大陆新闻界文化大革命资料汇编》，香港，香港中文大学出版社 1973 年版。

1979 年

梁明：《北京地区社会科学界学术讨论会新闻学组讨论无产阶级新闻学的理论与实践问题》，《新闻战线》1979 年第 6 期。

1980 年

《西安地区新闻界举行学术讨论会》，《新闻战线》1980 年第 2 期。

《北京新闻学会举行成立大会——名誉会长胡乔木同志作了讲话》，《新闻战线》1980 年第 3 期。

李兵：《安徽省新闻学会成立》，《新闻战线》1980 年第 4 期。

《北京新闻学会举行刘少奇同志新闻理论讨论会》，《新闻战线》1980 年第 4 期。

胡绩伟：《报纸工作人员是调查研究的专业人员》，《新闻战线》1980 年第 5 期。

熊复：《在报纸上有领导地开展正确的批评和自我批评》，《新闻战线》1980 年第 5 期。

方言：《还是需要客观真实公正全面》，《新闻战线》1980 年第 5 期。

甘肃省委宣传部新闻出版处：《甘肃省新闻学会成立》，《新闻战线》1980 年第 6 期。

《西北五报举行新闻学术讨论会》，《新闻战线》1980 年第 6 期。

郑里：《对几个新闻理论问题的探讨》，《新闻战线》1980 年第 7 期。

1981 年

方汉奇：《中国近代报刊史》，太原，山西人民出版社 1981 年版。

甘惜分：《论新闻学》，《青海社会科学》1981 年第 3 期。

安冈：《我们能不能建立一门新闻经济学？》，《新闻战线》1981 年第 3 期。

方汉奇：《加快新闻史研究的步伐》，《新闻战线》1981 年第 11 期。

1982 年

甘惜分：《新闻理论基础》，北京，中国人民大学出版社 1982 年版。

康荫：《新闻概论》，长春，吉林省广播电视学校、北京广播学院新闻研究所 1982 年
　出版。

何光先：《交流情况　加强协作　促进科研——全国新闻研究工作座谈会在京召开》，
　《新闻战线》1982 年第 1 期。

方汉奇：《关于新闻史研究的体会和建议》，《新闻研究资料》1982 年第 1 期。

秦绍德：《中国新闻史学术讨论综述》，《新闻大学》1982 年第 4 期。

《什么是"New Journalism"》，《新闻大学》1982 年第 5 期。

1983 年

《毛泽东新闻工作文选》，北京，新华出版社 1983 年版。

方汉奇、张之华主编：《中国新闻事业简史》，北京，中国人民大学出版社 1983 年版。

张宗厚、陈祖声：《简明新闻学》，北京，人民日报出版社 1983 年版。

钱辛波：《新闻学研究与新闻改革》，《新闻记者》1983 年第 3 期。

孙振斌：《方法论与新闻学研究》，《现代传播》1983 年第 3 期。

鲍宣：《纪念马克思逝世一百周年新闻学术讨论会在京举行》，《新闻战线》1983 年第
　4 期。

温济泽、赵玉明、谢骏：《中国新闻学研究工作的发展概况》，《学习与思考》1983 年
　第 6 期。

《坚持毛泽东同志的新闻理论　努力开创新闻工作的新局面——全国新闻学术讨论会
　在长沙举行》，《新闻记者》1983 年第 10 期。

1984 年

戴邦、钱辛波、卢惠民：《新闻学基本知识讲座》，北京，人民日报出版社 1984 年版。

李良荣：《"信息热"和新闻改革》，《新闻大学》1984 年第 1 期。

宁树藩：《论新闻的特性》，《新闻大学》1984 年第 2 期。

张希圣：《新闻学与信息学的历史与逻辑联系初探》，《延边大学学报》（社会科学版）
　　1984 年第 4 期。

徐培汀：《我国新闻学研究的沿革与趋向》，《复旦学报》（社会科学版）1984 年第
　　5 期。

李湛军：《再谈新闻的商品性》，《新闻学会通讯》1984 年第 7 期。

陈力丹：《关于新闻商品性讨论的几点意见》，《新闻学会通讯》1984 年第 7 期。

1985 年

李龙牧：《中国新闻事业史稿》，上海，上海人民出版社 1985 年版。

余家宏、宁树藩、叶春华：《新闻学基础》，合肥，安徽人民出版社 1985 年版。

复旦大学新闻系新闻理论教研室：《新闻学概论》，福州，福建人民出版社 1985 年版。

钱辛波：《中国新闻学发展的五个历史阶段》，《新闻学刊》1985 年创刊号。

徐文珍：《华北六报第九届协作会在京举行》，《新闻与写作》1985 年第 1 期。

一迅：《进一步开展新闻学术研究活动　北京市新闻学会召开首届年会》，《新闻与写
　　作》1985 年第 1 期。

甘惜分：《提高新闻学研究的理论水平》，《新闻与写作》1985 年第 2 期。

甘惜分：《提高新闻学研究的理论水平》，《新闻业务》1985 年第 3 期。

陈韵昭：《关于大众传播学》，《复旦学报》（社会科学版）1985 年第 3 期。

于月明：《"第一届传播学国际讨论会"在上海举行》，《外语界》1985 年第 4 期。

《纪念抗日战争和世界反法西斯战争胜利四十周年 全国新闻学术讨论会在重庆举行》，
　　《新闻研究资料》1985 年第 4 期。

《四川省新闻学会召开座谈会拟定新闻学术研究的一些课题》，《新闻界》1985 年第
　　5 期。

童兵：《端正党风提高素质新闻真实性学术讨论会综述》，《新闻知识》1985 年第
　　7 期。

陈力丹：《清除科研中的"文化大革命"遗风》，《新闻大学》1985 年第 9 期。

1986 年

《邓拓文集》，北京，北京出版社 1986 年版。

《毛泽东著作选读》，北京，人民出版社 1986 年版。

成美、童兵编：《新闻理论简明教程》，北京，中央广播电视大学出版社 1986 年版。

林枫：《新闻理论与实践》，北京，新华出版社 1986 年版。

宁树藩：《新闻学研究中亟待澄清的几个问题》，《学术界》1986 年第 1 期。

陆小华：《新闻的社会调节功能》，《中国社会科学院研究生院学报》1986 年第 2 期。

秦月：《试论理论新闻学的逻辑起点》，《郑州大学学报》（哲学社会科学版）1986 年
　　第 3 期。

宋志耀:《怎样写"信息新闻"?——答荣革同志问》,《新闻知识》1986年第5期。

杨飚:《我国新闻不是商品》,《新闻界》1986年第5期。

孔祥科:《交流学术思想探讨新闻规律——记中国新闻学会联合会第一届年会》,《新闻爱好者》1986年第5期。

陈力丹:《新闻是一种特殊的商品》,《新闻界》1986年第6期。

《新闻受众研究学术会在安徽举行》,《新闻知识》1986年第8期。

朱向霞:《"信息新闻"的提法能成立吗?——与宋志耀同志商榷》,《新闻知识》1986年第9期。

蓝鸿文:《范长江报道红军长征的七篇佚文》,《新闻实践》1986年第10期。

蓝鸿文:《从一篇通讯看范长江惊人的分析和判断能力》,《新闻知识》1986年第10期。

曹宏亮:《受众——新闻学的基本范畴》,《新闻知识》1986年第10期。

建新:《首都新闻界集会座谈安岗五十年新闻工作经验》,《新闻战线》1986年第10期。

尹韵公:《范长江与红军长征——兼论范长江的世界观转变》,《新闻学论集》1986年第10辑。

蓝鸿文:《五十年前范长江笔下的红军长征》,《新闻与写作》1986年第11期。

蓝鸿文:《惊人的分析和判断——五十年前范长江笔下的红军长征(二)》,《新闻与写作》1986年第12期。

《新闻改革要迈出更大的步伐——全国省报总编辑座谈会纪要》,《新闻战线》1986年第12期。

祝建华、左贞:《广告与上海新闻媒介》,《新闻大学》1986年第13期。

邹高中:《信息传播与把关人》,《新闻大学》1986年第13期。

尹韵公:《关于范长江与〈中国的西北角〉——与方蒙同志商榷》,《新观察》1986年第23期。

1987 年

郑旷主编:《当代新闻学》,北京,长征出版社1987年版。

缪雨:《新闻学通论》,北京,新华出版社1987年版。

胡太春:《中国近代新闻思想史》,太原,山西人民出版社1987年版。

谢荣镇编著:《新闻写作》,北京,北京大学出版社1987年版。

王中义:《新闻采写通论》,北京,新华出版社1987年版。

叶春华、连金禾:《新闻业务基础》,上海,上海外语教育出版社1987年版。

程天敏:《新闻写作学》,广州,广东高等教育出版社1987年版。

丛文滋:《新闻》,长春,吉林教育出版社1987年版。

戴小华:《系统科学方法论对新闻学研究的启示》,《中国社会科学院研究生院学报》1987年第1期。

蓝鸿文:《既敢写"国军"的失败又敢写红军的胜利——五十年前范长江笔下的红军

长征（三）》，《新闻与写作》1987 年第 2 期。

方蒙：《如何评价范长江的西北之行及其通讯——简复尹韵公"商榷"一文》，《新观察》1987 年第 2 期。

辛砚文：《不要把商品性引进新闻学》，《新闻界》1987 年第 3 期。

张延扬：《试论新闻价值与受众的关系》，《南京政治学院学报》1987 年第 3 期。

陈国亮、曾宪柱：《新闻商品性论纲》，《新闻界》1987 年第 3 期。

陈国亮、曾宪柱：《新闻商品性论纲》，《新闻学刊》1987 年第 4 期。

蓝鸿文：《多侧面地报道红军长征途中的工作——五十年前范长江笔下的红军长征（四）》，《新闻与写作》1987 年第 4 期。

潘玉鹏：《建议扩大新闻学研究范围》，《新闻知识》1987 年第 4 期。

宁树藩：《新闻定义新探》，《复旦学报》（社会科学版）1987 年第 5 期。

长城：《范长江报道红军长征不是"热点"吗——与尹韵公同志商榷》，《新闻学刊》1987 年第 5～6 期合刊。

侯春翔：《信息论与新闻学》，《学习与探索》1987 年第 6 期。

《〈当代新闻学〉的新闻定义》，《新闻界》1987 年第 6 期。

丰汉湘：《贯彻十三大精神加快新闻改革步伐——新疆新闻学会召开新闻改革座谈会》，《新疆新闻界》1987 年第 6 期。

蓝鸿文：《敏锐的洞察力——五十年前范长江笔下的红军长征（五）》，《新闻与写作》1987 年第 7 期。

蓝鸿文：《两次写红军长征的全过程——五十年前范长江笔下的红军长征（六）》，《新闻与写作》1987 年第 11 期。

蓝鸿文：《应该怎样还历史的本来面目？——〈对范长江与红军长征〉一文的意见》，《新闻学论集》1987 年第 12 辑。

黎信：《从所谓"信息新闻"谈开去——与宋志耀同志的几点商榷》，《新闻知识》1987 年第 12 期。

《首都新闻学会举行第二次学术年会　新闻改革成为新闻学术研究的主题》，《新闻记者》1987 年第 12 期。

1988 年

林德海主编：《中国新闻学书目大全》，北京，新华出版社 1988 年版。

何光先：《现代新闻学》，昆明，云南教育出版社 1988 年版。

刘卫东：《信息论与新闻》，北京，北京广播学院出版社 1988 年版。

何崇文编著：《新闻学基础》，重庆，西南师范大学出版社 1988 年版。

王洪祥主编：《中国新闻史（古近代部分）》，北京，中央民族学院出版社 1988 年版。

彭朝丞：《新闻编辑的艺术》，北京，中国新闻出版社 1988 年版。

徐熊：《新闻报道艺术钩探》，北京，中国新闻出版社 1988 年版。

〔美〕赫伯特·阿特休尔：《权利的媒介》，黄煜、裴志康译，北京，华夏出版社 1988

年版。

芮必峰:《传播学·新闻学·新闻传播学》,《安徽大学学报》1988 年第 1 期。

何微:《新闻学研究内容的构思》,《武汉大学学报》(社会科学版) 1988 年第 1 期。

甘惜分:《精神产品不能提倡商品化》,《新闻界》1988 年第 1 期。

《首都新闻学会举行学术讨论会探讨十三大后的新闻改革问题》,《新闻知识》1988 年
　　第 1 期。

沈俊法:《浅论新闻的传播效果》,《南昌大学学报》(人文社会科学版) 1988 年第
　　2 期。

路元、陆也、文露:《"相击而发灵光"——首都中青年新闻工作者座谈会实况剪
　　辑》,《中国记者》1988 年第 2 期。

钱江:《〈人民日报〉 1956 年的改版》,《新闻研究资料》1988 年第 3 期。

高扶小:《收视率研究与电视的改革》,《中国广播电视学刊》1988 年第 4 期。

《中国新闻学会联合会二代会在广州召开——研究社会主义初级阶段新闻学　加快和
　　深化新闻改革》,《新闻与写作》1988 年第 4 期。

陈力丹:《新闻商品化是历史的进步》,《新闻学刊》1988 年第 5 期。

刘保全:《关于新闻商品性问题的讨论综述》,《新闻学刊》1988 年第 5 期。

尹韵公:《历史地品评范长江的西北采访——再论范长江与红军长征兼答诸同志》,
　　《新闻学刊》1988 年第 5 期。

康泽民:《试论新闻媒介的信息传播及其反馈》,《社联通讯》1988 年第 6 期。

1989 年

王益民:《系统理论新闻学》,武汉,华中理工大学出版社 1989 年版。

中国社会科学院新闻研究所编:《新闻学研究 10 年》,北京,人民出版社 1989 年版。

丁淦林主编:《中国新闻事业史》,武汉,武汉大学出版社 1989 年版。

施大鹏主编:《新闻写作词林》,南宁,广西人民出版社 1989 年版。

黄智敏:《新闻采访艺术》,北京,学术书刊出版社 1989 年版。

宋兆宽:《新闻采写实用技法》,南京,河海大学出版社 1989 年版。

邱沛篁编著:《新闻采访艺术》,成都,四川大学出版社 1989 年版。

孙世凯:《怎样采访新闻学》,北京,北京出版社 1989 年版。

刘善兴、王桂林:《实用新闻写作新探》,北京,海潮出版社 1989 年版。

何光先:《我国新闻学研究的现状及其发展趋势》,《新闻与写作》1989 年第 1 期。

时统宇:《融入人类当代文化的洪流——全国首届新闻学新学科学术讨论会评述》,
　　《新闻战线》1989 年第 1 期。

何微:《论新闻与舆论监督》,《武汉大学学报》(社会科学版) 1989 年第 2 期。

徐培汀:《重视中国新闻学术发展史的研究》,《新闻大学》1989 年第 3 期。

林雪蓉:《信息反馈与新闻传播效应》,《兰州大学学报》1989 年第 4 期。

何光先:《我国新闻学研究的现状及其发展趋势 (二)》,《新闻与写作》1989 年第

4 期。

何光先：《我国新闻学研究的现状及其发展趋势（三）》，《新闻与写作》1989 年第
　6 期。

1990 年

《中国大百科全书》（新闻出版卷），北京，中国大百科全书出版社 1990 年版。

杨思迅：《新闻学教程》，哈尔滨，黑龙江教育出版社 1990 年版。

郑保卫：《新闻学导论》，北京，新华出版社 1990 年版。

佟小庆：《新闻信息量的经验性判定》，《新闻界》1990 年第 2 期。

毕靖：《体育新闻的社会功能与责任——第二届全国体育新闻学术研讨会后记》，《中
　国记者》1990 年第 2 期。

尹韵公：《再论范长江与红军长征——与蓝鸿文老师商榷》，《新闻学论集》1990 年第
　14 辑。

1991 年

江柳：《系统基础理论新闻学》，北京，新华出版社 1991 年版。

刘建明：《宏观新闻学》，北京，中国人民大学出版社 1991 年版。

罗文辉：《精确新闻报道》，台北，台湾中正书局 1991 年版。

陈力丹：《成果丰硕任重道远——我国新闻理论研究十年回顾》，《新闻大学》1991 年
　第 2 期。

陆小华：《论新闻学的科学性》，《中国社会科学院研究生院学报》1991 年第 2 期。

1992 年

张涛：《中华人民共和国新闻史》，北京，经济日报出版社 1992 年版。

方汉奇、陈业劭主编：《中国当代新闻事业史（1949～1988）》，北京，新华出版社
　1992 年版。

王泽华：《新闻学和传播学之比较》，《中国广播电视学刊》1992 年第 2 期。

张之华：《建国初期新闻教育与新闻学研究概述》，《新闻研究资料》1992 年第 2 期。

程旭兰：《对比较新闻史学研究对象和方法的探索》，《宁夏大学学报》（社会科学版）
　1992 年第 2 期。

陈崇山：《受众调查研究 10 年》，《新闻研究资料》1992 年第 3 期。

方汉奇：《中国新闻史研究的历史与现状》，《新闻研究资料》1992 年第 4 期。

蔡铭泽：《解放思想拓展研究领域——中国新闻史学会首届学术研讨会综述》，《新闻
　战线》1992 年第 8 期。

范长城：《范长江报道红军长征之我见》，《新闻学论集》1992 年第 16 辑。

1993 年

芮必峰主编：《新闻学基础理论》，合肥，黄山书社 1993 年版。

成美、童兵：《新闻理论教程》，北京，中国人民大学出版社 1993 年版。

吴高福：《新闻学基本原理》，武汉，武汉大学出版社 1993 年版。

艾丰：《新闻写作方法论》，北京，人民日报出版社 1993 年版。

陈力菲：《新新闻报道：一种实事求是的主观方式——对美国一种新闻思潮的思考》，《宝鸡师院学报》（哲学社会科学版）1993 年第 2 期。

王双：《认清报纸的商品性与新闻的非商品性》，《新疆新闻界》1993 年第 3 期。

童兵：《呼唤发育健全的新闻市场——兼议新闻商品性及其特点》，《新闻记者》1993 年第 7 期。

秦德成：《新闻的商品性与党报的喉舌作用》，《新闻记者》1993 年第 7 期。

何光先：《新闻·载体·商品及其它》，《新闻与写作》1993 年第 7 期。

戴邦：《新闻不是商品记者不是商人》，《新闻与写作》1993 年第 8 期。

齐凯英：《报纸商品性初探》，《新闻知识》1993 年第 8 期。

刘民安：《传播学需要传播——第三次全国传播学研讨会侧记》，《新闻知识》1993 年第 8 期。

蔡雯：《新闻的商品属性与"有偿新闻"现象辨》，《中国记者》1993 年第 9 期。

1994 年

徐培汀、裘正义：《中国新闻传播学说史》，重庆，重庆出版社 1994 年版。

高永振、丁国宁、文言：《新闻传播学》，沈阳，辽宁大学出版社 1994 年版。

李元授：《新闻信息概论》，武汉，武汉大学出版社 1994 年版。

明安香：《新闻学向传播学的历史性发展》，《新闻传播与研究》1994 年第 1 期。

闵大洪：《对传播技术的发展和作用多写几笔——新闻史研究中的一点思考》，《新闻与传播研究》1994 年第 1 期。

赵德新：《忆中央党校新闻班》，《新闻三昧》1994 年第 2 期。

张允若：《新闻的商品属性是一种客观存在——同持反对意见的朋友商榷》，《新闻与传播研究》1994 年第 2 期。

童兵：《新闻商品性辩正》，《新疆新闻界》1994 年第 2 期。

黄旦：《突破"记者式"研究的框式——对新闻理论研究现状的思考》，《杭州大学学报》（哲学社会科学版）1994 年第 2 期。

张允若：《新闻的商品属性是一种客观存在——同持反对意见的朋友商榷》，《新闻与传播研究》1994 年第 2 期。

张允若：《关于新闻商品性的几个认识问题》，《新闻记者》1994 年第 3 期。

何光珽：《关于新闻商品性的思考》，《新闻界》1994 年第 3 期。

陈亦骏：《国内新闻学研究的现状与学科体系构建》，《高校社科情报》1994 年第 4 期。

沈世纬：《关于新闻商品性问题的质疑》，《中国记者》1994 年第 7 期。

张铭清：《报纸的商品属性与新闻的非商品属性》，《新闻与写作》1994 年第 8 期。

高云才：《建立和完善科学的新闻学体系》，《新闻知识》1994 年第 11 期。

1995 年

邵培仁、叶亚东：《新闻传播学》，南京，江苏人民出版社 1995 年版。

黄旦：《新闻传播学》，杭州，杭州大学出版社 1995 年版。

刘九洲：《新闻学范畴引论》，武汉，华中师范大学出版社 1995 年版。

李良荣：《新闻学概论》（修订本），福州，福建人民出版社 1995 年第 2 版。

李卓钧：《新闻理论纲要》，武汉，武汉大学出版社 1995 年版。

李彬：《学统与学院派》，《现代传播》1995 年第 1 期。

李位三：《关于新闻商品性讨论的几点意见》，《新闻界》1995 年第 1 期。

余家宏、丁淦林：《王中研究新闻学的经过与贡献》，《新闻大学》1995 年第 1 期。

黄旦：《新闻传播的二重性》，《现代传播》1995 年第 2 期。

张允若：《关于新闻产品的几个经济学问题》，《中国广播电视学刊》1995 年第 2 期。

白继红：《我国新闻学理论研究综述》，《高校社科信息》1995 年第 Z1 期。

1996 年

方汉奇主编：《中国新闻事业通史》第 1、2 卷，北京，中国人民大学出版社 1996
　年版。

彭菊华编著：《新闻学原理》，长沙，湖南师范大学出版社 1996 年版。

李启：《试论传播学与新闻学的定位》，《新闻与传播研究》1996 年第 1 期。

喻权域：《关于新闻学与传播学的调研随记》，《新闻战线》1996 年第 1 期。

何光先：《新闻学研究亟待深化》，《新疆新闻界》1996 年第 1 期。

孙超：《新闻·商品·责任》，《新闻出版交流》1996 年第 1 期。

黄旦：《还是先回到历史去——对提高新闻理论研究水平的建议》，《现代传播》1996
　年第 3 期。

芮必峰：《关于当前"新闻理论"学科建设中的几个问题——兼评黄旦的〈新闻传播
　学〉》，《现代传播》1996 年第 3 期。

刘九洲：《论新闻学范畴体系》，《华中师范大学学报》（哲学社会科学版）1996 年第
　3 期。

谢静、张国良：《新闻学与传播学的关系——本刊编辑部召开学术研讨会进行研讨》，
　《新闻大学》1996 年第 3 期。

宋梅：《新闻学的研究现状与问题》，《新闻大学》1996 年第 3 期。

周胜林：《论"体验式采访"》，《新闻大学》1996 年第 3 期。

李彬：《对新闻史研究方法的思考与建议》，《新闻大学》1996 年第 4 期。

黄旦：《"把关人"研究及其演变》，《国际新闻界》1996 年第 4 期。

尹鸿：《电视媒介：被忽略的生态环境——谈文化媒介生态意识》，《电视研究》1996
　年第 5 期。

郑保卫:《也谈新闻的商品性——兼答徐永恒同志》,《新闻界》1996 年第 5 期。

程兆民、熊海钧:《市场调查与精确新闻报道》,《新闻大学》1996 年第 2 期。

王雄:《倾斜的新闻学——"新新闻学"和"精确新闻学"述评》,《江苏社会科学》
　　1996 年第 6 期。

1997 年

程曼丽:《横向比较:中国新闻史研究的新思路》,《新闻大学》1997 年第 1 期。

沈莉:《〈新闻大学〉上的新闻学理论研究——对改革开放以来(1981～1996)中国
　　新闻学理论研究的梳理和评估》,《新闻大学》1997 年第 1 期。

李彬:《承前方启后继往始开来——试论开展新闻学术史的研究》,《新闻大学》1997
　　年第 2 期。

李金铨:《香港媒介专业主义与政治过渡》,《新闻与传播研究》1997 年第 2 期。

姚文华:《创建有中国特色应用新闻学的尝试——喜读桑义燐教授新著〈新闻报道
　　学〉》,《新闻大学》1997 年第 3 期。

宁树藩、芮必峰、陆晔:《关于新闻学理论研究历史与现状的对话》,《新闻大学》
　　1997 年第 4 期。

刘建明:《新闻学研究中的逻辑谬误》,《新闻界》1997 年第 6 期。

沈爱国:《"传播学中国化"迈出坚实的一步——第五次全国传播学研讨会综述》,
　　《新闻记者》1997 年第 6 期。

1998 年

中国社会科学院新闻研究所编:《中国共产党新闻工作文件汇编》,北京,新华出版
　　社 1998 年版。

彭家发:《新闻文学点·线·面》,台北,台湾业强出版社 1998 年版。

沈莉:《中国新闻学原理建构的宏观考察》,《新闻与传播研究》1998 年第 1 期。

宁树藩:《信息观念与新闻学研究》(上),《新闻界》1998 年第 2 期。

宁树藩:《信息观念与新闻学研究》(下),《新闻界》1998 年第 3 期。

童兵:《从界定每一个新闻学术语做起——兼论改造新闻学研究的学风》,《新闻界》
　　1998 年第 3 期。

葛昀:《新闻传播学研究方法初探》,《新闻大学》1998 年第 4 期。

喻权域:《对新闻学中一些基本问题的看法》,《新闻大学》1998 年第 3 期。

廖圣清:《我国 20 年来传播学研究的回顾》,《新闻大学》1998 年第 4 期。

徐耀魁:《我国传播学研究的得与失》,《新闻与传播研究》1998 年第 4 期。

颜义先:《骅骝开道路鹰隼出风尘——98 中国新闻史学术研讨会简记》,《新闻界》
　　1998 年第 4 期。

童兵:《向新闻学术的自由王国飞跃——谈谈新时期新闻学研究的若干成就》,《新闻
　　界》1998 年第 5 期。

孙旭培：《研究方法与新闻学研究的深化》，《新疆新闻界》1998 年第 6 期。

贾亦凡、汪幼海：《面向 21 世纪的中国新闻史研究——中国新闻史学会换届暨'98 史学术研讨会综述》，《新闻记者》1998 年第 7 期。

宁树藩、曾建雄：《强化本体意识，探求自身规律——新闻史研究的反思与前瞻》，《新闻记者》1998 年第 9 期。

1999 年

方汉奇主编：《中国新闻事业通史》第 3 卷，北京，中国人民大学出版社 1999 年版。

郭庆光：《传播学教程》，北京，中国人民大学出版社 1999 年版。

王春泉：《现代新闻写作》，西安，西安出版社 1999 年版。

李磊：《比较新闻史学刍议》，《兰州大学学报》（社会科学版）1999 年第 1 期。

孙旭培：《学术规范与新闻学研究的深化——兼与喻权域先生商榷》，《新闻大学》1999 年第 1 期。

盛沛林：《关于新闻的商品性问题》，《南京政治学院学报》1999 年第 1 期。

孙学宝：《对〈学术规范与新闻学研究的深化〉一文的质疑》，《新闻大学》1999 年第 2 期。

吴征：《新闻本体要论》，《安徽师范大学学报》（人文社会科学版）1999 年第 2 期。

孙旭培：《新闻学要讲究规范与方法》，《淮北煤师院学报》（哲学社会科学版）1999 年第 2 期。

刘洁：《"传播"是新闻学研究的逻辑起点》，《湖北民族学院学报》（哲学社会科学版）1999 年第 2 期。

陈作平：《对新闻学学科体系研究的再认识——兼论关于建立新闻报道认识论的构想》，《现代传播》1999 年第 3 期。

姚福申：《学术争论是为了使认识更接近真理——简复喻权域先生》，《新闻大学》1999 年第 3 期。

甘险峰：《近二十年新闻理论研究综述》，《新闻采编》1999 年第 3 期。

甘险峰：《近二十年新闻理论研究综述（续）》，《新闻采编》1999 年第 4 期。

邵培仁：《论中国的当代传播学研究》，《杭州师范学院学报》1999 年第 4 期。

邵培仁：《传播学本土化研究的回顾与前瞻》，《杭州师范学院学报》1999 年第 4 期。

徐培汀：《新闻传播学研究 50 年》，《新闻窗》1999 年第 5 期。

王武录：《关于深度报道》，《新闻与写作》1999 年第 8 期。

孙茗：《新闻的商品性、商品和商品化辨析》，《新闻记者》1999 年第 8 期。

余芳：《精确新闻学在中国（上）》，《当代传播》1999 年第 5 期。

2000 年

童兵：《理论新闻传播学导论》，北京，中国人民大学出版社 2000 年版。

陈世寿、刘洁：《现代新闻传播学》，武汉，华中理工大学出版社 2000 年版。

陈力丹：《90 年代西方新闻理论讨论了哪些话题》，《国际新闻界》2000 年第 1 期。

杨保军：《理论新闻传播学体系的新构建——读童兵新著〈理论新闻传播学导论〉》，
　　《新闻知识》2000 年第 5 期。

丁淦林：《20 世纪中国新闻史研究》，《复旦学报》（社会科学版）2000 年第 6 期。

文有仁：《传播学在我国的发展与争论》，《当代传播》2000 年第 6 期。

曾宪明：《中国新闻史研究的回顾与展望》，《湖北大学学报》（哲学社会科学版）
　　2000 年第 6 期。

赵永华：《还原千年中国新闻史》，《中华读书报》2000 年 11 月 22 日。

2001 年

童兵、林涵：《20 世纪中国新闻学与传播学·理论新闻学卷》，上海，复旦大学出版
　　社 2001 年版。

杜骏飞、胡翼青：《深度报道原理》，北京，新华出版社 2001 年版。

张惠仁：《现代新闻写作学》，成都，四川人民出版社 2001 年版。

肖明、丁迈：《精确新闻学》，北京，中国广播电视出版社 2001 年版。

喻国明：《解构民意》，北京，华夏出版社 2001 年版。

芮必峰、姜红：《新闻报道方式论》，合肥，安徽大学出版社 2001 年版。

孙玉明：《毛泽东与〈红楼梦〉研究批判运动》，《红楼梦学刊》2001 年第 1 辑。

童兵、林涵：《中国理论新闻传播学研究百年回顾》，《新闻与传播研究》2001 年第
　　1 期。

丁柏铨：《论新闻理论研究的创新》，《新闻界》2001 年第 1 期。

李希光：《是新闻记者的摇篮还是传播学者的温室？——21 世纪新闻学教育思考》，
　　《新闻记者》2001 年第 1 期。

秦志希：《由新闻学关键词看新时期新闻理论的变迁》，《新闻与传播研究》2001 年第
　　3 期。

童兵：《中国共产党和中国的新闻学研究》，《新闻与传播研究》2001 年第 3 期。

哲峰：《新闻理论研究的思维飞跃》，《新闻界》2001 年第 3 期。

陈建云：《中国理论新闻学研究世纪回眸（上）》，《当代传播》2001 年第 4 期。

陈建云：《中国理论新闻学研究世纪回眸（下）》，《当代传播》2001 年第 5 期。

郑保卫：《不是"独头蒜"，是"并蒂莲"——对新闻学与传播学关系的思考》，《新
　　闻传播》2001 年第 5 期。

邵培仁：《传播生态规律与媒介生存策略》，《新闻界》2001 年第 5 期。

刘坚：《精确新闻报道的采写特征》，《写作》2001 年第 5 期。

史媛媛：《从戈公振到方汉奇——在中国新闻史研究的两座高峰之间》，《新闻爱好
　　者》2001 年第 5 期。

邵培仁：《论媒介生态的五大观念》，《新闻大学》2001 年第 4 期。

2002 年

丁淦林：《中国新闻事业史》，北京，高等教育出版社 2002 年版。

刘保全编著：《新闻论争综述 16 题》，北京，中国人民大学新闻学院 2002 年出版。

刘海贵：《新闻采访教程》，上海，复旦大学出版社 2002 年版。

刘海贵：《论精确性报道》，《新闻爱好者》2002 年第 1 期。

芮必峰：《论新新闻学》，《潍坊学院学报》2002 年第 1 期。

陶鹤山：《传播学的危机与重构》，《新闻与传播研究》2002 年第 2 期。

丁柏铨：《论中国当代新闻理论体系研究》，《新闻知识》2002 年第 2 期。

陈力丹：《去年以来我国新闻理论研究概述》，《湖南大众传媒职业技术学院学报》
　2002 年第 2 期。

张骏德：《简论中国传播学与新闻学关系》，《新闻知识》2002 年第 2 期。

郑瑜：《新闻学理论在网络媒体时代的变革与创新》，《新闻大学》2002 年第 3 期。

郑瑜：《网络媒体时代理论新闻学的变革与思考》，《南京政治学院学报》2002 年第
　4 期。

黄星民：《华夏传播研究刍议》，《新闻与传播研究》2002 年第 4 期。

陈力丹：《大力加强新闻学科的理论和体系的建设》，《新闻界》2002 年第 5 期。

辛华：《中国新闻史研究的黄金时代——中国新闻史学会会长方汉奇教授访谈录》，
　《现代传播》2002 年第 5 期。

周胜林：《精确新闻与数字新闻》，《新闻传播》2002 年第 9 期。

庹继光、李缨：《马克思主义新闻学的内容分析理论》，《西南民族学院学报》（哲学
　社会科学版）2002 年第 11 期。

陆晔、潘忠党：《成名的想象：中国社会转型过程中新闻从业者的专业主义话语建
　构》，《新闻学研究（台北）》2002 年第 71 期。

方汉奇：《中国新闻史研究日趋国际化》，《中国新闻出版报》2002 年 9 月 24 日。

2003 年

〔美〕托马斯·库恩：《科学革命的结构》，北京，北京大学出版社 2003 年版。

陈力丹：《马克思主义新闻思想概论》，上海，复旦大学出版社 2003 年版。

郝雨、王艳玲：《新闻学概论》，上海，上海大学出版社 2003 年版。

董天策：《网络新闻传播学》，福州，福建人民出版社 2003 年版。

李良荣：《西方新闻事业概论》，上海，复旦大学出版社 2003 年版。

李良荣：《当代西方新闻媒体》，上海，复旦大学出版社 2003 年版。

廖圣清：《20 世纪 90 年代的中国大陆传播学研究》，《复旦学报》（社会科学版）
　2003 年第 1 期。

孙旭培：《现代新闻学理论的三个支点》，《华中科技大学学报》（社会科学版）2003
　年第 1 期。

孟庆鸿：《中国早期马克思主义新闻学术范式试探》，《湖南大众传媒职业技术学院学报》2003 年第 2 期。

陈力丹：《深化新闻学和传播学的研究》，《当代传播》2003 年第 2 期。

尹韵公：《为什么不是范长江？》，《新闻与传播研究》2003 年第 2 期。

童兵：《政治文明：新闻理论研究的新课题》，《新闻与传播研究》2003 年第 3 期。

王永亮、张霁虹：《中国新闻史研究的黄金时代——方汉奇访谈录》，《报刊之友》2003 年第 3 期。

夏文蓉：《论新闻学的理论创新与传播维度的建构》，《江苏社会科学》2003 年第 4 期。

强月新、宋兵：《我国新闻学定量研究的回顾与前瞻》，《现代传播》2003 年第 4 期。

侯迎忠、赵志明：《西方新闻专业主义初探》，《当代传播》2003 年第 4 期。

沈毅：《关于近代新闻史研究的几点思考》，《郑州大学学报》（哲学社会科学版）2003 年第 6 期。

刘芊芊、陈桂兰：《恽逸群的大众本位思想》，《新闻爱好者》2003 年第 7 期。

郝雨：《新闻学："绝望"与"新生"》，人大复印资料《新闻与传播》2003 年第 9 期。

吴文虎：《从本体论角度研究中国新闻史》，《新闻春秋》2003 年 6 月。

2004 年

《王中文集》，上海，复旦大学出版社 2004 年版。

《宁树藩文集》，汕头，汕头大学出版社 2004 年版。

李秀云：《中国新闻学术史》，北京，新华出版社 2004 年版。

何志武：《新闻采访》，武汉，武汉大学出版社 2004 年版。

〔美〕迈克尔·埃默里、埃德温·埃默里等：《美国新闻史》，北京，中国人民大学出版社 2004 年版。

孟建、张文静：《新闻理论创新：在历史与现实之间寻求——纪念陆定一〈我们对于新闻学的基本观点〉发表 60 周年学术研讨会综述》，《现代传播》2004 年第 1 期。

周建明：《走出误区，建构新闻学理论的体系》，《中国人民大学学报》2004 年第 1 期。

芮必峰：《新闻学研究的不同视域》，《现代传播》2004 年第 1 期。

郝雨、何懿：《新闻定义批判与新闻本质反思》，《上海大学学报》（社会科学版）2004 年第 1 期。

程道才：《西方新闻主义理论的兴起与实践意义》，《当代传播》2004 年第 2 期。

燕道成：《论新闻理论的形式结构》，《重庆职业技术学院学报》2004 年第 2 期。

罗以澄、胡亚平：《挑战现理性构建浪漫真实——解读新新闻主义的价值观及其叙事结构》，《现代传播》2004 年第 2 期。

丁淦林：《中国新闻史教学需要适时革新》，《新闻大学》2004 年第 3 期。

李刚：《"〈武训传〉批判"的历史考论》，《南京晓庄学院学报》2004 年第 3 期。

罗源：《"主流"的误区——关于新闻学中工具主义的批判》，《西南民族大学学报》
　　（人文社科版）2004 年第 3 期。

程道才：《西方精确新闻学理论的内容及应用》，《当代传播》2004 年第 3 期。

刘保全：《我国"精确新闻报道"发展综述》，《当代传播》2004 年第 3 期。

董天策：《新闻的真实性是什么——兼论新闻理论体系的科学性》，《新闻与传播研
　　究》2004 年第 3 期。

陈力丹：《新闻理论研究的回顾与展望》，《国际新闻界》2004 年第 3 期。

张昆：《横向发展——新闻史研究的新维度》，《新闻与传播研究》2004 年第 4 期。

徐习军、汪清燕：《我国新闻理论研究的现状分析及对策思考》，《湖南大众传媒职业
　　技术学院学报》2004 年第 4 期。

刘肇熙、姚清江：《公共新闻学：美国新闻理论的第三次革命——访〈哥伦比亚—密
　　苏里日报〉总编辑汤姆·瓦霍沃》，《青年记者》2004 年第 4 期。

陈作平：《当前我国新闻理论研究状况评析》，《现代传播》2004 年第 5 期。

刘惠文：《略论历史新闻学之基本问题》，《学术界》2004 年第 5 期。

陈力丹：《对目前新闻理论研究的几点看法》，《新闻传播》2004 年第 7 期。

崔保国：《理解媒介生态——媒介生态学教学与研究的展开》，《全球化信息时代的华
　　人传播研究：力量汇聚与学术创新——2003 中国传播学论坛暨 CAC/CCA 中华传播
　　学术研讨会论文集》（中国会议）2004 年。

2005 年

徐亚平、丁小燕编著：《新闻采访》，北京，新华出版社 2005 年版。

高钢：《新闻写作精要》，北京，首都经济贸易大学出版社 2005 年版。

罗以澄、吴玉兰：《新闻采访》，长沙，中南大学出版社 2005 年版。

周胜林、尹德刚、梅懿：《当代新闻写作》，上海，复旦大学出版社 2005 年版。

黄旦：《传者图像：新闻专业主义的建构与消解》，上海，复旦大学出版社 2005 年版。

程可石：《现代新闻学的创始人——戈公振论》，《盐城工学院学报》（社会科学版）
　　2005 年第 1 期。

郑保卫：《试论我国新闻学的学科地位及学科发展》，《中国人民大学学报》2005 年第
　　2 期。

浙江大学新闻传媒与社会发展研究所：《2002～2004 年新闻学研究综述（上）》，《当
　　代传播》2005 年第 3 期。

浙江大学新闻传媒与社会发展研究所：《2002～2004 年新闻学研究综述（下）》，《当
　　代传播》2005 年第 4 期。

赵飞、孙菁茹：《在碰撞中反思——新闻与传播学科发展座谈会综述》，《中国记者》
　　2005 年第 6 期。

陈作平：《结构主义方法与新闻理论体系的构建》，《现代传播》2005 年第 6 期。

梁舞：《论精确新闻报道——一种值得提倡的新闻报道方法》，《东南传播》2005 年第
　12 期。

崔保国：《媒介生态分析的理论框架》，《2005 东北亚传播学国际研讨会——东北亚的
　文化交流论文或提要集》（国际会议）2005 年。

2006 年

徐培汀：《中国新闻传播学说史（1949～2005）》，重庆，重庆出版社 2006 年版。

徐国源：《当代新闻采访写作》，苏州，苏州大学出版社 2006 年版。

熊高：《新闻采访》，北京，中国传媒大学出版社 2006 年版。

周胜林：《高级新闻采访与写作》，上海，复旦大学出版社 2006 年版。

李良荣：《西方新闻事业概论》，上海，复旦大学出版社 2006 年版。

宋素红：《新闻史学的过去、现在与未来——对新闻史研究的量化分析（1834～
　2004）》，《当代传播》2006 年第 1 期。

郝雨：《新闻理论的哲学化研究与体系建构》，《河北学刊》2006 年第 1 期。

姜红：《作为"信息"的新闻与作为"科学"的新闻学》，《新闻与传播研究》2006
　年第 2 期。

陈作平：《现象学方法与新闻理论研究的逻辑起点》，《现代传播》2006 年第 2 期。

林凌：《繁华与废墟——对当代新闻传播学的批判》，《南京政治学院学报》2006 年第
　2 期。

邓涛：《胡乔木的新闻理论与实践》，《新闻与写作》2006 年第 2 期。

贺晓宏：《2005 年国外新闻学研究回顾》，《华北水利水电学院学报》（社科版）2006
　年第 2 期。

李炳钦：《解读中国理论新闻学的两个范本——简评〈20 世纪中国新闻学与传播学·
　理论新闻学卷〉和〈新闻学概论〉》，《鄂州大学学报》2006 年第 2 期。

单波、王冰：《西方媒介生态理论的发展及其理论价值与问题》，《新闻与传播研究》
　2006 年第 3 期。

齐爱军：《新闻理论体系：问题、反思与建构》，《新闻大学》2006 年第 4 期。

滕朋：《多样性与集中化——对 101 篇美国新闻学博士论文的分析》，《国际新闻界》
　2006 年第 4 期。

胡智锋：《"新闻专业主义"的"本土化"途径——写在央视〈新闻调查〉十周年之
　际》，《广告大观》（媒介版）2006 年第 4 期。

刘建明：《党报的理论体系及其建构者》，《国际新闻界》2006 年第 5 期。

单波：《论我国新闻学想像力的缺失及其成因》，《上海大学学报》（社会科学版）
　2006 年第 6 期。

陈天白、黄强强：《新闻学研究的微观走向——2005 年我国新闻学研究综述》，《上海
　大学学报》（社会科学版）2006 年第 6 期。

杨保军：《新闻理论研究的现状与趋势》，《当代传播》2006 年第 6 期。

蒙福全、吴幼叶：《浅析当代理论新闻学之学科基础》，《新闻知识》2006 年第 7 期。

郝雨：《陆氏定义与 21 世纪新闻学发展——从近年的新闻定义之争谈新闻学的创新研究》，《今传媒》2006 年第 7 期。

郝雨、谢小芳：《传播学术史研究的耕耘与收获——从〈二十世纪中国新闻学与传播学〉到〈中国传播思想史〉》，《新闻记者》2006 年第 7 期。

杨秀国：《构建理论新闻学体系的厚重之作——评杨保军〈新闻真实论〉》，《新闻战线》2006 年第 8 期。

杨保军：《姿态结构重心——关于新闻理论研究的几点思考》，《国际新闻界》2006 年第 9 期。

郑保卫：《对当前新闻学研究中几个认识问题的思考》，《国际新闻界》2006 年第 9 期。

雷戈：《整合历史——现实的历史新闻学思路》，《重庆社会科学》2006 年第 9 期。

刘建明：《新闻理论科学性的危机》，《国际新闻界》2006 年第 9 期。

刘建明：《甘惜分：我国党报新闻学的奠基者》，《新闻爱好者》2006 年第 11 期。

胡正强：《论新闻史观与新闻理论体系的建构》，《新闻知识》2006 年第 11 期。

尹韵公、丰纯高：《关于新闻理论中的"人民性"问题》，《红旗文稿》2006 年第 18 期。

崔保国：《加入 WTO 的中国媒介生态分析》，《媒介产业全球化·多样性·认同——第七届世界传媒经济学术会议论文集》（国际会议）2006 年。

王欢妮：《新新闻主义探析》，广西大学硕士论文 2006 年 6 月。

2007 年

李彬：《中国新闻社会史（1815～2005）》，上海，上海交通大学出版社 2007 年版。

李秀云：《中国现代新闻思想史》，北京，中国社会科学出版社 2007 年版。

谢鼎新：《中国当代新闻学研究的演变——学术环境与思路的考察》，北京，中国传媒大学出版社 2007 年版。

蔡铭泽：《新闻传播学》，广州，暨南大学出版社 2007 年版。

杨秀国：《新闻采访学通论》，北京，人民出版社 2007 年版。

艾丰：《新闻采访方法论》，北京，人民日报出版社 2007 年版。

孙发友：《新闻报道写作通论》，北京，人民出版社 2007 年版。

黄瑚：《论中国近代新闻事业发展的三个历史阶段》，《新闻大学》2007 年第 1 期。

李彬：《"新新闻史"：关于新闻史研究的一点设想》，《新闻大学》2007 年第 1 期。

黄旦：《报刊的历史与历史的报刊》，《新闻大学》2007 年第 1 期。

吴文虎：《本体迷失和边缘越位——试论中国新闻史研究的误区》，《新闻大学》2007 年第 1 期。

丁淦林：《中国新闻史研究需要创新——从 1956 年的教学大纲草稿说起》，《新闻大学》2007 年第 1 期。

马蛟龙：《关于王中新闻理论的一点思考》，《新闻知识》2007 年第 1 期。

何振波、丁晓兵、王乐现：《报道精确新闻，促进对外传播》，《时代文学（双月版）》
　　2007 年第 1 期。

郑保卫：《从"保卫新闻学"到"发展新闻学"——当前我国新闻学学科建设之我
　　见》，《现代传播》2007 年第 1 期。

何志武、孙旭培：《有感而发不是定性研究——对于新闻学定性研究的思考》，《国际
　　新闻界》2007 年第 2 期。

徐剑锋：《浅析加强中国新闻史研究中的主体意识——读〈中国新闻事业通史〉和
　　〈美国新闻史〉》，《西安航空技术高等专科学校学报》2007 年第 2 期。

刘焕宇：《21 世纪中国新闻史研究扫描》，《牡丹江师范学院学报（哲学社会科学
　　版）》2007 年第 2 期。

方汉奇、曹立新：《多打深井多作个案研究——与方汉奇教授谈新闻史研究》，《新闻
　　大学》2007 年第 3 期。

吴廷俊、阳海洪：《新闻史研究者要加强史学修养——论中国新闻史研究如何走出
　　"学术内卷化"状态》，《新闻大学》2007 年第 3 期。

唐海江：《政治文化与中国当代新闻学》，《现代传播》2007 年第 3 期。

程曼丽：《也谈新闻史学：关于新闻史研究的若干思考》，《新闻大学》2007 年第
　　3 期。

蔡雯：《"融合新闻"：应用新闻学研究的新视野》，《淮海工学院学报》（社会科学
　　版）2007 年第 3 期。

宁树藩：《关于中国新闻史研究中强化"本体意识"的历史回顾》，《新闻大学》2007
　　年第 4 期。

方延明：《关于新闻学理论体系的思考》，《新闻战线》2007 年第 4 期。

李双：《新闻学理论核心问题的再探讨》，《中国劳动关系学院学报》2007 年第 4 期。

蒋海升：《中国新闻史研究的学科特点及其发展状态——访中国新闻史学会会长赵玉
　　明先生》，《国际新闻界》2007 年第 4 期。

赵心树：《新闻学与传播学的命名、使命及构成——与李希光、潘忠党商榷》，《清华
　　大学学报》（哲学社会科学版）2007 年第 5 期。

伍静：《从"消息"到"信息"——1980 年代我国新闻学对新闻本质的探寻及其与
　　传播学话语的勾连》，《新闻知识》2007 年第 5 期。

唐远清：《新闻学与传播学关系辨析》，《当代传播》2007 年第 5 期。

董媛媛：《新闻实务研究的创新点——2006 年应用新闻学研究综述》，《新闻爱好者》
　　（理论版）2007 年第 5 期。

纪忠慧：《理论新闻学的范式转变——刘建明教授的新闻学研究取向》，《当代传播》
　　2007 年第 6 期。

邓涛、强月新：《新闻学与传播学关系初探》，《湖北教育学院学报》2007 年第 6 期。

吴果中：《社会文化史视野下的中国新闻史研究——以〈良友〉画报为个案的分析》，

《湖南师范大学学报》（社会科学版）2007年第5期。

范东升：《关于我父亲范长江先生生平的几桩公案》，中华传媒学术网，2007 - 05 - 22，http：//academic. mediachina. net/article. php？id = 5338。

范东升：《〈中国的西北角〉究竟是怎样一本书？——关于我的父亲范长江先生生平的几桩公案（之二）》，中华传媒学术网，2007 - 05 - 22，http：//academic. mediachina. net/article. php？id = 5339。

范东升：《请给历史多一点宽容——关于我的父亲范长江先生生平的几桩公案（之三）》，中华传媒学术网，2007 - 05 - 22，http：//academic. mediachina. net/article. php？id = 5340。

2008 年

吴廷俊：《中国新闻史新修》，上海，复旦大学出版社2008年版。

郑保卫主编：《新时期中国新闻学学科建设30年》，北京，经济日报出版社2008年版。

唐远清：《对"新闻无学论"的辨析及反思——兼论新闻学学科体系建构和学科发展》，北京，中国广播电视出版社2008年版。

周胜林、吕继红：《新闻采访实用实训教程》，上海，文汇出版社2008年版。

刘海贵：《新闻采访教程》，上海，复旦大学出版社2008年版。

欧阳明：《深度报道作品评析原理》，北京，北京交通大学出版社2008年版。

邵培仁：《媒介生态学研究的新视野——媒介作为绿色生态的研究》，《徐州师范大学学报》（哲学社会科学版）2008年第1期。

邵培仁：《媒介生态城堡的构想与建设》，《当代传播》2008年第1期。

邵培仁：《媒介生态学研究的基本原则》，《新闻与写作》2008年第1期。

王晓梅：《清理百年"新闻学"概念——访复旦大学新闻学院教授宁树藩先生》，《新闻与写作》2008年第1期。

黄春平：《历史需要宽容还是需要真实？——关于范长江"新说法"争论的思考》，《新闻大学》2008年第1期。

肖云、王卉：《理论新闻学：辩证逻辑体系》，《社会科学研究》2008年第1期。

邵培仁、廖卫民：《中国新闻与传播研究30年学术论争的历史考察》，《中国传媒报告》2008年第1期。

董天策：《探讨新闻学与传播学关系的历史回顾》，《当代传播》2008年第1期。

申睿：《关于新闻学研究范式的探讨》，《军事记者》2008年第1期。

熊澄宇：《一段史实三点思考——兼论中国传播学的形态、业态与生态》，《新闻大学》2008年第2期。

邵培仁：《论媒介生态系统的构成、规划与管理》，《浙江师范大学学报》（社会科学版）2008年第2期。

董天策：《理性审视新闻学与传播学的关系》，《暨南学报》（哲学社会科学版）2008

年第 2 期。

李良荣、李彩霞:《2007 年中国新闻学研究回顾》,《新闻大学》2008 年第 3 期。

邵培仁、廖卫民:《思想·理论·趋势:对北美媒介生态学研究的一种历史考察 (1978~2008)》,《浙江大学学报》(人文社会科学版)2008 年第 3 期。

王亦高:《试论上世纪 80 年代我国新闻学研究中逻辑思维的缺失》,《国际新闻界》 2008 年第 3 期。

张健:《中国传播学:一个概念的生长简史与意涵说明》,《徐州师范大学学报》(哲 学社会科学版)2008 年第 3 期。

邹建达:《多维视野下的新闻话语分析——兼论话语分析在中国新闻理论研究中的运 用与拓展》,《云南民族大学学报》(哲学社会科学版)2008 年第 3 期。

李良荣、戴苏苏:《新闻改革 30 年:三次学术讨论引发三次思想解放》,《新闻大学》 2008 年第 4 期。

王润泽:《专业化:新闻史研究的方法和路径的思考》,《国际新闻界》2008 年第 4 期。

杨华、张爱凤:《如何推进电视"精确新闻"报道》,《现代视听》2008 年第 4 期。

姜红:《进化论与现代中国新闻史书写》,《新闻与传播研究》2008 年第 5 期。

董天策:《论新闻学与传播学之间的分殊与吸取》,《当代传播》2008 年第 5 期。

段京肃:《中国新闻学与传播学研究概况分析——基于 CSSCI 分析》,《重庆大学学 报》(社会科学版)2008 年第 5 期。

赵玉明、庞亮:《从新闻学到新闻传播学的跨越——近十年来中国新闻传播学教育和 研究新进展评述》,《现代传播》2008 年第 5 期。

王镇富:《试论武训批判对新中国史学领域的影响》,《长白学刊》2008 年第 5 期。

庞亮、赵玉明:《从新闻学到新闻传播学的跨越(续)——近十年来中国新闻传播学 教育和研究新进展评述》,《现代传播》2008 年第 6 期。

宋三平:《"革命史范式"和"本体论范式"的转换——中国新闻传播史研究路径的 思考》,《南昌大学学报》(人文社会科学版)2008 年第 6 期。

陈力丹、江凌:《改革开放 30 年来记者角色认知的变迁》,《当代传播》2008 年第 6 期。

蔡尚伟、刘锐:《新闻经典在中国的建构》,《西南民族大学学报》(人文社科版) 2008 年第 7 期。

杨保军:《新闻理论研究态度与方法论观念——关于新闻理论研究的宏观思考》,《现 代视听》2008 年第 8 期。

詹杏芳:《新闻学中的"信息"概念探析》,《新闻爱好者》2008 年第 8 期。

雷跃捷、李滨:《改革开放 30 年:中国社会主义新闻学的进展与不足》,《新闻与写 作》2008 年第 8 期。

丁柏铨:《与时俱进的中国新闻理论研究》,《新闻知识》2008 年第 10 期。

郑保卫:《关于新闻理论框架建构的回顾与思考》,《国际新闻界》2008 年第 12 期。

刘建明：《学派、理论化与新闻理论研究的障碍》，《国际新闻界》2008 年第 12 期。

陈力丹：《回归新闻学本体——改革开放 30 年来我国新闻理论教材结构的变化》，《国际新闻界》2008 年第 12 期。

纪忠慧：《新闻理论体系建构的三个十年》，《国际新闻界》2008 年第 12 期。

张振亭：《中国新闻传播学术研究 30 年》，《今传媒》2008 年第 12 期。

徐孜望：《新新闻主义研究：理论沿革、历史贡献及发展趋势》，《前沿》2008 年第 12 期。

中国人民大学新闻与社会发展研究中心：《新时期中国新闻事业改革与发展 30 年大事记》，《新闻学论集》2008 年第 21 辑。

阳海洪：《探索中国新闻史研究新范式——基于媒介生态的视角》，华中科技大学博士论文 2008 年 5 月。

2009 年

陈力丹：《不能忘却的 1978～1985 年我国新闻传播学过刊》，北京，人民日报出版社 2009 年版。

王春泉：《现代新闻写作》，西安，西安出版社 2009 年版。

刘坚：《新闻报道现代方法》，长春，吉林大学出版社 2009 年版。

吴飞：《新闻专业主义研究》，北京，中国人民大学出版社 2009 年版。

张振亭：《中国新闻时期新闻传播学术史研究》，南昌，江西人民出版社 2009 年版。

蓝鸿文：《我的声明》，《新闻大学》2009 年第 1 期。

邵培仁、廖卫民：《中国新闻传播学 30 年学术论争的文献统计分析》，《当代传播》2009 年第 1 期。

邵培仁、吴赟：《回顾、反思、展望：全球华文新闻与传播学术刊物创新与发展》，《国际学术动态》2009 年第 1 期。

徐斌：《建国初期新闻走向的困扰与转型——兼论党的优良新闻传统》，《浙江工商大学学报》2009 年第 1 期。

阳海洪、赵平喜：《媒介生态学：中国新闻史研究的新路径》，《新闻界》2009 年第 2 期。

郜书锴：《走入黄昏的中国新闻学——30 年中国新闻学的回望与反思》，《现代传播》2009 年第 3 期。

尹韵公：《论范长江"研究红军北上以后中国的动向"的目的之不能成立》，《新闻与传播研究》2009 年第 3 期。

阳海洪：《建构中国新闻史主体性话语的方法论思考》，《湖南冶金职业技术学院学报》2009 年第 3 期。

邵宝辉：《中国新闻史暨地方新闻史研究创新刍议》，《河北经贸大学学报》（综合版）2009 年第 3 期。

樊昌志、童兵：《社会结构中的大众传媒：身份认同与新闻专业主义之构建》，《新闻大学》2009 年第 3 期。

李金铨：《新闻史研究："问题"与"理论"》，《国际新闻界》2009 年第 4 期。

杨保军：《简析当前我国新闻理论教材的主要结构模式》，《今传媒》2009 年第 4 期。

沈正赋：《传播学对中国新闻学理论建构的贡献》，《新闻战线》2009 年第 5 期。

郑保卫：《当前我国新闻学学科发展状况分析》，《当代传播》2009 年第 6 期。

郑保卫：《迈向辉煌的中国新闻学——与郜书锴同志商榷》，《现代传播》2009 年第
　　6 期。

郑保卫、郭平：《试论新闻学学术规范研究的依据与路径》，《新闻与写作》2009 年第
　　6 期。

童兵、陈杰：《围绕"五论"的六十年争论——新中国成立以来新闻学理论研究管
　　窥》，《中国地质大学学报》（社会科学版）2009 年第 6 期。

王静：《〈报刊的四种理论〉对新闻史研究方法和视角的启示》，《山东教育学院学报》
　　2009 年第 6 期。

王樊逸：《新闻史研究方法探析》，《当代传播》2009 年第 6 期。

吕尚彬：《对中国新闻历史发展本体价值与特色的探索——评许正林新著〈中国新闻
　　史〉》，《新闻记者》2009 年第 6 期。

甘险峰、刘玉静：《往事有余情　大风歌满楼——新中国 60 年新闻界 60 事件回眸》，
　　《编辑之友》2009 年第 9 期。

郑保卫：《新中国 60 年：新闻学研究发展历程回望》，《新闻与写作》2009 年第
　　10 期。

郑保卫：《新中国 60 年：新闻学研究发展经验思考》，《新闻与写作》2009 年第
　　11 期。

李秀云：《工农通讯写作："全党办报"的缩影——以延安〈解放日报·新闻通讯〉
　　为中心的考察》，《新闻春秋》2009 年第 11 辑。

程曼丽：《中国新闻史研究 60 年回眸》，《社会科学报》2009 年 10 月 8 日第 5 版。

杜晋华：《以〈中国青年报〉为案例研究精确新闻报道的产生与发展》，西北大学硕
　　士论文 2009 年 6 月。

2010 年

胡正荣、李煜主编：《社会透镜——新中国媒介变迁六十年：1949～2009》，北京，清
　　华大学出版社 2010 年版。

杨保军：《新闻理论教程（第 2 版）》，北京，中国人民大学出版社 2010 年版。

戚鸣：《实用新闻采访》，北京，新华出版社 2010 年版。

郝雨：《新世纪新闻学的体系重建与学派拓展》，《南通大学学报》（社会科学版）
　　2010 年第 1 期。

李良荣、杨梅：《2009 年中国新闻学研究回顾》，《新闻大学》2010 年第 1 期。

蔡尚伟、刘锐：《新闻经典：事关新闻学科建设的基础命题》，《新闻研究导刊》2010

年第 2 期。

戴元光、陈钢：《中国新闻史研究的本体意识与范式创新》，《当代传播》2010 年第
　3 期。

黄旦、瞿轶羿：《从"编年史"思维定势中走出来——对共和国新闻史的一点想法》，
　《国际新闻界》2010 年第 3 期。

吴廷俊：《"政治家办报"——研究二十世纪五六十年代中国新闻史的一个关键词》，
　《国际新闻界》2010 年第 3 期。

李彬、刘宪阁：《新闻社会史：1949 年以后中国新闻史研究的一种可能》，《国际新闻
　界》2010 年第 3 期。

王润泽：《离得近，看得细，多研究些问题——中国当代新闻史研究的一种建议》，
　《国际新闻界》2010 年第 3 期。

尹韵公：《关于范长江与〈中国的西北角〉之余论》，《安徽大学学报》（哲学社会科
　学版）2010 年第 4 期。

曾维康：《编写"新新闻史"的一次尝试——与李彬教授漫谈〈中国新闻社会史〉》，
　《今传媒》2010 年第 4 期。

刘勇：《从自发到自觉——论新时期中国记者新闻文体意识的嬗变》，《国际新闻界》
　2010 年第 5 期。

王海龙、沈翠婷：《中国新闻学与传播学 10 年研究回顾——基于 2000～2009 年国家
　社科基金项目的统计分析》，《东南传播》2010 年第 6 期。

唐海江：《"正在构成"的新闻史：社会建构论与中国新闻史研究》，《国际新闻界》
　2010 年第 7 期。

孙玉双、俞雪：《浅谈新新闻主义的报道特征》，《写作》2010 年第 7 期。

郜书锴：《新闻专业主义的"本土"主张——兼评吴飞教授的新作〈新闻专业主义研
　究〉》，《新闻记者》2010 年第 8 期。

蓝鸿文：《关于我与尹韵公在范长江去西北采访"两个目的"问题上争论的由来》，
　《新闻学论集》2010 年第 24 辑。

肖燕雄、谭笑：《论新闻学的研究话语和研究方法》，《新闻学论集》2010 年第 24 辑。
李璐：《新新闻主义中国化发展研究》，西南政法大学硕士论文 2010 年 3 月。

2011 年

吴廷俊主编：《中国新闻传播史（1978～2008）》，上海，复旦大学出版社 2011 年版。
李良荣：《新闻学概论》，上海，复旦大学出版社 2011 年第 4 版。
高长明：《用史料说话——关于范长江与中国新闻史研究的思考》，《新闻大学》2011
　年第 1 期。

涂鸣华：《新闻史研究的反思——以〈中国新闻社会史（二版）〉为例》，《山西大学
　学报》（哲学社会科学版）2011 年第 1 期。

樊亚平：《"保卫新闻学"与"经世致用"之诉求——评〈论新闻学学科地位及发

展〉》，《新闻战线》2011 年第 2 期。

李彬、张垒：《重塑共识·多元视野·当代意识——对新世纪十年新闻史研究的回顾与反思》，《杭州师范大学学报》（社会科学版）2011 年第 5 期。

夏杏珍：《1956 年〈人民日报〉的改版》，《党史文汇》2011 年第 5 期。

谭泽明：《试论中国新闻史研究方法的创新路径》，《浙江传媒学院学报》2011 年第 6 期。

吴廷俊：《对"学习苏联新闻工作经验"的历史考察》，《国际新闻界》2011 年第 7 期。

2012 年

柳邦坤：《当代新闻采访与写作教程》，武汉，武汉大学出版社 2012 年版。

涂鸣华：《"去熟悉化"：中国新闻史研究方法论的探讨》，《新闻大学》2012 年第 1 期。

吴风：《激活新闻史的生命力——评李彬〈中国新闻社会史（第二版）〉》，《新闻战线》2012 年第 1 期。

黄旦：《"报纸"的迷思——功能主义路径中的中国报刊史书写之反思》，《新闻大学》2012 年第 2 期。

滕育栋：《"用陆定一说话"：谈中国新闻史写作中的"加法"与"减法"——关于〈我们对于新闻学的基本观点〉的史著叙事自 1978 年以来之演变的研究》，《新闻大学》2012 年第 2 期。

詹晓薇：《中国新闻史主体意识研究的现状及发展》，《新闻世界》2012 年第 2 期。

李彬：《中国新闻史研究的一点再反思》，《山西大学学报》（哲学社会科学版）2012 年第 3 期。

杨保军、涂凌波：《超越传统思路提升新闻教材理论性》，《当代传播》2012 年第 3 期。

姜飞：《中国传播研究的三次浪潮——纪念施拉姆访华 30 周年暨后施拉姆时代中国的传播研究》，《新闻与传播研究》2012 年第 4 期。

杨保军：《"走出"新闻学与"走入"新闻学——提升当前新闻学研究水平的两种必须路径》，《国际新闻界》2012 年第 5 期。

周大勇、黄也平：《"新新闻"之回归与启示》，《文艺争鸣》2012 年第 5 期。

章永宏：《重建客观：中国大陆精确新闻报道研究》，复旦大学博士论文 2012 年 4 月。

2013 年

郑保卫、李刚存：《2012 年中国新闻学与传播学研究热点综述》，《编辑之友》2013 年第 2 期。

刘自雄、刘年辉、马凯、何冬英、刘子倩：《2012 年度我国新闻传播学研究综述——基于 9 种 CSSCI 期刊的分析》，《现代传播》2013 年第 3 期。

吴飞:《新媒体革了新闻专业主义的命?——公民新闻运动与专业新闻人的责任》,《新闻记者》2013 年第 3 期。

谢太平、杨珊、蒋晓丽:《在反思中前行的中国新闻传播学研究——四川 9 本学术期刊近五年新闻传播学研究热点综述》,《当代文坛》2013 年第 5 期。

赵沐阳:《浅析新闻专业主义的形成》,《新闻传播》2013 年第 5 期。

陈力丹:《从三次新闻商品性的讨论看中国的新闻学研究》,《西南民族大学学报》(人文社会科学版) 2013 年第 8 期。

林溪声:《学术自觉:建构中国新闻理论话语的历时考察》,《南京社会科学》2013 年第 10 期。

索　引

后　记

　　2001～2004年在南开大学攻读历史学博士学位期间，在导师李喜所教授的指点下，我确立民国时期新闻学术史研究的博士论文选题并完成写作，这就有了《中国新闻学术史（1834～1949）》的出版（新华出版社2004年）。2005～2010年，我主持完成教育部人文社会科学研究项目《中国当代新闻学术史（1949～2000）》。2011年7月，国家社科基金后期资助项目《中国当代新闻学研究范式的转换》获准立项。通过两项课题，我将新闻学术史研究由民国延伸到当代。

　　《中国当代新闻学研究范式的转换》原计划于2012年12月完成。可当我遵照评审专家的建议与意见真正进行写作时，发现原有的理论架构明显不足，以至于对框架体系、章节安排、理论评述、文献检索与征引进行全盘修改。直至2014年12月，才以惴惴不安的心情，交上一份并不满意的答卷。

　　从2001年至今，我一直坚持新闻学术史研究。继博士论文之后，无论是《中国现代新闻思想史》（中国社会科学出版社2007年）还是《留学生与中国新闻学》（南开大学出版社2009年）的出版，抑或是教育部与国家社科基金项目的研究，都是新闻学术史范畴。但这十几年，也是日益苦闷的十几年，新闻学术史研究如何深入下去，成为挥之不去的困惑！期间，有幸一直得到硕士导师、南开大学哲学院周德丰教授慈父般的关爱与教诲，那是我不尽的精神动源！

　　特别感激的是新闻学术前辈、华中科技大学吴廷俊教授的厚爱与扶掖。课题申报过程中，吴先生热情推荐；本书出版过程中，吴先生欣然作序；每次学术会议相逢，吴先生耳提面命、殷殷关切！这一切都化作我前行的动力！

　　感激我亲爱的学生们的大力支持！在课题写作中，她们协助查阅、整理资料并撰写如下章节的初稿：

　　金　妍：第一章第二节第三目第一子目　新闻业界学苏联

第三章第三节　应用新闻学研究：宣传本位转向新闻本位

第三章第五节第三目　传播学的传入

第五章第三节第一目　关于新闻商品性的论争

田艺霏：第四章第三节　应用新闻学建构：新闻本位

第四章第五节第三目第二子目　西方新闻学理论的传入

刘　悦：第五章第三节第二目　关于范长江西北采访的论争

于　陆：第一章第三节　1956年新闻工作改革中的新闻学理论创新

　　田艺霏与金妍还整理第三章、第四章列出的新闻学研究成果，并根据出版社的体例要求，修改全书的注释与参考文献。田艺霏与金妍陪伴我在天津日报社度过一年美好时光！在此，一并感谢！

　　天津师范大学新闻传播学院这个大家庭，为本课题研究提供种种保障，深表感谢！

　　学习出版社刘玉芬女士为本书的出版辛苦劳作，深表感激！

　　最后，感激爱人孙寿涛教授近二十年如一日的默契、支持、理解与包容，感激爱子孙元和的自主学习与茁壮成长！感激你们分担的每一丝惆怅！感激你们分享的每一分快乐！

2015 年 6 月